SERMÕES

VIII

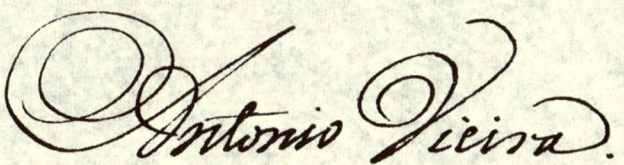

SERMÕES

VIII

de acordo com as regras do novo *acordo ortográfico* da língua portuguesa

Direção: † Pe. Gabriel C. Galache, SJ
Ryad Adib Bonduki
Editor: Joaquim Pereira
Assistente: Eliane da Costa Nunes Brito
Revisão: Iranildo B. Lopes
Capa e Projeto gráfico: Maurélio Barbosa

Edições Loyola Jesuítas
Rua 1822, 341 – Ipiranga
04216-000 São Paulo, SP
T 55 11 3385 8500
F 55 11 2063 4275
editorial@loyola.com.br
vendas@loyola.com.br
www.loyola.com.br

Todos os direitos reservados. Nenhuma parte desta obra pode ser reproduzida ou transmitida por qualquer forma e/ou quaisquer meios (eletrônico ou mecânico, incluindo fotocópia e gravação) ou arquivada em qualquer sistema ou banco de dados sem permissão escrita da Editora.

ISBN 978-85-15-03702-5
© EDIÇÕES LOYOLA, São Paulo, Brasil, 2013

SUMÁRIO

Apresentação 7
Sermão do Santíssimo Nome de Maria 9
Sermão de Quarta-Feira de Cinza 35
Sermão de Santo Antônio 51
Sermão da Terceira Dominga do Advento 69
Sermão das Obras de Misericórdia 87
Sermão da Primeira Oitava da Páscoa 103
Sermão da Segunda Oitava da Páscoa 119
Sermão de Nossa Senhora da Conceição 137
Sermão da Terceira Dominga Post Epiphaniam 151
Sermão da Santa Cruz 169
Sermão de Santa Iria 183
Sermão da Visitação de Nossa Senhora 199
Sermão da Segunda-Feira depois da
    Segunda Dominga da Quaresma 215
Sermão da Ressurreição de Cristo S. N. 243
Exortação em Véspera do Espírito Santo 267
Exortação em Véspera da Visitação de Nossa Senhora 279
Notas 289
Censuras 301
Licenças 303

APRESENTAÇÃO

De 1652 até 1661, quando viaja para Portugal expulso pelos maranhenses, a vida de Vieira gira entre a Missão religiosa no Maranhão e a Lisboa real, da qual dependia para a sua missão. Ao chegar a São Luís, é nomeado Superior dos Jesuítas. Viaja pelo rio Tocantins e verifica a situação dos indígenas ameaçados pelas ações de resgate, e continua até Belém. Morre então o príncipe D. Teodósio. Ao voltar a São Luís expõe ao seu Superior as suas preocupações e o propósito de ir a Lisboa em busca de soluções para os problemas relativos ao cativeiro indígena e aos conflitos com os colonos. É o que faz em 1654. Na viagem sofre um naufrágio nos Açores. Encontra o rei doente e utiliza o púlpito para se explicar diante da corte. São deste tempo os sermões quaresmais, que têm como introdução o Sermão da Quinquagésima. Retorna com o diploma régio que desejara. Sente em Lisboa a oposição crescente da Inquisição e em São Luís a dos colonos à sua ação.

Os catorze sermões e as duas exortações deste volume situam-se:

1) **no Brasil**: na cidade da Bahia, em 1638: Sermão da Santa Cruz, na Festa dos Soldados, e Sermão de Santo Antônio, na Igreja do mesmo Santo, havendo os holandeses levantado o sítio; em 1639: Sermão de Nossa Senhora da Conceição, na Igreja da Senhora do Desterro; em 1640: Sermão da Visitação de Nossa Senhora; em 1683: Sermão do Santíssimo Nome de Maria, na Bahia; em 1690: Exortação na Capela do Noviciado, na Bahia, e Exortação na Capela do Colégio, na Bahia.

2) **em Portugal**: em Lisboa, em 1644: Sermão da Terceira Dominga do Advento, na Capela Real; em 1647: Sermão da Primeira Oitava da Páscoa, na Capela Real, e Sermão das Obras de Misericórdia, no Hospital Real de Lisboa; em 1651: Sermão de Santa Iria, em Santarém; em 1652: Sermão da Terceira Dominga *Post Epiphaniam*, na Sé de Lisboa, e, em Torres Vedras, Sermão da Segunda-Feira depois da Segunda Dominga da Quaresma.

3) **em Roma**: 1670-1674: Sermão da Segunda Oitava da Páscoa, na Igreja da Casa Professa da Companhia de Jesus.

4) **sermões sem data**: Sermão de Quarta-Feira de Cinza, para a Capela Real, que não se pregou por enfermidade do autor, e Sermão da Ressurreição de Cristo S. N.

EDIÇÕES LOYOLA

SERMÃO DO
Santíssimo Nome de Maria

∽

"E o nome da virgem era Maria."
(Lc 1,27)

Vieira nos dá a ocasião do sermão: quando Sua Santidade, o Papa Inocêncio XI, instituiu a festa universal do mesmo Santíssimo Nome, em 1683[1]. Se os anjos ouvem o nome de Maria com tanto desejo, nós não só podemos ouvir com desejo e gosto, mas também com grande utilidade e aumento de graça. Entretanto, não podemos conhecer perfeitamente o que encerra o nome de Maria. Vieira, para dizer alguma coisa — diz ele —, expõe primeiro a alta dignidade do nome de Maria, por ser seu instituidor Deus. Muita diferença vai de ser chamado por Deus ou por outrem um nome. Os textos de Isaías e de Plínio, o Jovem, e as definições de Aristóteles e de Platão dão as razões naturais desta singularidade. Depois examina as significações do nome Maria. Percorre as etimologias e busca as razões de um mesmo nome ter tantos significados. As letras M, A, R, I, A servem de apoio para uma rica antologia de citações de grandes devotos de Maria e merecem uma consideração sobre a virtude de cada uma. Finalmente, expõe os modos com que se podem conseguir os efeitos que no nome se significam e responde à pergunta: qual deve ser a frequência da invocação do nome de Maria? Termina com uma referência às mulheres que levam o nome de Maria.

§ I

Se o sermão desta nova solenidade se pregara no céu, todas as hierarquias dos espíritos bem-aventurados e todos os nove coros dos anjos se haviam de achar neste auditório. A matéria, tão imensa como breve, se resume toda a uma só palavra. Isto é o que refere o evangelista S. Lucas no texto, também breve, que propus, dizendo que a Virgem escolhida para Mãe de Deus tem por nome Maria: "E o nome da virgem era Maria" (Lc 1,27). — Um anjo trouxe a embaixada à Virgem, o mesmo anjo foi o primeiro que pronunciou o nome de Maria, e todos os anjos haviam de concorrer, como dizia, a ouvir o panegírico do mesmo nome: mas por que ou para quê? Porventura para saberem alguma coisa de novo? Não, porque muito mais sabem e penetram deste altíssimo argumento os anjos do que podem discorrer e alcançar todos os entendimentos humanos. Porventura, para se aproveitarem dos maravilhosos efeitos que em seus veneradores causa o mesmo nome? Também não, porque os anjos nem têm que emendar nem podem crescer. Não têm que emendar, porque no céu não há pecado, nem podem crescer, porque no céu não se aumenta a graça. A que fim, logo, se haviam de achar neste auditório hoje, desde o ínfimo ao supremo, todos os estados dos anjos? Digo que só para ouvir o nome de Maria. E vede se falo com fundamento.

Três vezes na História dos Cantares viram os anjos a Esposa Divina, que é a mesma Virgem, e notam os mais advertidos expositores que outras tantas vezes perguntaram quem era: "Quem é esta? Quem é esta? Quem é esta?" (Ct 3,6; 6,9; 8,5). Os anjos bem sabiam que a cheia de todas as virtudes e graças, como a composição cheirosa composta de todas as espécies aromáticas, era unicamente a bendita entre todas as mulheres: pois por que perguntam quem é? "Quem é esta que sobe pelo deserto, como uma varinha de fumo composta de aromas de mirra e de incenso, e de todos os polvilhos odoríferos?" (Ct 3,6). — Os anjos bem sabiam que a que amanheceu neste mundo, desfazendo as trevas da noite e abrindo as portas aos primeiros resplendores da luz, como formosa e alegre aurora, era a Mãe do verdadeiro sol: pois, por que perguntam quem é: "Quem é esta que vai caminhando como a aurora quando se levanta?" (Ct 6,9)? — Os anjos bem sabiam que a que subiu da terra ao céu com a mão sobre o braço do seu amado, e não indo buscar as delícias, senão levando-as já consigo, era a mesma Senhora no triunfo de sua gloriosa Assunção: pois, por que perguntam quem é: "Quem é esta que sobe do deserto inundando delícias, firmada sobre o seu amado?" (Ct 8,5)? — Perguntar a primeira vez, tinha desculpa, se foram homens, mas não só uma, senão tantas vezes, sendo anjos? Sim, e por isso mesmo. Quem não pergunta por ignorância pergunta por gosto; e é tanto o gosto que todos os espíritos angélicos recebem em ouvir pronunciar o nome de Maria que só porque lhe respondem que é Maria perguntam tantas vezes quem é: "Porque desejam que lhes respondam o doce nome de Maria" — diz Ricardo de Santo Laurêncio[2].

Eu não posso negar que o pensamento é esquisito, e parece remontado; mas por que senão atribua só à agudeza e devoção deste autor, ouçamos a outro, não menos devoto nem menos sábio: "De tão grande virtude" — são palavras daquele espírito extático que, sendo mestre e doutíssimo, por humildade se chamou Idiota[3]. "É tão grande" — diz — "a virtude e excelência de vosso santíssimo nome, ó Virgem beatíssima, que, quando se pronuncia e invoca, todo o céu ri, e todos os anjos se alegram." — Admirável coisa por certo, que os espíritos celestes, os quais estão com os olhos cheios da vista de Deus, tenham outro desejo e outro gosto! Mas ainda é mais admirável que este desejo seja de ouvirem o nome de Maria, e este gosto quando o ouvem.

E porque ninguém cuide que estes dois testemunhos recebidos e aprovados de toda a escola da teologia falaram com as afetações do encarecimento, a mesma Virgem Maria, como oráculo superior a todo o criado, nos ensinará sinceramente a verdade do que havemos de crer. Falando a Senhora com Santa Brígida nas suas revelações, diz assim: "Ouve, Brígida, quanto meu Filho não só me honrou a mim, senão também o meu nome". "O meu nome é Maria; e este nome, quando o ouvem os anjos, se alegram interiormente e dão graças a Deus por ele"[4]; não porque ouçam alguma coisa de novo, mas porque se lhes renova a memória e o gosto do que já sabem, que isso quer dizer "interiormente". — E não só os anjos do céu, senão os que neste mundo guardam os homens, quando algum nomeia e invoca o nome de Maria, logo se chegam mais a ele para o ouvir de mais perto, e lhe assistem com maior cuidado: "Também os anjos bons, ouvindo este nome, imediatamente se aproximam mais aos justos". — De sorte que, para fazermos mais nossos os nossos anjos da guarda, e sermos mais benevolamente assistidos deles, a melhor oração e o maior obséquio que lhes podemos fazer é nomear muitas vezes o nome de Maria.

Sendo, pois, os anjos tão devotos ou, para o dizer com frase de S. Hilário, tão ambiciosos ouvintes do nome de Maria, de que outro exórdio podia eu usar neste seu dia, nem mais nobre, nem mais bem fundado, ou que exemplo podia propor mais eficaz e mais digno de imitação aos que, com entendimento e curiosidade humana, esperam as primeiras notícias deste novo assunto? Das que eu trago para publicar — que são as mais importantes ao inteiro conceito do mesmo nome — só posso afirmar que me não poupei ao estudo. E, posto que a matéria é tão alta e incompreensível, que ainda onde os ouvintes são homens devera o pregador ser anjo, se ouvirmos contudo o pouco que se pode dizer, com a atenção e estimação que a mesma matéria merece, não só prometo que imitaremos os anjos, mas que em parte não pequena os excederá a nossa sorte mortal. Os anjos ouvem o nome de Maria com tanto desejo e tanto gosto, como vimos; nós não só o podemos ouvir com desejo e com gosto, mas com grande utilidade e aumento de graça, dos quais o seu estado não é capaz. Para que assim seja — que é o fim que pretendeu a Igreja nesta nova celebridade — valhamo-nos do favor, auxílio e virtude do mesmo nome, dizendo: *Ave Maria*.

§ II

"*E o nome da virgem era Maria.*"
Para falar do nome inefável de Maria, e para se entender com distinção e clareza o pouco que se pode dizer de matéria tão imensa, primeiro que tudo devemos supor que coisa é isto a que chamamos nome. O nome, diz Aristóteles, é uma voz significativa, cujo significado lhe dá a instituição de quem o fez. Diz mais, que os fins para que se inventaram os nomes é a declaração dos conceitos por eles significados, porque, como os conceitos não se veem e as vozes se ouvem, pelas vozes ouvidas vimos em conhecimento dos conceitos que não vemos. Isto suposto, o instituidor do nome de Maria

foi Deus, o qual o revelou primeiro a S. Ana, e depois a São Joaquim, assim como o nome de Jesus primeiro foi revelado à mesma Virgem, e depois a S. José. O tempo desta instituição foi antes de todo o tempo, no princípio da eternidade. Então, como diz a mesma Senhora, foi concebida na mente divina: "Ainda não havia os abismos, e eu estava já concebida" (Pr 8,24) — e então saiu da boca do mesmo Deus o nome com que foi significado este eterno conceito do Altíssimo: "Eu saí da boca do Altíssimo, a primogênita antes de todas as criaturas" (Eclo 24,5). — A primeira conclusão, pois, que daqui se segue, é que nós não podemos conhecer, senão muito imperfeitamente, as divinas perfeições que se encerram no nome de Maria, porque o conceito do que significa este soberano nome foi parto do entendimento divino, que é infinito, e o significado pela voz do mesmo nome é o que nós só podemos perceber com o entendimento humano, que é tão fraco e limitado. Para dizer, porém, alguma coisa do que fora mais fácil calar e venerar com o silêncio, se dividirá o meu discurso em três partes. Na primeira veremos quão alta dignidade é a do nome de Maria, por ser o seu instituidor Deus. Na segunda, quão imenso é o significado que na breve e doce voz deste sacratíssimo nome se encerra. Na terceira, como nos havemos de aproveitar e valer dos maravilhosos efeitos do mesmo significado, pela invocação frequente do mesmo nome. A mesma Senhora se digne de favorecer a tenção com que, para glória sua e igual bem de nossas almas, fiz eleição deste assunto.

§ III

O cardeal S. Pedro Damião, escrevendo a origem do nome de Maria, diz que o tirou e desenvolveu Deus dos tesouros de sua divindade: "O nome de Maria decorreu do tesouro divino"[5]. — Não encomendou Deus a instituição deste soberano nome nem a Adão, nem a Noé ou a algum dos maiores patriarcas, nem a Micael, nem a Gabriel, ou a algum dos mais sábios querubins ou serafins do empíreo, mas assim como o conceito e a ideia deste grande nome foi o entendimento divino, assim o som e a voz quis que fosse pronunciado de sua própria boca. E quem duvida que a mais alta e excelente dignidade a que pode subir em sua origem uma criatura é ter por seu imediato e total autor o mesmo Deus? Ao terceiro dia da criação do mundo, disse Deus à terra que produzisse as ervas e as plantas: "Produza a terra erva verde e árvores frutíferas" (Gn 1,11). — Ao quinto disse à água que produzisse os peixes e as aves: "Produzam as águas répteis de alma vivente, e aves que voem sobre a terra" (Ibid. 20). — Ao sexto dia tornou a falar com a terra, e disse-lhe que produzisse todo o gênero de animais: "Produza a terra animais viventes segundo o seu gênero: animais domésticos, répteis e bestas" (Ibid. 24). — Porém, no quarto dia, em que houve de ornar o firmamento e alumiar o mundo com o sol, lua e estrelas, não disse Deus ao céu que as produzisse, senão que ele por si mesmo fabricou e acendeu aqueles luminares do universo, e por si mesmo as colocou no firmamento: "Fez Deus dois grandes luzeiros, um maior, que presidisse ao dia, outro mais pequeno, que presidisse à noite; e criou também as estrelas. E pô-las no firmamento" (Ibid. 16s). — Pois, se Deus mandou à terra que produzisse as plantas e animais, se mandou à água que produzisse peixes e as aves, por que não mandou também ao céu que produzisse o sol e a lua, e os outros planetas? E se a terra produziu as flores, que são as suas estrelas, o céu por que não produziu as estrelas, que são as suas flores? Porque essa é a diferença que Deus costuma observar na produção de suas criaturas, conforme a dignidade delas. As plantas e os animais produza-os a terra; os peixes e as aves produza-os a água, porém, o sol, a lua e as estrelas, que na alteza do lugar, nos resplendores da luz e na virtude das influências excedem com tanta eminência a tudo quanto lhes fica abaixo neste mundo elementar, nem ao mesmo céu comete Deus a sua produção, senão que ele por si mesmo as produziu: "Fez os grandes luzeiros e as estrelas" — e ele mesmo lhes dividiu e distribuiu os postos: "E os pôs no firmamento".

Tal foi o respeito e autoridade com que foram criados e postos no firmamento o sol, a lua e estrelas, para que nesta mesma exceção se esteja lendo no céu, escrito com letras de ouro, o singular privilégio e dignidade com que Deus não comunicou a outrem, mas reservou para si a formação e instituição do nome de Maria, isto é, daquela mesma Senhora a quem no mesmo céu veste o sol, calça a lua e coroam as estrelas. Um homem escreveu e um anjo pronunciou no nosso Evangelho o nome de Maria. Quem o escreveu, foi S. Lucas: "E o nome da virgem era Maria" (Lc 1,27) — quem o pronunciou foi S. Gabriel: "Não temas, Maria" (Ibid. 30) — mas a formação e instituição do mesmo nome, nem a homens nem a anjos o comunicou Deus, mas ele mesmo o formou "desde toda eternidade", e o manifestou em tempo, quando o tirou dos tesouros de sua divindade: "O nome de Maria decorreu do tesouro divino". — E para que vejamos quão alta dignidade e soberania encerra a singularidade desta exceção, ouçamos a primeira réplica daqueles a quem pode não parecer singular. No Testamento Velho a irmã de Moisés e Arão chamou-se Maria; no Testamento Novo, ainda antes de sua promulgação, as Madalenas, as Salomés, as Jacobes também se chamavam Marias; como foi logo tão singular um nome que já era tão comum? Porque este, ou o deram, ou o tomaram os homens; aquele só o formou e instituiu Deus. Vede agora quanta diferença vai de ser chamado por Deus ou por outrem um nome, ainda que seja ou pareça o mesmo.

No capítulo 48 de Isaías, falando Deus com os Israelitas, diz assim: "Ouvi-me, filhos de Jacó, que sois chamados com o nome de Israel" (Is 48,1). E mais abaixo, no mesmo capítulo, falando com os mesmos, diz o mesmo Deus: "Ouvi-me, filhos de Jacó, a quem eu chamo Israel" (Ibid. 12). — Não sei se notais no mesmo nome de Israel a grande diferença com que diz Deus aos mesmos homens que eles são chamados, ou ele os chama: "Que sois chamados Israel, e a quem eu chamo Israel". O "que sois chamados" pertence ao nome com que eles eram chamados; o "a quem chamo" pertence ao nome com que Deus os chama. Mas, se o nome com que eram chamados e o nome com que Deus os chama é o mesmo nome de Israel, que diferença é esta no mesmo nome? É tão grande diferença, que só o mesmo Deus, que a fez, a podia bastantemente conhecer. O nome parecia o mesmo, mas vai tanto de nome a nome e de chamar a ser chamados quanto vai de ser a não ser; e isto não por outra razão, nem por outra diferença, senão porque o mesmo nome de Israel dantes era pronunciado por boca dos homens: "Que sois chamados Israel" — e agora era pronunciado por boca de Deus: "A quem eu chamo Israel". — E se tão notável diferença foi a do nome de Israel na boca dos homens à do mesmo nome de Israel na boca de Deus, qual seria ou qual será a do singularíssimo nome de Maria em comparação da irmã de

Moisés e das outras, posto que santas, que tiveram ou parece que tiveram o mesmo nome? O som da voz ou a voz do nome é a mesma, mas o nome em si nessas chamadas Marias foi "que sois chamados"; na verdadeira e única Maria é "a quem eu chamo". E tanto vai de nome a nome e de chamar a chamar-se quanto vai de Deus a não Deus.

Declaremos a verdade deste pensamento divino com um exemplo humano. Encarece Plínio, naquele seu tão celebrado panegírico, o nome de Ótimo, que o Senado deu ao imperador Trajano. E como no mesmo auditório assistiam os romanos todos, os quais sabiam que outros imperadores foram também chamados Ótimos, como responderia o famoso orador a esta objeção, que tacitamente estava dando brados contra o que ele dizia? As palavras de Plínio são estas: "Por justas causas o Senado e o Povo Romano te acrescentou o título de Ótimo. Na verdade é pouco, mas, embora comum a muitos, é novo"[6]. Ainda que este nome de Ótimo, ó Trajano, parece antigo, não é senão novo, e ainda que parece comum a outros imperadores, em vós é singular. — E por quê? Porque aos outros, ou o tomou a ambição, ou o deu a lisonja, ou o introduziu e permitiu o costume; porém a vós, depois de muito consultadas as justas causas de tão superlativo nome, vo-lo decretou e consagrou o Senado romano: "Por justas causas o Senado e o Povo Romano te acrescentou o título de Ótimo". — E se o nome de Ótimo, consultado e decretado pelo Senado romano, é tão diferente de si mesmo, ou dado, ou tomado por outros, quão eminente dignidade será e quão incomparável a do nome de Maria em Maria, consultado e decretado no consistório da Santíssima Trindade, e instituído e nomeado "desde toda eternidade", e guardado só para ela nos tesouros da divindade pelo mesmo Deus?

§ IV

Assim foi, e assim havia de ser, e tão forçosa e necessariamente assim que não podia ser de outro modo. Grande glória é do nome de Maria que tivesse a Deus por autor, mas muito maior glória e soberania é do mesmo nome que não pudesse ter outro autor senão a Deus. As razões naturais desta singularíssima excelência são duas, as quais deixaram fundadas e estabelecidas, sem saberem o nome a que serviam, os dois maiores filósofos, Platão e Aristóteles: "A razão significada pelo nome é a definição que designa a natureza própria de uma coisa". A razão e propriedade do nome — diz Aristóteles[7] — consiste em ser uma definição da natureza, e essência do seu significado, isto é, daquilo que significa. — De sorte que, assim como a definição declara a natureza e essência do definido por muitas palavras, assim o nome é uma definição breve que o declara em uma só palavra. E como o ser e grandeza de Maria Mãe de Deus é tão sublime e imensa, que só o entendimento divino a pode compreender, e só ele declarar a dignidade e perfeições superiores a todo o criado que em si encerra, daqui se segue que assim como só Deus lhe pôde compor a definição, assim só o mesmo Deus lhe pôde dar o nome. Celebra o divino Esposo as perfeições da Virgem, Senhora nossa, debaixo da metáfora de todos aqueles primores e graças da natureza que fazem admirável uma extremada formosura: "Oh! como és formosa, amiga minha, como és bela!" (Ct 4,1). — E é coisa muito digna de reparo que em todas estas perfeições, que são manifestadas à vista, acrescenta uma cláusula em que exceptua as que debaixo dela estão encobertas e escondidas. Falando dos olhos, diz: "Os teus olhos são como os das pombas" (Ibid.) — e logo ajunta: "Sem falar no que está escondido dentro" (Ibid.). — Passa a descrever os cabelos, as faces, a boca, os dentes, a fala, tudo com semelhanças pastoris: "Os teus cabelos são como os rebanhos das cabras, que subiram do monte de Galaad. Os teus dentes são como os rebanhos das ovelhas tosquiadas, que subiram do lavatório. Os teus lábios são como uma fita de escarlate, e o teu falar é doce. Assim como é o vermelho da romã partida, assim é o nácar das tuas faces, sem falar no que está escondido dentro" (Ibid. 1ss). — De maneira que não se contenta o divino Pastor com os encarecimentos do que diz, senão que em todos toma a salva, remetendo-se aos silêncios do que juntamente cala. Mas se esses excessos ou mistérios de formosura interior os cala porque são ocultos e encobertos, e os não podem ver os olhos, por que os não declara, ao menos para que os creia a fé? Porque são tão profundos e impenetráveis a todo o entendimento criado que nenhum os pode alcançar, e só Deus os pode conhecer: "sem falar no que está escondido dentro, conhecido somente por Deus e a ninguém manifesto" — comenta Ricardo de Santo Laurêncio. — E porque debaixo das perfeições e graças da Mãe de Deus, manifestas aos homens e anjos, e admiradas e celebradas por eles, estão ocultas e encobertas outras maiores, reservadas só ao conhecimento e compreensão divina, por isso, assim como só Deus lhe pode formar a definição, assim só Deus lhe pode pôr o nome. Este é o sólido fundamento assentado sobre a definição de Aristóteles, porque do nome de Maria, não só foi Deus o autor, mas porque só Deus o podia ser.

Platão ainda disse mais: "a nomeação é divina, quando aquilo que o nome significa Deus faz existir na coisa nomeada". Quando Deus faz que a coisa nomeada tenha todo o significado do nome, então é sinal certo e infalível — diz Platão — que a nomeação foi divina. — Para inteligência desta filosofia é necessário que nos ponhamos no Paraíso Terreal, quando nele não havia mais que Deus e Adão. Fez Deus que viessem diante de Adão todos os animais para que ele lhes pusesse o nome, e dá testemunho a Escritura Sagrada que todos os nomes que Adão pôs aos animais foram tão proporcionados e próprios como convinha à natureza de cada um: "Porque todo o nome que Adão pôs de alma vivente, esse é o seu nome" (Gn 2,19). — Agora ouçamos quão sábia e elegantemente discorre sobre esta ação S. Basílio de Selêucia[8], e como também dá a Deus e ao homem nela o que toca a cada um: "Sê tu, Adão, diz Deus, artífice dos nomes, já que não podes dar o ser das coisas. Foram formadas por mim, sejam nomeadas por ti. Partamos entre ambos a glória desta grande obra: a mim reconheçam-me por seu autor pelo direito da natureza, e a ti por seu Senhor pela imposição dos nomes; dá tu o nome aos que eu dei a essência". — Não podia o homem subir a maior dignidade que a partir Deus com ele a glória da criação do mundo. Mas nesta partição ou partilha que parecia tão igual, ainda houve uma forçosa desigualdade e diferença grande. O homem pode dar o nome, mas não pode dar a essência; só Deus pode dar as essências, ainda que não dê os nomes. Mas quando Deus dá o nome é tal a eficácia da palavra e nomeação divina que pelo mesmo nome fica obrigado Deus a dar também o significado e a essência. Isto é o que disse Platão, e esta a segunda e maior glória do nome de Maria. Se Deus, antes de escolher e predestinar aquela humilde donzela de Nazaré, lhe dera o nome de Maria, era Deus obrigado por força deste nome a dar à mesma Virgem a dignidade de Mãe, e todas as outras excelências e graças para que foi predestinada, porque, faltando ao nome o seu significado, e à pessoa nomeada a sua dignidade, e à dignidade as suas prerrogativas, faltaria também Deus — o que é impossível — à verdade da sua palavra, e não seria a nomeação divina, nem ainda humana, como as de Adão no Paraíso.

Adão no paraíso, como dissemos, posto que não pôde dar as essências às criaturas, pôde-lhes contudo dar os nomes convenientes e proporcionados às mesmas essências. E se daqui inferir alguém que os nomes das outras chamadas Marias, os quais receberam por imposição humana, terão ao menos esta propriedade e proporção com o seu significado, digo que de nenhum modo. A razão é porque a ciência com que Adão no paraíso conheceu as essências dos animais, e lhe pôde dar os nomes proporcionados e próprios, não era como a que hoje têm os homens natural e imperfeita, senão outra muito mais alta, sobrenatural e infusa, de que ele e todos seus descendentes ficaram privados pela culpa. E este é o defeito por que os nomes que hoje põem os homens, ou são contrários, ou impróprios e muito alheios do que querem significar. No mesmo Adão temos a experiência. Pôs Adão o nome à sua mulher, e chamou-lhe Eva, que quer dizer vida; e dando a razão do nome, acrescentou um erro sobre outro, declarando que lhe chamara vida "por ser mãe de todos os viventes" (Gn 3,20). — Há tal cegueira? Há tal loucura? Há tal ignorância e desconhecimento próprio? Quem foi a que introduziu a morte no mundo, senão Eva? Quem fez a todos os homens de imortais mortais, senão o serem filhos daquela mãe? Devera pois Adão chamar-lhe morte, e não vida, e mãe dos mortais ou dos mortos, e não dos viventes, como bem o argui e convence S. Cipriano. Pois, se Adão se mostrou tão sábio e tão acertado nos nomes dos animais, como agora o vemos tão ignorante e tão errado no nome de sua própria mulher? Por que aos animais pôs-lhes os nomes com a luz e ciência sobrenatural do estado da inocência, e a Eva com a cegueira e ignorância natural do estado da culpa. Que muito, logo, que os herdeiros desta mesma ignorância pusessem o nome de Maria a sujeitos tão impróprios e tão desiguais da grandeza e majestade deste soberano nome? Sucedeu-lhe à Mãe o mesmo que ao Filho, e ao nome de Maria com as outras Marias o que ao nome de Jesus com outros Jesus.

Considera S. Bernardo como houve um Josué sucessor de Moisés, e um Jesus Sirac, e outro Jesus, filho de Josedec, que se chamaram Jesus. Mas como desafronta o santo a soberania do nome de Jesus da baixeza de estes outros sinônimos? Excelentemente: "Diferentemente dos anteriores, este meu Jesus não leva um nome vazio. Não existe nele a sombra de um grande nome, mas a verdade"[9]. Sabeis quanta diferença vai desses Jesus ao nosso Jesus? Quanto vai da sombra à verdade. — Os nomes de esses outros chamados Jesus eram nomes vazios, porque somente tinham o som e a voz, e lhes faltava o significado. Só o nosso Jesus foi nome cheio, porque a verdade da significação enchia os vazios e as medidas do nome. É o que disse o poeta, com discreta lisonja, escrevendo a Máximo: "Máximo, que enches as medidas de tão grande nome"[10]. — E assim como entre todos os que se chamaram Jesus só o Filho de Maria encheu as medidas do nome de Jesus, assim entre todas as que se chamaram Marias só a Mãe de Jesus encheu as medidas do nome de Maria. E quais são as medidas do nome de Maria? A mesma Senhora o disse: "Porque me fez grandes coisas o que é poderoso" (Lc 1,49). — Quem quiser tomar a medida certa ao nome de Maria, tome-a primeiro à onipotência divina, porque tudo o que Deus podia e pode é o que entesourou neste imenso nome. E se todos os poderes da onipotência são os que só enchem as medidas do nome de Maria, vede como o podia compreender outra ideia, nem pronunciar outra voz, senão a da mesma divindade: "O nome de Maria decorreu do tesouro divino".

§ V

Depois de declarado quem foi e quem só podia ser o autor do nome de Maria, que foi Deus, segue-se, como prometi, examinar a significação ou significações do mesmo nome. A língua hebreia, a caldaica, a siríaca, a arábica, a grega, a latina, todas conspiram em o derivar de diversas raízes e origens, por onde não é uma só, senão muitas as etimologias deste profundíssimo e fecundíssimo nome, e o mesmo nome, segundo a propriedade de suas significações, não um só nome, senão muitos nomes.

A primeira etimologia, e sabida de todos, é que o nome de Maria significa "Estrela do mar". O mar é este mundo, cheio de tantos perigos, combatido de todos os ventos, exposto a tão frequentes tempestades, e em uma tão larga, temerosa e escura navegação, quem poderia chegar ao porto do céu, se não fosse guiado de lá por aquela benigníssima estrela? "Por que meio poderão os navegantes, entre tantos perigos, chegar às praias da pátria?" — pergunta o Papa Inocêncio III — e responde que só por meio de duas coisas: nau e estrela. A nau é o lenho da cruz, a estrela é Maria: "Certamente por duas coisas, a saber, pelo lenho e pela estrela, isto é, pela fé da cruz e pela virtude da luz, que nos obteve Maria, estrela do mar"[11].

A segunda significação e etimologia do nome de Maria é "Senhora", Senhora por antonomásia, porque do seu domínio e império nenhuma coisa se exclui: Senhora do céu e Senhora da terra, Senhora dos homens e Senhora dos anjos, e até Senhora por modo inefável do mesmo Criador do céu e da terra, o qual lhe quis ser e foi sujeito. Ouçamos o altíssimo pensamento de S. Bernardino, e tão verdadeiro como alto: "Aquele Senhor, que é Filho de Deus e da Virgem, querendo em certo modo igualar o senhorio de sua Mãe ao senhorio de seu pai, se sujeitou e fez súdito da mesma Mãe na terra"[12]. — E isto com tanta verdade — conclui o santo — que "assim como verdadeiramente dizemos que todas as coisas obedecem a Deus, até Maria, assim é verdadeiro dizer que todas as coisas obedecem a Maria, até Deus".

A terceira etimologia e interpretação do nome de Maria é "Iluminadora", ou "Aquela que os alumia", isto é, a que alumia a todos os homens. Por isso é comparada a Senhora àquela coluna de fogo que de noite alumiava todo o exército e povo de Israel no deserto, enquanto caminhavam peregrinos para a Terra de Promissão. "Tirai do mundo este corpo solar, esta tocha universal, que o alumia" — diz S. Bernardo — "e onde estará então o dia, ou quem o fará? — Do mesmo modo, se tirardes do mundo a Maria, tudo ficará às escuras, tudo trevas, tudo sombras mortais, tudo uma noite perpétua, sem que jamais amanheça."[13] — E que muito é — diz o mesmo santo — que "Maria alumie a terra e os homens, se depois que entrou no céu a mesma pátria dos bem-aventurados e a mesma corte do empíreo ficou muito mais alumiada e ilustrada com os resplendores de sua presença?"[14].

A quarta interpretação, e que parece menos alegre, do docíssimo nome de Maria é

"Mar amargoso". Mas como podem caber as amarguras do mar, ou um mar inteiro de amargura, no nome daquela Senhora a quem nós saudamos e invocamos com o de doçura nossa? Já se vê que aludem estas amarguras às dores do pé da cruz, das quais estava profetizado com o mesmo nome de mar: "Grande é como o mar o teu desfalecimento" (Lm 2,13). — Mas, posto que as águas daquele turbulento mar foram tão amargosas para a Mãe angustiada que as padeceu, para nós, que logramos os efeitos delas, são muito doces. Porque, ainda que a misericórdia da Senhora foi sempre grande, as dores que então experimentou fez a mesma misericórdia mais pronta para socorrer e remediar as nossas. Não tem menos autor este reparo daquelas amarguras que o angélico Santo Tomás. Diz S. Paulo que Cristo quis padecer para se poder compadecer de nós: "Não temos um pontífice que não possa compadecer-se das nossas enfermidades, mas que foi tentado em todas as coisas" (Hb 4,15). — Pois Cristo, ainda que não fosse possível, nem padecesse, não se podia compadecer de nós e remediar-nos? Sim, podia — diz Santo Tomás — mas não com tanta presteza e prontidão, porque enquanto Deus só conhecia as misérias por simples notícia, e depois que padeceu conheceu-as por experiência: "Aqui devemos lembrar que o termo "poder", por vezes, envolve não apenas o mero poder, mas a vontade e disposição de Cristo para nos ajudar, mas ele está bem preparado, porque ele sabe, por experiência, a nossa miséria, que 'Ele sabia como Deus desde toda a eternidade pelo mero conhecimento'"[15]. — Necessário foi logo na Mãe — assim como no Filho — que a experiência das dores e amarguras próprias lhe acrescentasse a compaixão das alheias, e excitasse e estimulasse nas suas a prontidão de remediar as nossas.

A quinta etimologia, e também a última, como a maior e mais excelente de todas, é singularmente do grande doutor da Igreja Santo Ambrósio, o qual diz que o nome de Maria significa "Deus da minha geração". — "Maria recebeu do Senhor este nome especial que significa Deus da minha geração"[16]. — Não declarou o santo a origem de tal nome, mas depois lhe descobriram as raízes outros autores na derivação de duas palavras hebraicas. E que significação pode haver, nem mais alta nem tão imensa? São Paulo em Atenas, ensinando aos areopagitas a grande dignidade do homem e parentesco que tem com a divindade, diz que somos geração de Deus; e para isso lhes alegou, como coisa conhecida até dos mais sábios gentios, o verso de Arato, poeta da sua mesma nação: "Porque dele também somos linhagem" (At 17,28)[17]. — De sorte que os homens somos geração de Deus, e Deus é geração de Maria: os homens geração de Deus, porque Deus nos deu o ser; Deus geração de Maria, porque Maria deu o ser a Deus. E isto é o que significa o nome de Maria: "Deus da minha geração". — Vede se tive razão de lhe chamar imenso, como agora lhe chamo sobreimenso. E por quê? Porque, sendo Deus imenso e infinito, uma parte de que se compõe o nome de Maria é todo Deus. Quis Deus acrescentar o nome de Abrão, e a significação dele, que era grande; e que fez? Tirou uma letra do seu nome, a acrescentou-a ao nome de Abrão. Isso quer dizer: "Daqui por diante não te chamarás mais Abrão, mas chamar-te-ás Abraão" (Gn 17,5). — Este foi o acrescentamento do nome; e o do significado foi tal que, declarando-o o mesmo Deus, disse: "Far-te-ei crescer veementissimamente" (Gn 17,6). — Invente a gramática outros termos maiores de se explicar, por que os superlativos já são curtos. Se os aumentos que uma só letra do nome de Deus causou no nome de Abraão foram veementíssimos, aqueles com que todo o nome de Deus entrou no nome de Maria e o encheu Maria, "Deus de minha geração" — quais seriam? Reserve-o para si o mesmo Deus, que só ele o pode compreender.

§ VI

Estas são as interpretações ou sinônimos do nome de Maria e seu copiosíssimo significado, e estes são, não todos, senão os principais nomes que no mesmo nome se encerram. Mas se o evangelista nomeia a mesma Senhora por um só nome, e esse o seu próprio, por que lhe damos nós tantos outros, e tão diversos? Tantos nomes, e um só nome no mesmo sujeito? Sim. E este é o mais excelente e o mais encarecido louvor que se pode dizer do nome de Maria. A multidão dos nomes vários mostram a imensidade incompreensível do significado, e a singularidade do nome único mostra a compreensão imensa do nome. A Deus, não só nas Escrituras Sagradas, mas fora delas, sempre nomearam os homens e invocaram com diversos nomes. Este foi o grande e antiquíssimo assunto da sublime pena de Dionísio Areopagita, nos livros "Sobre os Nomes Divinos". E dando a razão Santo Tomás por que sendo Deus um só, sem ofensa da sua unidade, ou admite, ou necessita de muitos nomes, parte diz que é fundada na incompreensibilidade da sua grandeza, e parte na incapacidade do nosso conhecimento. Porque, como naturalmente não conhecemos a Deus como é em si mesmo, senão por seus efeitos, assim como deles coligimos diversas perfeições divinas, assim as não podemos declarar senão por diversos nomes: "Portanto, porque não podemos conhecer a Deus naturalmente a não ser pelos efeitos para assim alcançá-lo, é necessário que os nomes com os quais significamos a sua perfeição sejam diversos, como as mesmas perfeições diversamente nele se encontram". — Assim filosofa altamente o Doutor Angélico sobre os muitos nomes de Deus[18]. E dos muitos nomes da Mãe de Deus, que diremos? O mesmo proporcionalmente, diz S. Bernardino[19]: "Assim como não nomeamos a Deus com um só nome, senão com muitos, para assim declararmos a sua incompreensibilidade; assim também designamos com muitos nomes a Virgem gloriosa para assim alcançarmos conhecer um pouco a sua sublimidade". Assim como — diz o santo — não nomeamos a Deus com um só nome, senão com muitos, para que, declarando cada uma das suas perfeições por partes, venhamos de algum modo em conhecimento de seu infinito ser, que é incompreensível, assim dividimos também as prerrogativas da gloriosa Virgem, declarando-as por muitos nomes, para que a sua imensa grandeza, que junta senão pode compreender, dividida, de algum modo a percebamos. — E esta é a razão dos muitos nomes, tantos e tão diversos, com que os santos padres ou celebram ou invocam a mesma Senhora.

Mas ainda não está satisfeita a segunda parte da nossa dúvida. Se nós temos uma tão bem fundada razão para dar à Virgem tantos nomes, todos devidos à sua grandeza, que razão teve o evangelista, para lhe dar o nome de Maria somente, e dizer que esse é o seu nome: "E o nome da Virgem era Maria"? Assim como a nossa dúvida só achou a razão da primeira parte em Deus, assim não pode achar a razão da segunda senão em Cristo. Tão parecida é a Mãe somente com o Filho, e dele abaixo com nenhuma criatura! Uma das coisas muito notáveis nos profetas é a multidão e variedade de nomes com que dizem se havia de chamar Cristo. Baste por prova ou exemplo a profecia de Isaías. No capítulo sétimo: "Será chamado o seu nome Emanuel" (Is 7,14). — No capítulo oitavo: "Põe-lhe por nome: Apressa-te a tirar os despojos: Faze velozmente a presa" (Is 8,3). — No capítulo nono: "O nome com que se apelide será: Admirável, Conselheiro, Deus, Forte, Pai do futuro século, Príncipe da paz" (Is 9,6). — De sorte que um só profeta em três versos refere onze nomes com que diz havia de ser chamado Cristo, e contudo, o mesmo evangelista S. Lucas, referindo o nome que foi posto na circuncisão ao mesmo Senhor, diz que foi chamado Jesus: "E deram-lhe o nome de Jesus" (Lc 2,21). — Pois, se os profetas anunciaram que havia de ser chamado com tantos outros nomes, como se chamou somente Jesus, e este nome foi o que conservou sempre, desde a circuncisão até a cruz? O mesmo Doutor Angélico que nos deu a primeira solução nos há de dar a segunda. Argui Santo Tomás sobre o mesmo texto de Isaías, e aperta mais o argumento com aquele princípio que os ditos dos evangelistas hão de responder aos dos profetas, porque, sendo Deus o autor de uma e outra verdade, não pode faltar nela esta consonância e harmonia. Pois, se os profetas dão tantos nomes a Cristo, como teve o mesmo Cristo um só nome, que foi o de Jesus, que refere o evangelista? Responde o mesmo Santo Tomás em duas palavras: "Deve se dizer que em todos aqueles nomes está significado de algum modo o nome de Jesus". Concorda a história com a profecia, e o testemunho de S. Lucas com o de Isaías, porque todos aqueles nomes eram significados no nome de Jesus, e o nome de Jesus compreendia a todos. E esta mesma razão é a que teve o mesmo evangelista para dizer: "E o nome da virgem era Maria" — não porque negasse ou duvidasse a verdade de todos os outros nomes que as Escrituras e os santos padres dão à mesma Virgem, mas porque todos eles estão significados no nome de Maria, e o nome de Maria compreende a todos.

§ VII

Até aqui temos declarado as significações de todo este sacratíssimo nome, e dado os fundamentos altíssimos de serem tantas. Mas ainda nos resta a especulação deste grande todo, parte por parte, ou a anatomia deste grande corpo, membro por membro. — Assim deve fazer — diz sabiamente Filo Hebreu — quem exatamente quiser conhecer a essência das coisas pela propriedade e significação de seus nomes: "Aqueles que consideram as coisas como por anatomia facilmente alcançam suas próprias apelações"[20]. — Passando, pois, a fazer esta exata anatomia, membro por membro e parte por parte, que vem a ser examinar o significado e mistérios do mesmo nome letra por letra, vejamos em cada uma por si o que significam as cinco letras do nome de Maria. S. Antonino, como tão douto e devotíssimo deste santíssimo nome, tirou das cinco letras dele cinco prerrogativas universais, em que parece compreendeu os poderes e mistérios de seu amplíssimo significado; e são os seguintes: M, "Mãe de todos"; A, "Arca dos tesouros"; R, "Rainha dos céus"; I, "Dardo dos inimigos"; A, "Advogada dos pecadores"[21]. — É, porém, o mesmo significado do nome de Maria tão imenso, e a energia de cada uma de suas letras tão fecunda, que para eu fazer alguma demonstração desta admirável fecundidade, não quero tirar cinco prerrogativas das suas cinco letras, mas de cada uma delas tirarei dobrado número, e isto não repetindo ou resumindo tudo, senão alguma parte somente do que do mesmo nome e seu significado disseram os santos e escritores sagrados. Vamos letra por letra.

M, "Mãe de Deus, digna do digno, formosa do formoso, pura do incorrupto, excelsa do altíssimo", diz Ricardo Victorino[22]. — M, "Maria que desceu do céu, e com um manjar mais suave que o mel sustenta a todo o mundo", diz S. Máximo[23]. — M, "Mão direita de Cristo, a qual ele estende para levantar à sua graça todos os caídos" — diz o Meneo Grego[24]. — M, "Mestra dos mestres, porque Maria o foi dos apóstolos", diz Ruperto[25]. — M, "Mar vermelho que afogou o místico Faraó, isto é, o demônio", diz S. João Geômetra[26]. — M, "Medicamento universal para todas as nossas enfermidades", diz o mesmo Geômetra. — M, "Mesa espiritual, em que se nos dá vivo o pão da vida eterna", diz S. Isaácio[27]. — M, "Mediadora para o mediador, que é Cristo para com o Pai, e Maria para com Cristo", diz S. Bernardo[28]. — M, "Monte levantado sobre o cume de todos os montes", diz S. Gregório[29]. — M, "Morte dos pecados e vida dos justos", diz Santo Agostinho[30]. — M, "Mina da qual se arrancou sem mãos a pedra que encheu e cobriu o Mundo", diz Hesíquio[31]. — M, "Milagre dos milagres, e o maior de todos os milagres", diz S. João Damasceno[32]. — M, "Muro inexpugnável, e fortaleza segura da salvação", diz Teosterito[33]. — M, "Mulher admiravelmente singular e singularmente admirável, pela qual se salvam os homens e se restauram os anjos", diz S. Anselmo[34].

Bem vejo que nesta primeira letra excedi não menos que em a metade o número prometido, mas nas seguintes a observarei pontualmente sem sair dele, porque o não permite o tempo. "A, Árvore da vida, que só foi digna de dar o fruto da saúde eterna", diz S. Boaventura[35]. — A, "Adjutório do Altíssimo, porque Maria ajudou e ajuda a Cristo a salvar o gênero humano, como Eva foi dada a Adão com o mesmo nome, por ser semelhante a ele", diz Hugo Cardeal[36]. — A, "Abismo, isto é, pego sem fundo da graça", diz S. João Damasceno[37]. — A, "Altar animado, no qual o Cordeiro Cristo se oferece espiritualmente em sacrifício vivo", diz André Cretense[38]. — A, "Arca do Testamento, na qual estiveram encerrados todos os mistérios e arcanos da divindade", diz S. Ildefonso[39]. — A, "Aurora do céu na terra, porque assim como a aurora é fim da noite e princípio do dia, assim Maria foi o fim de todas as dores e o princípio de toda a consolação", diz Ruperto[40]. — A, "Alabastro do unguento de nossa santificação", diz S. Anfilóquio[41]. — A, "Aqueduto da fonte da graça, cujas enchentes, saindo do peito do Eterno Pai, se comunicaram ao homem", diz S. Bernardo[42]. — A, "Abelha Virgem, que nos fabricou na terra o favo de que o mel é Cristo", diz S. Ambrósio[43]. — A, "Aula da universal propiciação, em que se concedem os perdões a todos os pecadores", diz Santo Anselmo.

Ao A segue-se o R: R, "Rainha, cujo reino, fundado na terra e consumado no céu, é de potência inexpugnável", diz André Cretense[44]. — R, "Razão única e total de todas as nossas esperanças", diz S. Bernardo[45]. — R, "Raiz não só da glória, mas de todos os bens ainda desta vida", diz Crisipo[46]. — R, "Recreação e alívio potentíssimo de todos os aflitos", diz S. Germano[47]. — R, "Ressurreição de Adão, morto ele, e homicida de todos, pelo pecado", diz S. Efrém[48]. — R, "Reclinatório de ouro, no qual, depois da rebelião dos anjos, reclinando-se Deus, só achou descanso", diz S. Pedro Damião[49]. — R, "Refrigério e orvalho da graça contra o ardor e incentivo de todos os vícios", diz Ricardo de S. Laurêncio[50]. — R, "Refúgio de todos os que se acolhem ao seu amparo, e os faz cidadãos de uma e outra Jerusalém", diz Geórgio Nicomediense[51]. — R, "Reparadora das ruínas de Eva, para que assim como por ela entrou no mundo a morte, por Maria se restituísse a vida", diz S. Pedro Crisólogo[52]. — R, "Rosa do paraíso do céu", diz Santa Gertrudes, e acrescenta que a mesma Senhora lhe ensinou que a invocasse com este nome[53].

A quarta letra do nome de Maria é o I: I, "Ideia digna da divindade", diz Santo Agostinho[54]. — I, "Imagem do divino Arquétipo propriamente delineada", diz André Cretense[55]. — I, "Íris, sinal de paz e clemência, porque, pondo Deus os olhos em Maria, como prometeu do antigo arco celeste, desiste dos castigos que merecem os pecados do mundo", diz S. Antonino[56]. — I, "Jardim de delícias, no qual estão plantadas todas as flores e se exalam os cheiros de todas as virtudes", diz Sofrônio[57]. — I, "Jordão da Igreja, em cujas puríssimas correntes se restitui à primeira limpeza a carne de Naamã leproso, isto é, a lepra da natureza corrupta", diz Ricardo Laurentino[58]. — I, "Inventora magnífica da graça", diz S. Bernardo[59]. — I, "Júbilo perpétuo do céu e da terra", diz S. Metódio[60]. — I, "Intercessora imperial que, não rogando como serva, mas mandando como Senhora, impetra do tribunal divino quanto procura", diz S. Pedro Damião[61]. — I, "Jus e direito particular, pelo qual Deus decide todas as causas e demandas do gênero humano", diz S. João Geômetra[62]. — I, "Ímã ou magneto eficacíssimo, o qual, como aquela pedra atrai o ferro, assim Maria atrai e traz a Deus os duros corações dos pecadores", disse e revelou a Santa Brígida a mesma Senhora[63].

Só nos resta a última letra, que é o segundo A. E, posto que do primeiro dissemos tão excelentes prerrogativas, ainda são maiores as que agora ouvireis. — A, "Arca de Noé, porque assim como aquela arca era composta de três estâncias, em que recolheu todas as criaturas viventes, assim Maria, sendo morada do Criador, recolheu e teve dentro em si o complemento de toda a Trindade, isto é, as três Pessoas Divinas", diz Crisipo[64]. — A, "Harpa de Davi, cuja harmonia fazia fugir o demônio do corpo de Saul, e do mesmo modo o põe em fugida a consonância do nome de Maria", diz S. Gregório Nazianzeno[65]. — A, "Águia de Ezequiel, a qual, voando ao monte Líbano do céu, tirou de lá a medula do cedro sublime, que é o Filho, sabedoria do Pai", diz Santo Tomás[66]. — A, "Aljava de Deus, dentro da qual teve escondida nove meses aquela seta escolhida, com que havia de ferir e derrubar de um tiro o mundo, a morte e o pecado" (Is 49,2), diz Isaías. — A, "Antídoto da vida contra o veneno de Eva", diz S. Bernardo[67]. — A, "Armazém fortíssimo, no qual Deus se vestiu das armas de nossa humanidade, para vencer o demônio", diz Guilielmo Parisiense[68]. — A, "Asilo do mesmo Deus, porque só em Maria esteve Deus seguro de o ofenderem pecados", diz Andreas Jerosolimitano[69]. — A, "Âncora firmíssima de todas as nossas esperanças no mar tempestuoso deste mundo", diz Teodoro Studita[70]. — A, "Atlante do céu e da terra, os quais já se tiveram arruinados, se Maria com o poder de sua intercessão os não sustentara", diz S. Fulgêncio[71]. — A, "Argos vigilantíssima, com muitos olhos para ver e acudir a nossas misérias", diz S. Epifânio[72]. — Enfim, A, "Agregado de todas as graças em si mesma e para conosco, porque ao agregado de todas as águas chamou Deus 'mária' [mares], e ao agregado de todas as graças chamou Maria", diz S. Antonino[73].

§ VIII

Feita assim, letra por letra, a gloriosa anatomia do nome admirabilíssimo de Maria, não é justo que passemos em silêncio os poderosos efeitos e virtude de cada uma, considerando primeiro o mistério do número de todas cinco. Havendo aceitado Davi o desafio com o gigante, a munição que preveniu para a sua funda foram cinco pedras. E por que razão este número e não outro? Para o tiro bastava uma, como bastou. E se para o segurar se não contentou com duas, nem três, nem quatro, por que não levou seis ou sete, senão cinco? Todos os que consideram este número mais reconhecem nele o supérfluo que o necessário, e menos o natural que o misterioso. Qual foi logo o mistério por que se armou Davi de cinco pedras, nem mais nem menos? Filo[74], o autor das Antiguidades Bíblicas, e o Caldeu dizem que escreveu Davi naquelas pedras o nome de Deus e dos patriarcas. Eu bem creio que Davi no seu surrão não traria pena e tinta; mas, posto que para riscar o que dizem que escreveu bem podia haver no mesmo surrão algum instrumento pastoril, bastava que esta devota aplicação a fizesse em voz ou mentalmente. E quanto aos que têm por fábula dos rabinos este gênero de letras escritas nas pedras dos que atiravam com fundas, é pouca notícia da milícia antiga, na qual o usavam assim os fundibulários, que eram os mosqueteiros daquele tempo, para que no golpe da pedra se soubesse a mão de que tinha saído. E ainda hoje se acham nas campanhas daquelas batalhas algumas pedras com as mesmas inscrições, que em Lípsio se podem ver estampadas[75]. Isto posto, não é só verossímil, mas muito conforme ao texto sagrado que Davi escrevesse nas suas pedras, ou as dedicasse ao nome de Deus, porque quando o gigante zombou das suas armas, lhe respondeu ele: "Tu vens contra mim armado de espada, lança e escudo; e eu venho contra ti sem outras armas mais que o nome do Senhor dos exércitos, o Deus de Israel" (1Rs 17,45).

O que agora resta saber é que nome de Deus fosse este, porque Deus então tinha muitos nomes e ainda havia de ter mais, o que Davi não ignorava como profeta. Respondem e supõem comumente os intérpretes que o nome que invocou Davi foi o nome inefável, que o mesmo Deus não quis revelar a Jacó e depois revelou a Moisés, nome de tanta veneração que a ninguém era lícito pronunciá-lo. Mas o número das pedras não concorda com as letras deste nome, o qual constava somente de quatro, e por isso se chamava quadrado ou quadrilátero, e no tal caso haviam de ser as pedras quatro, e não cinco. Segue-se logo que para o número das letras concordar com o número das pedras, assim como as pedras eram cinco, assim haviam de ser cinco as letras do nome; e que nome é ou foi este de cinco letras, senão o nome santíssimo de Jesus? Assim o entendem, e com razão, todos aqueles autores que têm para si que o nome de Deus, de que Davi disse que ia armado, não podia nem devia ser outro senão daquele mesmo Deus que juntamente era Deus e Filho do mesmo Davi. A pedra em que se fundou a casa de Davi foi a que derrubou ao gigante; e como Davi saiu armado, não só dela, senão de todas cinco, em que ia escrito o nome de Deus, justo era que esse Deus fosse o que nasceu da mesma casa, e esse nome, o de Jesus, de tantas letras quantas eram as pedras. Sendo, pois, o nome escrito nas cinco pedras o nome de Jesus, bem se deixa entender que o outro nome com que Davi o acompanhou não havia de ser o dos patriarcas tão remotos, senão o da Mãe do mesmo Jesus, que igualmente é nome de cinco letras, Maria.

Para prova desta que só parece conjectura, posto que tão adequada, temos o oráculo da mesma Senhora nas palavras do seu

Cântico: "Porque me fez grandes coisas o que é poderoso, e santo é o seu nome" (Lc 1,49). — A dois princípios ou causas atribui a soberana Virgem as grandezas que recebeu de Deus: "Porque fez em mim grandes coisas" — à sua onipotência: "o que é poderoso" — e ao seu santo nome — "e santo é o seu nome". — E por que não só à onipotência, senão também ao nome? Porque este nome de Deus, por antonomásia santo, é o nome de Jesus que quer dizer salvador, e como santo nos santificou e deu graça, sem a qual nos não podíamos salvar. Repartiram, pois, entre si as grandezas que deram à Mãe de Deus a onipotência do mesmo Deus e o nome de Jesus. A onipotência, dando à pessoa o ser e as mesmas grandezas; e o nome de Jesus dando-lhe um tal nome que as declarasse todas, que foi o nome de Maria. Vede como em uma e outra coisa se corresponderam admiravelmente o Filho com a Mãe e a Mãe com o Filho. O Filho Deus, como vimos, concebeu na mente divina o ser da Mãe: "Ainda não havia os abismos, e eu estava já concebida" (Pr 8,24) — e depois deu-lhe por sua própria boca o nome de Maria: "Eu saí da boca do Altíssimo" (Eclo 24,5). — E do mesmo modo a Mãe primeiro deu o ser ao Filho, concebendo-o em suas entranhas: "Eis conceberás no teu ventre, e parirás um filho" (Lc 1,31) — e depois lhe deu o nome de Jesus: "E pôr-lhe-ás o nome de Jesus" (Ibid.). — E como estas correspondências foram tão iguais que o Filho deu o ser e o nome à Mãe, e a Mãe deu o ser e o nome ao Filho, assim pedia a razão que os nomes fossem contados pela mesma medida até no número das letras; e assim como o nome de Jesus se compõe de cinco letras, assim o nome de Maria se formasse de outras cinco.

Nem é muito que estes dois santíssimos nomes sejam tão parecidos no som das vozes quando o são nos respeitos da dignidade e nos efeitos da virtude. Em que se vê e conhece o respeito devido ao nome de Jesus? S. Paulo o disse: "Deu-lhe Deus o nome sobre todo o nome, que é o nome de Jesus, diante do qual pronunciado se ajoelhem e o adorem todos os da terra, todos os do céu e todos os do inferno" (Fl 2,9s). E este respeito proporcionadamente é o que se deve ao nome venerabilíssimo de Maria, — diz, falando com a mesma Senhora, o doutíssimo e devotíssimo Idiota. — "Deu-vos a Santíssima Trindade, ó Virgem Maria, um nome, o qual, abaixo de vosso Filho, é o nome sobre todo o nome, ao qual reverenciem e adorem, prostrados de joelhos, os do céu, os da terra e os do inferno"[76]. — Esta sentença daquele, tanto mais sábio quanto menos afetou o nome de douto, seguem hoje, louvam e alegam todos os doutores católicos. Mas isto é o menos. Pedro Blesense, aquele famoso varão em letras e piedade que floresceu há mais de quinhentos anos, escreve que em seu tempo era uso e cerimônia universal da Igreja que, "quando se ouvia o nome de Maria, todos se prostrassem por terra"[77]. — E S. Pedro Damião, cem anos mais antigo, nomeando em um sermão o nome de Maria: "Esta é" — disse aos seus ouvintes — "aquela Senhora a cujo nome vos inclinais com tão profunda reverência"[78]. — E se hoje não fazemos todos o mesmo, não é porque o mesmo nome seja menos digno desta adoração, mas porque nós somos indignos de o venerar como ele merece. Em todas as Dioceses era bem que ordenassem os prelados o que refere Súrio instituiu na sua S. Gerardo, Bispo das Panônias: "Para que, ao pronunciar o nome de Maria, todos imediatamente se ajoelhem"[79].

E quanto à virtude e aos efeitos do nome de Maria, semelhantes aos do nome de Jesus, porque seria matéria infinita se houvéssemos de discorrer por todas as suas letras, comparemos só uma do nome de Jesus com outra do nome de Maria, e seja em um e outro nome a primeira. Das cinco pedras de Davi, aquela que levava escrita a primeira letra do nome de Jesus foi a primeira que ele meteu na funda. E que fez aquela primeira pedra em virtude daquela primeira letra? Fez tiro ao gigante e derrubou-o. Diremos, pois, que o mesmo faria ou fará a primeira letra do nome de Maria? Digo seguramente que sim. A primeira letra do nome de Jesus é o J; a primeira letra do nome de Maria é o M; e tanto fará o M do nome de Maria como o J do nome de Jesus. E digo segura e constantemente que fará outro tanto, porque já o fez. Ouvi um caso verdadeiramente estupendo. Junto aos muros da cidade de Nimega se achava de noite uma donzela de outro povo vizinho, a qual não quis recolher em sua casa outra mulher que, não só por piedade cristã, mas por estreito parentesco, tinha depois da mãe as segundas obrigações de o fazer. Neste desamparo, só, triste, desesperada, e perdido totalmente o juízo, em vez de invocar a miserável o socorro do céu, chamou o do inferno, e no mesmo ponto lhe apareceu o demônio em hábito de médico forasteiro que por ali passava. Informou-se das causas de sua aflição, e não só lhe prometeu remédio para o trabalho presente, mas muito melhorada fortuna para o resto da vida, só com condição que quisesse ser sua. Aceitou a pobre donzela o miserável contrato, contra o qual, porém, se ofereceu uma nova dificuldade, porque sabendo o demônio que ela se chamava Maria, instou que havia de deixar aquele nome, que ele sobre todos aborrecia. Tinha Maria grande afeto ao mesmo nome, posto que já tão indigna dele; enfim, vieram os dois a partido que, deixado o nome inteiro de Maria, ao menos lhe ficasse a primeira letra, e assim se chamou dali por diante Eme. Continuou Eme no serviço e amizade do demônio, e já se vê qual seria a sua vida. Não era de cristã nem de criatura racional, mas de um tição do inferno, tão condenada e sem esperança de salvação como o mesmo a quem servia. Contudo eu ainda não desespero.

Passou um, passaram dois, passaram seis anos, em que suportou Eme o duríssimo cativeiro e jugo cruel do infernal tirano; mas como sempre conservou aquela meia sílaba do nome de Maria, posto que era uma só letra, ela bastou finalmente para o despojar da presa, e derrubar e vencer. Assim como a primeira letra do nome de Jesus lançou por terra ao soberbíssimo gigante, assim a letra também primeira do nome de Maria venceu e derrubou o demônio, o qual, como diz Santo Agostinho, no mesmo gigante se representava. Era o dia da Santíssima Trindade, quando sucedeu esta vitória, e com grande mistério, porque o melhor jeroglífico da mesma Trindade é o M, um e trino. O cetro com que ostenta seu poder e se arma o demônio quando aparece visível, é o seu tridente de fogo; o M, entre todas as letras, também é tridente e, competindo o tridente do nome de Maria com o tridente infernal do demônio, bem viu e experimentou ele, nesta primeira letra do mesmo nome, com quanta razão se temia de todo. Ah! mesquinho e infame enganador, quanto mais abatido ficou agora o teu orgulho que quando caíste do céu! Do céu derrubou-te Micael com todo o nome de Deus: "Quem como Deus?" — e agora derruba-te uma mulher fraca e escrava tua, não com todo o nome de Maria, nem com uma sílaba dele, senão com uma só letra do mesmo nome.

Libertada e convertida Eme, já não Eme, senão Maria, com toda a inteireza do seu antigo nome que tanto amava, para satisfazer por seus pecados, não se contentou com menos que ir a Roma pedir ao Sumo Pontífice que ele lhe assinalasse a condigna penitência de tão enormes e continuadas maldades. Fez assim o pontífice. Mandou-lhe lançar ao pescoço três argolas de ferro, e outras tantas também de ferro nos braços, e que com estes, não ferretes do seu cativeiro, senão ferros duros e pesados, fizesse penitência das prisões diabólicas em que tantos anos vivera, até que os mesmos ferros ou o tempo os desfizesse e consumisse, ou Deus os quebrasse. Assim viveu penitente em um convento de Santa Maria Madalena, presa sempre e carregada dos seus ferros, até que, passados catorze anos, a libertou deles e lhos quebrou um anjo. Pois tão tarde, e depois de tantos anos? Sim, para que se veja quanto mais poderosas são as indulgências do nome de Maria que as satisfações da penitência, por ásperas e duras que sejam. O nome de Maria, e uma só letra do nome, bastou para livrar a pecadora do poder do demônio em um dia; e rigores e ferros da penitência, para satisfazer pelos mesmos pecados, houveram mister catorze anos. Mas a penitência peleja contra o demônio com armas de ferro, o nome de Maria com armas de ouro. Ouçamos ao grande mestre de espírito, o devotíssimo Kempis, sobre a diferença destes mesmos ferros a virtude daquele nome. "O demônio" — diz ele — "ou se vence com armas de ferro ou com armas de ouro: as de ferro são os jejuns, os cilícios, as disciplinas, e outras penitências e asperezas; as de ouro são os dois santíssimos e poderosíssimos nomes de Jesus e de Maria"[80]. — E paremos aqui com o segundo ponto, largo quanto à brevidade do tempo, mas quanto à grandeza da matéria, muito breve.

§ IX

Para o terceiro e último prometi reservar o modo com que, pela frequente invocação do mesmo nome, nos devemos aproveitar dos maravilhosos efeitos de tudo o que ele significa, matéria que pedia mais largo tempo do que já nos falta. O nosso português Santo Antônio diz que "o nome de Maria é júbilo no coração, mel na boca e música nos ouvidos"[81] — e quando não fora mais que pelo gosto de lograr esta doçura, suavidade e harmonia, se devera repetir e de articular continuamente este saborosíssimo nome. Mas ajuntemos ao doce o útil, em que consiste todo o ponto. S. Bernardo, depois de uma larga e triste representação dos trabalhos e misérias desta vida, para remédio de todos nos exorta a que invoquemos o nome de Maria, aplicando a cada um, como uma receita universal: "Invoca Maria, invoca Maria". — E, verdadeiramente, se nós mesmos nos não quisermos enganar ou cegar, que outra coisa é este mundo senão um hospital comum da natureza humana, em que todos padecem, todos gemem, e como nele não há estado ou fortuna isenta de misérias e dores, nenhuma há também enxuta de lágrimas. Mas que maravilha seria tão grande, tão fácil e tão útil, se todos estes males se curassem, não digo com palavras, senão com uma só palavra! Pois esta palavra é o nome de Maria; e se não, discorramos um pouco por este hospital, e perguntemos a alguns doentes qual é a sua queixa.

"Entristece-se alguém?" São o mal de que vos queixais tristezas que não admitem consolação? — diz Ricardo de Santo Laurêncio — pois invocai o nome de Maria, e vereis como essa nuvem que tendes sobre o coração se desfaz, e em lugar da tormenta vem a serenidade: "Em seguida ao nome de

Maria cessa a nuvem e volta a serenidade"[82]. — Quem mais penetrada da tristeza que a Madalena, a quem nem a vista, nem as palavras dos anjos puderam consolar? Que nuvem era tão espessa a que tinha sobre os olhos e lhe carregava e oprimia o coração, pois, tendo presente a causa e o remédio de suas lágrimas, e vendo vivo o que chorava morto, o não conhecia? Mas que faria o divino Mestre para que toda aquela tristeza se serenasse e convertesse em alegria? Coisa maravilhosa! "Disse-lhe o Senhor, Maria" (Jo 20,16) — e tanto que o Filho pronunciou o nome da Mãe, no mesmo ponto a Madalena conheceu a quem não conhecia, e se lançou aos pés de seu Mestre, tão mudada e tão outra, que já não cabia em si de alegria a que pouco antes estava fora de si de tristeza. E digo, tanto que o Filho pronunciou o nome da Mãe, porque, ainda que a Madalena também se chamava Maria, o nome de Maria, que de desconsolada a consolou e de triste a fez alegre, não foi o seu, senão o da Mãe de seu Mestre: "Chama-se Maria, isto é, recebe o nome daquela que deu à luz Cristo" — diz com o mesmo pensamento Santo Ambrósio[83].

Entre todas as paixões humanas, a que mais aflige e tem mais modos de afligir é o temor. As outras atormentam com o que é; o temor com tudo o que pode ser, e não só com os males, senão com os mesmos bens. E que remédio tão certo para curar este mal sempre incerto como o nome de Maria? Esta foi a primeira virtude em que se mostrou sua eficácia. As duas maiores propostas que nunca se fizeram neste mundo foi a do demônio a Eva e a do anjo a Maria: aquela, que seria como Deus; esta, que seria Mãe de Deus. E como foram aceitas uma e outra? Eva não temeu, porque não considerou; Maria considerou e temeu: "Turbou-se, e discorria pensativa que saudação seria esta" (Lc 1,29). — Com alto juízo disse S. Bernardo neste lugar: "Quereis estar seguro do demônio? Temei até os anjos do céu"[84]. — Eva creu nas palavras do demônio como se fora anjo, e Maria temeu as do anjo, porque considerou que podia ser demônio. O mesmo anjo, porém, para segurar a Senhora deste temor, o que lhe disse foi: "Maria, não temas" (Lc 1,30). — Quando Gabriel saudou a Virgem, não disse "Ave Maria", senão "Ave cheia de graça". Pois, se então calou o nome de Maria, por que agora o nomeia expressamente? Porque então o calar o nome foi cortesia e reverência; agora o nomeá-lo era obrigação e necessidade. Excelentemente S. Bernardo: "O anjo, à vista da Virgem, conhecendo facilmente que ela revolvia pensamentos, consola a temerosa, confirma a duvidosa e chamando familiarmente pelo nome, benignamente a persuade que não tema. Maria, disse, não temas". Vendo o anjo que a Virgem não respondia, antes revolvia no pensamento as causas que tinha para duvidar e temer o que ouviu, conhecendo facilmente que estava perplexa e temerosa, para lhe sossegar a perplexidade e tirar o temor, nomeou-a por seu próprio nome, porque para confortar receios e dissipar temores não há remédio tão eficaz como o nome de Maria. — Assim o fez agora, e também depois o mesmo anjo, quando para animar o Sagrado Esposo, e o livrar da perplexidade e temor com que se achava, lhe advertiu também com a mesma expressão que a Esposa que temia receber se chamava Maria: "Não temas receber a Maria, tua mulher" (Mt 1,20).

Mas, se os receios e temores forem tais que tenham chegado à desesperação da mesma vida, também estes não remedeia o mesmo Deus senão por meio do nome de Maria. Avisaram as duas irmãs a Cristo da enfermidade de Lázaro, e havendo-se o Senhor dilatado até o quarto dia depois de sua morte antes de entrar em Betânia, onde estava sepultado, mandou a Marta, a qual saíra a o receber, que chamasse Maria: "Retirou-se, e foi chamar em segredo a sua irmã Maria, a quem disse: É chegado o Mestre, e ele te chama" (Jo 11,28). — A razão por que Cristo dilatou tanto a sua vinda foi porque não só quis sarar, senão ressuscitar a Lázaro morto de tantos dias, para maior glória de Deus, maior honra do mesmo defunto e maior demonstração do particular afeto com que o amava. Mas a razão ou mistério por que não quis obrar aquela prodigiosa ressurreição sem primeiro vir Maria, assim como foi singular reparo de S. Pedro Crisólogo, assim é admirável prova de quão poderoso é o nome de Maria, ainda nos casos mais desesperados, para dar vida. Ouçamos ao santo cujas palavras nunca melhor mereceram o nome de áureas: "Mandou o Senhor chamar a Maria, porque havia de lançar fora da sepultura a morte e restituir ao morto a vida, e nenhuma destas coisas se podia fazer sem o nome de Maria"[85]. — Mas de qual Maria? Não de Maria, irmã de Marta, senão da Maria, Mãe de Cristo. "Venha Maria, venha a mensageira do nome materno, para que o homem veja que Cristo habitou o íntimo do útero virginal de modo que os mortos subam do inferno, e os mortos saiam dos sepulcros." Venha Maria, mas não enquanto o nome de Maria é seu, senão enquanto representa o nome de Maria, Mãe de Cristo: "Venha a portadora do nome materno" — para que, quando Lázaro sair vivo da sepultura, conheça o mundo que é em virtude do nome daquela Maria, de cujas entranhas também saiu vivo o autor do mesmo milagre. — E haverá ainda algum enfermo tão desconfiado da vida que não espere a vida e a saúde, invocando o nome de Maria?

Passemos à vida e saúde da alma, que é a que mais importa. Esta é a enfermidade geral de que está mais cheio o hospital do mundo, e tanto mais perigosa quanto os mesmos enfermos a padecem sem dor. Os que escapam e saram são poucos, os que caem de novo e recaem são muitos, porque as tentações assopradas pelo demônio não cessam, e o remédio, que está na invocação do nome de Maria, ou não se aplica totalmente, ou se erra o modo com que se deve aplicar. Uma e outra coisa ensinou a mesma Senhora a Santa Brígida e, depois de dizer quanto veneram o seu nome os anjos, também disse quanto o temem os demônios. "Também todos os demônios" — diz a Virgem — "temem muito o meu nome; e tanto que ouvem este nome, Maria, logo largam a alma das unhas com que a tinham presa."[86] — Tenho notado em todas as revelações da Virgem, Senhora Nossa, que o seu estilo é dar os documentos, e logo declará-los com alguma comparação; e assim o fez neste caso. — "Assim como a ave de rapina, que tem a presa nas unhas, se a espantam com alguma voz, larga a presa, assim os demônios, ouvindo o nome de Maria, com medo dele, largam a alma e fogem." — Desta maneira se declarou a Senhora com aquela semelhança, a qual noutra ocasião fez evidente com o efeito. Perto de S. Lucar há um convento chamado Nossa Senhora da Regra, cujos religiosos, que são de Santo Agostinho, ensinaram uma pega a dizer: Santa Maria da Regra, o que ela repetia muitas vezes. Sucedeu, pois, que, levando um gavião nas unhas esta pega, ela, pelo costume que tinha, a voz com que naturalmente brotou na sua aflição, foi Santa Maria da Regra, e no mesmo ponto ela e o gavião vieram a terra: o gavião morto, e ela vitoriosa e livre. Mas assim como — continua a Senhora a ensinar o que deve concorrer de nossa parte, para que o efeito da invocação do seu nome permaneça — assim como a ave de rapina que, espantada da voz fugiu e largou a presa, se o efeito do temor não continua, "torna logo a ela, assim o faz também o demônio, tão veloz como uma seta, se à invocação do meu nome se não segue a emenda da alma que escapou das suas unhas". — Finalmente, conclui a Senhora com esta admirável sentença: "Nenhum homem há tão frio no amor de Deus, se não for já condenado, que, se invocar o nome de Maria com propósito de emenda, não se aparte logo dele e fuja o demônio".

Depois das tentações do demônio só resta o de que elas são incentivo, que é o pecado o maior mal de todos os males, e não só enfermidade mortal, mas verdadeiramente morte das almas. E que remédio terá um cristão grande pecador, e pouco menos ou muito mais que gentio, carregado, oprimido e afogado de um abismo sem fundo de infinitos pecados, aos quais não sabe o número, porque nunca fez conta da conta que Deus lhe há de pedir deles? Bom remédio, e fácil — diz Alberto Magno: Este tal pecador batize-se no nome de Maria. — Notai as palavras, que são tão admiráveis, como de grande consolação para todos os tentados e quase caídos: "Maria quer dizer mar amargoso, e tu, ó cristão, quando te vires tão apertadamente tentado, que já te dês por vencido, batiza-te na amargura deste mar nomeando a Maria, e experimentarás em ti sem dúvida, e com toda a certeza, a virtude deste nome e a eficácia deste batismo"[87]. Ó admirável e nunca imaginado privilégio do nome de Maria! Nos Atos dos Apóstolos lemos que os cristãos no tempo da primitiva Igreja se batizavam no nome de Cristo: "Porém, depois que creram o que Filipe lhes anunciava do reino de Deus, iam-se batizando homens e mulheres em nome de Cristo" (At 8,12). — Mas, como podia isto ser, se a forma do Batismo instituído pelo mesmo Cristo, e dada aos apóstolos, é que "batizassem a todos em nome do Pai, e do Filho, e do Espírito Santo" (Mt 28,19)? — Responde Santo Tomás que foi privilégio particular revelado aos apóstolos, para que o nome de Cristo, que era odioso aos judeus e gentios, fosse mais honrado e estimado, vendo todos que pela invocação de seu nome, se comunicava no Batismo o Espírito Santo: "Por especial revelação de Cristo aos Apóstolos na Igreja primitiva para que o nome de Cristo — que era odioso para os judeus e gentios — se tornasse honorável, por isso dava-se no batismo o Espírito Santo à invocação desse nome"[88]. — Pois, assim como Deus, para honrar o nome de seu Filho, dispensou que os homens se batizassem em nome de Cristo, e pela invocação do mesmo nome se lhes comunicasse o Espírito Santo, assim supõe o grande mestre do mesmo Santo Tomás que, para honrar o Filho o nome de sua Mãe, lhe concedeu que nos pudéssemos batizar no nome de Maria, e pela invocação do mesmo nome recebêssemos a graça do Espírito Santo, não por modo de Sacramento, o que se não pode dizer, mas por outro privilégio digno de tal Mãe e tal nome. S. Bernardino de Sena lhe chama privilégio de autoridade e jurisdição, a qual diz que recebeu a Senhora desde o dia da Encarnação do Verbo sobre todas as missões temporais do Espírito Santo, porque o mesmo Espírito Santo se não quer comunicar senão por meio de Maria: "Desde o momento quando a virgem bendita concebeu o Verbo de Deus, teve jurisdição e autoridade sobre toda missão temporal do Espírito Santo, porque o Espírito Santo não quer se comunicar senão por ela"[89].

§ X

Este é o modo, ou estes são os modos com que por meio da frequente invocação do nome de Maria podemos conseguir os altos e maravilhosos efeitos que no mesmo nome se significam. E se me perguntardes qual deve ser a frequência desta invocação, que esperais que vos responda? Bastará porventura — ou por desgraça — que nos lembremos tantas vezes do nome de Maria quantas são as letras do mesmo nome? Ainda mal, porque haverá homem com nome de cristão que nem cinco vezes no dia se lembre daquela insigne benfeitora de quem Cristo recebeu o ser, e a quem devemos o mesmo Cristo. Na língua grega, em que as letras juntamente são números, o número que vem a fazer as letras do nome de Maria é novecentos e noventa e nove, como bem notou Georgio Veneto[90]. E seria muito que novecentas e noventa e nove vezes cada dia invocássemos o nome de Maria? Se assim o fizéssemos, é tão superior ao maná este saborosíssimo nome, que mil vezes tomado na boca nos não havia de enfastiar, mas sempre havíamos de achar nele novo sabor e doçura: "Admirável é este nome de Maria, e muito admirável, que ouvido milhares de vezes sempre se ouve como novo" — diz Franco Abade[91].

E para que a frequência desta repetição nos não pareça demasiada, ouçamos a S. Germano. Falando com a Senhora, diz assim: — "Não é tão necessária a respiração do ar, para viverem os nossos corpos, como é necessária a invocação do vosso nome, ó Virgem Maria, para viverem as nossas almas"[92]. — Noutra parte: "Assim como a contínua respiração não só é sinal da vida, senão também causa dela, assim a contínua invocação do nome de Maria na nossa boca não só é argumento certo de que vivemos, senão a que causa em nós e conserva a mesma vida"[93]. — Dizei-me agora quantas vezes respira cada um de nós em um dia para viver. Conte bem cada um as respirações com que vive, e sem as quais não pode conservar a vida, e então saberá quantas vezes deve invocar o nome de Maria. Confesso que parece encarecimento, mas já eu vos repeti deste lugar o exemplo de um homem leigo nesta mesma América, o qual a todas as respirações dizia a Deus: "Seja feita a tua vontade" (Mt 6,10). — Mas na Ásia, e em uma gentia, temos outro maior exemplo, e que mais nos deve confundir. É o caso que, se o não escreveram autores dignos de toda a fé, parecerá incrível. Uma gentia japonesa era tão devota do seu falso deus, Amida, que todos os dias, furtando para isso muitas horas ao sono, invocava o nome de Amida cento e quarenta mil vezes. Mas não é coisa nova em Deus abrir os olhos com a luz da verdade, e trazer a seu serviço os que vê aplicados com extraordinário zelo ao culto de seus erros. Assim o fez com Saulo, e assim com esta idólatra, a qual no ano de mil e seiscentos e vinte e dois se fez cristã, sendo já de maior idade, e, trocando um amor por outro amor, como a Madalena, foi continuando a sua devoção com o mesmo fervor até a morte, sem outra diferença mais que mudar o abominável nome de Amida no nome santíssimo de Maria. Cento e quarenta mil vezes cada dia invocava o nome da Mãe do verdadeiro Deus no mais remoto da Ásia, para exemplo e confusão da cristandade de Europa.

Eu fiz a experiência, e achei que nem era impossível nem muito dificultoso aquele que parece inumerável número. Mas não é esta a frequência que eu vos pretendo persuadir. Só vos digo que invoqueis o nome de Maria quando tiverdes necessidade dele; quando vos sobrevier algum desgosto, alguma pena, alguma tristeza; quando vos molestarem os achaques do corpo, ou vos não molestarem os da alma; quando vos faltar o necessário para a vida, ou desejardes o supérfluo para a vaidade; quando os pais, os filhos, os irmãos, os parentes se esquecerem das obrigações do sangue; quando vo-lo desejarem beber a vingança, o ódio, a emulação, a inveja; quando os inimigos vos perseguirem, os amigos vos desampararem, e donde semeastes benefícios, colherdes ingratidões e agravos; quando os maiores vos faltarem com a justiça, os menores com o respeito, e todos com a proximidade; quando vos inchar o mundo, vos lisonjear a carne e vos tentar o demônio, que será sempre e em tudo; quando vos virdes em alguma dúvida ou perplexidade, em que vos não saibais resolver nem tomar conselho; quando vos não desenganar a morte alheia e vos enganar a própria, sem vos lembrar a conta de quanto e como tendes vivido e ainda esperais viver; quando amanhece o dia, sem saberdes se haveis de anoitecer, e quando vos recolherdes à noite, sem saber se haveis de chegar à manhã; finalmente, em todos os trabalhos, em todas as aflições, em todos os perigos, em todos os temores e em todos os desejos e pretensões, porque nenhum de nós conhece o que lhe convém; em todos os sucessos prósperos ou adversos, e muito mais nos prósperos, que são os mais falsos e inconstantes; e em todos os casos e acidentes súbitos da vida, da honra da fazenda, e, principalmente, nos da consciência, que em todos anda arriscada e com ela a salvação. E como em todas estas coisas, e cada uma delas necessitamos de luz, alento e remédio mais que humano, se em todas e cada uma recorrermos à proteção e amparo da Mãe das misericórdias, não há dúvida que, obrigados da mesma necessidade, não haverá dia, nem hora, nem momento em que não invoquemos o nome de Maria.

Ainda resta outra razão mais nobre e mais fina que estas da nossa necessidade e conveniências, e é o muito que a mesma Virgem Maria se serve e agrada desta contínua memória e invocação do seu nome. Assim o tem manifestado a mesma Senhora a todo o mundo, com admiráveis e prodigiosos exemplos. E porque são os que mais podem animar a nossa devoção, quero acabar, referindo alguns brevissimamente. S. Eustáquio e o Beato Guilhelmo sempre traziam na boca o nome de Maria, e depois da morte se achou escrito na língua de um e outro o mesmo santíssimo nome com letras de ouro[94]. Tão facilmente faz Crisóstomos e Crisólogos este nome, e com tão poucas letras! Um monge, chamado Lósio, faltou uma noite às matinas, depois das quais, em honra do nome de Maria, rezava sempre devotamente cinco salmos, que começam pelas cinco letras do mesmo nome. O primeiro é *Magnificat*; o segundo: "Ao Senhor quando me atribular"; o terceiro: "Retribui ao teu servo"; o quarto: "Convertendo"; o quinto: "A ti levantei os meus olhos". Sabida a causa por que Lósio tinha faltado às matinas, foi achado morto, com o horror de todo o convento, que ainda nos timoratos costumam causar as mortes repentinas. Mas quem se tinha preparado com a invocação do nome de Maria em toda a vida, ainda que morreu sem enfermidade, não morreu de repente. Assim o mostrou logo publicamente a mesma Senhora, porque, em sinal de que aquela alma estava no paraíso da glória, brotaram no corpo defunto cinco rosas do mesmo paraíso, duas que saíam dos olhos, duas dos ouvidos e uma da boca. Nesta estava escrito com letras também de ouro o nome de Maria, e em todas cinco as de que ele se forma e canta no princípio dos cinco salmos.

E porque estes exemplos são para nossa doutrina, o que agora direi nos ensina um estilo com que estas cinco letras do nome de Maria se podem pronunciar, não só com a boca, senão também com a bolsa. Dois meses havia que um soldado espanhol no Peru não podia pronunciar o nome de Maria, porque quando o intentava, lhe apertavam com grande força e cerravam totalmente a garganta, sinal certo da mão invisível que tanto ódio tem e tanto se teme deste sacratíssimo nome. Fazia mais admirável o caso, que não sentindo impedimento para dizer Virgem Mãe de Deus, só pronunciar Maria lhe não era possível. Vários remédios aplicaram os confessores doutos e espirituais, sem que tivessem efeito algum contra aquele garrote infernal, até que mandaram ao soldado que, em honra das cinco letras do nome de Maria, desse uma esmola aos primeiros cinco pobres que encontrasse, e ele o fez assim. Em reverência do M, deu ao primeiro pobre uma das maiores moedas de prata que naquelas terras se lavram; outra ao segundo, em reverência do A; em reverência do R outra ao terceiro; e outra em reverência do I ao quarto; porém o impedimento como dantes. Deu finalmente a quinta moeda ao quinto pobre, em reverência do último A, e no mesmo ponto — coisa maravilhosa! — se lhe soltou a prisão da língua e nomeou uma e mil vezes o nome de Maria, sem haver dali por diante poder ou força alguma que lho impedisse. Assim pôde Zacarias nomear o nome de João, depois que o escreveu, porque quer Deus que as nossas línguas se ajudem também das mãos, e a Virgem Maria, cuja magnificência escreve em nós o seu nome com letras de ouro, não estima menos que a nossa caridade distribua as letras dele aos pobres em moedas de prata.

Nem só obra maravilhas a Mãe de Deus em confirmação do agrado com que aceita a honra que fazemos ao nome de Maria em si mesma, mas também em qualquer sujeito fora da mesma Senhora, por vil e indigno que seja. Ia disfarçado a umas festas de justas um cavaleiro de grande fama, insigne valor e destreza daqueles temerários jogos, quando no mesmo caminho se afeiçoou a uma donzela de extremada formosura, filha de pais honrados, mas muito pobres, aos quais ele a comprou com ricas joias para vítima inocente de seu depravado apetite. Também aqui concorreu o medo, porque era homem poderoso e soberbo, e o que não obrassem as dádivas, acabaria a violência e a força. Sabendo, porém, que a donzela já vendida se chamava Maria, em reverência daquele soberano nome se absteve de lhe fazer agravo; antes, porque tinha desejo e voto de servir a Deus em hábito religioso, a levou a um convento de monjas, prometendo que de volta pagaria o dote. Que errados são os pensamentos e que enganosas as esperanças dos homens! Esperava o cavaleiro de voltar carregado de fama e prêmios, como outras vezes, mas na primeira justa lhe atravessaram o peito com uma lança, de que caiu morto. Caiu o corpo em terra, e a alma também cairia no inferno, se a Virgem Maria, lembrada da reverência com que honrara o seu nome, naquele último momento, de que pende a eternidade, e em tão dificultoso transe, com um ato de verdadeira contrição lhe não alcançara a graça final. Tudo isto estava oculto, e no convento tardava o cavaleiro e a promessa do dote; mas a mesma Senhora, como fiadora de sua palavra, a desempenhou, e revelando em testemunho do que tinha sucedido que desenterrado o corpo defunto do cemitério comum lhe achariam na boca uma rosa, cujas raízes saíam do coração, que foi maior o triunfo que alcançou por devoto do nome de Maria que a vitória que esperava conseguir pelas armas. Desta maneira o cavaleiro e a donzela, ambos se salvaram onde ambos se haviam de perder: ela pelo nome que tinha de Maria, e ele pela reverência do mesmo nome.

§ XI

E se tanto se deve reverenciar este sagrado nome, ainda em sujeitos alheios, que devem fazer as que o trazem em si mesmas e se chamam Marias? Seja este o último documento. Oh! se souberam as que se chamam Marias quão grande é o peso que tomaram e trazem sobre si nas obrigações de tão santo e soberano nome! Quando Cristo mandou chamar a Madalena para a ressurreição de Lázaro, já ouvimos o que disse S. Pedro Crisólogo — e então não ponderamos: "Venha Maria, venha a portadora do nome materno". — Que quer dizer *bajula* [portadora]? Bájulos se chamam aqueles homens que levam aos ombros gravíssimos pesos, e a nossa língua parece que de Maria lhe derivou o nome. Neste sentido disseram os evangelistas de Cristo carregado com o peso da cruz: "E, levando a sua cruz às costas, saiu" (Jo 19,17). — Pois a Madalena chama a eloquência de Crisólogo bájula do nome de Maria: "A portadora do nome materno"? Sim. Porque, chamando-se Maria, trazia sobre si o peso imenso do nome da Mãe de Deus, e das obrigações e encargos do mesmo nome. Quem se chama Maria há de imitar as virtudes e pureza da primeira e única Maria. Na mesma Madalena o temos. Quando a mesma Madalena veio aos pés de Cristo, diz o evangelista S. Lucas que era uma mulher pecadora:

"E no mesmo tempo uma mulher pecadora, que havia na cidade" (Lc 7,37) — e pouco depois, fazendo menção das mulheres que seguiam e serviam a Cristo e seus discípulos pelas cidades e lugares onde pregavam o evangelho, diz que uma delas era Maria Madalena: "Maria, que se chama Madalena" (Lc 8,2). — Pois, se agora lhe chama o mesmo evangelista Maria, por que dantes lhe não chamou Maria? Excelentemente o venerável Beda: "Maria Madalena é a mesma que, tendo o nome calado, na próxima lição é chamada penitente; assim, o evangelista belamente revela-a com o próprio nome quando a lembra caminhando com o Senhor"[95]. Esta Maria Madalena de que fala o evangelista em um e outro lugar, não eram duas, como alguns falsamente cuidaram, senão a mesma. Mas o evangelista, com grande propriedade e advertência, agora chamou-lhe manifestamente Maria, e dantes calou-lhe o nome, porque dantes disse que era pecadora, e agora diz que seguia a Cristo. — Se as que se chamam Marias seguem a Cristo, são Marias; mas se são pecadoras, e o não seguem, não são Marias, porque são indignas de tão santo e tão soberano nome. O mesmo S. Pedro Crisólogo em mais breve e aguda sentença. Diz o evangelista S. Mateus que "veio ao sepulcro de Cristo Maria Madalena e outra Maria" (Mt 28,1). — Esta Maria Madalena e outra Maria, eram duas ou uma? Uma — responde o santo — mas já muito outra do que tinha sido: "Veio mulher, e tornou Maria"[96]. — Eis aqui como as que se chamam Marias devem tornar deste sermão. Se vieram mulheres, tornem Marias.

Finalmente, assim mulheres, como homens, se até agora não eram devotos do nome de Maria, de hoje por diante o levem escrito nos corações, e o tragam continuamente na boca, presentando a Deus este breve e eficacíssimo memorial, seguros de sua intercessão e valia, que nenhuma coisa pedirão a sua divina misericórdia e bondade que lhes seja negada. A mãe de S. João e S. Tiago chamava-se Maria Salomé, e quando eles pretenderam as duas cadeiras do lado de Cristo por meio dela, diz o evangelista que fez a petição a Cristo a mãe dos filhos de Zebedeu: "Aproximou-se de Jesus a mãe dos filhos de Zebedeu" (Mt 20,20). Pois, por que a não nomeou o evangelista por seu nome, e usou deste rodeio de locução tão extraordinário? Outros darão melhor razão. Mas o certo é que Cristo nesta ocasião negou aos dois irmãos o que pretendiam, e com grande fundamento se pode crer que o Espírito Santo, que governava a pena dos evangelistas, o dispôs assim, para que na Sagrada Escritura não houvesse um texto em que juntamente se nomeasse o nome de Maria e se lesse que Cristo negara o que lhe pediam. Diz o mesmo Cristo que tudo o que pedirmos em seu nome nos concederá seu Eterno Pai; e se o Pai concede tudo o que se lhe pede em nome do Filho, como não concederá o Filho tudo o que se lhe pede em nome da Mãe? Peçamos confiadamente debaixo do seguro deste poderosíssimo nome, e não peçamos pouco. Peçamos muito, ou peçamos tudo, que é a graça, penhor da glória: o Senhor Deus onipotente digne-se conceder-me e a vós esta graça. Ele que vive e reina pelos séculos dos séculos.

SERMÃO DE

Quarta-Feira de Cinza

*Para a Capela Real, que não
se pregou por enfermidade do autor.*

"Tu és pó, e em pó te hás de tornar."
(Gn 3,19)

Este sermão escrito e não pronunciado [que se não pregou por enfermidade do autor, diz o mesmo Vieira] terá um novo movimento: o pó que somos é a vida, e o pó que havemos de ser é a morte; o maior bem da vida é a morte, e o maior mal da morte é a vida. Os testemunhos de Salomão e de Cristo diante da morte de Lázaro ajudam a elucidar o tema. E outros mais: os passianos, que choravam os nascimentos e celebravam as mortes; os romanos e os suicidas, Saul e Sansão, no Antigo Testamento. E São Paulo: Homem infeliz sou eu. Quem me livrará deste corpo mortal? E os felizes amariam mais a vida? Mas haverá vida tão feliz que careça totalmente de misérias? Saúde sem doenças, fortuna sem lutas, batalhas, graça sem tentações? Haverá paz entre estes inimigos em vida ou depois de mortos? Antes de terminar, retoma outros testemunhos entre os sábios antigos. E conclui: Se o pó que havemos de ser é o maior bem do pó que somos, e se o maior bem da vida é a morte, que devemos fazer os vivos?

§ I

Esta é a sentença da morte fulminada contra Adão e todos seus descendentes, a qual se tem executado em todos quantos até agora viveram, e se há de executar em nós, sem apelação de inocência, sem respeito de estado, sem exceção de pessoa. A Igreja solenemente hoje, não só no-la repete aos ouvidos com a voz, mas no-la escreve na testa com a cinza, como se dissera a seus filhos uma piedosa mãe: — Filhos, ouvi e lede a sentença de vosso pai, e sabei que "sois pó e vos haveis de converter em pó" (Gn 3,19). — Outras vezes, e por vários modos, neste mesmo dia e sobre estas mesmas palavras, tenho comparado e combinado entre si o pó que somos com o pó que havemos de ser; e, posto que me não arrependo do que então disse, o que hoje determino dizer não é menos qualificada verdade nem menos importante desengano. O pó que somos é o de que se compõem os vivos; o pó que havemos de ser é o em que se resolvem os mortos. E sendo estes dois extremos tão opostos como o ser e não-ser, não é muito que os efeitos e afetos que produzem em nós sejam também muito diversos; por isso amamos a vida e tememos a morte. Mas porque eu, depois de larga experiência, tenho conhecido que estes dois efeitos no nosso entendimento, e estes dois afetos na nossa vontade andam trocados, o meu intento é pô-los hoje em seu lugar. O amor está fora do seu lugar, porque está na vida; o temor também está fora do seu lugar, porque está na morte; o que farei, pois, será destrocar estes lugares, com tal evidência que fiquemos entendendo todos que a morte, que tanto tememos, deve ser a amada, e a vida, que tanto amamos, deve ser a temida. E por quê? Em um e outro pó temos a razão. Porque o maior bem do pó que somos é o pó que havemos de ser, e o maior mal do pó que havemos de ser é o pó que somos. Mais claro. O pó que somos é a vida, o pó que havemos de ser é a morte; e o maior bem da vida é a morte, o maior mal da morte é a vida. Isto é o que hei de provar. Deus nos assista com sua graça para o persuadir.

§ II

Que o maior bem do pó que somos seja o pó que havemos de ser, que o maior bem da vida, que tão enganosamente amamos, seja a morte, que enganadamente tememos, só quem mais que todos experimentou os bens da mesma vida o pode melhor que todos testemunhar. Quem mais que todos quis, soube e pôde experimentar os bens desta vida, e com efeito fez de todos eles a mais universal e exata experiência foi Salomão. E que juízo fez Salomão, com toda a sua sabedoria e depois de todas as suas experiências, entre a morte e a vida? Ele mesmo o declarou, e com palavras tão expressas que não hão mister comento nem admitem dúvida: "Louvei mais os mortos do que os vivos" (Ecl 4,2). Lançando os olhos por todo este mundo, e considerando bem a vida dos que vivem sobre a terra e a morte dos que jazem debaixo dela, resolvi — diz Salomão — que muito melhor é a sorte dos mortos que a dos vivos: "Louvei mais os mortos do que os vivos". Notai a energia daquela palavra "Louvei". Como se dissera o mais sábio de todos os homens: Se com toda a minha eloquência houvera de orar pelos mortos e pelos vivos, aos mortos havia de dar os parabéns, e fazer um largo panegírico de suas felicidades, e aos vivos havia de dar os pêsames, e fazer uma oração verdadeiramente fúnebre e triste, em que lamentasse suas misérias e desgraças. Isto disse Salomão, com cuja autoridade nenhuma outra humana pode competir; só foi maior que ela a que juntamente é humana e divina, a da eterna sabedoria de Cristo: "E eis aqui está neste lugar quem é mais do que Salomão" (Mt 12,42)! E por que também nos não falte esta, ouçamos ao mesmo Cristo, e vejamos o que disse e o que fez em semelhante caso.

Morreu Lázaro e ressuscitou Lázaro. Ponhamos, pois, a Lázaro ressuscitado entre os vivos, e a Lázaro defunto entre os mortos, e notemos no supremo Senhor da vida e da morte como lhe lamenta a morte e como lhe festeja a vida. Quando Cristo declarou aos discípulos que Lázaro era morto, disse: "É morto Lázaro, e folgo" (Jo 11,14s). — Partiu dali a ressuscitá-lo o mesmo Senhor, e chegando à sepultura, não só chorou: "Chorou" (Ibid. 35) — mas mostrou que se lhe angustiava o coração: "Tornando a comover-se" (Jo 11,38). — Repara S. Pedro Crisólogo no encontro verdadeiramente admirável destes dois afetos, um de alegria e gosto na morte, outro de penas e lágrimas na ressurreição do mesmo Lázaro, e diz assim elegantemente: "Notável caso, que o mesmo Cristo sobre o mesmo Lázaro, quando diz que é morto se alegre, e quando o quer ressuscitar o lamente! Notável caso, que quando perde o amigo não chore, e que chore quando o há de ter outra vez consigo!". Notável caso que quando lhe há de infundir o espírito de vida se lhe aflija e angustie o coração, e que o haja de receber vivo com as mesmas lágrimas com que nós nos despedimos dos mortos! Por isso lhe chama lágrimas mortais: "Então derramou lágrimas mortais quando o ressuscitou"[1]. — Pois, se Cristo se alegra com a morte de Lázaro, por que se entristece com a sua ressurreição, e por que chora quando lhe há de dar a vida? Eu não nego que quando Cristo chora por uma causa se pode alegrar por outras. Isso significou o mesmo Senhor quando disse: "Eu por amor de vós folgo" (Jo 11,15). — Mas ainda que tivesse uma causa e muitas para se alegrar com a morte de Lázaro, que causa ou que razão pode ter para chorar a sua ressurreição e a sua vida? "Chorou não porque estava morto, mas porque devia chamá-lo para sofrer novamente as dores desta vida"[2] — diz Ruperto, e o mesmo tinha dito antes dele Isidoro Pelusiota. Mas eu tenho melhor autor que ambos, que é o Concílio Toledano terceiro, o qual dá a mesma razão por estas palavras: "Cristo não chorou Lázaro morto, mas chorou quando o havia de ressuscitar para as dificuldades desta vida"[3]. Chora Cristo a Lázaro quando o há de ressuscitar, não o chorando morto, porque, estando já livre dos trabalhos, das misérias e dos perigos da vida, por meio da morte, agora, por meio da ressurreição, o tornava outra vez a meter nos mesmos trabalhos, nas mesmas misérias e nos mesmos perigos. A todos esteve bem a ressurreição de Lázaro, e só ao mesmo Lázaro esteve mal. Esteve bem a Deus — se assim é lícito falar — porque foi para sua glória; esteve bem aos discípulos, porque os confirmou na fé; esteve bem aos de Jerusalém, porque muitos se converteram; esteve bem às irmãs, porque recobraram o amparo e arrimo de sua casa; esteve bem ao mesmo Cristo, porque então manifestou mais claramente os poderes da sua divindade; e só a Lázaro esteve mal, porque a ressurreição o tirou do descanso para o trabalho, do esquecimento para a memória, da quietação para os cuidados, da paz para a guerra, do porto para a tempestade, do sagrado da inveja para a campanha do ódio, da clausura do silêncio para a soltura das línguas, do estado da invisibilidade para o de ver e ser visto, de entre os ossos dos pais e avós para entre os dentes dos êmulos e inimigos; enfim, da liberdade em que o tinha posto a morte, para o cativeiro e cativeiros da vida.

§ III

$\mathcal{P}$ersuadidos os homens à verdade deste desengano, não é muito que a morte lhes começasse a parecer menos feia que a vida, antes que a vida lhes parecesse feia, e a morte formosa. Os passianos, e outras nações, que barbaramente se chamam bárbaras, choravam e pranteavam os nascimentos dos filhos, e celebravam com festas as suas mortes, porque entendiam que nascendo entravam aos trabalhos e morrendo passavam ao descanso. E certamente que as lágrimas dos nascimentos os mesmos nascidos, sem mais ensino que o da natureza, as aprovam e ajudam com as suas, e as festas com que se celebravam as mortes, também os mortos, pela experiência do seu descanso, se pudessem falar, as louvariam. Por isso Samuel, obrigado a falar com Saul depois de morto e sepultado, o que disse foi: "Por que me inquietaste"? (1Rs 28,15). — Muitos filósofos, e particularmente os estoicos, cuja seita pela preferência da virtude se avizinhava mais ao lume da razão, não só davam licença aos seus professores para que antepusessem a morte à vida, mas aos que em caso de honra tomavam por suas mãos a mesma morte — a que chamavam porta da liberdade — os introduziam por ela à imortalidade da glória. Assim o fez aquele homem maior que todos os romanos, Catão, cujo juízo e autoridade, na opinião da mesma Roma, se punha em balança com a dos deuses, como soberbissimamente cantou dele Lucano, na demanda imperial de César com Pompeu:

"Cada um tem a seu favor uma forte opinião,

Se o vencedor agrada aos deuses, o vencido agrada a Catão"[4].

E se alguém me replicar que estes homens eram gentios, eu lhe perguntarei primeiramente se era gentio Sansão, ou Saul, ou Aquitofel, e que fizeram em semelhantes casos? Sansão não duvidou matar-se a si mesmo, por se vingar, como ele disse, dos filisteus, pela injúria que lhe tinham feito em lhe arrancar os olhos. Saul, por não vir a mãos de seus inimigos, vencido em uma batalha, mandou a seu pajem da lança que o matasse, e porque não foi obedecido, ele, pondo a ponta da espada no peito, com todo o peso do corpo se atravessou nela. Aquitofel, que era o Catão dos hebreus, e cujos conselhos, por testemunho da Escritura Sagrada, eram como os oráculos do mesmo Deus, porque Absalão, cujas partes seguira, os não quis tomar, tomou ele por conselho antecipar por suas próprias mãos a morte, prevendo, como sábio, que não podia deixar de ser vencedor Davi, a quem a tinha bem merecido. Mas porque ainda aqui se pode dizer que as mortes de Aquitofel e Saul foram condenadas, e as razões que defendem haver sido lícita a de Sansão podem parecer duvidosas, ouçamos o que nos casos de antepor a morte à vida desejaram e pediram a Deus os mais abalizados santos e canonizados por ele.

Moisés, governador supremo do povo de Deus, e o que mais é, com uma vara milagrosa e onipotente na mão, pediu ao mesmo Deus que o livrasse daquele peso e, se não, que o matasse antes, e lhe daria muitas graças por tamanha mercê: "Se a ti te parece outra coisa, peço-te que me tires a vida, e que ache eu graça diante dos teus olhos" (Nm 11,15). — Elias, fugindo à perseguição da rainha Jesabel, lançado ao pé de uma árvore chamou pela morte: "Desejou para si a morte" (3Rs 19,4) — e disse a Deus: Basta já o vivido, Senhor tirai-me a vida, pois não sou melhor que Abraão, Isac e Jacó, os quais descansam na sepultura: "Basta-me de vida, Senhor, tira a minha alma, porque eu não sou melhor do que os meus pais" (Ibid.). — Jó, o maior exemplo da paciência e constância, de tal modo se resolveu a querer antes morrer que viver que, considerando todos os gêneros de morte possíveis, ainda aquela afrontosa e infame que se dá aos facinorosos mais vis, tinha por melhor que a vida: "Por isso escolheu a minha alma um laço, e os meus ossos a morte" (Jó 7,15). — Por isso, quando disse: "Perdoa-me" — não foi pedir a Deus perdão dos pecados, senão que o deixasse morrer: "Não viverei jamais, perdoa-me" (Ibid. 16). — Estes eram os ais que, saindo do valente peito de Davi, o obrigavam a bradar, não porque se lhe estreitasse a vida, mas porque se lhe estendiam e alongavam os termos dela: "Ai de mim, que o meu desterro se prolongou" (Sl 119,5)! — E para que em um coro tão sublime nos não falte uma voz do terceiro céu, ouçamos a São Paulo: "Miserável de mim, homem infeliz, quem me livrará já deste corpo mortal?" (Rm 7,24). — Em suma, que os maiores homens do mundo, em todos os estados do gênero humano, ou com fé, ou sem fé, ou na lei da natureza, ou na escrita, ou na da graça, sempre desejaram mais a morte do que estimaram a vida, e sempre em suas aflições e trabalhos apelaram do pó que somos sobre a terra para o pó que havemos de ser na sepultura.

§ IV

De tudo o dito até aqui se segue que melhor é a morte que a vida e que o maior bem da vida é a morte. Mas contra esta segunda parte, que é a primeira do meu assunto, inventou o amor da vida uma distinção fundada no que ela mais aborrece, que são as misérias, e no que mais estima, que são as felicidades. Fazendo, pois, uma grande diferença entre os miseráveis e os felizes, dizem os defensores da vida que para os miseráveis é maior bem a morte mas para os felizes não. E verdadeiramente este ditame parece da própria natureza, porque, consideradas a vida e a morte, cada uma por si só e em si mesma, a vida naturalmente é mais amável que a morte; acompanhada, porém, dos trabalhos, das misérias e das aflições que ela traz consigo, não há dúvida que muito melhor e mais para apetecer é a morte que a vida. Em todos os exemplos que acabamos de referir, se vê claramente esta verdade, mas em nenhum com mais particular energia e reparo que no de Elias. Quando Elias desejou a morte, e a pediu a Deus, foi quando ia fugindo de Jesabel. E por que fugia Elias de Jesabel? Por temor da morte. Pois, se fugia por temor da morte, por que deseja e pede a morte no mesmo tempo? Porque então acabou de conhecer quanto melhor é a morte que a vida. Antes desta experiência, pela apreensão natural de todos os que vivemos, parecia-lhe a Elias que melhor era a vida que a morte; mas depois que começou a subir montes e descer vales, de dia escondido nas grutas, de noite caminhando pelos horrores das sombras e dos desertos, figurando-se-lhe a cada penedo um homem armado e a cada rugir do vento uma fera, sem outro comer nem beber mais que as raízes das ervas e os orvalhos do céu, cego sem guia, e solitário sem companhia — porque até um criadinho que levava consigo o despediu, por se não fiar dele — tudo miséria, tudo temor, tudo desconfiança, sem luz ou esperança de remédio, ou donde pudesse vir, no meio destas angústias, considerando o miserável profeta — noutras ocasiões tão animoso —

quão trabalhosa e cara de sustentar lhe era a mesma vida duvidosa e incerta, pela qual tanto padecia, então acabou de conhecer quanto melhor lhe era o morrer que o viver, e por isso, despedindo-se da vida, pedia a morte: "Leva a minha alma".

Estes são aqueles dois afetos ou aquelas duas queixas tão encontradas e tão concordes, uma de Sirac contra a morte, e outra de Jó contra a vida. Sirac diz: "Ó morte, quão amarga é a tua memória para o homem que vive em paz e descanso!" (Eclo 41,1). — Não diz que para todos, senão para o que vive em paz e descanso, porque para o que vive em paz e descanso é amarga, para o que vive em trabalho e miséria é doce. E Jó dizia: "Para que se dá a luz ao miserável, e a vida aos tristes que esperam pela morte, a qual lhes tarda, e não têm maior alegria que quando acham a sepultura?" (Jó 3,20ss). — Também não diz que a morte tarda a todos, nem que todos se alegram com a sepultura, senão só os miseráveis e tristes, porque, assim como a morte e a sepultura para os contentes da vida é o seu maior temor, assim para os descontentes dela, e miseráveis, é o maior desejo. Por isso aquele filósofo que refere Laércio, chamado Secundo, perguntado pelo imperador Adriano o que era a morte, respondeu que era "o medo dos ricos e o desejo dos pobres"[5]. — Melhor ainda, e mais nervosamente o disse Sêneca, o Trágico, por boca de Lico. Era Lico um famosíssimo tirano, o qual, na ausência de Hércules, matou a Creonte, rei legítimo de Tebas, e se lhe apoderou do reino. Este, pois, como tão grande mestre da tirania, dizia que "quem matava a todos não sabia ser tirano". — Pois, que havia de fazer um tirano para ser verdadeiramente tirano e cruel? Diz que havia de dar a morte a uns e a vida a outros, conforme a fortuna de cada um: aos felizes a morte, aos miseráveis a vida. — "Ao feliz mandai que morra, ao miserável que viva"[6] — porque tanta pena é condenar o feliz à morte como o miserável à vida.

E para que uma doutrina tão conforme à comum estimação humana não fique profanada no nome e no autor, troquemos o nome de tirania no de justiça, e passemo-la do rei mais tirano ao juiz mais reto. Caso é, assim como o maior do mundo, o mais admirável, que, pondo Deus lei a Adão que, comendo da árvore vedada, morreria, comesse Eva e comesse o mesmo Adão, e não morressem. A observância das primeiras leis e a execução dos primeiros castigos são os que fazem exemplo; faltando este, perde-se o respeito às leis e o temor aos castigos. Essa foi a razão da severidade com que São Pedro, aos primeiros delinquentes da primitiva Igreja, Ananias e Safira, os fez cair de repente mortos a seus pés. Pois, por que não caíram também mortos Adão e Eva ao pé da mesma árvore onde comeram, tanto que quebraram a lei? Por isso mesmo: porque os quis Deus castigar. Para Deus castigar a Adão e Eva foi necessário que lhes comutasse a morte em vida, e o paraíso em desterro, porque só desta maneira se podia ajustar a ameaça da lei com o castigo da culpa. Assim foi. No paraíso, ameaçou-os com a morte, no desterro castigou-os com a vida. No paraíso, que era a pátria de todas as felicidades, só podiam ser ameaçados com a morte, porque a morte é o maior terror dos felizes; e no desterro, que era o lugar de todas as misérias, só podiam ser castigados com a vida, porque a vida é todo o tormento dos miseráveis. Cuidam alguns que não matar Deus a Adão e Eva foi misericórdia, e não foi senão justiça, porque, perdidas as felicidades do paraíso, assim como o morrer seria remédio, assim o não morrer foi o castigo; logo, por todas estas razões e exemplos, não só humanos, senão ainda divinos, parece que é verdadeira a distinção dos que dizem que é melhor a morte que a vida, em respeito somente dos miseráveis, mas não dos felizes.

§ V

Eu, que direi? Digo que folgara e estimara muito que esta distinção ou limitação fora verdadeira, porque a melhor e maior parte do auditório a que prego é dos felizes desta vida e dos que o mundo inveja e venera por tais. Mas quando Salomão chamou mais ditosos aos mortos que aos vivos, não fez distinção de vivos miseráveis; a vivos felizes, senão que de todos os que vivem falou igualmente: "Louvei mais os mortos do que os vivos" (Ecl 4,2). — E para eu refutar os defensores da vida dos felizes, não quero outro argumento senão o seu. Concedem que a morte é maior bem que a vida dos miseráveis: logo, também é maior bem que a vida dos que eles chamam felizes. E se não, os mesmos felizes o digam. Pergunto. Há, ou houve, ou pode haver neste mundo vida alguma tão mimosa da fortuna e tão feliz que careça totalmente de misérias? Ninguém se atreverá a dizer nem imaginar tal coisa; logo, se não há nem pode haver vida que careça de misérias, o que se tem dito da vida dos miseráveis se deve entender de todas e de todos. Os que vulgarmente se reputam e chamam felizes tanto se enganam com a sua felicidade como com a sua vida; por isso amam a vida e temem a morte. Mas este engano lhes descobriremos agora, para que conheçam que em todo o estado e em toda a fortuna a morte é o maior bem da vida, e o pó que havemos de ser o maior bem do pó que somos.

Todos os bens de que é capaz o homem enquanto vive neste mundo, ou são bens da natureza, ou bens da fortuna, ou bens da graça; mas nenhum deles é tão sólido, inteiro e puro bem que o goze sem tributo de misérias a vida, nem a possa livrar deste tributo senão a morte. Entre os bens da natureza, o mais excelente, o mais útil e o mais necessário é aquele sem o qual nenhum outro bem se pode gozar, a saúde. E só quem compreender o número sem-número de enfermidades e dores a que está sujeita e exposta a saúde, ou geradas dentro do mesmo homem, ou nascidas e ocasionadas de fora, poderá conhecer exatamente quão carregado de duríssimas pensões e quão cheio de misérias, ou deu ou emprestou a mesma natureza, ainda aos mais sãos e robustos, este calamitoso bem. Pois que remédio? Os egípcios, entre os quais nasceu a medicina, para cada enfermidade, como refere Heródoto, tinham um médico particular; mas nem por isso saravam todos, nem de todas[7]. El-rei Ezequias mandou queimar os livros de Salomão, porque o povo, recorrendo às virtudes das ervas em suas enfermidades, deixava de acudir a Deus, que é a verdadeira raiz da saúde. Assim o refere Eusébio Cesariense. Mas enquanto duraram os mesmos livros, nem aos enfermos particulares, nem ao mesmo Salomão aproveitou aquela grande ciência médica. Até quando? Até que as próprias doenças os sujeitaram ao médico universal, que, sem aforismos nem receitas, cura em um momento a todas, que é a morte. "Ó morte, vinde, que só vós sois o verdadeiro e certo médico para todos os nossos males!"[8] — É exclamação proverbial dos gregos, referida por Plutarco. Morrestes, acabaram-se as enfermidades, acabaram-se as dores, acabaram-se todas as moléstias e aflições que martirizam um corpo humano; e até o temor da mesma morte se acabou, porque os mortos já não podem morrer.

Vede a grande diferença dos mortos aos vivos. Os vivos sobre a terra temem a morte; os mortos debaixo da terra esperam a ressurreição; e quanto vai do esperar ao temer, e das isenções da imortalidade às sujeições de mortal, tanto melhor é o estado dos mortos que o dos vivos. Os que escaparam vivos do incêndio de Troia chamavam bem-aventurados aos que morreram pelejando por ela:

"Ó três e quatro vezes felizes aqueles a quem coube encontrar a morte sob os olhares dos pais, debaixo das muralhas da grande Troia!"[9].

sem conhecer a bem-aventurança, nem entender o que diziam, levantaram um admirável pensamento, porque a felicidade de que gozam os mortos por benefício da morte, se não é como toda a bem-aventurança do céu, é como ametade dela. A bem-aventurança do céu, enquanto positiva e negativa, compõe-se daquelas duas partes em que a dividiu Santo Agostinho quando disse: "Haverá ali tudo o que quiseres, e não haverá o que não quiseres"[10]. — A primeira parte consiste na posse e fruição de todos os bens, e a segunda na privação e isenção de todos os males. Ouçamos agora a S. João no seu Apocalipse, descrevendo a mesma bem-aventurança: "Aos que forem ao céu, enxugar-lhes-á Deus todas as lágrimas, e já não haverá morte, nem clamores, nem gemidos, nem dores, porque as primeiras coisas terão passado" (Ap 21,4): porque estas misérias e penalidades todas pertenciam ao estado da primeira vida, que já passou. — E haverá quem possa negar que todas estas queixas e causas delas são as de que estão isentos os mortos na sepultura? Já para eles não há lágrimas, nem gemidos, nem dores, nem enfermidades, nem a mesma morte. As dores e enfermidades desta vida têm dois remédios ou alívios: um natural, que são as lágrimas e os gemidos, e outro violento e artificial, que são os medicamentos. E a morte, não só nos livra das misérias da vida, senão também dos remédios dela. Já dissemos que Catão se matou a si mesmo, mas não se matou de uma vez, senão de duas, com modo e circunstâncias notáveis[11]. Estando são e valente, meteu um punhal pelos peitos; acudiram logo e curaram-lhe as feridas, mas ele, depois de curado, metendo a mão na mesma ferida, a fez maior e se acabou de matar. De sorte que começou a se matar são e acabou de se matar curado. São, para se livrar da vida; curado, para se livrar da vida e mais dos remédios. Por isso disse Santo Agostinho que quantas são as medicinas tantos são os tormentos. E tais são as dobradas misérias a que está sujeita a maior felicidade da natureza, que é a saúde, bastando para a tirar padecidas, e não bastando para a conservar remediadas.

§ VI

Passemos aos bens da fortuna. E, subindo ao mais alto ponto aonde ela pode chegar, preguemos um cravo na sua roda, para que, concedendo às suas felicidades a constância que não têm, vejamos se se podem jactar ou presumir de que carecem de misérias. Os cetros e as coroas são as que, postas no cume da majestade, levam após si, com o império, os aplausos e adorações do mundo, e ao mesmo mundo, o qual, cego com os reflexos daquele esplendor, os aclama felizes e felicíssimos, não penetrando o interior e sólido da felicidade, mas olhando só e parando no sobredourado das aparências. "A felicidade de todos os que vês caminhar altaneiros é aparente"[12], disse sábia e elegantemente Sêneca. Assim como os tetos sobredourados dos Templos e dos palácios o que mostram por fora é ouro, e o que escondem e encobrem por dentro são madeiros comidos do caruncho, pregos ferrugentos, teias de aranha e outras sevandijas, assim debaixo da pompa e aparatos com que costumamos admirar os que vemos levantados ao zênite da fortuna, se víramos juntamente os cuidados, os temores, os desgostos e tristezas que os comem e roem por dentro, antes havíamos de ter compaixão das suas verdadeiras misérias que inveja à falsa representação e engano do que neles se chama felicidade. Quem duvidou jamais de reputar a Carlos Quinto por felicíssimo, com tantas vitórias, tanta fama, tantos aumentos da monarquia? E contudo, no dia em que renunciou o governo, confessou que em todo o tempo dele nem um só quarto de hora tivera livre de aflições e moléstias. O diadema antigo, insígnia dos reis e imperadores, era uma faixa atada na cabeça. E dizia Seleuco, rei da Ásia, que, se os homens soubessem quão pesada era aquela tira de pano e quão cheia de espinhas por dentro, nenhum haveria que a levantasse do chão para a pôr na cabeça. El-rei Antígono, vendo que seu filho, pelo ser, se ensoberbecia, com que lhe abateria os fumos? "Não sabeis, filho" — lhe disse —, "que o nosso reino e o reinar não é outra coisa que um cativeiro honrado?"[13] — Os reis são senhores de todos, mas também cativos de todos. A todos mandam como reis, e de todos são julgados como réus. Como o rei é a alma do reino, tem obrigação de viver em todos seus vassalos, e padecer neles e com eles quanto eles padecem. Se não padece assim não é rei e, se padece, que maior martírio? Há-se de matar e morrer para que eles vivam, há-se de cansar para que eles descansem, e há de velar para que eles durmam, sendo mais quieto e sossegado o sono do cavador sobre uma cortiça que o do rei debaixo de céus de brocado. Ali, desvelado, marcha pelas campanhas com os seus exércitos; ali navega os mares com as suas armadas, e a qualquer bandeira que tremula com o vento lhe palpita o coração na contingência dos sucessos. Tais são as miseráveis felicidades, ou as adoradas misérias dos que, postos na região dos raios, dos trovões e das tempestades, a dignidade com razão e a lisonja sem ela chama Sereníssimos.

Que seria se eu aqui ajuntasse as catástrofes e fins trágicos dos Xerxes, dos Cressos, dos Darios e infinitos outros? Mas o meu intento só é descobrir as misérias dos felizes. A este propósito há muito que tenho notado uma coisa para mim admirável, e é que, sendo Valério Máximo tão universal nas histórias e notícias do mundo e, trazendo tantos exemplos, assim domésticos como estrangeiros, em todas as matérias, quando veio a tratar da felicidade só a achou entre os romanos a Metelo, homem particular, e entre os reis de todas as nações a Giges, rei de Lídia. Esta é a mesma salva com que ele começa dizendo: "Relatamos muitos exemplos acerca da instabilidade da fortuna, mas não poderemos relatar senão pouquíssimos sobre sua constância"[14]. — Inchado, pois, Giges com a singular e contínua prosperidade de sua fortuna, quis-se canonizar pelo mais feliz homem do mundo, e a este fim consultou pessoalmente o oráculo de Apolo, para que a resposta, de que não duvidava, fosse uma prova autêntica e divina da sua felicidade; enganou-se, porém, ou acabou de se enganar o já enganado rei, porque respondeu o oráculo que Aglau Sofídio era mais feliz que ele. E quem era Aglau Sofídio? Era um lavradorzinho velho, o mais pobre de toda a Arcádia, ao qual um pequeno ênxido, que tinha junto à sua choupana, cultivado por suas próprias mãos, sem inveja sua ou alheia, lhe dava o que era bastante para sustentar a vida. Pois este Aglau assim pobre era mais feliz que Giges com todas as suas fortunas? Sim, porque essas mesmas fortunas, ainda que grandes e contínuas, não o livravam do temor da sua inconstância, o qual só bastava para o fazer infeliz. Debaixo deste temor se compreendiam os cuidados, as dúvidas, as imaginações, os indícios falsos ou verdadeiros da ruína que se lhe maquinasse ou podia maquinar, e todos os infortúnios possíveis, no mar e na terra, na guerra e na paz, na inveja dos êmulos, no ódio e potência dos inimigos, no descontentamento e rebelião dos vassalos, enfim, as violências secretas, os roubos, os subornos, as traições, os venenos, com que nem o sustento necessário à vida, nem a mesma respiração é segura. Para que se veja se era feliz quem todo este tumulto de inquietações, que só conhecia o oráculo, trazia dentro no peito. E como os bens da fortuna, ainda os maiores, quais são os dos reis, e ainda nos singular e unicamente felizes, estão sujeitos a tantas misérias, ou padecidas em si mesmas, ou no temor e receio, que não é tormento menor, nenhum outro remédio tem para escapar e se livrar delas a vida, senão o da morte.

Seja a prova em caso e pessoa, não de outra, senão da mesma suposição e dignidade, o modo com que Deus livrou a el-rei Josias. Quando Josias começou a reinar, todo o reino — que era o de Jerusalém e Judá — não só privada, mas publicamente professava a idolatria, com templos, com altares, com ídolos, com sacerdotes e com todas as outras superstições gentílicas. A primeira coisa, pois, que fez o zelosíssimo e santo rei, foi arrasar os templos e altares, queimar os ídolos e sacrificar-lhes os seus próprios sacerdotes, mandando degolar a todos, e logo tratou de reformar e restaurar o culto do verdadeiro Deus, repondo em seu lugar a Arca do Testamento, restituindo a seus ofícios os sacerdotes e levitas e tornando a introduzir a observância da celebridade das festas e sacrifícios, com todos os ritos e cerimônias da lei. Mas como pagou Deus a Josias este zelo, esta piedade e esta valorosa resolução? Aqui entra o admirável do caso. Duas coisas mandou Deus anunciar e notificar ao rei: a primeira, que Jerusalém seria destruída, e todos seus habitantes rigorosissimamente castigados e assim foi, porque, conquistados pelos exércitos de Nabucodonosor, todos foram levados cativos a Babilônia. A segunda, que ele, rei, morreria antes deste cativeiro, e assim sucedeu também, porque, saindo a uma batalha, foi morto nela. Pois o rei pio, zeloso e santo há de morrer, e o idólatra não? Antes foi tanto pelo contrário que durou o cativeiro setenta anos, que era todo o tempo que os que tinham sido idólatras podiam viver. E por que ordenou Deus que os idólatras vivessem tantos anos e o rei morresse tão antecipadamente, que não chegou a contar quarenta? A razão desta justiça verdadeiramente divina foi para que, vivendo eles, e morrendo o rei, o rei fosse premiado e os idólatras castigados. De sorte que aos idólatras, para que padecessem as calamidades e misérias do cativeiro, estendeu-lhes Deus a vida; e ao rei, para o livrar das mesmas calamidades e misérias, antecipou-lhe a morte. Assim o disse o mesmo Deus: "Por isso eu te farei descansar com teus pais, e serás sepultado em paz no teu sepulcro, para que os teus olhos não vejam os males que eu hei de fazer cair sobre este lugar" (4Rs 22,20). — Em suma, que conservou Deus a vida ao povo porque o quis castigar, e antecipou a morte ao rei porque o quis livrar do castigo, que tão certo é, ainda no maior auge dos bens da fortuna, qual é a dos reis, ser o maior bem da vida a morte.

§ VII

Nos bens da graça, que são os que só restam, passa o mesmo. Sendo estes os maiores de todos, e os que própria e verdadeiramente só merecem nomes de bens, nenhuns são mais dificultosos de guardar nem mais sujeitos à miséria de se perderem. Os anjos perderam a graça no céu, Adão perdeu a graça no paraíso; e, depois destas duas ruínas universais, quem houve que a conservasse sempre? Só a Mãe de Deus, pelo ser, a conservou inteira, e os demais, ou a perderam por culpas graves, ou a mancharam com as leves. "Quem está de pé, veja não caia" — diz S. Paulo (1Cor 10,12). — E ele, depois de subir ao terceiro céu, se viu tão arriscado a cair, que três vezes rogou a Deus o livrasse de uma tentação que, se o não tinha derrubado, o afrontava: "Que é o anjo de Satanás, para esbofetear" (2Cor 12,7). — Caiu Sansão, caiu Salomão, caiu Davi, e nem ao primeiro a sua fortaleza, nem ao segundo a sua sabedoria, nem ao último a sua virtude os tiveram mão para que não caíssem. O mundo todo é precipícios, o demônio todo é laços, a carne toda é fraquezas. E contra estes três inimigos tão poderosos da alma, estando ela cercada de um muro de barro tão quebradiço, quem a poderá defender, e nela a graça? Já sabem todos que hei de dizer que só a morte: e assim é.

  Diz Jó que a vida do homem é uma perpétua guerra: "A vida do homem sobre a terra é uma guerra" (Jó 7,1) — tanto assim que ao mesmo viver chama ele militar: "Todos os dias que passo agora nesta guerra" (Jó 14,14). — Qual seja a campanha desta guerra, não é Cartago ou Flandres ou, como agora, Portugal, senão o mundo e a terra toda em qualquer parte: "sobre a terra". — Mas, como o mesmo Jó não faça menção de muitos, senão de um só ou de qualquer homem — "A vida do homem" — com razão podemos duvidar quem são os combatentes entre os quais se faz esta guerra e se dão estas batalhas? Se foram gentes de diversas nações, também ele o dissera, mas só faz menção de um homem, porque dentro em cada um de nós, como de inimigos contra inimigos, se faz esta guerra, se dão estes combates, e vence ou é vencida uma das partes. O homem não é uma só substância, como o anjo, mas composto de duas totalmente opostas: corpo e alma, carne e espírito, e estes são os que entre si se fazem a guerra, como diz S. Paulo: "A carne peleja contra o espírito, e o espírito contra a carne" (Gl 5,17). — Por parte da carne combatem os vícios com todas as forças da natureza; por parte do espírito resistem as virtudes com os auxílios da graça; mas como o livre alvedrio subordinado do deleitável, como rebelde e traidor, se passa à parte dos vícios, quantos são os pecados que o homem comete tantas são as feridas mortais que recebe o espírito, e basta cada uma delas para se perder a graça. Por isso com razão exclama Santo Agostinho, como experimentado em outro tempo: "A batalha é cotidiana, e a vitória rara"[15].

  Haverá, porém, quem possa pôr em paz estes dois tão obstinados inimigos, e um deles tão cruel e pernicioso? Nesta vida, enquanto a mesma vida dura, não; mas no fim dela sim, porque só a morte pode fazer e faz estas pazes. Que coisa é a morte? "É a separação com que a alma se aparta do corpo" — e como por meio da morte a alma se divide do corpo e o espírito da carne, no mesmo ponto, divididos os combatentes, cessou a guerra e ficou tudo em paz. Esta é a grande energia e alto pensamento com que disse Jó que aquela guerra era nomeadamente do homem vivo sobre a terra: "A vida do homem é uma guerra sobre a terra" (Jó 7,1) — porque, enquanto o homem vive e está sobre a terra, padece a guerra da carne contra o espírito; mas depois que o homem morre e jaz debaixo da terra, toda essa guerra se acabou, e se segue entre a carne e o espírito uma, não trégua, senão paz perpétua, e para sempre. Por isso, quando lançamos os defuntos na sepultura, essas são as palavras de consolação com que nos despedimos deles, dizendo: "Descanse em paz". — É cumprimento tirado e aprendido de um salmo de Davi, onde excelentemente descreve a perpetuidade desta paz. "Quando eu jazer na sepultura" — diz Davi — "dormirei e descansarei em paz para isso mesmo" (Sl 4,9). — Que quer dizer para isso mesmo? Não se podia significar mais admiravelmente a diferença do sono, do descanso e da paz dos mortos em comparação dos vivos. Os vivos dormimos, descansamos e temos paz, mas não para isso mesmo, porque dormimos para acordar, descansamos para tornar a cansar e temos paz para tornar outra vez à guerra; pelo contrário, os mortos dormem, descansam e estão em paz para isso mesmo: "dormirei e descansarei em paz para isso mesmo". — Dormem para isso mesmo, porque dormem, não para acordar, senão para dormir; descansam para isso mesmo, porque descansam, não para tornar a cansar, senão para descansar; e gozam a paz para isso mesmo, porque não gozam a paz para tornar à guerra, senão para a lograr perpétua e quietamente: "Descanse em paz".

E como por meio desta perpétua paz cessa a guerra da carne contra o espírito e cessam as vitórias do pecado e perigos da graça, esta natural impecabilidade da morte é a mais cabal razão de ser a morte o maior bem da vida, porque, sendo o maior mal da vida o pecado, e estando a mesma vida sempre sujeita e arriscada a pecar, só a morte a livra e segura deste maior de todos os males. Morreu um moço virtuoso e pio na flor de sua idade, e admirou-se muito o mundo de que morresse tão depressa o bom, ficando vivos e sãos no mesmo mundo muitos maus, que pareciam mais dignos da morte. Mas a causa desta admiração é, diz o Espírito Santo, porque os homens não entendem as razões de Deus. Três razões teve Deus para antecipar ou apressar a morte àquele moço: a primeira, porque lhe agradou a sua alma e a quis levar para si: "Porque a sua alma era agradável a Deus" (Sb 4,14); a segunda, porque o quis livrar das ocasiões da maldade: "Ele se apressou a tirá-lo do meio das iniquidades" (Ibid.); a terceira, porque o quis fortificar: "Porque o Senhor o pôs a salvo" (Ibid. 17). — Aqui reparo. Se Deus lhe tirou a vida para o fortificar, que fortificação é esta, e contra quem? O contra quem são os vícios e pecados; a fortificação é aquela onde a morte defende os que matou, que é a sepultura. O homem vivo, com todas as portas dos sentidos abertas, é como a praça sem fortificação, que pode ser acometida e entrada por toda a parte; porém o morto, com as mesmas portas cerradas, e cerrado ele dentro da sepultura, não há castelo tão forte, nem fortaleza tão inexpugnável a todo o inimigo, porque nem pode ser vencida do pecado, nem ainda acometida. Muitas fortificações inventaram os santos para defender do pecado os vivos, sendo a principal de todas os muros da religião; mas nem os muros, nem os claustros, nem os templos, nem os sacrários bastam para defender e segurar do pecado os vivos; basta uma só pedra, ou a pouca terra de uma sepultura, para ter tão defendidos e seguros os mortos, que nem pequem jamais, nem seja possível pecarem. E esta é a sua impecabilidade.

§ VIII

Resumindo, pois, as três partes deste último discurso, delas consta que os bens da natureza, da fortuna e da graça, todos estão sujeitos a grandes misérias, das quais só nos pode livrar a morte; donde se segue que a mesma morte, sem controvérsia, é o maior bem da vida. E para que em uma só demonstração vejamos inteira, e não por partes, esta mesma prerrogativa da morte, não inculcada de novo, mas crida, aprovada e impressa no juízo dos homens, ouçamos uma notável antiguidade. Como é inclinação natural do homem conhecer o bem com o entendimento e apetecê-lo com a vontade, foi questão antiquíssima entre os homens, ainda quando eram gentios, em que consistisse o maior bem desta vida. E porque Deus, como diz S. Paulo, não só governa com sua universal providência os fiéis, senão também os infiéis, sendo falsos naquele tempo os mestres que os homens ouviam, e falsos os deuses que adoravam, não só permitiu, mas quis a mesma providência que destas duas fontes tão erradas bebessem uma verdade tão importante, como ser, dentro dos limites e ordem da natureza, o maior bem da vida a morte. E foi desta maneira.

Houve entre os sábios da gentilidade um homem chamado Sileno, semelhante na opinião aos nossos profetas, cujas respostas, como inspiradas por instinto mais que natural, eram recebidas e cridas como oráculos. A este Sileno, pois, consultou el-rei Midas, sobre qual fosse o maior bem desta vida, e, depois de muitos rogos e instâncias, a resposta que dele alcançou foi esta: "O melhor de tudo é não nascer; mas, no caso de haver nascido, muito melhor é ao homem o morrer que o viver" — Assim o disse Sileno, e não só do vulgo foi recebido como provérbio este dito, mas o aprovaram e celebraram sempre os dois maiores lumes da filosofia racional, Platão e Aristóteles. Píndaro, príncipe dos poetas líricos da Grécia, parece que, duvidoso ainda desta verdade, quis fazer maior exame dela, e como pelo oráculo de Delfos lhe fosse respondido o mesmo, que faria? Fez o que devera fazer com semelhante desengano todo o cristão. Deixou as musas, e em vez de compor versos, tratou de compor a vida: "Tendo ouvido o oráculo, preparou-se para a morte, e pouco tempo depois deu fim à vida" — diz Plutarco[16].

Não parou aqui a providência divina; mas, para maior prova deste desengano, obrigou ao pai da mentira, que falava e obrava nos ídolos, a que muito a seu pesar o confirmasse com dois notáveis prodígios. Agria era sacerdotisa da deusa Juno, e como na mesma hora em que havia de fazer o sacrifício tardassem os cavalos que a costumavam levar em carroça, dois filhos que tinha, chamados Biton e Cleobo, se meteram no lugar dos cavalos, e com tanta força e pressa tiraram a carroça, que nem um momento de tempo faltou a mãe à pontualidade do sacrifício. Foi tão admirado e estimado este ato, verdadeiramente heroico de piedade para com a mãe, e de religião para com a deusa, que deu confiança a Agria para pedir a Juno, em prêmio dela, que desse àqueles seus dois filhos não menos que a melhor coisa que os deuses desta vida podiam dar aos homens. Concedeu a deusa, como tão bem servida, o que a mãe pedia. E qual seria o despacho da petição? No mesmo ponto caíram mortos debaixo dos seus olhos os mesmos filhos, confirmando a falsa deidade, com verdadeiro documento, que entre os bens e felicidades naturais que ao homem podem suceder nesta vida, o maior e o mais seguro é a morte. A este famosíssimo par, Biton e Cleobo, ajunta Platão[17] outro não menos famoso, Agamedes e Trofônio. Edificaram estes dois um templo a Apolo Pítio, e no dia da dedicação oraram ao deus desta maneira: que se aquela obra lhe agradava, o seu intento era pedirem lhes concedesse o que melhor podia estar a um homem nesta vida; e porque eles não sabiam que coisa fosse esta melhor, ele, de quem esperavam a mercê, o resolvesse. Respondeu Apolo que dali a sete dias lhes concederia o que pediam; e o que sucedeu ao sétimo dia foi que, "deitando-se a dormir Agamedes e Trofônio, nunca mais acordaram".

Já dissemos que estes prodígios foram efeitos da providência divina, a qual nestes casos, como em outros muitos, desenganou aos homens pelos mesmos de quem eram enganados. Pois, se Deus respondeu com aqueles sinais aos que desejavam e pediam o maior bem da vida, por que deu a uns a morte e a outros o sono de que não acordaram? Porque em frase também divina o dormir é morrer e o tornar a viver, acordar: "Nosso amigo Lázaro dorme, mas eu vou despertá-lo do sono" (Jo 11,11). — E como um e outro sinal, ou era declaradamente, ou significava a morte, a uns e outros quis ensinar Deus — e neles a todos os homens — que a mesma morte, que eles não pediam nem desejavam, era o maior bem da vida, que desejavam e pediam. Desejais e pedis o maior bem da vida? Pois acabai de viver, e gozá-lo-eis na morte. E esta verdade, então admirada, e antes e depois tão mal entendida, quis a mesma providência, para que a acabássemos de entender que ficasse estabelecida e perpetuada como em quatro estátuas, não levantadas, mas caídas: em Biton e Cleobo mortos, e em Agamedes e Trofônio dormindo.

§ IX

Á vista, pois, destas quatro estátuas, as quais, enquanto vivas e em pé eram o pó que somos e, enquanto caídas e jazendo em terra, são o pó que havemos de ser, que fará todo o entendimento racional e cristão? Se o pó que havemos de ser é o maior bem do pó que somos, e se o maior bem da vida é a morte, que havemos ou que devemos fazer os vivos? Hereges houve, como de seu tempo refere Santo Agostinho, os quais, interpretando impiamente aquelas palavras de Jesus Cristo: "E ainda não aborrece a sua vida" (Lc 14,26) — em que parece nos manda ter ódio à vida, se matavam com suas próprias mãos. Porém S. Paulo, que mais vivia em Cristo que em si mesmo, como verdadeiro e canônico intérprete do espírito interior de seus divinos oráculos, não diz que o cristão se mate, senão que viva, mas que viva como morto. Em uma parte: "Como morrendo, e eis aqui está que vivemos" (2Cor 6,9) — e em outra: "Já estais mortos, e a vossa vida está escondida com Cristo em Deus" (Cl 3,3). — Assim ajuntou e concordou o apóstolo dois extremos tão contrários, como a morte e a vida; assim quis introduzir no mundo uma morte viva e uma vida morta, persuadindo os vivos a que vivamos como mortos, e com grande razão e conveniência. Se o melhor bem da vida é a morte, passemos como mortos à melhor vida. E se dos mortos dizemos também que os levou Deus para si, deixemo-nos levar de Deus e vivamos como mortos, para viver nele e com ele. Esta vida escondeu Cristo como morto e Deus como imortal, não em outro lugar menos secreto, nem em outro extremo menos contrário à mesma vida que a morte: "Já estais mortos, e a vossa vida está escondida com Cristo em Deus". — Na vida e morte comum, os mortos estão escondidos e os vivos andam manifestos; mas na vida e morte de que fala o apóstolo, a morte e os mortos andam manifestos: "Já estais mortos" — e a vida e os vivos escondidos. "E a vossa vida está escondida com Cristo em Deus".

E se perguntarmos ao mesmo S. Paulo de que modo havemos de viver como mortos, bastavam por resposta as mesmas palavras com que diz que vivamos "com Cristo e em Deus". — Quem vive em Deus não vive em si; quem vive com Cristo não vive com o mundo; e quem não vive em si nem com o mundo, este verdadeiramente vive como morto. O morto tem olhos e não vê; tem ouvidos e não ouve; tem língua e não fala; tem coração e não deseja; e, posto que o morto vivo pode desejar, falar, ouvir e ver, nem vê o que não é lícito que se veja, nem ouve o que não é lícito que se ouça, nem fala o que não convém que se fale, nem deseja o que não convém que se deseje, porque é morto às paixões e aos apetites, e, posto que viva ao sentimento, não vive à sensualidade. Isto é viver em Deus, e não em si. E que é viver com Cristo e não com o mundo? É estar morto a tudo o que o mundo ama, a tudo o que o mundo estima, a tudo o que o mundo venera, a tudo o que o mundo adora, a tudo o que chama honra, a tudo o que chama interesse, a tudo o que chama boa ou má fortuna, porque tudo o que é próspero ou adverso, alto ou baixo, precioso ou vil, pesado na balança da morte viva, é vaidade, é fumo, é vento, é sombra, é nada. E a todos os que assim vivem, ou viverem, podemos dizer com S. Paulo: "Já estais mortos".

Mas porque o pó que somos é solto, inquieto, vão, e com qualquer sopro de ar se levanta e desvanece, e de si mesmo forma remoinhos e nuvens, com que na maior luz do sol fica às escuras, por isso o mesmo apóstolo nos remete, como por ilação necessária, do pó que somos ao pó que havemos de ser, dizendo: "Pelo que, mortificai os membros do vosso corpo, que estão sobre a terra" (Cl 3,5). — A energia da palavra "sobre a terra" não está muito à flor da terra. Mas, ainda que parece supérflua, é certo que não carece de grande mistério. Pois, se bastava dizer, mortificai vosso corpo — por que acrescenta: que está sobre a terra? A mortificação só pertence aos que vivem, e todos os que vivem estão sobre a terra; pois, se isto por si mesmo estava dito, porque o nota e pondera o apóstolo como coisa particular? Porque falou do nosso corpo enquanto está sobre a terra, com alusão ao mesmo corpo quando estará debaixo da terra. O mesmo corpo nosso, que enquanto vivemos está sobre a terra, depois da morte está debaixo da terra. E se o corpo que está sobre a terra se comparar consigo mesmo, quando estiver debaixo da terra nenhuma consideração pode haver mais eficaz para o persuadir a que viva como morto. Dize-me, corpo meu, depois que estiveres debaixo da terra, que hás de fazer? Hás de continuar nos mesmos vícios em que todo te empregavas quando estavas sobre a terra? Hás de continuar nos mesmos vícios que, pode ser, foram os que te mataram e te apressaram a sepultura? Agora o não podes negar com a voz, e depois confessarás que não com o silêncio. Todo o mundo é como aquele de quem disse Tácito: "Mais sem vícios do que com virtudes"[18]. — O morto não tem virtudes, mas também não tem vícios. Não tem ódios, não tem invejas, não tem cobiça, não tem ambição, não tem queixa, não murmura, não se vinga, não mente, não adula, não rouba, não adultera. Pois, se tudo hás de carecer debaixo da terra, por que te não abstens disso mesmo enquanto estás sobre ela?

O morto, quando o levam à sepultura pelas mesmas ruas por onde passeava arrogante, tão contente vai envolto em uma mortalha velha e rota como se fora vestido de púrpura ou brocado. Chegado à sepultura, tão satisfeito está com sete pés de terra como com os mausoléus de Cária ou as pirâmides do Egito; e se até essa pouca terra que o cobre lhe faltasse, diria, se pudesse falar, que a quem não cobre a terra cobre o céu:

"Cobre-se com o céu quem não tem a urna"[19]. — Pois, se então tão pouca diferença hás de fazer da riqueza ou pobreza das roupas, por que agora te desvanecem tanto, e gastas o que não tens na vaidade das galas? Pois, se então hás de caber em uma cova tão estreita, por que agora te não metes entre quatro paredes, e procuras a largueza da morada tanto maior que a do morador, e invejas a ostentação e magnificência dos palácios? Ainda resta por te dizer o que mais me escandaliza. Se quando estás debaixo da terra todos passam por cima de ti, e te pisam, e te não alteras por te ver debaixo dos pés de todos, agora, que és o mesmo, e não outro, só porque estás com os pés sobre menos terra da que então hás de ocupar, por que te ensoberbeces, por que te iras, por que te inchas e enches de cólera, de raiva, de furor, e a qualquer sombra ou suspeita de menos veneração ou respeito o queres vingar, não menos que com o sangue e a morte? Mas é porque a mesma morte te não amansa e emenda. Ouve, enquanto não perdes o sentido de ouvir, um notável dito de Davi: "Porque sobreveio mansidão, e seremos arrebatados" (Sl 89,10). — A palavra "seremos arrebatados" quer dizer morreremos, e quer dizer seremos emendados, porque a morte é uma correção geral que emenda em nós todos os vícios. E de que modo? Por meio da mansidão, porque a todos amansa: "Porque sobreveio mansidão". — Morreu o leão, morreu o tigre, morreu o basilisco; e onde está a braveza do leão, onde está a fereza do tigre, onde está o veneno do basilisco? Já o leão não é bravo, já o tigre não é fero, já o basilisco não é venenoso, já todos esses brutos e monstros indômitos estão mansos, porque os amansou a morte: "Porque sobreveio mansidão". — E se assim emenda e tanta mudança faz a morte nas feras, por que a não fará nos homens?

Seja esta a última razão — a qual devem os racionais levar na memória — para que considerem, enquanto estão sobre a terra, o que hão de ser quando estiverem debaixo dela, e com este espelho posto diante dos olhos de seu próprio corpo, o persuadam a que se acomode a ser por mortificação, enquanto vivo, aquilo mesmo que há de ser, enquanto morto, depois de sepultado. Perguntou um monge ao abade Moisés, famoso padre do ermo, como poderia um homem adquirir a mortificação que ensina São Paulo, tal que, estando vivo, vivesse como morto? E respondeu o abade que "de nenhum outro modo nem tempo, senão quando totalmente se persuadisse que havia já um triênio que estava debaixo da terra"[20]. — E quem está certo que o seu corpo há de estar debaixo da terra, não três anos, nem três séculos, senão enquanto durar o mundo até o fim, como não persuadirá ao mesmo corpo, e o sujeitará a que viva como morto esses quatro dias, e incertos, em que pode tardar a morte? Se este corpo, que hoje é pó sobre a terra, amanhã há de ser pó debaixo da terra, por que se não acomodará e concordará consigo mesmo a viver e morrer de tal modo que na vida logre o maior bem da morte, e na morte não padeça o maior mal da vida? Assim faremos que o pó que somos e o pó que havemos de ser — o qual como pó é estéril — sobre a terra, como planta, e debaixo da terra, como raiz, seja fecundo, e na vida colhamos o fruto da graça e na morte o da glória. "A qual o Senhor Deus onipotente se digne conceder a mim e a vós".

SERMÃO DE
Santo Antônio

*Na Igreja e dia do mesmo Santo, havendo os holandeses
levantado o sítio, que tinham posto à Bahia, assentando
os seus quartéis e baterias em frente da mesma Igreja.*

∾

"Protegerei esta cidade, e a salvarei por
amor de mim, e por amor de meu servo Davi."
(4Rs 19,34)

Vieira tem 30 anos e há quatro anos é sacerdote e acaba de ser nomeado lente de teologia. O dia é de festa em Salvador: na Igreja e dia de Santo Antônio, celebra-se uma missa em ação de graças por terem os holandeses levantado o sítio de quarenta dias que tinham posto à Bahia, assentando os seus quartéis e baterias em frente da mesma Igreja. Pregará outro sermão no Hospital da Misericórdia da Bahia, onde estavam os soldados feridos. Com base no texto escolhido, vê retratada a vitória que se celebra. A cidade se chama do Santíssimo Salvador e Bahia de Todos os Santos; nestes dois títulos estão os defensores da cidade, e Santo Antônio representa toda a corte dos Santos. A vitória é então longamente iluminada em seus pormenores à luz das Escrituras. Termina com uma palavra de louvor para os capitães e os soldados e a lembrança de que Olinda continua nas mãos dos holandeses. Confia em que a bondade de Deus os socorrerá também.

§ I

$\mathcal{E}$ ste é o lugar onde, por espaço de quarenta dias e noites, como o dilúvio, sustentou a Bahia, posta em armas, aquela furiosa tormenta de trovões, relâmpagos e raios marciais com que a presumida hostilidade do inimigo, assim como tem dominado em grande parte os membros deste vastíssimo Estado, assim se atreveu a vir combater, e quis também conquistar a cabeça. E neste mesmo lugar — bendita seja a bondade e providência divina — trocados os receios em alegria, as armas em galas, e a guerra em triunfo, vemos junta outra vez a mesma Bahia, para render a Deus as devidas graças pela honrada e tão importante vitória com que, desenganado o mesmo inimigo, ocultou de noite a fugida, e de dia o vimos sair tão humilhado e desairoso por onde tinha entrado tão orgulhoso e soberbo. Semelhantes sítios e vitórias, e outras muito menores que as semelhantes, se costumam logo estampar na Europa para se fazerem públicas a todo o mundo. E posto que nós na América carecemos destas trombetas mudas da fama com que a mandar estampada aos olhos de Sua Majestade, que Deus guarde, e alegrar com ela a Portugal, a Espanha e a toda a monarquia, nas palavras que propus — que são do Livro Quarto dos Reis, capítulo dezenove — me parece temos uma estampa tão própria desta nossa história que, em todas suas principais circunstâncias representadas ao vivo, nem faltarão aos auxílios do céu as devidas graças, nem à cooperação e valor da terra os merecidos louvores. O que direi, ou repetirei, será somente ponderado o que todos vimos. E para que nos não falte a assistência da soberana Palas da cristandade, a quem o primeiro templo que levantou Portugal na Bahia foi com nome da Vitória, dando os vivas à mesma Senhora, digamos: *Ave Maria*.

§ II

$\mathcal{P}$ rotegerei esta cidade, e a salvarei por amor de mim, e por amor de meu servo Davi".

Tomarei debaixo de minha proteção esta cidade — diz Deus — para a salvar, e esta mercê lhe farei por amor de mim, e por amor de Davi meu servo. — Fala o texto à letra do sítio que com poderoso exército veio pôr sobre Jerusalém Senaqueribe, rei dos assírios. E posto que as mesmas palavras e a promessa delas se verificam propriamente em um e outro caso, não há dúvida que tem muito maior propriedade e energia no nosso. "Protegerei esta cidade, e a salvarei", reparemos bem nesta última palavra, em que consiste a promessa e efeito da proteção divina. — Tomarei, diz Deus, debaixo de minha proteção esta cidade para a salvar. Pudera dizer: para a conservar, para sustentar, para a defender, para lhe dar vitória de seus inimigos, e por que não diz senão para a salvar nomeadamente: "E a salvarei"? Porque a Bahia é cidade do Salvador e, ainda que o conservá-la, defendê-la e dar-lhe vitória era efeito da mesma proteção, não era conforme o nome da cidade e do seu protetor. O efeito, a obra e a ação própria de Salvador é salvar; pois por isso diz Deus que há de salvar a cidade: "E a salvarei". — A Deus, além dos nomes comuns de Deus e Senhor, umas vezes o invocamos como misericordioso, outras como justo, outras como todo-poderoso, ou com algum dos outros atributos e títulos de sua majestade e grandeza, de que estão cheias todas as Escrituras; mas quando o havemos de invocar para que nos salve, o modo que prescreve e ensina a mesma Escritura é que digamos nomeadamente a Deus: Salvai-nos, Salvador nosso. — Assim o manda e dispõe no primeiro Livro do Paralipômeno: "Dizei: Salva-nos, ó Deus, nosso Salvador" (1Par 16,35). — E por quê? Porque o salvar é efeito próprio de Salvador, e com o nome de Salvador não só inclinamos e empenhamos, mas obrigamos a Deus a que nos salve, porque não seria Salvador se não salvasse. Essa foi a impropriedade com que os discípulos, ainda rudes, invocaram a Cristo no perigo da tempestade, dizendo: "Mestre, salvai-nos, porque perecemos" (Mt 8,25; Mc 4,38; Lc 8,24). — Não haviam de dizer, Mestre, senão Salvador, porque a obrigação de Mestre é ensinar, e não salvar. E se Cristo então os salvou, não foi como Mestre, senão como Salvador: "Salvai-nos, Salvador nosso". — Este mesmo, pois, foi o título com que Cristo, na ocasião presente, salvou a Bahia. — Ela é a cidade do Salvador, e ele salvou a sua cidade. Donde se segue que mais a salvou como sua que como nossa, e mais a salvou para si que para nós.

É admirável a este propósito o texto de Davi no Salmo 97: "Cantai ao Senhor um cântico novo, porque ele fez maravilhas. A sua destra o livrou, e o seu braço santo" (Sl 97,1). — Assim como nas grandes vitórias se costuma celebrar o valor dos capitães e soldados com letras ou cantigas novas, assim exorta Davi que se componham e entoem novos cânticos ao Senhor pela admirável vitória com que o seu poderoso braço "salvou para si". — Isto de salvar Cristo para si é o primeiro reparo de Hugo Cardeal[1], e o segundo, também seu, não é menos bem fundado. O primeiro funda-se no que diz o profeta, o segundo no que não diz, porque não diz que salvou, ou a quem. Pois, se diz que salvou e que "salvou para si" — por que não diz o que salvou, ou quem salvou? Não diz a quem salvou, responde Hugo, porque falava o profeta de vitória futura, e do sucesso da mesma vitória se havia de entender de quem falava: "Não disse o que salvou, mas deixou para se entender". — Suposto, pois, que do sucesso e da vitória havemos nós de entender o que Cristo salvou por meio dela, eu entendo e digo que o que salvou foi a Bahia. E do mesmo texto que excitou a primeira questão, provo a resposta desta segunda. O texto diz que "salvou Cristo para si" — logo, se salvou para si, sinal é que o que salvou era coisa sua. E como a Bahia é cidade do Salvador, bem se segue que, salvando-a, salvou para si, porque salvou a sua cidade. O mesmo Hugo, tão claramente como se eu lhe ditara as palavras. — Muito bem e muito propriamente disse que "salvou para si, porque a ele, e não a outrem, pertencia salvar o que era seu. — A cidade era do Salvador, e ao Salvador pertencia salvar a sua cidade. É verdade que também nós fomos salvos nela, pelo que devemos infinitas graças ao mesmo Salvador, mas ele, como dizia, não nos salvou a nós tanto por amor de nós, quanto por amor de si. Não é consideração minha, senão cláusula expressa do mesmo Senhor no nosso tema: "Protegerei esta cidade" — notai agora — "e a salvarei por amor de mim". Tomarei debaixo de minha proteção esta cidade, para a salvar por amor de mim. — De maneira que, não só diz que há de salvar a cidade, mas expressa e nomeadamente que a há de salvar por amor de si. Nós, salvos por amor da cidade, porque somos membros da cidade; mas a cidade salva pelo Salvador, porque é sua, e por amor de si: "Por amor de mim".

§ III

Ainda nós resta por declarar a última cláusula do tema, tão breve como a passada, mas não menos admirável, nem menos própria do nosso caso: "Salvarei esta cidade" — diz o Salvador — "por amor de mim e por amor de Davi, meu servo". — Que bom Senhor é Deus! Buscai lá outro que, sendo toda a vitória sua, queira partir a glória dela entre si e um seu servo! Mas por que razão, tendo Deus tantos outros servos, e tão grandes, assim passados como presentes, esta parte de glória a atribui só a Davi: "E por amor de meu servo Davi"? — No caso do sítio de Jerusalém a razão é manifesta, porque na mesma cidade de Jerusalém havia um monte, o mais forte e inexpugnável de todos, que era o Monte Sião, o qual se chamava "Cidade de Davi"; e assim como Deus salvou a Jerusalém por amor de si, pelo que tinha de cidade sua, assim a salvou também por amor de Davi, pelo que tinha de cidade de Davi: "Por amor de mim, e por amor de meu servo Davi". — Passemos agora de Jerusalém à Bahia.

O Monte Sião da Bahia não há dúvida que é este monte em que estamos, posto que ao princípio tão mal fortificado, depois tão forte e inexpugnável, como as batarias e assaltos do inimigo tanto à sua custa experimentaram. E que o Davi desta Sião seja Santo Antônio, que nele assentou o solar da sua casa, facilmente se pode demonstrar até aos mesmos olhos, porque se do saial lhe fizemos a samarra, da corda a funda, da voz formidável ao demônio a harpa, de ser o menor da família de seu pai a família dos menores, e de ter sempre a Deus junto ao peito, ser aquele de quem disse o mesmo Senhor que tinha achado um homem conforme ao seu coração, com pouca diferença de cores veremos naquele altar, ou de Santo Antônio formado um Davi, ou Davi transformado em Santo Antônio. Deste segundo Davi, pois, disse Deus no nosso caso: "Protegerei esta cidade, e a salvarei por amor de mim, e por amor de meu servo Davi. — E se me perguntardes de que modo se repartiu a vitória da Bahia entre o Senhor e o servo, entre o Salvador e Santo Antônio, digo que na mesma Bahia temos razão da semelhança e tão semelhante que não pode ser mais natural nem mais própria. A cidade da Bahia é cidade do Salvador, e Baía de Todos os Santos, e assim como, enquanto cidade do Salvador, pertence a defesa da cidade ao Salvador, assim, enquanto Bahia de Todos os Santos, pertencia a defesa a Santo Antônio[2]. E por quê? Mais admirável é ainda o porquê que a mesma resposta. Porque, sendo a baía, Baía de Todos os Santos, a todos os santos pertencia a defesa dela. Logo, se a todos os santos pertencia a defesa da baía, por isso a defendeu Santo Antônio, porque Santo Antônio, sendo um só, é todos os santos. Ora vede.

Todos os santos do céu se dividem em seis jerarquias: patriarcas, profetas, apóstolos, mártires, confessores, virgens, e em todas estas jerarquias tem eminente lugar Santo Antônio. Primeiramente é patriarca, sendo filho de S. Francisco, porque muitos dos filhos do mesmo santo o tomaram a ele por pai, e se chamam religiosos de Santo Antônio, quais são os de toda esta província. Assim se chamaram filhos de Israel os descendentes de Abraão, tomando o nome e reconhecendo por seu imediato patriarca a Jacó, não só filho, mas neto do primeiro e universal pai de todos. Foi Santo Antônio profeta, como consta de tantas coisas futuras que anteviu e predisse, não só pertencentes a esta vida, senão também à eterna, revelando-lhe Deus até os segredos ocultíssimos da predestinação das almas. Nem se confirma pouco a verdade deste espírito profético com a necessária suposição de Deus haver arrancado da terra onde nascera, porque

"Ninguém é profeta na sua pátria" (Lc 4,24). — Foi apóstolo, e apóstolo de duas províncias tão dilatadas, como Itália e França, não só pregando nelas, depois de cristãs, a fé do Evangelho, e confirmando-a com infinitos e portentosos milagres, mas confutando e convencendo os erros, alumiando a cegueira e quebrantando o orgulho, a dureza e contumácia dos hereges, por onde foi chamado Martelo das heresias: "Martelo perpétuo dos hereges". — Foi mártir, por que foi buscar o martírio a África e, posto que não derramou o sangue, tão mártir foi como se o derramara porque, se Deus disse a Abraão que não perdoara a vida a seu filho pela vontade e deliberação que tivera de o sacrificar: "Não perdoaste a teu filho único por amor de mim" (Gn 22,12). — não menos suspendeu Deus o braço e espada de Abraão, para que não executasse o golpe, do que teve mão nos alfanges e cimitarras dos turcos, para que na garganta e peito aberto de Antônio não empregassem a sua fúria. Que fosse confessor, não há mister prova. Mas a de ser perpetuamente virgem é tão milagrosa e sem igual que, sendo necessárias a S. Bento as espinhas e a S. Francisco os lagos enregelados para se livrarem das tentações próprias, a túnica que vestia Antônio, só por tocar ou ser tocada na carne virginal daquele corpo mais que angélico, bastava para que dela fugissem todas as tentações contrárias à pureza, e aos pecadores mais forte e obstinadamente tentados, não só apagasse o fogo infernal, mas gerasse perpétua castidade. E como Santo Antônio, em todas as jerarquias dos santos, com os patriarcas é patriarca, com os profetas profeta, com os apóstolos apóstolo, com os mártires mártir, com os confessores confessor, e com as virgens virgem, pertencendo a todos os santos a defensa da Bahia de Todos os Santos, e tendo Deus prometido que a glória desta vitoriosa proteção não a havia de repartir com todos os seus servos, nem com muitos, senão com um só: "Por amor de mim, e por amor de meu servo Davi" — este um não podia ser outro senão Santo Antônio, aquele santo universal que, sendo um só na pessoa, nos graus e jerarquias da santidade era todos os santos.

Quando Barac, capitão do povo de Deus, alcançou aquela famosa vitória contra Sisara, general dos exércitos de el-rei Jabin, diz o texto sagrado que as estrelas do céu, conservando-se todas na sua ordem, pelejaram contra Sisara: "As estrelas, permanecendo em sua ordem e no seu curso, pelejaram contra Sisara" (Jz 5,20). — E do mesmo modo concedo eu, e confesso, que todos os santos do céu, sem se moverem do lugar, nem da ordem, cada um da sua jerarquia, podiam defender a nossa cidade e acudir à proteção em que ela os tinha empenhado com o nome de Bahia de Todos os Santos. Assim o suponho com o real profeta, o qual parece que não só tinha profetizado, senão pintado a nossa vitória. Fala Davi de todos os santos do céu dentro no mesmo céu, e diz que na boca tinham os louvores de Deus e nas mãos as espadas desembainhadas, para com elas se vingarem de seus inimigos e, rendidos e manietados, os meterem debaixo dos pés: "Altos louvores de Deus se acham na sua boca, e espadas de dois fios nas suas mãos, para fazer vingança nas nações, castigos nos povos. Para meter os reis deles em grilhões, e os seus nobres em algemas de ferro" (Sl 149,6ss). — Que os santos do céu se empreguem todos em louvores de Deus, essa é a ditosa ocupação daquela pátria bem-aventurada; mas que juntamente estejam com as espadas desembainhadas nas mãos, para pelejarem e vencerem seus inimigos, que espadas são ou podem ser estas? São, no caso presente, as mesmas com que os nossos soldados pelejaram e venceram. A espada com que Gedeão pelejou e venceu chamava-se "Espada de Deus e de Gedeão" (Jz 7,20). — E por quê? Porque no mesmo tempo era meneada por duas mãos: visivelmente pela mão de Gedeão e invisivelmente pela mão de Deus. Do mesmo modo no nosso caso. As armas com que vencemos o inimigo, visivelmente eram meneadas pelas mãos dos nossos soldados na terra e invisivelmente pelas mãos de todos os santos no céu: "E espadas de dois fios nas suas mãos". — E porque estas mãos invisíveis de todos os santos eram as que principalmente nos deram a vitória, por isso conclui excelentemente o profeta que "A glória da mesma vitória é de todos os santos" (Sl 149,9).

Bem suponho eu logo, e devemos supor todos, que todos os santos do céu por si mesmos podiam defender a nossa ou a sua Bahia de Todos os Santos. Mas, como Deus tinha demitido de si, e dedicado a parte desta proteção e desta glória a um só santo — "E por amor de meu servo Davi" — nenhum outro podia ser, como foi, senão Santo Antônio, pela eminência com que este santo contém em si as jerarquias e dignidades de todos. E se na universalidade do texto de Davi seria grande glória de todos os santos se todos concorressem por si mesmos para a defensa e vitória da Bahia de Todos os Santos, maior glória foi na singularidade do nosso que a mesma Bahia de Todos os Santos a defendesse um só santo, mas um santo que, sendo um só, é todos os santos: "A glória da mesma vitória é de todos os santos".

§ IV

Temos visto em comum a defesa e vitória da nossa cidade da Bahia, repartida entre o Salvador e Santo Antônio: entre o Salvador, como cidade do Salvador, e entre Santo Antônio, como Bahia de Todos os Santos. Desçamos agora ao particular e alegremos os ouvidos, com que ouçam com certeza e segurança o que os olhos testemunharam não sem dúvida e receio. O texto do nosso tema, tresladado ao capítulo 19 do Quarto Livro dos Reis, foi tirado do capítulo 37 de Isaías, o qual, como historiador, escreveu o sucesso do sítio de Jerusalém e, como profeta, pintou nele o da Bahia. E para que não faltasse também ao ofício de comentador e intérprete, no capítulo 26, cantando a vitória da cidade que tem por nome Salvador, diz que para sua segurança e fortaleza se porá nela o muro e o antemural: "Sião, cidade da nossa fortaleza, é o salvador: ele será posto nela por mural e antemural" (Is 26,1 – Vulgata). — Em frase da milícia antiga, o muro significa a fortificação mais estreita e do recinto da cidade, e o antemural as que hoje se chama fortificações ou obras exteriores, que a defendem no largo. Assim que propriamente, no nosso caso, o muro da cidade da Bahia foi o Salvador, e o antemural, Santo Antônio. Ouçamos agora, com esta mesma divisão, quão seguramente nos defendeu dos inimigos o muro e quão fortemente os resistiu e rebateu o antemural.

Em três coisas consistiu a segurança que Deus prometeu a Jerusalém na invasão do exército inimigo. Primeira, que ele não entraria na cidade: "Ele não entrará nesta cidade" (4Rs 19,32); — segunda, que não lançaria dentro nela as suas setas: "Nem enviará setas contra ela" (Ibid.); — terceira, que a não poria de cerco: "Nem será cercada de trincheiras" (Ibid.) — e tudo se cumpriu com maravilhosas circunstâncias no nosso caso. Primeiramente, não entrou o inimigo na nossa cidade, antes esteve tão longe de entrar, e nós tão seguros de que ele entrasse que em todos os quarenta dias do combate, assim de dia como de noite, sempre estivemos com as portas abertas. Nisto mostrou bem a cidade do Salvador que o seu Salvador e defensor era Deus, porque só Deus pode impedir e cerrar as entradas com portas abertas. Uma das coisas notáveis que lemos no Livro de Jó é que Deus cerrou as portas ao mar, para que não, entrasse pela terra: "Que pôs diques ao mar" (Jó 38,8). — E acrescenta o mesmo Deus que essas portas do mar as tem muito bem ferrolhadas e muito bem trancadas: "Eu o encerrei nos limites que lhe prescrevi, e lhe pus ferrolhos e portas" (Ibid. 10). — Agora pergunto: O mar não está aberto por todas as partes? Entre o mar e a terra há alguma coisa que lhe impeça o entrar e passar adiante? Todos vemos que não. Que portas são logo estas, e que ferrolhos com que estão tão cerradas e tão seguras? O mesmo Deus o diz: "Eu disse ao mar: Até aqui chegarás, e não passarás daqui" (Jó 38,11) — e esta minha palavra são as portas sem portas com que, estando aberto o mar em todas as praias do mundo, o tenho fechado e ferrolhado a ele, e a terra tão segura que, por mais bravo que a ameace, não pode dar um passo adiante: "Não passarás daqui". — Sabeis, senhores, quem deu tanta segurança à nossa cidade que, combatida do inimigo, sempre estiveste com as portas abertas de dia e de noite? Foi unicamente aquela poderosa palavra do Salvador, posto que a nós oculta: "Ele não entrará nesta cidade". Não há de entrar nesta cidade — e com este seguro da divina proteção estavam as nossas portas abertas tão forte e tão inexpugnavelmente cerradas, que não houve antigamente aríetes, nem há modernamente petardos, ou outros instrumentos e máquinas bélicas que pudessem abrir na sua mesma abertura a menor brecha.

A segunda promessa de Deus foi: "Nem enviará setas contra ela" (4Rs 19,32); que o inimigo não lançaria dentro na cidade as suas setas. — Este gênero de guerra tem muito mais dificultoso reparo porque, voando as setas por cima dos muros, caem pela parte do céu sobre os que estão dentro. No mesmo Livro de Jó, pouco antes alegado, faz menção a Escritura Sagrada de guerra chovida: "Faça chover sobre ele a sua vingança" (Jó 20,23). — E que guerra chovida é esta? É aquela cujos tiros veem pela parte do céu. Destes tiros disse Davi: "Fará chover laços sobre os pecadores (Sl 10,7) — e tais foram os tiros e as balas que choveram sobre a nossa cidade, depois que o inimigo assentou as suas batarias. As balas, que se atiravam às nossas trincheiras por linha tendente, e a ponto fixo, ordinariamente ficavam enterradas nas mesmas trincheiras, mas as que se lançavam contra a cidade, como iam por elevação, voavam por cima dos muros e caíam como chuva do céu, sem nenhum reparo humano, mas com milagrosos efeitos da proteção divina: "Aqueles" — diz Davi — "a quem defende o Altíssimo, morarão seguros debaixo da proteção do Deus do céu" (Sl 90,1). — Notai a palavra "morarão seguros", que significa morar juntos, e fala particularmente dos moradores da cidade. Mas, por que chama nesta ocasião o profeta a Deus o Altíssimo, e o Deus do céu? Porque, ainda que as balas podiam passar por cima dos muros altos, não podiam avançar até o Altíssimo que os defendia: "Aqueles a quem defende o Altíssimo" — e, ainda que caíam ou choviam pela parte do céu, não podiam ofender aos que estavam "Debaixo da proteção do Deus do céu". — Assim foi. Os tiros da artilharia inimiga, que se contaram, foram mais de mil e seiscentos e, chovendo a maior parte deles sobre a cidade, que faziam? Uns caíam saltando e rodavam furiosamente pelas ruas e praças; outros rompiam as paredes, outros destroncavam os telhados, despedindo outras tantas balas quantas eram as pedras e as telhas; e foi coisa verdadeiramente milagrosa que a nenhuma pessoa matassem, nem ferissem, nem ainda tocassem dentro da cidade, sendo que chegaram a levar ou despir a algumas ainda as roupas mais interiores, mas sem nódoa nem sinal nos corpos. E para maior excesso da maravilha, quando as balas que choviam por elevação na cidade, nenhum dano fizeram nos moradores, é certo que as nossas culebrinas, que também jogavam por elevação desde as portas da Sé, caindo no vale, onde o inimigo tinha assentado o seu arraial, mataram muitos dos hereges. Não deixarei de continuar aqui o texto que referi de Davi, em que já fala nos tiros que chovem do céu e, declarando-os como se descrevem os da pólvora, diz que é uma tempestade de fogo e enxofre dada a beber em um copo: "O fogo, e o enxofre, e as tempestades são a parte do cálice que lhes toca" (Sl 10,7). — Note-se muito o "Do cálice que lhes toca". Estes eram os brindes que o Flamengo fazia à cidade, mas ela lhe respondia muito à portuguesa, porque, recebendo tão pouco dano da chuva das suas balas, como se fosse de água, a nossa o executava neles tão verdadeiro como de fogo e ferro. Eles brindavam à nossa saúde, e nós à sua morte.

A terceira cláusula da promessa divina foi que o inimigo não poria de cerco a cidade: "Nem será cercada de trincheiras — e assim o vimos cumprido. Se o inimigo queria render a cidade por assédio, por que a não cingiu e cerrou por fora com as linhas de circun-valação; por que ao menos não intentou fortificar-se nas três eminências que a dominam, mas se reduziu todo a um quartel? Aqui se vê a providência e previdência do nosso divino defensor, e como começou a defender e segurar a Bahia dentro em Pernambuco. O primeiro lugar em que o inimigo se perdeu foi a cidade que ele chamou de seu nome Maurícia, e a primeira ação foi o seu próprio conselho. Pode haver maior erro militar que impossibilitar primeiro a vitória e depois empreender a guerra? Pois isto é o que fez o general holandês, mais como obediente às disposições do nosso soberano defensor que como capitão nem soldado. Determina conquistar a Bahia e resolve de arrancar primeiro de Ceregipe de El-rei as relíquias do exército pernambucano, que ali estavam alojadas e constavam de mil e duzentos soldados, endurecidos em tantos trabalhos e campanhas, que eram os ossos da guerra e, por seu valor e experiência, merecedores de ser venerados como relíquias. Se Deus não cerrara os olhos a este conselho, veriam os menos cegos no seu mesmo leão bélgico, com as sete setas juntas todas em uma mão, quão poderosas são as forças unidas para resistir. E se as mesmas províncias, para resistir ao mais poderoso monarca, tomaram o nome de Províncias Unidas, também as nossas milícias unidas resistiriam mais facilmente à sua, se deixasse em paz a umas e pelejasse com as outras separadas e divididas. Mas não é coisa nova em Deus, quando quer desbaratar os efeitos, corromper os conselhos. Arrancado pois de Ceregipe aquele famoso troço de soldados e cabos, a quem a fortuna adversa na sua roda tinha lavrado como fortíssimos diamantes e incorporados com os do nosso período, menos exercitados mas não menos valorosos, alentada com esta segunda e nova alma, a Bahia logo ficou mais certa da vitória que receosa da guerra. Tal foi o estado em que o inimigo achou a nossa cidade, e por isso, conforme a promessa divina, se não atreveu a lhe pôr cerco: "Nem será cercada de trincheiras" — mas ensinado no seu próprio erro, reconhecendo o risco a que se expunha se dividisse as forças, tratou de as conservar unidas.

Mas como poderá a nossa cidade dar as devidas graças a seu Salvador pela abundância com que a sustentou e conservou neste meio cerco, o que não pudera ser se fosse cerrado? Davi, como tão cortado dos trabalhos e apertos da guerra, o que pedia a Deus, e exortava a todos lhe pedissem, é que desse paz à cidade de Jerusalém, para que nela e suas fortalezas houvesse abundância do necessário: "Pedi graças de paz para Jerusalém, e abundância para os que a amam. Seja feita a paz no teu exército, e abundância nas tuas torres" (Sl 121,6s). — E a razão destas instâncias tão repetidas de paz e mais paz era pela experiência do que padeceram na guerra, sitiadas dos inimigos, a mesma Jerusalém e outras cidades de Israel, em que chegaram os homens a se sustentar dos couros das arcas e das solas dos sapatos, e de outras coisas que não têm nome, ainda mais indecentes, obrigando a fúria da fome até as mesmas mães a que comessem seus próprios filhos. E nós estivemos tão fora de pedir a Deus paz, para que nos não faltasse a abundância do sustento, que em todo o tempo da guerra, não só se sustentaram os que nos sustentavam de carne sempre fresca, nem só abundava a cidade de todos os bastimentos naturais da terra, mas ainda os mais hortenses e verdes; mas sem figura alguma de encarecimento, posto que sobre todas as da admiração, um só termo me ocorre de se poder declarar a verdade da abundância que logramos. E qual é? É dizendo que quanto se acha em Lisboa, desde S. Paulo até a Confeitaria e Ribeira, assim do reino como de fora dele, tudo se via aberto e exposto em cada uma das vendas da Bahia, sendo tantas e sem a guerra lhe alterar os preços. Não só tão abundante e superabundantemente proveu o Salvador a sua cidade, mas com tantas prevenções de mimo e regalo que, quando Holanda lhe fazia a guerra, toda Europa a servisse à mesa.

§ V

Até aqui temos visto a parte da vitória e defensa da cidade que tocou ao Senhor — "por amor de mim" — que foi o muro. Agora veremos a que tocou ao servo — "e por amor de meu servo" — que foi o antemural. Nesta passagem, porém, do muro ao antemural, a mesma que dos muros a dentro parecia paz, deles afora mudou tanto de semblante e trajo que a catadura, como verdadeiramente de guerra, era cheia de fereza e de horror, e as roupas, não inteiras, mas rasgadas, tintas todas em sangue. O nosso texto só refere ou promete em suma o sucesso, e diz que o inimigo, desenganado da empresa, tornará por onde veio: "Ele voltará pelo caminho por onde veio" (4Rs 19,33). — Isto é o que nós agora mais sossegadamente havemos de ver. E não só veremos o visto, senão também o invisível, porque se verá manifestamente a fortíssima resistência do nosso antemural, e quão a ponto pelejou sempre por nós e conosco o nosso segundo defensor, Santo Antônio.

Eram as horas do meio dia, quando o inimigo com todo o seu poder apareceu em marcha no monte fronteiro a este, não havendo nele outra prevenção de defesa mais que os vestígios de uma trincheira rota; e quando se presumia que, passando adiante, naquele mesmo dia se sentenciasse o pleito em uma bem confusa batalha — porque ainda não estava posta em ordem a confusão — subitamente vimos que as bandeiras, que vinham tendidas, nem se avançavam nem faziam alto, mas, voltando o passo no mesmo lugar, desciam e se escondiam para o vale, onde assentaram o seu arraial. Agora pergunto: Por que não continuou a marcha o inimigo? Se depois que teve as forças mais cansadas e diminuídas nos acometeu com tanta resolução, agora que as traz frescas e inteiras, por que nos não acomete? Se depois que estivemos fortificados, investiu denodadamente as nossas trincheiras, e as pretendeu levar à escala e render-nos dentro nelas, agora que nos acha descobertos e sem defensa, por que em vez de avançar se retira? Antes de responder a esta pergunta quero fazer outra, não minha, senão de Davi. Quando os filhos de Israel chegaram às ribeiras do Jordão, o rio que levava sua costumada corrente, não só parou, mas voltou atrás. Admiraram-se todos de tão desusado prodígio, e Davi, que quis examinar a causa, perguntou-a ao mesmo rio: "Que tiveste tu, ó mar, que fugiste? E tu, Jordão, para retrocederes?" (Sl 113,5). — Que a parte inferior do rio corra ao mar, isto é natureza; mas que a superior, que se vem precipitando com todo o peso das águas, pare e torne atrás? Se para, quem a teve mão? E se torna atrás, quem lhe tirou pelas rédeas? O mesmo profeta responde: "Comoveu-se a terra na presença do Senhor, perante o Deus de Jacó" (Ibid. 7). — Na vanguarda do exército dos israelitas marchava a Arca do Testamento, e tanto que o rio deu de rosto com a arca do Deus de Jacó, esta súbita vista lhe infundiu tal respeito e tal temor, que não só parou a corrente, "mas voltou atrás". — Tem respondido Davi à sua pergunta e também à minha. Santo Antônio, por autoridade e canonização do supremo oráculo da Igreja, é a Arca do Testamento. Assim lhe chamou o Sumo Pontífice, reconhecendo pela voz de sua mais que humana eloquência os profundíssimos mistérios da divindade que naquela grande alma estavam encerrados: "E moveu tão grande a admiração de si, que o Sumo Pontífice, ouvindo-o pregar o denominaria Arca do Testamento. — Pois, assim como o ímpeto do Jordão, tanto que avistou a Arca do Testamento, parou e tornou atrás com a sua corrente, assim o orgulho do exército inimigo, tanto que do monte oposto descobriu o de Santo Antônio, não só foi obrigado desta vista a fazer alto, mas a voltar a marcha que trazia. É verdade que ele não conheceu nem podia conhecer a força oculta que o detinha, mas também o Jordão a não conheceu nem podia conhecer e, contudo é certo que ela o deteve.

Mais fez na tarde deste meio dia Santo Antônio. Fatais foram as horas que ela durou, e chegariam até a última fatalidade se não houvera mão oculta que invisivelmente a impedisse. Defendiam a marinha, nas raízes do monte oposto, o forte do Rosário e o reduto da Água dos Menimos; mas, dominados do sítio superior que, pela parte da terra tinha ocupado o inimigo, como incapazes de toda a defesa, rebentada a artilharia que foi possível, lhe ficaram logo sujeitos. Cortados do mesmo modo os dois fortes de Monserrate e S. Bartolomeu, com igual pressa se renderam, sem preceder ao menos a cerimônia militar da resistência, que ainda nas praças condenadas pede a cortesia da guerra. E quem não cuidaria, à vista deste desamparo, que o açoite do Brasil que tínhamos à vista era meneado pelo braço da divina Justiça, a qual nestes primeiros golpes, descarregados sobre as costas da Bahia, sem movimento seu mais que os da dor, lhe ameaçavam a total e breve ruína? Mas não era menos digno de admiração que no mesmo tempo em que as praças fortes artilhadas e presidiadas espontaneamente se entregavam, só a trincheirinha de Santo Antônio, arruinada, aberta e quase rasa com a terra, mostrasse espíritos de resistência!

Pusemos em uma das suas aberturas uma única peça, assentada sobre a terra nua e desigual, sem esplanada ou outro pavimento fixo em que pudesse correr; e posto que ao disparar se enterravam as rodas, com este só tiro, que podia parecer reclamo aos contrários para que a mandassem render, não só se mostrou o nosso defensor forte contra eles, senão também contra Deus.

São termos de que usou o mesmo Deus, dizendo a Jacó: — "Se foste forte contra Deus, quanto mais facilmente prevalecerás contra os homens? (Gn 32,28). Na facilidade com que outras fortalezas se entregaram ao inimigo mostrou Deus quão facilmente lhe podia também entregar as demais e castigar toda a Bahia; na resolução com que a trincheirinha arruinada de S. Antônio se opôs tão fortemente à resistência, nos assegurou que só o mesmo Santo era poderoso para ter mão no braço de sua justiça, para nos não castigar. Em uma e outra coisa falo pela boca da Escritura. Marchava Saul com um exército de dez mil homens em demanda de Davi, retirou-se acaso a uma cova, e quis sua fortuna que nela estava escondido o mesmo Davi, que tão capaz era. — Eia, Davi, lhe dizem os companheiros: "Este é o dia do qual o Senhor te falou: Entregar-te-ei o teu inimigo" (4Rs 24,5). Este é o dia em que Deus tem prometido de vos entregar nas mãos vosso inimigo, para que vos vingueis dos agravos que vos tem feito. — Levanta-se Davi, e que vos parece que faria? "Cortou um pedaço da capa de Saul" (4Rs 24,5). Contentou-se somente com cortar uma nesga da capa de Saul. E para quê? Para naquele retalho cortado tanto a seu salvo lhe mostrar quão facilmente lhe pudera tirar a vida e acabar com ele de uma vez. Por que se entregaram, senhores, essas outras fortalezas? Porque se viram cortadas do inimigo. E contentou-se Deus de cortar à Bahia essa nesga de terra — que em forma triangular propriamente é nesga — para que entendêssemos que, assim como entregou uma parte ao Holandês, sem lhe custar duas onças de pólvora, com a mesma facilidade lhe pudera entregar tudo.

Mas, se o não executou assim Deus, foi porque Santo Antônio, que nas ruínas da sua trincheira resistia visivelmente, de si para com o mesmo Deus lhe fez tão forte e poderosa resistência que lhe teve mão no braço, para que nos não castigasse, como ameaçava e podia; antes, em lugar do castigo nos desse a vitória. Vai a outra Escritura. Quis Deus, não castigar, mas destruir cabalmente o povo que se chamava seu; e como por parte do mesmo povo se opusesse Moisés a esta resolução, refere o caso o real profeta, e são estas as suas palavras: "Disse que os suprimiria, se não fora Moisés, o seu eleito, postar-se na brecha do muro" (Sl 105,23). Decretou Deus, e disse que os havia de destruir e acabar a todos, e assim havia de ser, sem dúvida, se Moisés, seu grande valido, lhe não resistisse. — E onde? "Nas ruínas do muro desbaratado e roto". — Pode haver propriedade mais própria? Pois, ainda foi mais própria do nosso caso que no de Moisés. Porque no de Moisés é metáfora, e no nosso foi pura e mera realidade. Bem vimos os vestígios da pobre trincheira velha, aberta, desfeita, arruinada, rota. Mas como era de Santo Antônio, dali resistiu o nosso defensor, não digo ao inimigo, senão a Deus, que se não fora meneado por Deus não era nada o poder do inimigo. De Moisés diz o texto que lhe dizia Deus: "Moisés, deixa-me, deixa-me castigar" (Ex 32,10). E se Moisés, que estava prostrado aos pés de Deus, tanto o apertava com as suas resistências, que faria o nosso santo, que o tem nos braços? O certo é que lhe diria como Jacó: "Não te largarei se me não abençoares" (Gn 32,26). — e a bênção que alcançou, sendo tão forte contra Deus, foi que muito melhor prevaleceria contra os homens, como mostrou o efeito.

§ VI

Enquanto o inimigo trabalhava nas suas batarias, crescia tanto a nossa trincheira quanto nele o ciúme de a ver crescer. Determinado de ganhar o posto, a investiu de repente com mais de mil clavinas acompanhadas da escuridade da noite, sempre traidora ao valor que se funda na honra menos constante, onde não é vista. Assim se experimentou na confusão das primeiras cargas; mas acudindo os de maiores obrigações ao reparo, retirados logo os combatentes, amanheceram com a luz do dia estendidos na campanha os que não puderam retirar consigo. Não podia sofrer a nossa bizarra infantaria, nem os cabos menores e maiores dela, que fôssemos réus onde desejavam ser autores. Todos clamavam que investíssemos o inimigo nos seus quartéis, onde foi necessária ao governo das nossas armas toda a paciência e prudência de Fábio Máximo — "Cujo talento consistiu em vencer sem combater" — como dele diz Valério, também Máximo³. Obedecendo contudo ao desejo e voz comum, se decretou de público o assalto para a madrugada da Ascensão, mas de secreto se tocou uma arma falsa, com que, fazendo-se entender que os nossos intentos eram descobertos ao inimigo, se desistiu felizmente deles. Havia de ser o mesmo inimigo o agressor, para que no sucesso da sua perda total reconhecêssemos o perigo da nossa. Chegou enfim a noite decretória e fatal de 18 de maio, em que acometeram a requestada trincheira três mil holandeses ajuramentados de ou ganhar ou morrer, dos quais muitos cumpriram a segunda parte do juramento, mas nenhum a primeira. E posto que depois foram socorridos com todo o grosso do exército, sendo já na campanha batalha o que na trincheira era assalto e durando a porfia do combate três horas inteiras, foi o sucesso tão desigual que eles, sem escrúpulo de perjuros, em boa consciência se retiraram vencidos, e nós, concedendo-lhes que levassem os seus mortos a sepultar em muitas carroçadas, celebramos com salvas e repiques a memorável vitória. Os mesmos holandeses confessaram, segundo o seu modo de contar, que entre mortos e feridos perderam naquela noite vinte e oito centos. Vede se foi memorável.

Mas eu também vejo que estais esperando ouvir a parte que nela teve Santo Antônio em um e outro assalto. Sou contente, e não vos há de faltar a Escritura Sagrada, com toda a propriedade do caso. Levada a Arca do Testamento à cidade de Azoto, puseram-na os filisteus no templo junto ao seu ídolo Dagon, para que parecesse troféu e despojo do mesmo ídolo. Feito isto de dia, o que a Arca fez de noite foi que amanheceu o ídolo prostrado por terra diante dela: "Eis que Dagon estava caído por terra diante dela, diante da arca do Senhor" (1Rs 5,3). — Admirados e sentidos, mas não desenganados da vaidade do seu erro, os filisteus tornaram a restituir o ídolo ao seu lugar; porém, sobrevindo a noite, se na passada lhes tinha sucedido mal, muito pior lhes sucedeu na seguinte porque, com a luz da manhã, não só apareceu Dagon prostrado por terra, mas com a cabeça e as mãos cortadas e lançadas à porta do templo: "Encontraram Dagon prostrado sobre sua face diante da arca do Senhor; a cabeça de Dagon e as mãos, cortadas, jaziam na soleira" (1Rs 5,4). — De maneira que a Arca e o

Dagon tiveram dois combates em duas noites diferentes, e em ambas ficou a Arca vencedora, e na segunda com muito maior e total vitória. Vamos agora à significação destes dois combates. A Arca do Testamento já sabemos que é Santo Antônio; o Dagon, quem será? Entre todas as nações do mundo, nenhuma se achará mais representada nele que a holandesa. A figura do ídolo Dagon, como diz S. Jerônimo e os outros intérpretes, era de meio homem e meio peixe; e tal é a terra de Holanda por sítio, e por exercício e modo de viver tais são os seus habitadores. Toda a terra é retalhada do mar, com que juntamente vem a ser mar e terra, e os homens, a quem podemos chamar marinhos e terrestres, tanto vivem em um elemento como no outro. As suas ruas por uma parte se andam e por outra se navegam, e tanto aparecem sobre os telhados os mastros e as bandeiras, como entre os mastros e as bandeiras as torres. Sendo tão estéril a terra, que somente produz feno, as árvores dos seus navios, secas e sem raízes, a fazem abundante de todos os frutos do mundo. Em muitas partes toma o navio porto à porta de seu dono, amarrando-se a ela, e deste modo vem a casa a ser a âncora do navio, e o navio a metade da casa, de que igualmente usam. Aos animais que vivem no mar e na terra chamaram os gregos anfíbios; e quem poderá negar que tão anfíbio era o Dagon como os holandeses, e tão compostos de peixe e homem os holandeses como o Dagon? Estes Dagões, pois, e estes anfíbios, são os que como homens nos queriam tomar a cidade e como peixes a Bahia, cuidando que, levando a trincheira, ganhavam ambas. Mas não advertiram os cegos que a trincheira era de Santo Antônio, e que assim como eles são os Dagões, Santo Antônio é a Arca do Testamento. Na primeira noite e no primeiro combate ficaram prostrados por terra; e na segunda, não só prostrados, mas degolados, e com ambas as mãos cortadas e tão desfeitas que, dizem e tresladam os Setenta intérpretes, que "cada mão ficou espedaçada em cem partes". — Vede se tiveram razão de contar os seus feridos e mortos aos centos.

Oh! como estou vendo o nosso santo lembrar-se da porfiada e estrondosa bateria daquela noite e, como Deus nesta ocasião lhe deu o nome de Davi: "E por amor de meu servo Davi" — gloriar-se da vitória, e triunfar dizendo com ele: "Cercaram-me como abelhas, arderam como fogo em espinhas, mas eu, em nome do Senhor, vingueime deles" (Sl 117,11). — Bem mostram as comparações serem de uma eloquência tão alegórica sempre, e erudita, como a que lemos em todos os escritos de Santo Antônio. Mas por que chama aos inimigos na investida e combate da sua trincheira abelhas, e diz que arderam como fogo nas espinhas? Não se pudera mais vivamente declarar o que vimos e ouvimos. Pudera chamar abelhas aos holandeses, pela arte e bom governo que se lhes não pode negar da sua república, e abelhas nesta facção, pelo apetite que cá os trouxe do nosso mel; mas chama-lhes abelhas, que lhes basta ser pequenas para serem coléricas, pelo ímpeto raivoso e fúria com que acometeram, e mais particularmente, porque é próprio da abelha, em picando, cair morta: "Deixam na ferida a vida". — Assim lhes sucedeu aos que investiram a cortina e traveses que a nossa trincheira já tinha, porque quantos a picaram com os instrumentos que para isso traziam, todos caíram e ficaram sepultados no mesmo fosso.

Também vieram armados de infinita munição de granadas e outros artifícios de fogo que, disparados incessantemente entre a tempestade das cargas, alumiavam a noite, atroavam o ar e choviam raios sobre os que dentro e no alto da fortificação a defendiam, presumindo os escaladores que com estes aparatos de horror sacudiriam dela os nossos, e franqueariam os dificultosos passos por onde insistiam em subir e a pretendiam ganhar. Mas a toda esta representação de relâmpagos e trovões chama o nosso defensor, com maior energia, "Fogo que arde nas espinhas" — porque do fogo que se ateia em semelhante matéria, como bem comenta Lorino[4], é maior o estrondo e o ruído do que são os efeitos: "O fogo quando pega nas espinhas, invade todas as partes com horrível e incendiado estrépito, mas rapidamente aquele ruído e as chamas cessam". — Tão fora estiveram aqueles medos artificiais de enfraquecer ou quebrantar a constância e resistência dos nossos, que as granadas que caíam acesas e inteiras, rechaçadas intrepidamente, tornavam outra vez para donde vieram, e as que rebentavam entre eles, rara ou nenhuma feria mortalmente. Enfim, conclui o oculto protetor do seu terreno que "Em nome do Senhor se vingou deles". — Não diz que venceu, senão que se vingou, porque a vitória responde à guerra, e a vingança à injúria. E porque os hereges lha faziam grande, atrevendo-se aos que pelejavam à sombra da sua casa, como a descomedidos profanadores daquele sagrado, não os trata como vencedor, mas como vingativo, e não com o decoro de vencidos, mas com a afronta de sacrílegos e castigados: "se vingou deles".

§ VII

Não debalde depois da noite do segundo combate da Arca, amanheceram as mãos do Dagon, não só cortadas, mas postas à porta do templo, para significar, como diz Hugo Vitorino, que aquela vitória, não só fora a segunda, senão a última, e que ele, desenganado, não havia de tratar já de pelejar, senão de sair e se ir embora. Tanto como isto, depois daquela fatal e felicíssima noite, se mudaram em ambos os arraiais as ideias da guerra, a qual no general inimigo e nos nossos se fazia já só com o pensamento: o do inimigo posto na retirada e o dos nossos em que se não pudesse retirar. Como contra as suas duas baterias tínhamos em frente outras duas, e a terceira pelo lado esquerdo, que lhe desquartinava todos os quartéis, só restava a quarta pela retaguarda. E me constou então — donde só podia constar com certeza — que, levantada esta ocultamente entre o bosque da eminência oposta, na manhã em que, cortadas as árvores, aparecesse, tendo-se lançado na campanha de noite dois mil infantes, batendo-se ao mesmo tempo de todas as quatro partes o arraial inimigo, se lhe mandaria recado, por um trombeta, que se entregasse, pois já não tinha defensa nem retirada. Este era o galhardo pensamento dos nossos generais, em que o inimigo de sitiador ficaria sitiado, e nós, com roda de fortuna poucas vezes vista, de sitiados sitiadores. Antecipou-se porém o medo ao valor, a cautela ao perigo e a fuga secreta do inimigo à pública declaração do nosso desígnio, de que quase estou queixoso de todos os santos, os quais nesta defensiva representou a pessoa de Santo Antônio, se afirma com termos bizarros que eles, quando pelejam, não só atam as mãos aos inimigos com algemas, senão também os pés com grilhões: "Para pôr os reis deles em grilhões, e os seus nobres em algemas de ferro" (Sl 149,8). — Pois, se o nosso vitorioso defensor lançou as algemas ao inimigo, por que o não pôs também em grilhões? Se lhe atou as mãos, para que não pudesse mais pelejar, por que lhe não atou também os pés, para que não pudesse fugir?

    A razão verdadeira, e que não admite outra, é a que já referimos do mesmo texto, o qual, resumindo todo o sucesso desta proteção do céu, diz que o inimigo tornaria pelo mesmo caminho por onde veio: "Ele voltará pelo caminho por onde veio" (4Rs 19,33). — Assim se cumpriu na fugida de Senaquerib, rei e general do exército com que viera sitiar a cidade de Jerusalém. E se curiosamente quisermos inquirir a razão desta mesma razão, acharemos que a que Deus teve não foi outra, senão querer, em castigo daquele atrevimento, que Senaquerib, não só ficasse vencido, mas tornasse a aparecer diante dos seus afrontados. A prova é evidente. Porque em uma noite matou um anjo cento e oitenta e cinco mil soldados do exército de Senaquerib. Pois, se matou a tantos, por que o não matou também a ele? Porque o morrer na guerra pode ser e comumente é honra, mas o fugir sempre é afronta. Pois, para que o soberbo infiel leve da cidade de Deus o merecido castigo de seu atrevimento, escape com a vida, mas fugindo. Por isso não quis Deus que acometêssemos o inimigo nos seus quartéis, como tanto desejavam os soldados, nem que acabássemos de o sitiar neles, como tinham determinado os generais, mas que, vencido o temor e convencido da própria desesperação, sem nova violência fugisse e com uma fugida tão precipitada e torpe, deixando artilharia, munições, armas, bastimentos, e até o pão cozendo-se nos fornos e nos ranchos a comida dos soldados ao fogo, para que os negros da Bahia tivessem com que banquetear a vitória. Mais ainda: que nas fortalezas rendidas, estando à beira-mar e dominadas dos seus navios, nem das armas levassem um arcabuz, nem da artilharia um bota-fogo, e ficassem tão inteiras em tudo como as acharam! Mas também este milagre em corsários corria pelas obrigações de Santo Antônio, como tão pontual recuperador do perdido.

    Enfim, o inimigo nos deixou tudo o nosso e parte do seu. Mas não deixarei de advertir na história do nosso texto uma grande diferença daquela fugida a esta. — Antes de Senaquerib aplicar o seu exército ao sítio de Jerusalém, ordenou Deus lhe chegassem novas, que Taraca, rei da Etiópia, vinha sobre ele com todo o poder, em socorro da mesma cidade. E, posto que a mortandade executada pelo anjo tinha sido de tantos mil, a esta nova atribui o mesmo Deus a sua fugida: "Dar-lhe-ei um espírito, e ele ouvirá uma mensagem, e voltará para a sua terra" (Is 37,7). — Também cá o nosso sitiador nos quis conquistar com novas. Como nunca faltam humores melancólicos e amigos de as darem más, em um navio de Lisboa, que no tempo do sítio tomaram os holandeses, se acharam algumas cartas — poucas — em que se dizia que lá se falava em armada, mas que cá não esperássemos por ela, porque os muitos empenhos em que de presente se achava Espanha, não permitiam que se diminuísse das forças marítimas. Estas cartas, cotadas à margem, remeteu por um trombeta o general holandês aos nossos com outra sua, em que dizia lhas enviava, para que tivessem entendido que não podiam ser socorridos. Julgava que esta bala era a que maior brecha podia abrir nos corações dos cercados, e por isso se teve em segredo. Mas a resposta foi tão desassustada como discreta, porque, depois de satisfazerem, também por escrito, a outros pretextos da embaixada, acabava assim: — E quanto às cartas de Lisboa, que Vossa Senhoria nos enviou, respondemos às que cá vieram com as que lá ficaram. Assim era, porque todas as outras certificavam que vinha armada, como efetivamente veio. Mas ou a nova fosse falsa, ou verdadeira, nem o inimigo aguardou a que viesse o socorro, nem nós o houvemos mister, para que também por esta circunstância a sua fugida fosse menos desculpável e a nossa vitória mais luzida. Embarcado finalmente levou as âncoras na segunda noite, que também lhe não foi favorável, porque lhe faltou o vento, para que a olhos de todos, conforme o nosso texto, se visse voltar por onde veio. Pelas nove e dez horas do dia saiu pela Bahia fora a armada, triste, desembandeirada e muda, e se com a sua e nossa artilharia a despediu a cidade do Salvador em três salvas, nelas publicamos ao céu, ao mar e à terra quão gloriosamente desempenhou o mesmo Salvador com a mesma cidade a sua palavra: "Protegerei esta cidade, e a salvarei".

§ VIII

Esta é, cidade, milícia e povo da Bahia, a vitória de que Deus nos fez mercê, tão gloriosa como sua, e de que todos lhe vimos render as graças, tão obrigados como nossa. Dois amores concorreram da parte de Deus para ela: "por amor de mim" — "e por amor de meu servo". — E se a este dobrado amor devemos dobrada correspondência, seja a primeira em lhe confessar o todo da glória, que é sua, e a segunda em lhe atribuir também a parte que pode parecer nossa. Se a Bahia fora Roma, todos os nossos valorosíssimos capitães e soldados haviam de aparecer hoje neste monte, como no do Capitólio, coroados com três coroas: cívicas, murais e castrenses. Cívicas, porque não só defenderam um cidadão, mas uma tão numerosa e populosa cidade; murais, porque, sendo tão fracas as faxinas da nossa trincheira para a sustentar e fortalecer, fizeram dos próprios peitos muros; e castrenses, porque não só desejaram tantas vezes investir o inimigo nos seus próprios arraiais, mas o obrigaram a que ele espontaneamente no-los rendesse. Mas a coroa com que todas estas se coroam é a da fé — que a ele faltava — oferecendo-as todos como verdadeiros católicos e lançando-as aos mesmos triunfantes pés do Salvador e do santo que o tem em seus braços. Viu S. João no Apocalipse a Deus sobre um trono de grande majestade, e que vinte e quatro anciões, os quais em roda lhe faziam corte, todos coroados, prostrando-se de joelhos, adoravam profundissimamente ao supremo Senhor e, tirando as coroas da cabeça, as lançavam aos pés do seu trono: "Adoravam o que vive por todo o tempo e colocavam suas coroas diante do trono" (Ap 4,10). — Santo Ambrósio, São Bernardo, Ruperto e os outros expositores perguntam que coroas eram estas, e por que as tiravam da cabeça e as lançavam aos pés do trono de Deus? E todos respondem uniformemente que as coroas eram as das vitórias que neste mundo tinham alcançado, e que todos as tiravam das próprias cabeças e as lançavam diante do trono de Deus para as atribuir a seu verdadeiro autor, reconhecendo que mais eram de Deus que suas. Cristo, nosso Salvador, é o verdadeiro Deus dos exércitos e das vitórias; o seu trono é S. Antônio, que tão de assento o tem nos braços; e diante deste Deus e deste trono vêm lançar as coroas que mereceram na presente vitória os famosos Martes da nossa milícia, mais gloriosas quando as põem aos pés de Deus que quando Deus lhas pôs na cabeça. E chama-se Deus nesta ocasião "O que vive por todo o tempo", porque as vitórias temporais, tão sujeitas à variedade da fortuna, só postas aos seus pés podem ser eternas.

Bem acabava aqui o sermão, se me não faltara a última cláusula, que o nosso agradecimento não deve passar em silêncio. Os que lançaram as coroas aos pés do trono de Deus eram os anciãos, em que mais particularmente são significados os veteranos, cabos e soldados da milícia pernambucana, cujas valorosas ações nesta guerra, assim como as admiraram os olhos dos presentes, assim serão perpétuas nas línguas da fama, e nas letras e estampas dos anais as lerá imortalmente a memória dos vindouros. No meio, porém, desta mesma alegria universal, não posso deixar de considerar neles algum remorso de dor. À vista dos bens alheios cresce o sentimento dos males próprios. E tais podem ser as memórias dos desterrados de Pernambuco — como as lembranças de Sião sobre os rios de Babilônia — vendo a Bahia defendida, e a sua pátria, pela qual trabalharam muito mais, em poder do mesmo inimigo. Assim o permitiu e ordenou Deus; mas como podemos esperar de sua providência e bondade, para maior glória e consolação de todos. Serviu Jacó por Raquel sete anos, e ao cabo deles, em vez de lhe darem Raquel, achou-se com Lia. Queixou-se desta diferença, tão sentido como o pedia a razão e o amor, e respondeu-lhe Labão: — Filho, o que fiz não é porque te não queira dar a Raquel, mas porque te quis dar a Lia, e esta primeiro, porque é a irmã mais velha. — O mesmo digo eu agora. Serviram os filhos de Pernambuco pela sua formosa Raquel, pela sua Olinda, outros sete anos, ao cabo dos quais, não só a não recuperaram, mas a perderam de todo. Argumento grande de seu valor que houvessem mister os holandeses sete anos para conquistar Pernambuco, quando bastaram outros sete aos mouros para conquistar Espanha. Mas se ao cabo de tantos trabalhos e serviços não concedeu Deus aos pernambucanos a sua Raquel, não foi por lha negar, senão por lhe querer dar também a Lia. Quis-lhes dar primeiro a Bahia, como irmã mais velha e cabeça do Estado. E depois de levarem esta glória, de que ela sempre lhe deve ser agradecida, então lhes cumprirá seus tão justos desejos, e com dobrado e universal triunfo os meterá de posse da sua tão amada pátria, como digna de ser amada. Assim o confiamos da bondade de Deus, e o esperamos da poderosa intercessão do nosso Davi, não menos interessado naquela perda, nem menos milagrosa a sua virtude para recuperar a Bahia que Pernambuco. — Lembrai-vos, glorioso Santo, dos muitos templos e altares em que éreis venerado e servido naquelas cidades, naquelas vilas e em qualquer povoação, por pequena que fosse, e que nos campos e montes onde não havia casa só vós a tínheis. Lembrai-vos dos empenhos e grandiosas festas com que era celebrado o vosso dia, e sobretudo da devoção e confiança com que a vós recorriam em suas perdas particulares e do prontíssimo favor e remédio com que acudíeis a todos. O mesmo sois, e não menos poderoso para o muito que para o pouco. Apertai com esse Senhor que tendes nos braços, e apertai-o de maneira que, assim como nos concedeu esta vitória, nos conceda a última e total de nossos inimigos. E nós, como tão faltos de merecimento, a reconheceremos sempre como sua e como vossa: como sua, dada por amor de si; e como vossa, alcançada por amor de vós: "Por amor de mim, e por amor de meu servo Davi".

SERMÃO DA
Terceira Dominga do Advento

*Na Capela Real.
Ano de 1644.*

∽

"Os judeus enviaram de Jerusalém sacerdotes e levitas
a João para perguntar-lhe: quem és tu?"
(Jo 1,19)

Há três anos Vieira está em Lisboa; no próximo ano será nomeado pregador régio. Vieira aborda um tema que o ocupará em outras ocasiões: o dos pretendentes. Homens pretendentes e ofícios pretendidos, não; homens pretendidos e ofícios pretendentes, sim. Primeira razão ou conveniência desta política: porque assim andarão mais autorizados os ofícios. Os exemplos dos eclesiásticos o provam: que sejam tais que os hajam de obrigar por força a aceitar, e também os exemplos de Arão e Davi. Segunda: porque viverão mais descansados os beneméritos: a felicidade dos que, retirados ao descanso de não pretender, se fazem merecedores de ser pretendidos, e a infelicidade dos que nunca chegam a alcançar o descanso. Terceira: porque estará mais desembaraçada a corte: como a matéria é tão sabida, Vieira a deixa à consideração dos que o ouvem. Quarta: porque será mais bem servida a república; assim o rei obra como rei.

§ I

Uma coisa que eu desejara muito ao Reino de Portugal conta o evangelista São João que se viu hoje na República de Jerusalém. Diz que os do governo daquela grande cidade mandaram uma embaixada aos desertos de Judeia, na qual ofereciam ao Batista a maior dignidade que nunca houve no mundo, querendo-o reconhecer e adorar por Messias. O que reparo muito neste caso é que em vez de o Batista vir do deserto à corte a pretender a dignidade a dignidade foi da corte ao deserto a pretender o Batista. E isto é o que eu desejara, como dizia, para o nosso reino. É força que haja pretensões e pretendentes, mas estes não hão de ser as pessoas, senão os ofícios. E por quê? Darei a razão, e mais a razão da razão. A razão é porque não pode haver nem mais bem governada, nem mais bem servida república que onde os ofícios forem os pretendentes, e os homens os pretendidos. Assim foi hoje o Batista o pretendido, e o messiado o pretendente. E a razão desta razão é, não porque assim o fizeram os embaixadores e magistrados de Jerusalém, senão porque assim o ensinou com seu exemplo a primeira e suma verdade daquele supremo rei, em cuja política não pode haver dúvida, nem nos seus ditames engano, nem erro ou desacerto no seu governo.

Veio um homem oferecer-se a Cristo para o seguir a qualquer parte. "Seguir-te-ei para onde quer que fores" (Mt 8,19) — e diz o evangelista que o Senhor o despediu secamente, e o lançou de si com palavras ásperas. Vai o mesmo Cristo às praias de Galileia, chama a Pedro, e André, e aos filhos do Zebedeu, e diz-lhes que o sigam: "Vinde após mim" (Mt 4,19). — Pois, Senhor, se estes homens vos não buscam, por que lhes dizeis que vos sigam? E se outro homem diz que vos quer seguir em tudo e por tudo, por que o não admitis, antes o lançais de vós com aspereza? É culpa querer-vos seguir? É merecimento não vos buscar? Pois, se a quem vos não busca dizeis que vos siga, a quem vos quer seguir, por que o não aceitais em vosso serviço? Porque Cristo, supremo monarca e exemplar de todo o bom governo, não queria no seu reino homens pretendentes nem ofícios pretendidos: homens pretendidos e ofícios pretendentes, sim. Quando o outro homem pretendeu seguir a Cristo, o homem era o pretendente, e o apostolado o pretendido; pelo contrário, quando o Senhor chamou a Pedro e os demais, os homens eram os pretendidos, e o apostolado o pretendente; e homens que não pretendem os ofícios, senão os ofícios a eles, como hoje aconteceu ao Batista, estes são os que podem compor, conservar e estabelecer um reino que houver de durar para sempre, como o de Cristo.

Oh! que venturoso seria o nosso, se nele se introduzisse esta nova e admirável política! E porque ela não é dos que governavam a corte de Jerusalém, senão ao supremo governador e mestre do mundo, e por isso verdadeiramente cristã, não será matéria alheia, senão muito própria deste lugar e mais própria ainda do tempo presente, se eu a souber persuadir como pretendo. Deus, a quem devemos a felicidade do tempo, e cujos exemplos e ditames somente hei de seguir em quanto disser, se sirva de me assistir com sua graça. *Ave Maria.*

§ II

"Os judeus enviaram de Jerusalém sacerdotes e levitas a João" (Jo 1,19). — Assim como não foi o Batista o que veio do deserto à corte pretender a dignidade, senão a dignidade a que foi da corte ao deserto pretender o Batista, assim digo que em todo o reino bem governado não devem os homens pretender os ofícios, senão os ofícios pretender os homens. As razões desta política do céu, pouco entendida e menos praticada na terra, são muitas. Eu, para maior brevidade e clareza, a reduzirei neste discurso a quatro principais, com nome de conveniências. Primeira, porque andarão mais autorizados os ofícios. Segunda, porque viverão mais descansados os beneméritos. Terceira, porque estará mais desembaraçada a corte. Quarta, porque será mais bem servida a república.

§ III

Quanto à primeira conveniência, de que os ofícios, quando não forem pretendidos, então serão mais autorizados, não faltará quem cuide e diga o contrário, e parece que com bons fundamentos. Não é grande autoridade e crédito do ouro entre os outros metais, que todos desejam, procurem e façam tantos extremos por ele? Não foi grande autoridade da formosura que pela de Helena contendessem com tanto empenho e se dessem tantas batalhas a Grécia e Troia? Logo, da mesma maneira será grande autoridade e crédito dos ofícios que concorram muitos e os pretender, e que a ambição e emulação dos opositores se empenhe com todas as forças em os conseguir. E quanto maior forem as negociações, as diligências, as controvérsias, as valias, e ainda as adulações e os subornos dos que os pretendem alcançar, tanto mais crescerá a autoridade dos mesmos ofícios assim pretendidos. Pelo contrário, se eles forem os que hão de pretender, não terão estima-

ção nem séquito, e ficarão solitários e, quando menos, mal providos. Já Tertuliano ponderou gravemente a quantas indignidades se sujeitam e abatem os que pretendem subir às dignidades; e se os ofícios se fizerem pretendentes, pelo mesmo caso se farão indignos e perderão o nome da honra e dignidade, que é o que os acredita e autoriza.

Ora, antes que desfaça a aparência destas objeções, quero-as convencer com a evidência de um exemplo que todos trazemos diante dos olhos, e ninguém pode negar. O ofício, os embaixadores, e os que hoje mandaram, e o mesmo Batista, tudo era eclesiástico; seja, pois, também eclesiástico o exemplo. Pergunto: quando esteve mais autorizado na Igreja o ofício e dignidade Episcopal? Quando os santos — de que é infinito o número — se não atreviam a o pretender, mas pretendidos eles, buscados e aclamados, se metiam pelos bosques, e se escondiam nas covas, tentando e fugindo de tão alta dignidade; ou agora, quando tantos frequentam os palácios dos reis, e os tribunais e casas dos ministros, fazendo oposição com a cara descoberta às mitras, e ostentando letras, antiguidades e cargos da religião, e talvez os procedimentos e as mesmas virtudes, para que as cabeças cheias destes pensamentos sejam coroadas com aquela sagrada insígnia? Torno a perguntar: quando esteve o ofício e dignidade episcopal mais autorizada? Agora, quando tantos a pretendem, ou quando ela era a pretendente? Agora, que a procura descobertamente a ambição, ou quando a recusava a modéstia, e fugia dela a consciência? Os mesmos sagrados cânones respondem à minha pergunta. E que dizem? "Busque-se o que há de ser obrigado, e que o rogado seja afastado, e o convidado fuja. — Notai as palavras "Busque-se". É quem há de ser o buscado? O bispado e o ofício?

Não, senão o homem digno dele. E esse homem digno, que qualidades há de ter? Grande casa? Grande nobreza? Grande apelido? Grandes cargos antecedentes? Não diz isto o Cânon. Pois, que diz? Que seja tal que o hajam de obrigar por força a aceitar: "Busque-se o que há de ser obrigado" — e que rogado com a Igreja se retire, e convidado com a dignidade fuja dela: "E que o rogado seja afastado, e o convidado fuja".

As igrejas são as esposas dos prelados eclesiásticos, e verdadeiramente que elas são tão formosa e bem dotadas que parecem devem causar amor e ainda cobiça; mas que as mesmas esposas hajam de meter medo aos que elas buscam e pretendem, e o buscados, convidados e rogados hajam de fugir delas! Sim. Vamos à Escrituras. Fala o texto sagrado de uma destas esposas — em que se representam todas — e diz assim: "Quem é esta que sai resplandecente como a aurora, formosa como a lua, e escolhida como o sol?" (Ct 6,9). — Já aqui temos respondidos ou correspondidos os dois exemplos acima alegados da estimação do ouro e da formosura de Helena. Aurora deriva-se de *aurum*, que em latim é o ouro, e Helena deriva-se de *elion*, que em grego é o sol. Pois, se as esposas eclesiásticas são tão ricas e arraiadas de ouro como a aurora, e tão semelhantes na formosura, não só à lua entre as estrelas, senão no mesmo sol, em cuja presença desapareceu, como é possível que, em vez de causarem cobiça com a riqueza e amor com a formosura, causem tal medo e horror aos mesmos que elas pretendem, convidam e rogam que os façam retirar, esconder e fugir: "E que o rogado seja afastado, e o convidado fuja"? — O mesmo texto o declara admiravelmente no que acrescenta: "Que surge como a aurora, formosa como a lua, e escolhida como o sol, temível como um exército em ordem de batalha?" (Ct 6,9). — De sorte que a mesma esposa, que por uma parte é tão dourada como a aurora, tão prateada como a lua e tão formosa como o sol, por outra parte é tão terrível, tão formidável e temerosa como um exército armado posto em campo. — "Temível e aterrorizante", verte e comenta Símaco[1]. — Que muito logo que uma tão grande diferença produza tão encontrados afetos? No exército de Saul, todos apeteciam a honra e cobiçavam os prêmios que o rei prometia a quem saísse a desafio com o filisteu; mas quando viam o gigante de tão desmedida estatura e as armas iguais aos membros, com que parecia uma torre de ferro, todos desmaiavam e tremiam. Assim também a esposa, como rica e formosa causava cobiça e amor; mas como exército armado causava pavor e assombro. E se alguém me perguntar como a esposa, sendo uma só, em si mesma e de si mesma podia formar um exército, questão era esta digna de a excitarem e resolverem os expositores — o que não fizeram. — Mas a resposta e a razão é muito clara. Já dissemos que as esposas dos prelados eclesiásticos são as igrejas e dioceses, e como elas se compõem, não só de mil, senão de muitas mil almas, estas são as que formam o exército terrível e formidável, porque de todas hão de dar conta a Deus. Logo, não é maravilha que uns apeteçam a mesma dignidade, outros a temam e fujam dela. Os que a veem "Que surge como a aurora, formosa como a lua, e escolhida como o sol", e param aqui, deixam-se levar da riqueza do dote e da formosura da esposa; porém, os que passam adiante, e a consideram "temível como um exército em ordem de batalha", têm razão de se retirar, temer e fugir: "E que o rogado seja afastado, e o convidado fuja".

E por que não pareça que este temor e retiro de não apetecer nem pretender dignidades, antes fugir delas, toca só às prelasias e dignidades eclesiásticas, a mesma razão concorre nos magistrados, governos e ofícios seculares, que têm jurisdição, ou toda ou repartida sobre os povos. E se não, ponhamos o caso em um homem leigo, e tão leigo que o não podia ser mais. Quando Saul andava buscando as jumentas de seu pai, Samuel, mandado por Deus, o ungiu em rei de Israel. Vede o que buscava e o que achou, ou, falando mais a nosso propósito, vede o que buscava e o para que o buscavam. Chegado, pois, o dia em que se havia de publicar o que até ali estava oculto, convocou o mesmo profeta Samuel na cidade de Masfá as doze tribos[2] e, lançadas sortes sobre todos, para que todos entrassem à eleição e nenhum fosse excluído, no meio desta universal expectação saiu a sorte sobre a tribo de Benjamim. Restava ainda por saber qual fosse a família da mesma tribo e qual a pessoa da família e, continuando as sortes, saiu a família de Cis, e nela seu filho Saul. Este era o que já tinha sido secretamente ungido, e só ele faltava naquele universal ajuntamento, nem aparecia. Bem se deixa ver as diligências que se faziam por lhe levar a nova e ganhar as alvíssaras; e contudo ninguém o pôde descobrir, nem novas dele. Assim andava o ofício — e tal ofício — buscando o homem, e o homem fugindo do ofício. Que remédio? Foi necessário que o profeta consultasse a Deus, e respondeu o divino oráculo que estava escondido em sua casa: "O Senhor respondeu: Está escondido em casa" (1Rs 10,22).

Esta última palavra parece que desfaz quanto imos dizendo. O mesmo Saul, quando Samuel o ungiu, replicou que não só a sua tribo era a menor de Israel, senão também a sua casa a menor e a mínima casa da sua tribo. "Não sou eu filho de Jêmini, da mais pequena tribo de Israel, e não é a minha família a menor de todas as famílias da tribo de Benjamim?" (1Rs 9,21). — Logo, se o homem pretendido para o ofício era da menor casa da menor tribo, parece que foi errada a eleição do ofício, que nesse caso era o pretendente? Assim o cuidaram os que medem os homens pelas casas. O erro por que muitas vezes se não acertam as eleições dos ofícios é porque se buscam os homens grandes nas casas grandes, e eles estão escondidos nas casas pequenas: "Está escondido em casa" (1Rs 10,22). — Enfim, apareceu o escondido, e viram e confessaram todos que na menor casa de Israel estava encoberto o maior homem de Israel: "Vós bem vedes a quem o Senhor escolheu, porque não há em todo o povo quem lhe seja semelhante" (1Rs 10,24). — Note-se muito a cláusula "a quem o Senhor escolheu", e digam-me agora os que se não prezarem de mais entendidos que Deus, se neste primeiro provimento ficou desautorizado o ofício por não ser ele o pretendido, senão o pretendente. Se se puseram editais para o governo do novo reino, e ele se houvesse de dar por oposição, quantos pretendentes e quão estirados haviam de aparecer em Masfá diante de Samuel, fundando cada um a sua pretensão em grandes merecimentos. Os da tribo de Rúben, que foi o primogênito, pela prerrogativa da antiguidade; os da tribo real de Judá, pela soberania do sangue em que já trazia a púrpura; os da tribo de Efraim e Manassés, pela duplicada bênção e herança de Jacó, seu avô, e de José, seu pai. Mas, porque os homens não foram os pretendentes do ofício, senão o ofício pretendente do homem, o qual fugia e se escondia dele, sendo esse mesmo homem o maior de todo Israel, vede se ficou mais autorizado o ofício.

§ IV

*E*nquanto ao concurso dos pretendentes e competidores, quando os homens são os que pretendem os ofícios, e não eles aos homens, tão fora está esta multidão de acrescentar autoridade ao ofício, que antes se desacredita a si e a ele. E se não, digam os mesmos pretendentes por que pretendem o ofício. Ou pela honra, ou pelo interesse. Se pela honra, mal a podem dar ao ofício os que se pretendem honrar com ele; e se pelo interesse, bem se vê que não querem o ofício para o servir, senão para se servirem dele; e onde ficará o ofício mais autorizado, onde servir, ou onde for servido? Pelo contrário, quando o ofício é o pretendente do homem, sendo o homem sempre o mais digno, na mesma dignidade do homem pretendido se conserva a autoridade do ofício pretendente, e na exclusão dos indignos, sempre excluídos, fica sempre a autoridade segura de se arriscar ou perder. Vamos à experiência.

O maior ofício e dignidade da lei antiga, como também da nova, é o Pontificado e Sumo Sacerdócio. Houve de se prover este ofício a primeira vez, e não foram os homens os que pretenderam o ofício, senão o ofício o que pretendeu o homem. Assim o diz expressamente São Paulo: "E nenhum assuma esta honra, senão o que é chamado por Deus, como Arão" (Hb 5,4). — Foi, pois, eleito ao Sumo Pontificado um homem tão grande como Arão, mas como este homem era irmão de Moisés, governador universal do povo, julgaram e murmuraram os homens que também o homem fora empenhado na eleição do ofício, e não o ofício na eleição do homem. — Bom remédio — diz Deus. — Ponha-se a vara de Arão no tabernáculo na minha presença, e ponham igualmente no mesmo lugar todas as varas dos príncipes das doze tribos, e o efeito mostrará quem é o mais digno. — Fez-se assim e, em espaço de doze horas somente, a vara de Arão se vestiu de flores e carregou de frutos, e as outras ficaram tão nuas e secas como tinham entrado no tabernáculo. Não lhes fora melhor a estes doze pretendentes não pretenderem nem competirem com Arão? Claro está que sim. Cada um deles no seu pensamento se media com Arão, mas a experiência mostrou que todas as suas varas eram tão curtas que nenhuma igualou a medida de tão grande homem. E por quê? Porque era um homem que não pretendeu ele o ofício, como os demais, senão o ofício a ele. Por isso no concurso de tantos triunfou de todos, e com dobrada honra e autoridade, não só ficou o ofício mais autorizado na dignidade do eleito, senão também na indignidade dos excluídos.

No concurso dos ofícios seculares sucede o mesmo. Chega o profeta Samuel à casa de Isaí ou Jessé, e diz que de mandado de Deus vem ungir um de seus filhos por rei. Tinha Jessé oito filhos, sete dos quais se achavam na mesma casa, e, divulgada a nova de tão grande e não esperada fortuna, já se vê qual seria o alvoroço de todos e quais os pensamentos de cada um. Vieram à presença do profeta, chamados pela ordem da idade, e foi o primeiro Eliab, moço de alta e galharda estatura, e lhe pareceu ao profeta que aquela gentileza era digníssima da coroa. Mas disse-lhe Deus que ele não elege os homens pela cara, senão pelo coração, e que não era Eliab o eleito. Veio o segundo, Abinadab, e teve a mesma resposta. Veio Sama, que era o terceiro, vieram os demais até o sétimo, e todos foram excluídos. Admirado Samuel, perguntou se havia mais algum filho, e respondeu Isaí que só restava o menor de todos, o qual não estava em casa, porque guardava as ovelhas. Veio enfim o pastorzinho, o qual se chamava Davi, e este, que no nascimento, na casa e na ocupação tinha o último lugar, declarou Deus que era o que sua providência tinha destinado para a coroa, e como tal o ungiu logo o profeta na presença de todos os irmãos. Mas se ele era o que havia de ser ungido, por que o não revelou Deus ao profeta nem antes nem depois de entrar na casa de Isaí, mas com tão notável cerimônia, ordenou que viessem primeiro e fossem excluídos os outros irmãos, e em presença de todos recebesse Davi a investidura do reino? A razão, diz S. João Crisóstomo, foi por que "não sucedesse a Davi com seus irmãos o que antes tinha sucedido a José com os seus"[3]. — A José revelou Deus que seus irmãos o haviam de adorar; mas como esta revelação foi feita em sonhos, chamavam-lhe os irmãos o Sonhador e, primeiro com a morte e depois com a venda, lhe quiseram impedir a preeminência sonhada. Pois, para que a Davi lhe não suceda o mesmo com seus irmãos, vejam todos com os olhos abertos que em sua presença foi ungido pelo profeta e, sendo testemunhas oculares da eleição divina, a inveja que lhes entrou pelos mesmos olhos se desengane, que a não pode impedir nem frustrar. Oh! que formosa e triste representação de quanto perturba os afetos e obrigações humanas uma eleição não esperada! De uma parte Davi ungido, da outra todos seus irmãos com diferentes semblantes, uns de admiração, outros de confusão, outros de desesperação, todos de sentimento, todos de dor, todos de ira, todos de inveja, e nenhum de verdadeiro amor! Tão fora esteve aqui o concurso de autorizar o ofício, que antes o ofício desautorizou o concurso, porque, buscando não o homem o ofício, senão o ofício ao homem, sete homens maiores foram excluídos e repudiados como menos dignos, e ao menor de todos, que ainda não chegava a ser homem, se lhe assentou na cabeça a coroa como digníssimo. Mais claramente estou vendo o oculto mistério da eleição nos que ela deixou que no mesmo que escolheu. Nos jogos de descarte, pelo descarte se vê claramente quão seguro tem na mão o triunfo quem há de vencer. Quando Deus — digamo-lo assim — se descarta de sete homens tão grandes como os filhos maiores de Isaí, bem mostra que só em Davi tem o jogo seguro. Assim foi e assim ficam autorizados os ofícios quando eles são os pretendentes dos homens, e não os homens deles.

§ V

A segunda conveniência deste troca do modo de pretender é que viverão mais descansados os beneméritos. Procurarão somente merecer, estando muito certos que, ainda que vivam retirados da corte, e muito longe dos olhos do príncipe, lá os irão buscar e pretender as dignidades, como ao Batista no seu deserto. Ainda não estamos longe da casa de Isaí. Põe-se alguns passos atrás da história que acabamos de referir, e exclama assim São Basílio de Selêucia: "Oh! caso verdadeiramente admirável!". Considerai-me a Deus no céu, e a Davi no campo, e notai quão diferentes são no mesmo tempo os cuidados do supremo Monarca e do humilde pastorinho. "Davi está solícito sobre o rebanho, e Deus fazendo conselhos sobre Davi. Davi levando as ovelhas ao pasto, e Deus preparando-lhe o trono."[4] Ainda eu considero mais descansado a Davi do que a eloquência de Basílio o representa. Quando ele, fugindo de Saul, se acolheu à corte de el-rei Aquis, e para viver se fingiu doido, valia-se para esta simulação das artes em que se exercitara quando pastor, e uma era tocar o tamboril e a flauta. Assim o exprime o texto grego. Por sinal que os sátrapas do mesmo rei Aquis mais se temiam do tamboril e flauta do mesmo Davi que das caixas e trombetas de todo o exército de Saul. Considerai-me, pois, ao pastorzinho como Títiro à sombra da faia tocando a sua flauta[5], e Deus, que lhe conhecia o talento, decretando-lhe a coroa. Pode haver maior cuidado no céu e maior descanso na terra? Pois este é o que gozam no seu retiro os beneméritos. Eliab, Abinadab e Sama, irmãos mais velhos de Davi, que seguiam as armas e militavam no exército de Saul, quando muito seriam pretendentes de um venábulo e de uma gineta, suportando os trabalhos e perigos da guerra. E Davi, porque debaixo da samarra criava maior valor e talento que eles, sem marchar de dia, nem fazer a sentinela de noite nem estar sujeito à ordem de uma legião de oficiais, não só se habilitava no cajado para o bastão do exército senão para o cetro do reino.

Passemos do campo ao mar, e ponhamo-nos nas praias e ribeira do Tiberíades. Na praia andava passeando Cristo: "Caminhando Jesus ao longo do mar de Galileia" (Mt 4,18) — e na ribeira viu a Pedro e a seu irmão, que estavam lançando as redes ao mar: "Viu dois irmãos que lançavam as redes ao mar" (Mt 4,18). — Acrescenta o evangelista: "Porque eram pescadores" — e eu pergunto: sobre quem cai esta advertência? Todos dizem que sobre Pedro e seu irmão, e eu digo que não só cai sobre Pedro e André, senão também sobre Cristo, porque Cristo e eles, naquela ocasião, todos eram pescadores. Eles pescadores, porque estavam lançando as redes ao mar para pescar peixes, e Cristo pescador, porque andava passeando na praia para os pescar a eles. Excelentemente São João Crisóstomo: "Jesus os pescava para que eles pescassem outros. Os mesmos peixes se fazem primeiro pescar por Cristo e depois haverão de pescar outros"[6]. — Suposto, pois, que Pedro com seu irmão e com as suas redes pescava, e Cristo só e sem redes também pescou, pergunto outra vez qual foi maior e melhor pescador: Pedro ou Cristo? Não há dúvida que Cristo era o melhor, mas ambos foram grandes pescadores. Cristo grande pescador, porque do primeiro lanço pescou um pontífice; e Pedro grande pescador, porque, sem recolher o lanço, pescou o Pontificado. Isto é o que significam ainda hoje, e significarão até o fim do mundo, as assinaturas e selos de todos os decretos pontifícios: "Debaixo do anel do pescador" — *Sub annulo Piscatoris*. Agora tomara eu poder entrar naquela grande cabeça, que depois foi coroada com a suprema Tiara, e examinar-lhe os pensamentos, não só desta hora, senão de toda a sua vida. Porventura em toda a sua vida, quando Pedro ouvia dizer que em Jerusalém residia o Sumo Pontífice, ou fosse Simão, ou Matias, ou Joasaro, ou Eliasaro, ou Anano, ou Caifás, que são os que sucederam em seu tempo, veio-lhe algum dia ao pensamento, ou acordado, ou sonhando, que poderia ele subir àquela suprema dignidade? É certo que nunca a sua barca navegou com tão próspero vento e maré que tal coisa lhe passasse pela imaginação. E, contudo, desde a sua eternidade o tinha Deus destinado para outra e mais universal tiara, não dependente dos Césares romanos ou dos tenentes da Síria, e na Judeia, que eram os que punham uns e despunham outros, mas estabelecida em si e em seus sucessores pela eleição imutável da providência divina.

E se, assim como eu tenho perguntado tanto, me perguntaram também sobre que merecimento ou talentos de Pedro assentou

Deus a proporção e justiça destes seus decretos, responde Eusébio Galicano que sobre a grande proporção que tem a arte e ofício de pescador com o de Pontífice. Sobre a prudência de governar o leme, e sustentar e levar segura a barca; sobre a constância e valor de contrastar com os mares e com os ventos; sobre o sofrimento e dureza, sem mimo nem regalo, de suportar os trabalhos; sobre a vigilância de observar a lua e as estrelas, e contar os passos às marés de dia e de noite; sobre a discrição de usar do remo ou da vela, segundo a oportunidade dos tempos, e muito particularmente sobre o instrumento universal, não do anzol ou do arpão, senão da rede, que cerca e abraça sem distinção a todos. E assim lemos deste grande pescador de homens que os pescava a milhares, ou a milheiros, em um lanço três mil, e em outro cinco mil. E como Pedro em tão singular ciência e talento se aplicava todo ao ofício da sua profissão, neste mesmo descuido, esquecimento e ócio de outras maiores pretensões ou desejos se habilitava e fazia digno de que o mesmo Deus o fosse buscar às suas praias, e a maior dignidade e ofício do universo o pretendesse a ele, quando ele, no trabalho e descanso do seu, não pretendia outro.

§ VI

E para que vejamos quão ditosos e prudentes são os que, retirados ao descanso de não pretender, se fazem merecedores de ser pretendidos, e a infelicidade e mau conselho dos que, por ser pretendentes, nunca chegam a alcançar o descanso, leiamos a história de uma e outra fortuna em dois homens, não encontrados, mas pai e filho, Jacó e José. Jacó, ainda antes de nascer, começou a ser pretendente da bênção e morgado de Isac, lutando com seu irmão Esaú, desde as entranhas da mãe, sobre esta pretensão. Há poucos anos de nascido, conhecendo que o pai estava inclinado a Esaú, por haver sido o primogênito, para lhe fazer guerra com partido igual tratou de lisonjear e ganhar a vontade à mãe, não saindo jamais de sua presença: "Jacó habitava em tendas" (Gn 25,27). — Outra vez, dizendo-lhe Esaú que estava morrendo à fome, soube se aproveitar tão bem da ocasião e tão mal das obrigações da irmandade que lhe não quis emprestar o socorro da vida, senão a preço do mesmo morgado, sujeitando à força da necessidade a que lho vendesse. Chegado enfim o dia em que o pai havia de dar a bênção a Esaú, sabidos são os dolos, os enganos e as falsidades com que lha roubou com nome falso, com vestidos falsos, com mãos falsas, com iguarias falsas, infiel ao irmão, infiel ao pai e infiel ao mesmo Deus, alegando que fora vontade de Deus ter achado tão depressa a caça, sem haver tal caça, nem tal pressa, nem tal vontade de Deus. Já agora parece que estará contente Jacó com a vitória em contenda tão duvidosa, mas não foi assim, porque, alcançando por tais meios o fim da sua pretensão, nem por isso conseguiu o descanso e felicidade que se prometia no domínio de tão opulenta herança, antes agora foram maiores e mais perigosos os seus trabalhos, obrigado, pobre, e com um pau na mão, a perder a casa do pai, a deixar o amor da mãe, e a se desterrar da pátria por salvar a vida. Ide embora, peregrino pretendente, caminhai subindo montes e descendo vales, chegai cansado à terra onde vos leva vosso destino, que lá pretendereis outra vez e achareis a paga do vosso merecimento. Pretendeu Jacó a Raquel, filha de Labão, e ao cabo de sete anos que serviu por ela, deram-lhe em lugar de Raquel a Lia, com obrigação de servir outros sete. Servia de pastor a partido; e posto que foram muitas as ovelhas que contou, os dolos e injustiças que nos mesmos partidos lhe faziam cada hora não tiveram conto. Desta maneira vingou Labão a Esaú, e padeceu Jacó, nos enganos de seu sogro, os que tinha feito a seu irmão.

Ponhamos agora à vista deste retrato de Jacó, sempre pretendente e nunca com descanso, a imagem tão diversa de José, seu filho, a quem em toda a parte pretenderam sempre os maiores lugares, sem ele dar um passo nem ocupar um pensamento em os pretender. Filho em casa de seu pai, cativo e vendido a Putifar, preso nos cárceres do Egito, ministro no palácio de Faraó, esta foi em toda a parte a fortuna de José, ela pretendendo-o sempre, e ele nunca pretendente dela. Filho em casa de seu pai, de quem era o mais favorecido, estava dormindo José, e no campo as paveias dos segadores, e no céu o sol, a lua e as estrelas, que lhe vigiavam o sono, lhe estavam prometendo as adorações de seus irmãos e do mesmo pai. Vendido a Putifar, quando como escravo podia esperar um lugar na cavalariça, o senhor lhe deu o seu, mandando a todos que lhe obedecessem, e a ele que governasse a casa e toda sua fazenda, da qual, como dono, e não criado, se lhe não pedia conta. No cárcere do Egito, onde entrou como réu e do mais grave crime, logo de preso passou a carcereiro, fiando-se-lhe as chaves e o aperto ou alívio das cadeias e, o que é mais, pronunciando antes da sentença dos juízes ou o castigo aos que haviam de ser condenados, ou a soltura e liberdade aos que saíam absolutos. Finalmente, tirado da prisão e levado a palácio, el-rei Faraó não só o levantou ao lugar de seu primeiro ministro, mas lhe deu a representação e tenência de sua própria pessoa, sem mais diferença que a das insígnias reais, reservando o rei para si o cetro sem o governo, e dando a José o governo, sem o cetro. Tais foram as fortunas de José em todos os estados de sua vida, e se alguém deseja saber com que artes a conseguiu, digo que com duas coisas: com se fazer sempre merecedor delas e com nunca as pretender. Depois dos dois sonhos do rei, e sabido que em todas as ribeiras do Nilo e terras do Egito a sete anos de fartura haviam de suceder outros sete de fome, só aconselhou José ao rei que, para remediar a esterilidade de uns com a fertilidade de outros, se encomendasse o cargo desta prevenção a pessoa de talento e indústria que em todas as cidades do reino a fizesse executar. Pareceu bem o conselho ao rei e a todos seus ministros, e reconhecendo que em nenhum outro homem se podiam achar partes iguais às de José para aquela tão importante superintendência, logo foi nomeado no ofício com todos os poderes reais. De maneira que uma só vez que José falou em ofício e o procurou para outro homem, não estrangeiro como ele, senão egípcio, o ofício às avessas se fez pretendente do homem, e pretendeu ao mesmo José, e o conseguiu.

Oh! se acabassem os homens de querer antes imitar a José que a Jacó, e tratar mais de ser beneméritos que pretendentes! Se não bastam os exemplos humanos para nos persuadir esta honrada e descansada indústria, ponhamos os olhos em todas as outras criaturas a que a natureza não deu razão nem sentido, e veremos como todas as que têm valor e préstimo, ocupadas só em crescer e se fazer a si mesmas, sem elas pretenderem nem buscarem a outrem, todos as buscam e pretendem a elas. Que fazia a oliveira, a figueira e a vide, senão carregar-se de frutos, quando toda a república verde das árvores e plantas lhes foi oferecer o governo e o império? Não o quiseram aceitar, porque se contentaram com o merecer. Deixe-se crescer o pinheiro e subir até as nuvens na Noruega, que de lá o irão tirar para mastro grande e levar a bandeira no tope. Cresça também o cedro gigante do Líbano e saiba que, quando daquele monte for passado ao de Sião, não é para o sobredourar o ouro do Templo, mas para ele, com maior dignidade, cobrir e revestir o mesmo ouro. Bem mal cuidava o marfim na sua fortuna, quando se via endurecer nos dentes do elefante, e dali foi levado para trono de Salomão. Que descuidados crescem os rubis em Ceilão, e em Colocondá[7] os diamantes, e lá os mandam conquistar com armadas os reis, para resplendor e ornato das suas coroas. Empreguem todo o seu cuidado os grandes sujeitos em aperfeiçoar os talentos e dotes que neles depositou a natureza ou a graça e, se por retirados e escondidos cuidarem que perdem tempo e estimação, lembrem-se que, sepultadas as pérolas no fundo do mar, e a prata no centro da terra, nem às pérolas falta quem pelas desafogar afogue a respiração, nem à prata quem pelas desenterrar enterre a vida.

Os que se acharem com espírito guerreiro exercitem a arquitetura militar e a formatura dos exércitos na paz, e deem sós por sós consigo as batalhas secas, para que depois as possam tingir no sangue dos inimigos. O Político faça-se versado em toda a lição das histórias, e aprenda mais na prática dos exemplos que na especulação do discurso a resolução dos casos futuros e a experiência dos passados. O inclinado às letras procure com o estudo universal as notícias de todas as ciências, e não cuide que só com a memória de poucos textos das leis lhe podem dar as demandas e trapaças o falso e mal merecido nome de letrado; enfim, por humilde e rasteira que seja a inclinação ou fortuna de cada um, faça-se no seu estado insigne, lembrando-se que os antigos romanos do arado eram escolhidos para o bastão, e do triunfo tornavam outra vez ao arado. E se acaso nestes solitários exercícios julgarem que estão ociosos por lhes tardar a promoção do que eles merecem, advirtam que tudo tem sua hora. Às cinco da tarde chamou o pai de famílias para a vinha aqueles a quem disse: "Por que estais vós aqui todo o dia ociosos?" (Mt 20,6) — e tanto mereceram e alcançaram estes na última hora como os que tinham trabalhado todas as doze do dia. Quem não julgará pelos mais ociosos de todos os homens a Enoc e Elias, retirados há tantos centos de anos no segredo do paraíso terreal? Mas quando aparecerem no mundo os formidáveis exércitos do anticristo, então mostrará Deus que os não tem ociosos, senão poupados para restauradores do mesmo mundo. Assim vivem, assim descansam e assim merecem sem pretender, para última prova da segunda conveniência ou ponto do nosso discurso, em que dissemos que, retirados da corte e da pretensões, viverão mais descansados os beneméritos.

§ VII

Seguia-se agora a terceira conveniência de que por este modo estariam mais desembaraçadas as cortes, ponto de pouco gosto e utilidade para os que neste embaraço têm a sua lavoura e, sem cavar nem semear, a sua colheita. Mas porque este tumulto e confusão nas portas e escadas dos ministros, e nas mesmas ruas, é tão frequente que igualmente tropeçam nela os pés e os olhos, para não gastar o pouco tempo que nos resta em matéria tão sabida e tão vista, deixada a conveniência dela à consideração dos que me ouvem, passemos, como mais importante e menos advertida, à quarta.

A quarta conveniência de serem os ofícios os pretendentes e os homens os pretendidos é que, fazendo-se assim, será mais bem servida a república. E para que vejamos esta infalível verdade provada também como prometi, com os exemplos e ditames do governo e política divina, ponhamos e passemos os olhos pela República Hebreia, que foi a que Deus chamou sua, e como tal a governou por si mesmo. Teve esta república em diversos tempos quatro estados, e neles quatro modos de governo. O primeiro no tempo do cativeiro; o segundo no tempo dos juízes; o terceiro no tempo dos reis; o quarto no tempo dos profetas; e em todos estes tempos e estados então foi mais feliz o seu governo quando foi administrado por homens, não só que não pretendiam os ofícios, mas que se escusavam e fugiam deles.

Cativo o povo no Egito, e cada dia mais oprimido e tiranizado, elegeu Deus para seu libertador a Moisés, nascido e criado no mesmo Egito, com prática e experiência não menos que de quarenta anos. E é digna mais que de admiração a contenda que houve entre Deus e Moisés: Deus instando em que aceitasse o ofício, e Moisés replicando e escusando-se quase obstinadamente. Primeiro disse: "Quem sou eu para ir a Faraó e livrar os filhos de Israel do Egito?" (Ex 3,11). — Tu só, respondeu Deus — não poderás nada, mas tu comigo, que sempre te assistirei, poderás tudo. — Não me crerão, Senhor, replica Moisés, que vós sois o que me mandais e me aparecestes. — Sim crerão, diz Deus, porque com essa vara que tens na mão farás tais milagres que não possam deixar de dar crédito a quanto lhes disseres. — Reparai, Senhor — torna a replicar Moisés — que eu sou tartamudo, e nem com os meus poderei falar, quanto mais com Faraó. — Arão, teu irmão, que é expedito e eloquente, irá contigo, e eu moverei a tua língua e mais a sua: ele será teu intérprete e teu profeta, e tu como Deus falarás por ele. — Atalhadas por este modo todas as escusas, ainda se não aquietou Moisés e, lançando-se aos pés de Deus, lhe pediu e protestou com instantíssimos rogos que mandasse a quem havia de mandar: "Envia aquele que deves enviar" (Ex 4,13) — e isto com tal resolução que o mesmo Deus se irou contra ele: "Irou-se o Senhor contra Moisés" (Ex 4,14). — Obedeceu enfim Moisés, e quando parece que não havia de satisfazer à sua obrigação um ministro mandado por força e tanto contra sua vontade, o efeito mostrou que quem mais se escusa mais conhece as dificuldades, e quem melhor as prevê antes mais fortemente as vence depois.

Não só libertou Moisés o povo, mas com tudo quanto possuía, não ficando dos seus gados no Egito, como diz o texto, nem uma unha, e com tal sagacidade e indústria que, pedidas por empréstimo o ouro, prata e joias dos egípcios, também saíram pagos do serviço injusto de tantos anos. Libertado o povo assim, ou quase libertado, nos últimos confins do Egito se viu no maior perigo, porque pela parte de diante lhe atalhava o passo o Mar Vermelho e pelas costas o seguia Faraó com todos seus exércitos, e os hebreus, ainda que quisessem resistir, desarmados. Tudo supriu, porém, a vara do libertador. Tocou o mar, o qual abriu uma larga estrada, por onde o passaram a pé enxuto os fugitivos, e não fazendo alto, mas prosseguindo a marcha o exército inimigo por entre as duas muralhas que de uma e outra parte tinha levantado o mar, tornando-se a unir, os afogou a todos. Restava a segunda viagem, que era dali para a Terra de Promissão, na qual se mostrou mais milagroso Moisés que a sua mesma vara porque, constando o povo libertado de seiscentas mil famílias, e durante a peregrinação quarenta anos, sendo todos mal contentes, ingratos, murmuradores e descomedidos, se foi milagrosa naquele deserto a providência de Deus em os sustentar, a prudência e paciência de Moisés não foi menos milagrosa em os sofrer. Tão exatamente exercitou o ofício quem tão constantemente se tinha escusado dele.

Entrado o povo felizmente na Terra de Promissão, sucedeu àquela grande república o segundo estado e governo, chamados dos juízes, os quais se não elegiam anualmente, senão quando alguma grave necessidade o requeria. Tal era a que padecia o mesmo povo, ocupadas todas as suas terras, ou mais verdadeiramente, inundadas pela multidão imensa dos madianitas, amalecitas e outras nações orientais, que com seus camelos e outras grandes manadas de todo gênero de gados, à maneira de enxames de gafanhotos, talavam e abrasavam os campos, comendo e assolando quanto neles nascia. Fugitivos no mesmo tempo e escondidos os miseráveis israelitas, mais como feras que como homens, nas grutas e concavidades dos montes e espessura dos bosques, neste aperto apareceu um anjo a Gedeão, ao qual chamou "o mais valente dos homens", porque verdadeiramente o era na robusteza do corpo e no valor do ânimo. E sobre este título lhe encarregou que tomasse as armas e o governo do povo, e o livrasse do jugo daqueles bárbaros e de tão insuportável miséria. Não duvidava Gedeão ter sua parte como soldado na empresa, posto que tão dificultosa, mas como o anjo lhe falou no governo, de que nunca tivera pretensão nem pensamento, a primeira proposta com que se escusou foi a humildade da sua casa, dizendo que era a ínfima da tribo de Manassés, e ele o mínimo dela: "Rogo-te, meu Senhor, como poderei eu livrar a Israel? Sabes que a minha família é a última de Manassés, e que eu sou o último na casa de meu pai" (Jz 6,15). — Se o anjo não tivera dito a Gedeão que era o mais valente de todos os homens, só pela valentia desta escusa o antepusera eu à terceira parte dos anjos. Persistiu o valentíssimo herói nesta honrada resistência, com tal desconfiança de si mesmo que foram necessários milagres sobre milagres para o persuadir a que aceitasse o cargo. Aceitou enfim; e a quem o tinha resistido com tal generosidade de ânimo, argumento era e prognóstico certo que nenhum poder haveria no mundo que bastasse a lhe resistir. Assim foi, porque só com trezentos combatentes desbaratou e pôs em fugida toda aquela imensa multidão que a Escritura compara às areias do mar, sendo muito poucos os que escaparam com vida. Desembaraçada a campanha, saíram os fugitivos israelitas das grutas e covas ressuscitados, habitaram outra vez as suas casas, povoaram as cidades arruinadas, e restituíram a dissipada república, a qual, agradecida a seu prodigioso libertador, o quis levantar do governo privado à monarquia, oferecendo-lhe por aclamação o título de rei; mas ele, com a mesma moderação e modéstia com que tinha recusado o bastão, recusou também a coroa e, não a querendo aceitar nem para si nem para seu filho, não só coroou com esta todas as suas façanhas, mas mostrou e ensinou ao mundo quanto mais aptos e capazes são dos grandes lugares os que, pretendidos, os recusam, que os que, ambiciosos, os pretendem.

Passado o povo hebreu do governo político e militar dos juízes ao dos reis, o primeiro eleito à soberania da dignidade real foi Saul. Já vimos como se escusou, já vimos como fugiu, já vimos como se escondeu; vejamos agora se estes temores e desconfianças de si e do seu talento eram bem fundadas. As duas primeiras coisas que viu e ouviu Saul feito rei foram as lágrimas do povo e as murmurações e desprezos dos que reprovavam a sua eleição. E como se portaria nestes dois casos o filho de Cis, homem tão pequeno como o seu nome, que poucos dias antes andava buscando as jumentas do pai? Se fora filho de Filipe de Macedônia e de tão real talento como Alexandre Magno, não se pudera portar melhor nem obrar mais como rei. Quanto às murmurações e desprezos de sua pessoa, diz o texto sagrado que "ouvia e dissimulava" (1Rs 10,27); já sabia reinar porque sabia dissimular. Quanto às lágrimas do povo, perguntou qual era a causa por que chorava: "O que tem o povo para chorar?" (1Rs 11,5). — Se não fora bom rei, não fizera caso das lágrimas do povo. Perguntou a causa porque as quis remediar e remediou-as porque lhes não dilatou o remédio. Foi resolução por todas suas circunstâncias notável. A causa das lágrimas do povo era por ter chegado nova que os amonitas com poderoso exército tinham sitiado a cidade de Jabes Galaad, e que, oferecendo-se os cercados a se render a partido, Naás, que era o rei e general do exército, respondera que o partido havia de ser tirando-lhes a todos os olhos direitos, e que, sendo tão cruel e injusta esta condição, também a tinham já aceito se em espaço de sete dias não fossem socorridos. Isto ouviu Saul, diz o texto, indo recolhendo do campo para casa os seus bois, que eram dois; e no mesmo ponto em que teve notícia do aperto em que estava aquela cidade, que não era muito distante, o que fez foi partir os mesmos bois em muitos pedaços e mandá-los por todas as tribos de Israel, dizendo o pregão: — Assim se há de fazer aos bois de quem logo não seguir a Saul: "Quem não sair e não seguir Saul, assim será feito aos seus bois" (1Rs 11,7). — Oh! que pregão tão bem entendido, que não só entrasse pelos ouvidos, senão também pelos olhos! Rei que para a guerra primeiro mata os seus bois, melhor matará os alheios se o não seguirem. Foi obedecido o bando, de maneira que marchando Saul toda a noite, no quarto da alva se achou com trezentos e trinta mil homens armados. Deram de repente nos inimigos, e estes foram tão rotos e desbaratados "Que não houve dois que ficassem juntos" (1Rs 11,11). — Haverá agora quem lhe pareça e diga mal da eleição de Saul? Foi tal o respeito e amor que conciliou o novo rei com esta vitória, que logo se levantou voz em todo o exército: — Apareçam os que reprovaram a eleição de Saul, e morram todos. — Acudiu ele, porém, não consentindo a execução daquele castigo, posto que merecido, e mostrando-se no mesmo dia verdadeiro rei, tanto nas vidas que tirou vitorioso a seus inimigos como nas que perdoou ofendido a seus vassalos. Tudo isto se escondia naquele homem que se escondeu.

Ao governo dos reis sucedeu em parte, e em parte se ajuntou o dos profetas, como intérpretes da vontade divina, e também os que se escusavam e repugnavam o ofício foram os mais repúblicos. Baste por todos o exemplo de Jeremias. Disse-lhe Deus que desde o ventre de sua mãe o tinha escolhido para profeta, e ele que quando recebeu esta primeira revelação contava somente catorze anos, respondeu: "A, A, A, Senhor Deus, não sei falar porque sou uma criança" (Jr 1,6). Ah! Ah! Ah! Senhor, que sou uma criança, incapaz de tão alto, tão dificultoso e tão pesado ofício! — Tomou-lhe o peso, comenta Cornélio[8], e, reconhecendo-se incapaz de tamanha carga, aqueles três A, A, A, foram três ais com que começou a gemer debaixo dela: "Pelos três A, A, A" — diz Santo Tomás — "notam-se três defeitos que tornavam Jeremias não apto para profetizar, o defeito da idade, do saber e da eloquência"[9]. — E um homem que não em três palavras, senão em três letras reconhece em si três defeitos, da idade, do saber e da língua, e em três letras dá a Deus três escusas para não aceitar o ofício, obrigado a o aceitar por obediência e por força, que faria? O que ninguém cuidou dele nem ele de si. Não teve Deus profeta, nem mais zeloso da sua nação, nem mais amante da sua pátria, nem mais cuidadoso e vigilante da sua república, fazendo-se pedaços pela assistir em todos seus trabalhos, já na própria terra, já nos desterros, defendendo-a sempre dos mesmos que, enganados com falsas esperanças, ajudavam a sua ruína; aconselhando-os que se acomodassem com a presente fortuna, para não virem a padecer outra pior; chorando mais que todos suas desgraças e ensinando-lhes os meios de as converter em bonanças. Fiel na vida, constante na morte e, ainda depois de morto, imortal protetor dos que Deus lhe tinha encomendado. Na vida, ensinando-lhes a verdade contra os falsos profetas; na morte, deixando-se martirizar por defesa dela; e depois de morto, aparecendo a Judas Macabeu, e dando-lhe a espada com que havia de restaurar, renovar e estabelecer, no culto do verdadeiro Deus, e observância das leis pátrias a mesma república. Agora tirarei eu da boca do mesmo Jeremias os seus três A, A, A, e lamentarei, com tanta razão como ele, que, porque há tantos ambiciosos e há tantos pretendentes, e há tantos que alcançam os ofícios de que são indignos, e porque não há quem conheça os beneméritos, nem há quem busque os escondidos, nem há quem os desenterre dos seus retiros, por isso, ou está sepultada a república, ou caminha a passos largos para a sepultura, sem modo nem esperança de ressuscitar dela.

§ VIII

Suposto, pois, que os corpos políticos — ou sejam de governo monárquico, ou de qualquer outro, que eu entendo geralmente debaixo do nome comum de república — suposto, digo, que então serão bem servidos, quando os ofícios forem administrados por homens que se escusem deles, isto é, não pelos ambiciosos, senão pelos beneméritos que não pisam as lamas nem frequentam os oratórios das cortes, antes fogem e se retiram de as ver nem se lhes mostrar e suposto assim mesmo que os ofícios, como hoje em Jerusalém, hão de pretender os homens e não os homens os ofícios, e estes os hão de ir buscar, ainda que vivam nos desertos, com razão se me perguntará, reduzindo o discurso à prática, quem são os que hão de procurar e solicitar os homens, estando eles retirados, e quem são os que hão de requerer e falar pelos ofícios, sendo eles mudos? Respondo em uma palavra que estes solicitadores e estes requerentes devem ser todos aqueles a quem pertence a superintendência do governo, quais são nas repúblicas os supremos magistrados, e nos reinos os seus príncipes e monarcas.

E se a algum, porventura ou por desgraça, lhe parecer menos digno da autoridade real este cuidado de solicitadores e requerentes dos seus súditos e vassalos, ouçam agora, e o que lhes entrar pelos ouvidos lhes abaterá os arcos das sobrancelhas. Nos desertos de Madiã apareceu uma sarça que ardia e não se queimava, e debaixo desta cortina de fogo, quem estava? Deus, que tinha descido do céu à terra. E para quê? O efeito o mostrou logo. Andava apascentando o seu gado naquele deserto um homem chamado Moisés, o qual havia quarenta anos que se tinha retirado da corte de el-rei Faraó, e para buscar este homem, e lhe rogar que o quisesse servir na liberdade do seu povo cativo no Egito, chegando para isso a lhe dar o seu próprio título de Deus, tinha vindo Deus do céu à terra. Oh! não digo inchação e vaidade humana, mas descuido e esquecimento cego de quão iguais fez a natureza a todos os homens! De maneira que para buscar em um deserto a um pastor, porque o há mister, desce do céu à terra o Deus que fez os homens, e terão por menos decoro da majestade os que não são deuses, não digo já o ir buscar e rogar em pessoa, mas o chamar e trazer a seu serviço um daqueles homens que só Deus pode fazer, e eles não podem? Parecerá porventura que se Deus fora homem não fizera outro tanto, mas é certo que sim fizera, e com muito maiores empenhos.

Já Deus era homem, e já estava assentado à destra do Pai, quando às portas de Damasco se ouviu um trovão que, derrubando do cavalo a Saulo, fez estremecer e cair em terra a todos os que o acompanhavam armados. No meio daqueles homens se ouviu juntamente uma voz que dizia: "Saulo, Saulo, por que me persegues?" (At 9,4). — Mas que voz foi esta, e de quem? Alguns cuidaram que fora somente formada no ar, por modo de visão imaginária, mas é certo e de fé que foi voz do mesmo Cristo em pessoa, como declarou o mesmo S. Paulo e consta de outros muitos lugares da História Sagrada. E nota Santo Tomás que por todo aquele espaço de tempo deixou Cristo o céu, e desceu até as portas de Damasco para converter a Saulo. Pois, para converter um homem, e um homem atualmente seu perseguidor e inimigo, se abala em pessoa o Filho de Deus, e deixa o trono de sua Majestade, e vem à terra com tanto estrondo e aparato de poder, e lhe fala, e o chama duas vezes por seu próprio nome? Sim. E a razão deu o mesmo Cristo a Ananias, dizendo que tinha escolhido aquele homem para se servir dele na pregação do Evangelho e dilatação de sua Igreja por todo o mundo: "Este é para mim um vaso escolhido para levar o meu nome diante das gentes" (At 9,15). — E se Cristo, Deus e homem, deixa o trono de sua majestade, e desce do céu à terra para buscar e trazer a seu serviço um homem em quem na mesma guerra que lhe fazia conheceu o grande talento com que o podia servir, os homens, que não são deuses, por que terão por ação menos decorosa à sua grandeza buscarem por si mesmos os homens, para se servirem de seus talentos nos ofícios e cargos de maior importância, e serem eles, como pretendentes dos mesmos homens, os requerentes dos mesmos ofícios?

Quem isto estranhar é porque o entende às avessas. Cuidam que nestes casos fazem os reis os provimentos nos vassalos, e é engano. Os providos nestes provimentos não são os vassalos, senão os mesmos reis. Deus era o rei de Israel, e quando proveu o ofício em um filho de Isaí, que disse a Samuel? "Enviar-te-ei à casa de Isaí, porque em seus filhos tenho provido para mim o rei". — Notai muito o "tenho provido para mim" o provimento foi feito em Davi, mas o provido foi Deus. O mesmo se verificou no provimento de Moisés e no provimento de Paulo. Quando Deus proveu a Moisés, disse que descera do céu para, por meio dele, livrar do cativeiro a seu povo: "Desci para livrar o meu povo das mãos dos egípcios" (Ex 3,8). — De sorte que Deus e o seu povo era o empenhado no ofício provido em Moisés. E quando Cristo desceu também do céu, e elegeu a S. Paulo, o que disse foi: "Este é para mim um vaso escolhido para levar o meu nome" (At 9,15) — onde se deve notar o "para mim" e o "meu nome", porque também o empenhado no provimento de Paulo era o mesmo Cristo e o seu nome. E como os príncipes, quando proveem os ofícios nos grandes homens, eles, posto que supremos e soberanos, são os providos, não é muito que eles também sejam os que os busquem e se deem os parabéns de os acharem, como Deus se gloriava e dava o parabém de achar a Davi: "Achei a Davi meu servo, homem segundo o meu coração, que faça todas as minhas vontades" (At 13,22; Sl 88,21).

Quando assim o fizerem os reis, buscando os escondidos, e pretendendo os que não pretendem, e tirando-os para seu serviço dos lugares onde estiverem mais retirados, então obrarão como reis, e serão venerados e adorados como reis descidos do céu. Quando Natanael apareceu a primeira vez diante de Cristo, disse o Senhor dele que era verdadeiro israelita: "Eis aqui um verdadeiro israelita, em quem não há dolo" (Jo 1,47). — E como admirado Natanael perguntasse donde o conhecia, e o Senhor respondesse que já o tinha visto, quando deitado debaixo da sua figueira o chamara Filipe: "Antes que Filipe te chamasse, te vi eu quando estavas debaixo da figueira" (Ibid. 48) — exclamou Natanael dizendo: "Tu és o Filho de Deus, tu és o Rei de Israel" (Jo 1,49). Confesso que vós, Senhor, sois o verdadeiro Rei de Israel e Filho de Deus. — Pois, porque Cristo lhe disse que antes de aparecer diante dele o conhecia, e que o vira quando estava à sombra da sua figueira, daí infere Natanael que é verdadeiro rei, Filho de Deus e Redentor de Israel? Sim, porque o rei que conhece os seus vassalos e as suas boas partes e merecimentos antes de aparecerem em sua presença e, estando ausentes e retirados ao pé de uma árvore, põem os olhos neles, este tal rei não só é rei, mas vindo do céu, e merecedor de ser aclamado e venerado com adorações. Tal é o exemplo que a todos os reis deixou o verdadeiro Messias, e tal o estilo com que também hoje a República de Jerusalém não buscou ao mesmo Messias na corte, senão nos desertos: "Os judeus enviaram de Jerusalém sacerdotes e levitas a João" (Jo 1,19).

SERMÃO DAS

Obras de Misericórdia

*À Irmandade do mesmo nome, na
Igreja do Hospital Real de Lisboa, em dia de
Todos os Santos, com o Santíssimo exposto.
Ano de 1647.*

∾

"Bem-aventurados os pobres,
bem-aventurados os misericordiosos."
(Mt 5,3.7)

Há dois anos Vieira é pregador Régio. Este sermão na Igreja do Hospital Real de Lisboa, em dia de Todos os Santos e com o Santíssimo exposto, toca num tema muito sensível ao autor. A pobreza de uns e a misericórdia de outros, para uns e para outros, Jesus os sacramentou outra vez. Há pobreza que é virtude, e pobreza que é miséria; os pobres da pobreza que é virtude verão a Deus. Os pobres da pobreza que é miséria, neles está Deus. Na consagração da Eucaristia há transubstanciação, na "consagração" da pobreza há transefusão[1]. A pobreza é o segundo mistério da fé, porque nela vemos uma coisa e cremos em outra. Não basta ser homem para Cristo estar nele; é necessário ser homem debaixo dos acidentes da fome, da sede, da desnudez... O que deveis crer com a fé é que em todos e cada um deles está Cristo. A que fim? Cristo se sacramentou em pão para nos sustentar e se sacramentou no pobre para que nós o sustentássemos. Cearei com ele e ele comigo. A misericórdia é castidade, pede fé e espera confiante.

§ I

Não só uma, senão duas vezes sacramentado, vos contempla a minha consideração e vos reconhece e adora a minha fé neste dia e neste lugar, todo-poderoso Senhor. Nas duas cláusulas ou nos dois oráculos de vossa divina palavra que propus, vejo beatificada a pobreza: "Bem-aventurados os pobres" (Mt 5,3) — e também beatificada a misericórdia: "Bem-aventurados os misericordiosos" (Ibid. 7). A misericórdia em vós é substância, a pobreza em nós são acidentes, e se eu desta substância e destes acidentes quisesse formar algum sacramento, este Sacramento seria só um, e não só vosso, mas vosso por uma parte e nosso por outra. Contudo, torno a dizer que neste dia e neste lugar vos contemplo e adoro, não uma, senão duas vezes sacramentado, e não a outro título, senão da mesma misericórdia, nem a outro benefício, senão da mesma pobreza. Ó bem-aventurada pobreza e bem-aventurada misericórdia! Bem-aventurada a pobreza dos pobres, que a este hospital real vem buscar o remédio, e bem-aventurada a misericórdia dos misericordiosos, que nele os socorrem e remedeiam, pois, a pobreza de uns e a misericórdia de outros, para uns e para outros vos sacramentou outra vez. Este será, Senhor, com vossa licença e graça, o argumento do meu discurso hoje. Vós o encaminhai como novo, vós o alentai como fraco, vós o alumiai como rude, e por intercessão de vossa Santíssima Mãe, vós o assisti como vosso. *Ave Maria*.

§ II

Neste grande e formoso teatro da piedade cristã — em que a mesma piedade, junta em corpo de congregação, é a principal e melhor parte do mesmo teatro — as duas figuras ou personagens que hoje entram a representar é a pobreza e a misericórdia, ambas em hábito de bem-aventurança: "Bem-aventurados os pobres, bem-aventurados os misericordiosos".

Começando pela pobreza, este nome tão mal avaliado entre os homens tem duas significações. Há pobreza, diz S. Agostinho, que é virtude, e pobreza que é miséria. A pobreza que é virtude é a pobreza voluntária, com que se desprezam todas as coisas do mundo. A pobreza que é miséria é a pobreza forçada, com que se carece dessas mesmas coisas e se padece a falta de todas. Suposta esta divisão em que se não duvida, duvido agora e pergunto se a pobreza que é miséria é também bem-aventurada ou não? A pobreza que é virtude, essa é a canonizada por Cristo, e a essa se promete o reino do céu: "Bem-aventurados os pobres de espírito, porque deles é o reino dos céus" (Mt 5,3). — Porém a pobreza que é miséria, à qual nem se prometem os bens do céu nem ela possui os da terra, antes padece a falta de todos, parece que não pode ser bem-aventurada. Mal-aventurada sim, porque para esta pobreza não há ventura; mal-aventurada sim, porque todos a desprezam e fogem dela; mal-aventurada sim, porque ainda para se conservar na mesma miséria, há de pedir e depender da vontade alheia, que é a sorte mais triste. Contudo, é tal a bondade de Deus, e tão larga a imensidade de sua providência, que até a pobreza que é e se chama miséria fez bem-aventurada. E por que ou de que modo? Porque nessa mesma pobreza instituiu Cristo um novo e segundo Sacramento, não de outra, senão de sua própria pessoa, transformando-se a si mesmo em todos os pobres do mundo e, do modo que logo vereis, consagrando-se neles. De sorte que, assim como naquela hóstia consagrada, e em todas e cada uma está todo Cristo, assim está todo em todos os pobres e todo em cada um. Os pobres da pobreza que é virtude são bem-aventurados, porque hão de ver a Deus; os pobres da pobreza que é miséria são bem-aventurados porque neles está Deus. Esta é a razão e o fundamento por que se atreveu a dizer a minha fé que neste dia e neste lugar está Cristo duas vezes sacramentado. Os que hoje com tanta piedade e devoção visitastes as enfermarias deste hospital, que vistes nelas, senão pobres miseráveis, em que a pobreza veio buscar o remédio e a miséria a misericórdia? Pois, sabei que em todos esses pobres está o mesmo Cristo que adoramos naquela hóstia. Por que cremos que está Cristo naquela hóstia? Porque ele o disse. Pois, essa mesma, e não outra, é a prova que temos para crer que está nos pobres.

§ III

*N*o dia do Juízo, quando Cristo chamar para o prêmio da bem-aventurança a todos os santos — que não era bem nos faltasse ao menos a sua memória no seu dia, pois a obrigação é outra — as palavras e o relatório daquela gloriosa sentença serão estas: "Vinde, benditos de meu Pai, possuir o reino que vos está aparelhado; porque tive fome, e me destes de comer; tive sede, e me destes de beber; era peregrino, e me hospedastes; andava despido, e me vestistes; estava enfermo e no cárcere, e me visitastes" (Mt 25,34ss). — Ouvida esta sentença tão alegre e venturosa para todos os que a mereceram ouvir, que fariam? Cuidava eu que, prostrados por terra, dariam a Cristo as graças e logo a si mesmos o parabém, não cabendo dentro de si de prazer; mas o que fizeram foi como pôr embargos à sentença e apelar ou agravar dos fundamentos dela. Diz o evangelista que responderam: — E quando fizemos nós, Senhor, essas obras que alegais por nossa parte e premiais como merecimentos nossos? "Quando vos vimos nós com fome, e vos demos de comer; ou com sede, e vos demos de beber?" (Mt 25,37). — "Quando vos vimos peregrino, e vos hospedamos, e despido, e vos vestimos?" (Ibid. 38). — "Ou quando vos vimos enfermo e no cárcere, e vos visitamos?" (Ibid. 39). — Isto é o que replicarão sobre a sua sentença os bem-aventurados, e com réplica muito bem fundada e verdadeira, porque todos, ou quase todos, não tinham visto a Cristo, e muito menos naquelas ocasiões de necessidade ou pobreza em que o socorressem. Pois, Senhor, se estes homens nem vos viram, nem vos socorreram com essas obras de caridade que referis, como as alegais na sua sentença, e por elas os premiais com a bem-aventurança?

Só Cristo podia responder a esta réplica, e assim foi ele o que logo respondeu, declarando a mesma sentença e a verdade do que nela tinha alegado: "E respondendo o rei, disse-lhes: Em verdade vos digo que todas as vezes que fizestes a um dos meus irmãos mais pequenos, foi a mim que o fizestes" (Mt 25,40). É verdade — respondeu o Senhor — que vós não me vistes como dizeis; mas eu vos digo e vos afirmo com juramento ser também verdade que me fizestes tudo o que eu aleguei na vossa sentença, porque bem lembrados estareis que todas aquelas obras de caridade as fizestes aos pobres, e tudo o que fizestes a cada um deles, me fizestes a mim: "O que fizestes a um dos meus irmãos mais pequenos, a mim o fizestes. — De sorte que quando o pobre padece o seu trabalho e a sua necessidade, padece-a Cristo: "Tive fome, tive sede" — e quando vós socorreis e fazeis a esmola ao pobre, fazei-la a Cristo: "A mim fizestes" — logo, ou Cristo está no pobre, ou é o mesmo pobre. A primeira destas consequências é de S. Cipriano, a segunda de S. Pedro Crisólogo, e ambas de todos. Para o homem socorrer e fazer esmola ao pobre, bastava ser homem como ele; mas quis Cristo estar no mesmo pobre, diz Cipriano, para que quando não fosse bastante motivo de o socorrermos este respeito do que ele é nos obrigasse a não deixar de o fazer a reverência e dignidade de quem nele está, que é Cristo: "Para que aquele que não se move pelo respeito do irmão, mova-se então pela contemplação de Cristo; e quem não pensa no sofrimento e na indigência dos companheiros, considere então o Senhor que nele está e é desprezado"[2]. — Notem-se com particular advertência estas últimas palavras: "que nele está constituído [*in illo ipso constitutum*], que não só significam estar Cristo no pobre de qualquer modo, senão estar nele permanentemente. Mas menos era, ou seria, se Cristo se contentasse só com assistir e estar no pobre; o mais é, diz S. Pedro Crisólogo, que não só quis assistir e estar nele, mas o mesmo Cristo se fez e quis ser o mesmo pobre: "Deus de tal modo se renunciou por amor do pobre, que não se fez presente ao pobre, mas quis ser o mesmo pobre"[3]. — O assistir e o estar no pobre pode se entender conservando-se a diferença das pessoas entre a de Cristo e a do pobre; mas o ser não se pode verificar senão passando a diferença a constituir identidade, e sendo o pobre o mesmo Cristo e o mesmo Cristo o pobre: "Quis ser o mesmo pobre".

E como neste oculto e profundo arcano da misericórdia e bondade divina, Cristo, por particular modo de assistência, está no pobre, e o pobre, por particular modo de identidade, se converte em Cristo, este é o segundo Sacramento do mesmo Senhor com que eu dizia que a pobreza e misericórdia o tornou a sacramentar segunda vez. Excelentemente S. João Crisóstomo, comparando as palavras da consagração com as da sentença do dia do Juízo, umas e outras pronunciadas pelo mesmo Cristo: "Aquele Senhor, que disse: Este é o meu corpo — esse mesmo disse: Tive fome e me destes de comer"[4]. — E assim como pela virtude daquelas palavras nos ensina a fé que está Cristo realmente debaixo das espécies de pão, assim nos certifica — diz o mesmo Crisóstomo — que está também realmente debaixo das espécies do pobre: "Se consideras a espécie aparente vestes o nu, mas realmente cobres a Cristo" — Ponderai muito o "mas realmente". — E se alguém me perguntar, ou ao mesmo Santo, como formou Cristo de uma tão diferente matéria, qual é o pobre, outro segundo Sacramento tão semelhante ao primeiro, responde por Crisóstomo, Crisólogo, ambos com palavras de ouro: "Mas como se fundiria o pobre em si, ou a si mesmo no pobre, nos diz ele mesmo. — Não disse Cristo: o pobre teve fome, e vós lhe destes de comer a ele — senão: eu tive fome, e me destes de comer a mim — e este foi o modo de uma transefusão — diz Crisólogo — com que o mesmo Senhor se infundiu no pobre, ou refundiu o pobre em si: "Como se fundiria o pobre em si, ou a si mesmo no pobre". — Até os gentios reconheceram nos pobres e miseráveis algum gênero de consagração, por onde disse altamente Sêneca: "O pobre é sagrado"[5]. — Na consagração propriíssima da Eucaristia, a substância de pão converte-se em substância de Cristo, e a esta conversão de substância chamam os teólogos transubstanciação; na consagração, a seu modo, da pobreza, infunde-se a pessoa de

Cristo no pobre ou a do pobre em Cristo, e a esta conversão de pessoas chamou Crisólogo transefusão: "a si mesmo no pobre". — Tão parecido é Cristo a si mesmo em um e outro Sacramento, e tanto merece a semelhança do segundo o nome do primeiro.

§ IV

A réplica dos justos, quando Cristo os chamou para a bem-aventurança, tão fora esteve de fazer duvidoso este nome de Sacramento, que antes foi maior confirmação dele. Que disseram todos aqueles que pelas obras de misericórdia, exercitadas com os pobres, mereceram ouvir tão venturosa sentença? O que disseram ou replicaram foi: "Senhor, quando vos vimos com fome ou com sede? — Senhor, quando vos vimos peregrino ou despido? — Senhor, quando vos vimos enfermo ou encarcerado? — E por que fizeram tão repetidamente esta pergunta? Porque ainda não tinham ouvido da boca do mesmo Cristo: "O que fizestes a um destes mais pequenos, a mim o fizestes". — Se aqueles santos souberam que Cristo estava encoberto debaixo das espécies dos pobres e sacramentado neles, entenderiam claramente que essa era a razão manifesta de o não terem visto nem poderem ver. Por que não vemos nós a Cristo naquela hóstia, sabendo de certo que está nela? Porque também sabemos que está nela por modo sacramental, e que é próprio e essencial do Sacramento aquilo mesmo que crê a fé ocultar-se à vista. De sorte que, quando Cristo disse que o que se fazia ao pobre se fazia a ele: "O que fizestes a um destes mais pequenos, a mim o fizestes" — então revelou e declarou o Senhor que estava no pobre: e quando os que isto ouviram responderam que nunca tinham visto a Cristo: "Senhor, quando vos vimos" — então confirmaram que estava Cristo no mesmo pobre por modo de sacramentado, pois estava invisível debaixo de espécies visíveis, que é a essência do Sacramento.

Daqui se infere, em seguimento da mesma paridade, que assim como o Sacramento da Eucaristia é o primeiro mistério da fé, assim o da pobreza é o segundo. Por que é e se chama por antonomásia mistério da fé o Sacramento do altar? Porque nele vemos uma coisa e cremos outra. Vemos pão e cremos que ali está Cristo. Pois do mesmo — ou ao mesmo modo — quando olhamos para o pobre vemos o pobre, e não vemos Cristo; mas no mesmo pobre, que vemos, cremos que está Cristo que não vemos, e não por outro motivo, senão pelo próprio e essencial da fé. O motivo ou razão formal, como falam os teólogos, por que cremos o que ensina a fé, é a autoridade divina: creio o que Deus disse, porque ele o disse. Esta foi a altíssima e divina teologia com que Cristo respondeu aos judeus, quando duvidaram de ele haver de dar a comer aos homens a sua carne: "Como pode este dar-nos a comer a sua carne?" (Jo 6,53). — Bem pudera o Senhor responder ao "Como" da sua dúvida declarando-lhes o modo do mesmo mistério; mas o que respondeu foi tornar a dizer o mesmo que tinha dito: "Se não comerdes a carne do Filho do homem não tereis a vida em vós" (Ibid. 54). — Por quê? Por que toda a razão de se crer o que ele dizia era dizê-lo ele. Esta é toda a razão de ser mistério da fé o estar Cristo no Sacramento, e esta é também toda a razão de ser mistério da fé o estar Cristo no pobre. Por isso, querendo S. Basílio Magno persuadir esta mesma verdade, o que disse, como refere S. João Damasceno, foi: "Crede no Deus que recebe como se foram feitos a si mesmo os benefícios que se fazem aos necessitados"[6].

§ V

*E*se vos parece que é igualmente dificultoso — ou ainda mais — estar Cristo tão verdadeiramente encoberto em um homem como naquelas espécies sacramentais, ouçamos a Isaías: "Só em vós está Deus, e fora de vós não está Deus, e vós verdadeiramente sois Deus escondido" (Is 45,14 s). — Palavras sobre todo encarecimento grandes, admiráveis, estupendas, tremendas, e que, se não foram do mesmo Deus, não se puderam crer! Mas de quem, e com quem falava Isaías? Não há dúvida que falava de el-rei Ciro, e com o mesmo rei Ciro. Pois, em Ciro, que era um homem como os outros — porque a coroa não os faz de outra espécie — em Ciro está Deus, e fora de Ciro não está Deus, e o mesmo Ciro é Deus, escondido? Sim. Para que nos não admiremos de que Deus possa estar em algum homem e não estar nos outros, e que esse mesmo homem verdadeiramente seja Deus encoberto e escondido: verdadeiramente sois Deus escondido". — Este é o sentido literal daquele texto, o qual maravilhosamente se corresponde com o nosso. Lá está Deus em Ciro — "Em vós está Deus" — cá está Cristo no pobre; lá está Deus em Ciro, e não está nos outros homens: "Fora de vós não está Deus" — cá está Cristo nos pobres, e não está nos que não são pobres; lá verdadeiramente Ciro é Deus encoberto e escondido: "Verdadeiramente sois Deus escondido" — cá verdadeiramente o pobre é Cristo escondido e encoberto; finalmente lá, porque Deus em Ciro obrava nele e com ele a liberdade do cativeiro de Israel: Deus Israel Salvador — e cá, porque Cristo no pobre padece nele e com ele a sua pobreza: "Tive fome" — e recebe nele e com ele o bem que lhe fazem: "A mim o fizestes". Os disfarces não mudam a pessoa: escondida e descoberta é a mesma. Quando Cristo apareceu à Madalena em trajos de hortelão, ali estava Cristo, mas a Madalena não via mais que o hortelão; quando o mesmo Cristo caminhava com os discípulos de Emaús em hábito de peregrino, ali estava Cristo, mas os discípulos não viam mais que o peregrino. Do mesmo modo, quando S. Martinho deu a metade da capa ao pobre; não via mais que o pobre, mas ali estava Cristo, como o mesmo Senhor se mostrou aos anjos coberto com a mesma capa: "Martinho teceu para mim esta capa"[7]. — Assim foi naquele caso, e assim é sempre, sem diferença alguma. Nos pobres que estão pedindo nos degraus desta igreja, e nos que andam por essas ruas está o mesmo Cristo, tanto assim que quando vos pedem a esmola, e lhes dizeis: perdoai, por amor de Deus — com a mesma verdade lhes podereis dizer: perdoai por amor de vós: "Verdadeiramente sois Deus escondido".

Mas o melhor e maior paralelo desta semelhança não é Ciro no trono da Pérsia, senão Cristo no trono daquele altar, como sacramentado. S. Jerônimo, Santo Ambrósio, Santo Atanásio, S. Cirilo, Santo Epifânio, Procópio, Teodoreto, e os outros padres comumente, em sentido também literal e profético, dizem que estas palavras se entendem do Verbo depois de encarnado, no qual esteve a divindade encoberta e escondida debaixo da humanidade. E passando ou subindo do sentido literal ao místico, as entendem os doutores, principalmente modernos, do mesmo Cristo no Sacramento, em que o estar escondido se verifica ainda com maior propriedade e energia, porque, como nota Santo Tomás, em Cristo absolutamente estava só escondida a divindade, e no mesmo Cristo enquanto sacramentado está escondida a divindade e mais a humanidade: a divindade debaixo da substância humana, e a humanidade debaixo dos acidentes sacramentais. De maneira que ali está encoberto e escondido todo Cristo, isto é, toda a divindade e toda a humanidade de Deus: "Verdadeiramente sois Deus escondido". — E tal ou semelhante é o modo com que Cristo está escondido e encoberto no pobre, porque no pobre não basta o ser homem para Cristo estar nele — que por isso não está nos outros homens — mas é necessário ser homem debaixo dos acidentes da fome, da sede, da desnudez e de outras misérias e necessidades de que se compõe ou descompõe a pobreza. Assim o exclama o grande Crisóstomo, tantas vezes benemérito em todos os pontos deste discurso: "Oh! quão grande é a dignidade da pobreza! O pobre despido veste a pessoa de Deus, e o mesmo Deus está escondido no pobre".

§ VI

E em qual pobre? Indiferentemente em todos e em cada um, que é a propriedade que só nos faltava para complemento da semelhança. Assim como Cristo no Sacramento do Altar, sendo um só, não está só em uma hóstia consagrada, senão em todas e qualquer delas, assim neste segundo Sacramento, não só está em um pobre, senão em todos e cada um, sendo eles muitos, e Cristo neles um só e o mesmo. A casa de Abraão no Vale de Mambré era um hospital comum de todos os peregrinos. Por isso, não sendo ele o mais antigo no limbo dos padres, se lhe deu a superintendência ou provedoria daquele diversório universal, e se chamou Seio de Abraão. Chegaram pois ali a horas de comer três peregrinos, e sem alforje, como pobres, agasalhou-os Abraão e serviu-os por sua própria pessoa com o melhor da casa. Mas sendo três, nota a Escritura, e é modo de urbanidade muito notado, que não lhe chamou senhores, senão senhor: "Senhor, se achei graça em vossos olhos, fazei-me mercê de não passar adiante" (Gn 18,3) sem vos servir desta choupana. — Pois, se os peregrinos eram três: "Três homens" — e Abraão os tratava com tanta reverência e cortesia, por que não lhes chamou senhores, senão senhor? Responde S. Agostinho que, como eram peregrinos, entendeu e creu Abraão que neles estava Deus, e medindo as suas palavras mais com a fé do que cria que com o número dos que via, por isso lhes chamou senhor, e não senhores: "Abraão reconhecia o Senhor nos três homens, a este falava no singular, embora julgasse que os outros eram homens"[8].

Naquele altar e nestes temos um excelente exemplo do que fez Abraão e declarou Agostinho. Se nestes três altares se disserem ao mesmo tempo três missas, e neles estiverem três hóstias consagradas, diremos com toda a propriedade que no primeiro altar está o Senhor, e no segundo o Senhor, e no terceiro o Senhor. E diremos também que nos três altares e nas três hóstias estão os senhores? Não. Porque ainda que os altares e as hóstias sejam três, o Senhor que nelas está é um só. Pois este mesmo mistério do Sacramento é o que se representou nos peregrinos do hospício de Abraão e o que temos presente nos pobres deste hospital. Eles muitos, porém o Senhor que está neles um só; e essa é outra nova e maravilhosa circunstância com que Abraão, tendo falado ao Senhor como a um, quando passou ao remédio e regalo dos peregrinos, os tratou como muitos: "Lavareis os pés, descansareis, comereis, e depois continuareis vosso caminho" (Gn 18,4s). — De sorte que, para o remédio e regalo eram muitos, e para a veneração um só: "Senhor". — Entrai agora nessas enfermarias com a fé e com a vista. O que vereis com a vista são muitos enfermos jazendo cada um no seu leito, curados e assistidos com grande caridade; mas o que deveis crer com a fé é que em todos e cada um deles está Cristo. Este foi o engano daquela alma que nos Cânticos de Salomão buscava ao mesmo Cristo, e não o achou: "Eu busquei ao meu amado no meu leito, busquei e não o achei" (Ct 3,1). — E vós buscais a Cristo no vosso leito? Por isso o não achais; ide buscá-lo no leito desses pobres enfermos, e logo o achareis. No leito da cruz estava Cristo cheio de chagas e de dores, e agonizando com a morte, e assim como à cabeceira daquele leito tinha um título que dizia: "Este é Jesus" (Mt 27,37) — assim se puderam escrever as mesmas letras em cada um desses leitos. É verdade que entre eles vereis alguns tão estropiados e despedaçados da guerra que mais parecem partes de homens que homens; mas assim como na hóstia partida e feita pedaços está Cristo inteiro: "Cristo é recebido não partido ou dividido, mas inteiro" — assim está o mesmo Senhor tão inteira e perfeitamente naqueles como nos demais. Em suma, parece que neste segundo Sacramento, tão real e verdadeiramente está Cristo em todos e cada um dos pobres como no Sacramento do Altar está em todas e cada uma das hóstias consagradas, porque, assim como o mesmo Senhor se consagrou naquele soberano mistério da fé por virtude das suas palavras, quando disse: "Este é o meu corpo" (Mt 26,26) — assim por seu modo — se consagrou neste mistério da caridade, por virtude das palavras também suas, quando disse: "O que fizestes a um destes mais pequeninos, a mim o fizestes" (Mt 25,40).

§ VII

Temos visto a Cristo Deus e Senhor nosso — como supus no princípio — duas vezes e por dois modos sacramentado: uma vez em pão e outra no pobre. Agora resta saber a que fim, que é o ponto principal e o fecho de todo este discurso. A que fim, tendo-se Cristo sacramentado uma vez em pão, se quis sacramentar outra vez no pobre? Digo que se sacramentou em pão para nos sustentar a nós, e que se sacramentou no pobre para que nós o sustentássemos a ele. No capítulo vinte e nove dos Provérbios escreveu Salomão um no qual os intérpretes, divididos em sete ou oito sentidos, lhe chamam com razão enigma, e diz assim: "O pobre e o acredor se encontraram, e Deus os alumiou a ambos" (Pr 29,13). — Se os alumiou, parece que caminhavam às escuras, e por isso deviam de se encontrar, que os pobres sempre fogem dos acredores. Como o acredor tinha por devedor ao pobre, não tinha de quem cobrar a dívida; e como o pobre, sobre pobre, estava endividado, não tinha com que sustentar a vida. Estes eram os dois grandes apertos daquele encontro, dos quais, para que achassem boa saída, foi necessário que Deus os alumiasse, como alumiou, porque ao acredor deu modo com que cobrar, e ao pobre com que viver: "E Deus os alumiou a ambos". — Mas quem é este acredor, e quem este pobre? O acredor é Cristo no Sacramento do Altar, onde está debaixo de espécies de pão para nos sustentar a nós, e onde nós o comemos. Mas esta dívida, nem nós lha podemos pagar, nem ele a pode cobrar de nós no mesmo Sacramento, porque, para lhe pagar com igualdade havíamos de sustentar ao mesmo Senhor como eles nos sustenta, e Cristo naquele Sacramento está em representação de morto, e como morto pode ser comido, mas não pode comer. Que meio, logo, ou que remédio para o acredor ter com que se pagar e o pobre com que viver? O meio foi tal que só a luz divina o podia descobrir e conciliar.

Assim como o acredor se sacramentou em pão, sacramente-se também no pobre; e como estiver sacramentado no pobre, logo nós, que somos os devedores, lhe poderemos pagar, porque lhe daremos de comer e o sustentaremos a ele, assim como ele nos dá de comer e nos sustenta a nós: ele a nós como sacramentado em pão, e nós a ele como sacramentado no pobre.

Este é o verdadeiro sentido do enigma de Salomão, o qual se pode confirmar com outro enigma mais célebre, que é o de Sansão. Depois que Sansão matou o leão que lhe saiu ao caminho, e depois achou que na boca lhe tinham fabricado as abelhas um favo de mel, desta história, que era oculta, formou um enigma, cuja letra dizia: "Do que come saiu o comer" (Jz 14,14). — Santo Agostinho, Santo Ambrósio, S. Paulino, e outros santos, entendem por este leão, não só a Cristo, Leão de Judá, mas nomeadamente a Cristo sacramentado, do qual quando comeu saiu o comer, porque na ceia instituiu o Santíssimo Sacramento. Eu, porém, reparo que ainda que a letra diz muito bem com o sentido do enigma, não diz bem com a figura. O leão não comeu nem foi comedente; faminto sim, porque saiu ao caminho buscando de comer. E ainda que na boca se lhe achou o favo, nem o comeu nem o devia comer, porque estava morto. Pois, se o leão não foi comedente, senão faminto, parece que devia de dizer a letra que do faminto saiu o comer, e não do comedente. Como se há de entender logo do Sacramento assim a figura como a letra? Eu o direi. Cristo sacramentado, não uma, senão duas vezes, em uma e outra é propriamente como o leão de Sansão: sacramentado no pobre, é como o leão faminto; sacramentado no pão — a que a Igreja chama "Pão suavíssimo descido do céu". — é como o leão que não comeu, mas deu a comer o favo. Deste comer, pois, que se acha em um sacramento, e desta fome que se acha no outro, se verifica propriíssimamente a figura e mais a letra do enigma. Por quê? Porque todo aquele que come a Cristo sacramentado no pão é obrigado a sustentar e matar a fome ao mesmo Cristo sacramentado no pobre; logo, esta foi a significação da figura do leão em ambos os estados, e este é o sentido da letra de Sansão em ambos os sacramentos; e aqui só se verifica que do que come sai o comer: "Do que come saiu o comer".

Disse que todo o que come a Cristo em um sacramento tem obrigação de o sustentar e lhe dar de comer no outro; e não é menos que verdade evangélica da mesma boca divina, de que saíram as formas de ambos estes sacramentos. Sendo já noite, bateu à porta de um amigo outro amigo — diz Cristo — pedindo que lhe emprestasse três pães, porque àquela hora chegara à sua casa um hóspede, e não tinha com que o agasalhar: "Amigo, empresta-me três pães, porque um meu amigo acaba de chegar à minha casa de uma jornada, e não tenho que pôr diante" (Lc 11,5s). — O que pondera e nos manda aqui ponderar S. Bernardo é pedir este homem ao amigo aqueles pães, não dados, senão emprestados: "Deve-se notar que não disse: dá-me, mas empresta-me"[9] — e o maior reparo ou peso desta ponderação é ser Cristo autor da parábola. Se fora história acontecida, e não parábola, disséramos que aquele homem ou era muito desconfiado, ou pouco cortês, pois, sendo o que pedia coisa de tão pouco valor, agravava e afrontava o amigo em lha pedir por empréstimo. Mas como o autor da parábola e desta petição e modo de pedir foi Cristo, que mistério e que razão teria o Senhor para introduzir aquele pão como emprestado, e não como dado? A razão e mistério foi porque no mesmo pão, posto que usual e da terra, representava a parábola o pão que desceu do céu, o Santíssimo Sacramento. Assim o entendem graves autores, e todas as circunstâncias do caso o provam. A hora da noite em que se negociou aquele pão é a própria em que a primeira vez foi convertido o pão em corpo de Cristo: "Na noite em que foi entregue" (1Cor 11,23) — o pedi-lo um amigo a outro amigo, e para outro amigo, tudo está significando o mesmo sacramento, que além de ser sacramento de amor, sempre supõe graça e amizade entre Cristo que o dá, e o homem, ou homens, que o recebem; nem o número de três é alheio do mistério, porque as partes de que se compõe são o corpo, sangue e alma do mesmo Cristo, assistido, também das três pessoas divinas, que pela união inseparável, se o não compõem, o acompanham. E como naquele pão se representava o Sacramento do Altar, por isso o introduziu Cristo, não como dado, senão como emprestado: "Empresta-me" — porque o que se dá é sem outra obrigação, porém o que se empresta é com obrigação de se pagar; e quando Cristo no Sacramento do Altar se nos dá e nos sustenta enquanto sacramento em pão, é com condição e obrigação de que lhe havemos de pagar esse mesmo pão, sustentando-o também a ele enquanto sacramentado no pobre. Ainda tem este empréstimo maior propriedade e energia. Onde a nossa Vulgata lê: "Empresta-me" — o original grego, em que escreveu o evangelista, tem: "Dá-me de empréstimo". E que diferença há entre o empréstimo que se chama comodato e o empréstimo que se chama mútuo? A diferença é que no comodato hei de pagar restituindo aquilo mesmo que me emprestaram: pedi-vos emprestada a vossa espada, hei-vos de restituir a mesma espada; porém, no mútuo não sou obrigado a pagar com o mesmo, senão com outro tanto: pedi-vos emprestado um moio de trigo, não vos hei de pagar com o mesmo trigo, senão com outro. E este é o modo com que pagamos a Cristo, enquanto sacramentado no pobre, um pão com outro pão. Não o mesmo pão, senão outro, porque o pão que nos dá Cristo é o pão do céu e da vida eterna, e o que nós pagamos ao pobre é o pão da terra e da vida temporal; mas em um e outro tanto por tanto, porque tão necessário é este para esta vida como aquele para a outra.

Enfim, fechemos este discurso, já não em parábola ou semelhança, senão realmente, e em sua própria pessoa o mesmo Cristo. Revestida a pessoa de Cristo em trajo de pobre, ou transformado nele, diz assim no capítulo terceiro do Apocalipse: "Eu, como pobre" — diz Cristo — "estou batendo e chamando à porta; se o dono da casa me abrir, entrarei e comerei com ele e ele comigo" (Ap 3,20). — Estas últimas palavras, e ele comigo, parece que encontram o que dizem as primeiras. Que o pobre que bate à porta, que pede esmola, diga que, se o dono lhe abrir, e o receber, e puser à sua mesa, comerá com ele: "e comerei com ele" — isso é o que o pobre deseja e pretende e o que fará, porque comer com o dono da casa é comer da sua mesa, e o que ele lhe der. Porém, que acrescente o pobre e prometa que também o dono da casa comerá com ele, isto é, com o mesmo pobre, "e ele comigo" — parece que não é falar coerente, porque, se comer o pobre com o dono da casa é comer o que lhe der o dono da casa, também comer o dono da casa com o pobre é comer o que lhe der o pobre; e isto não diz com quem pede uma esmola pelas portas: "Estou batendo e chamando à porta". — A solução e a coerência desta, que o não parece, toda está naquele "Eu". Aquele "Eu" de Cristo, sem disfarce senhor, e com disfarce pobre, como pobre come à mesa alheia, como Senhor dá de comer à sua; e por que dá de comer à sua, como Senhor, por isso se não despreza de comer à alheia como pobre. E para que ninguém duvide destas duas mesas e deste recíproco comer, sendo o que o pede e o que o dá o mesmo Cristo, ele, naquela brevíssima conclusão, declarou por sua palavra e debaixo da sua firma tudo quanto dissemos até agora; porque, enquanto sacramentado em pão, nós comemos à sua mesa e com ele e, enquanto sacramentado no pobre, ele come à nossa mesa e conosco: "Eu comerei com ele e ele comigo".

§ VIII

Este é o fim, como dizia, por que Cristo, Senhor nosso, depois do diviníssimo Sacramento do Altar, se sacramentou também no humaníssimo dos pobres. E se os que têm por devoção ou ofício exercitar com eles as obras de misericórdia quiserem saber em qual destes dois sacramentos se dará o mesmo Senhor por mais bem servido, confiadamente digo que onde o servimos como pobre.

Primeiramente, é sentença universal do mesmo Cristo: "Melhor é dar que receber" (At 20,35). — Logo, a obra de misericórdia com que socorremos e sustentamos o pobre muito mais agradável deve ser ao mesmo Senhor, porque no Sacramento recebemos o seu pão; ao pobre damos o nosso. E se alguém replicar que neste dar o nosso e receber o seu, não só há grande senão infinita diferença, porque o que recebemos é Deus e o que damos é a esmola, respondo que, ainda na consideração desta diferença, fica muito mais melhorado o que dá do que o que recebe; porque o que recebe no Sacramento a Deus, contudo fica homem, e o que dá a esmola ao pobre, fazendo-lhe esse benefício, faz-se Deus. Não é atrevimento ou temeridade minha, mas conclusão expressa do grande teólogo entre os doutores da Igreja, S. Gregório Nazianzeno: "Sede Deus para o necessitado". — Se virdes o pobre em necessidade, sede para ele Deus, socorrendo-o — "porque nenhuma coisa tem o homem tão divina e tão própria de Deus como o bem fazer"[10]. — E se esse bem o fizermos ao pobre com reflexão de que nele está Deus, ainda parece que disse mais Nazianzeno. Notai. Antes de Deus se consagrar no pobre, recebendo em si a esmola que se lhe faz a ele, dizia Davi a Deus: "Vós, Senhor, sois meu Deus, porque não tendes necessidade dos meus bens" (Sl 15,2). — Porém, depois que Deus se fez pobre no pobre, já tem necessidade dos nossos bens, para que remediemos com eles a sua pobreza. E que diria Davi neste caso, que é o nosso? Diria porventura: Por que tendes necessidade dos meus bens, não sois meu Deus? — Isso não. Pois que diria? Assim como disse antigamente: Porque não tendes necessidade de meus bens: "Vós sois Deus meu" — assim diria agora: Porque vós tendes necessidade dos meus bens e eu vos socorro com eles, eu sou Deus vosso: "Sede Deus para o necessitado". — Santo Agostinho, igual na Igreja Latina a Nazianzeno na Grega, não disse menos quando disse que "Só a misericórdia humilha a Deus e sublima ao homem". — Humilha a Deus, porque no pobre o sujeita a receber do homem, e sublima ao homem, porque na esmola o levanta a dar a Deus. Logo, também nesta consideração é melhor o dar, como damos na esmola, do que o receber, como recebemos no Sacramento: "Melhor é dar que receber".

Em próprios termos temos texto expresso do mesmo Cristo: "Antes quero a misericórdia que o sacrifício" (Os 6,6). — Foi o caso que, caminhando os discípulos de Cristo por entre umas searas, era tanta a sua pobreza e a sua fome, que debulhavam algumas espigas de trigo para se manterem daquele pão antes de chegar a o ser. Sucedeu isto em sábado, pelo que os escribas e fariseus caluniaram aos discípulos como violadores do dia santo. Saiu o divino Mestre à defesa da sua escola, e argumentou assim contra os caluniadores: "O que significa: "Antes quero a misericórdia que o sacrifício?". — Se a observância do dia santo se quebra, quando o homem falta àquela obra do culto divino por fazer outra de misericórdia, acudindo à necessidade própria ou alheia, como diz Deus pelo profeta Oseias, antes quero a misericórdia que o sacrifício? — A este texto ajuntou o Senhor o exemplo do sumo sacerdote Abiatar, quando deu a Davi os pães da proposição, que eram consagrados a Deus, com que aqueles doutores, melhores intérpretes dos seus interesses que da lei divina, taparam a boca, e não tiveram que replicar. Contudo, entre os nossos não faltará a agudeza de algum teólogo que replique e argua desta maneira: O sacrifício é ato de religião; a virtude da religião, como ensina Santo Tomás, é mais nobre que a misericórdia, porque a religião respeita ao culto de Deus e a misericórdia ao remédio do homem; logo, na aceitação de Deus, em cuja mente se estimam todas as coisas pelo que verdadeiramente são, não pode ter melhor lugar a misericórdia que o sacrifício. Forte argumento por certo, mas toda a sua força consiste em se não reparar, como não repara, naquele "Quero": "Antes quero a misericórdia que o sacrifício". — Não diz Cristo que a misericórdia é melhor que o sacrifício, mas diz que antepõe a misericórdia ao sacrifício porque ele assim o quer: "Quero" — De sorte que ama Deus tanto a misericórdia, e ama tanto aos pobres que com as obras de misericórdia se remedeiam que, sendo mais nobre e de maior dignidade o sacrifício que a misericórdia, quer ele — e só porque quer: "Quero" — que a misericórdia prefira e se anteponha ao sacrifício. Isto é o que diz o texto e esta a praxe da Igreja, que os escribas e fariseus traziam tão errada. Se o que assiste ao enfermo o houver de deixar para ir dizer ou ouvir missa no dia santo, ensina a teologia católica que antes se há de deixar a missa, que é o sacrifício, do que a assistência do enfermo, que é a misericórdia: "Antes quero a misericórdia que o sacrifício".

Bem creio que vos não descontentou a resposta do argumento nem a explicação do texto. Mas, como o dia é da misericórdia, não quero eu que, ainda quanto à nobreza e dignidade, seja ela inferior ao sacrifício. A perfeita misericórdia sempre vai acompanhada ou imperada da caridade do próximo, que se não distingue da de Deus; e como a caridade é mais nobre que a religião, e que todas as outras virtudes: "Porém, a maior delas é a caridade" (1Cor 13,13) — informada assim a misericórdia, também é mais nobre e de maior dignidade que a religião. Isto respeitando ao pobre só como pobre. Porém, se a misericórdia na pessoa do pobre reconhecer, como deve reconhecer, a de Cristo — que é o ponto do nosso discurso — então o ato da mesma misericórdia é também ato de religião, porque respeita diretamente a Deus, e a esmola feita ao pobre é também, não só sacrifício, mas sacrifício preferido aos sacrifícios. Assim o entendeu altamente e manda entender Santo Agostinho, declarando o mesmo texto: "Como está escrito: antes quero a misericórdia que o sacrifício (Os 6,6), deve-se entender como sacrifício o sacrifício antes preferido"[11].

Enfim, para que demos fim a esta preferência, digo que agradam mais a Cristo os obséquios que se lhe fazem no pobre que no mesmo Sacramento do Altar, porque no sacramento está impassível; no pobre não só está passível, mas padece. Que quer dizer "Tive fome, Tive sede, Estava nu, senão padecer Cristo tudo o que padece o pobre? E deste padecer se tirará a verdadeira inteligência de uma questão que aqui excitam todos os intérpretes. Naquele relatório do dia do Juízo fez Cristo menção da comida e bebida dos que têm fome e sede, do vestido dos nus, da pousada dos peregrinos, da visita dos enfermos e encarcerados, mas não falou nem uma só palavra na sepultura dos mortos. Pois, se as obras de misericórdia são sete, e a sétima é sepultar os mortos, por que alega Cristo as outras seis, e esta não? Muitas soluções se têm dado até agora a esta dúvida, mas nenhuma que satisfaça inteiramente. A verdadeira e cabal é porque, depois que Cristo se sacramentou no pobre, quis contrapor o sacramento em que padece ao sacramento em que está impassível, e como nas sete obras de misericórdia só os mortos não padecem, excluiu os mortos. Julgai agora se serão mais agradáveis e aceitos ao mesmo Cristo os obséquios que se lhe fazem onde tem necessidade e padece, ou onde está impassível. Por isso os santos despiam os altares para vestir os pobres, e fundiam os cálices em moeda para remir os cativos. Lede particularmente a Santo Ambrósio; mas vamos à Escritura.

Uma das mandas do testamento de Davi a el-rei Salomão, seu sucessor, é que os filhos de Bercelai comessem sempre à sua mesa, pelo bem que eles e seu pai o tinham servido quando fugiu de Absalão: "Mostrarás também o teu agrado aos filhos de Bercelai, e eles comerão à tua mesa, porque me saíram ao encontro quando eu fugia de Absalão" (3Rs 2,7). — Foi o caso que, depois de Davi ser rei, experimentou que também as coroas estão sujeitas aos vaivéns da fortuna, caindo das asas da próspera nas misérias da adversa, e tanto com maior abatimento quanto de mais alto. Tal se viu Davi quando fugiu de seu filho Absalão, reduzido a tal aperto e necessidade, que ele e os poucos que o seguiam pereceriam a fome se este Bercelai, que era um vassalo rico, os não sustentasse a todos, como refere a história sagrada: "E ele mesmo tinha provido o rei de víveres, quando estava nos acampamentos, porque era um homem muito rico" (2Rs 19,32). — Este serviço, pois, foi o que Davi mandou a Salomão que agradecesse, pondo à sua mesa os filhos de Bercelai. E sendo certo que de nenhum outro serviço ou benefício fez memória no seu testamento, também é certo que antes daquela rebelião, e depois dela, assim na paz como na guerra, tinham outros vassalos feito a Davi muitos grandiosos serviços. Pois, por que se não lembra deles o mesmo rei, nem os manda agradecer e pagar, senão estes de Bercelai unicamente? Porque aqueles foram feitos a Davi quando estava entronizado e adorado no reino, e não padecia necessidade alguma; porém o serviço e sustento que recebeu de Bercelai foi quando estava desamparado dos seus, pobre e necessitado. Aqueles foram obséquios a Davi rei; estes foram alimentos a Davi pobre. E esta é a razão e a diferença por que são mais aceitos e agradáveis a Cristo os obséquios que se lhe fazem no pobre, onde está necessitado e padece, do que todos os outros com que é servido no trono e majestade do Sacramento do Altar, onde está impassível e adorado.

Por última conclusão, deixadas as razões, vamos ao fato. Assim como Cristo no dia do Juízo há de alegar e publicar as obras de misericórdia, e o que é servido, sustentado e socorrido no pobre, assim e muito mais ostentosa e magnificamente poderá sair naquele teatro universal de todo o gênero humano com as obras da fé, piedade, liberalidade e emulação cristã, com que é servido, assistido e venerado no Santíssimo Sacramento. Que comparação tem o que se gasta no sustento, cura e remédio dos pobres com o que se despende e emprega no culto divino e diviníssimo do por antonomásia Santíssimo? Considerai a magnificência dos templos de todo o mundo, a riqueza dos altares, dos sacrários, dos cálices, das custódias, dos ornamentos. Quase todo o ouro, prata e pedraria do mar e da terra ali vai, não levar o seu valor, mas buscar a sua estimação e preço. As rendas imensas de todos os ministros eclesiásticos supremos, grandes, menores, todas se ordenam a servir, assistir e louvar a todas as horas a majestade encoberta daquele Senhor. Mais é o que arde e se queima de dia e de noite diante dos seus altares do que quanto se emprega e logra no sustento e remédio dos pobres. E, contudo, isto é o que Cristo há de alegar e publicar no dia do Juízo, e tudo aquilo o que há de calar e passar em silêncio. Mais ainda. Parece que, para desempenho de sua palavra, nenhuma coisa mais convinha à autoridade e majestade de Cristo que a demonstração e pública evidência do que tinha prometido e tanto se lhe tinha duvidado nos maravilhosos efeitos do mesmo Sacramento. Os dois maiores efeitos que Cristo tinha prometido daquele sagrado pão é que quem o comesse viveria eternamente, e que em virtude do mesmo pão ressuscitaria no último dia: "O que come deste pão viverá eternamente, e eu o ressuscitarei no último dia" (Jo 6,59.55). Que ação, pois, mais própria daquele dia, de maior glória para Cristo, de maior triunfo para os católicos e de maior confusão para os hereges, que dizer à vista de todo o mundo: Prometi-vos que, em virtude do pão que vos dei, vos havia de ressuscitar neste dia: aí estais ressuscitados todos; prometi-vos que todos os que comêsseis o mesmo pão viveríeis eternamente: ali estão as portas do céu abertas; vinde a gozar comigo a vida eterna: "Vinde benditos". — Contudo, a pública e mais agradecida estimação que Cristo fará no dia do Juízo dos obséquios que recebeu dos homens não há de ser a das grandes riquezas com que o servem no Sacramento, senão das esmolas, posto que muito pequenas, com que o socorrem no pobre, porque no pobre padece, e no Sacramento está isento de padecer; no Sacramento são tributos que sobejam a sua majestade, no pobre são alimentos que há mister a sua necessidade. E se aos que o comem e aos que lhe dão de comer promete igualmente Cristo a vida eterna, dando-se essa mesma vida eterna na sentença do dia do Juízo por paga, mais devida é a paga à despesa dos que lhe puseram a mesa do que à honra dos que ele pôs à sua; mais devida ao gasto dos que lhe deram de comer que ao gosto dos que o comeram: "Porque me destes de comer".

§ IX

Provado assim o mistério escondido do nosso assunto e revelado aos olhos do mundo o que a maior parte dele não via, restava agora coroar com a última cláusula de todo o discurso aquela bem-aventurada congregação que Deus particularmente fez digna de tão gloriosa felicidade: "Bem-aventurados os misericordiosos". — Mas que lhe posso eu dizer? Louvarei a caridade, confirmarei a fé, assegurarei a esperança dos que neste real empório das obras de misericórdia, com todo o gênero de necessitados, públicos e ocultos, tão santa e universalmente as exercitam? Seria empreender de novo outra matéria não menor que a passada. Deixando, pois, os louvores da caridade à lista e notícia geral das mesmas obras, que logo se há de ler deste lugar — pois, como diz S. Gregório Papa, não a retórica de palavras, senão a eloquência de obras é a verdadeira prova da caridade — só da fé e da esperança direi o que se segue e convence do que fica dito.

Quanto à fé, sendo de fé todas as palavras de Cristo, e tendo dito o mesmo Cristo, com termos que não admitem dúvida nem interpretação contrária, que ele está no pobre, e o que se faz ao pobre se faz a ele: "O que fizestes a um destes pequeninos, a mim o fizestes" — que cristão haverá — agora falo com todos — que a seu Criador e a seu Redentor, vendo o necessitado, e pedindo-lhe uma esmola, que é mais, o não socorra? Caso foi sobre toda a admiração estupendo, que no dia em que Cristo entrou em Jerusalém, aclamado com palmas e vivas de todo o povo por verdadeiro Messias: "Hosana ao filho de Davi; bendito o que vem em nome do Senhor — o rei de Israel" (Mt 21,9) — no mesmo dia não houvesse em toda aquela grande metrópole quem o recolhesse e agasalhasse em sua casa, e lhe fosse necessário ao que sustenta até os bichinhos da terra ir buscar o sustento a Betânia. Pois, cidade cega, ímpia, ingrata e infame, assim cerras as portas a quem assim recebes? Assim tratas a quem assim reconheces? Assim serves a quem assim adoras? Mas não é muito que toda esta dureza de corações experimentasse Cristo naquele mesmo povo que daí a cinco dias teve vozes para bradar: "Crucifica-o" (Mc 15,14). — e mãos para o pregar em uma cruz. Vede se terá razão o mesmo Cristo para lhes dizer a todos no dia do Juízo: "Tive fome, e não me destes de comer" (Mt 25,42). — E haverá cristão em Lisboa que, vendo e reconhecendo a Cristo no pobre faminto, não tire o bocado da boca para o sustentar? Que, vendo-o despido, se não dispa para o vestir? Que, vendo-o encarcerado ou cativo, se não venda para o resgatar? Que, vendo-o peregrino, o não receba, não só em sua casa, mas o não meta dentro no coração, e o sirva de joelhos? O que assim o faz é cristão, o que assim o não fizer nem tem cristandade nem fé.

Mas, passando à esperança, assegurem-se os que fizerem obras de misericórdia e socorrerem aos pobres, segundo a sua possibilidade, que todos naquele último dia estarão à mão direita de Cristo, e que para eles estão guardadas aquelas ditosíssimas palavras: "Vinde, benditos, e possuí o reino: porque tive fome, e destes-me de comer" (Mt 25,34s). — E em que se funda a certeza desta esperança? Tanto nestas mesmas palavras como nas contrárias, e nas contrárias ainda com maior evidência. Notai muito a prova. Aos da mão esquerda dirá o mesmo Cristo: "Ide, malditos, ao fogo eterno, porque tive fome e não me destes de comer etc.": etc.: Ide, malditos, ao fogo eterno, porque me não destes de comer no pobre, porque me não vestistes no pobre, porque me não remediastes em todas as outras necessidades no pobre. Logo, se vós acudistes e remediastes nas mesmas necessidades ao pobre, e nele a Cristo, evidente e infalivelmente se segue que não pode cair sobre vós tal sentença, porque faltaria Cristo à sua verdade, e não seriam verdadeiras as culpas pelas quais vos condenasse. Tanto assim que, se por impossível o supremo Juiz vos quisesse compreender na mesma sentença, teríeis legítimos embargos com que agravar dela. Vão os embargos. Provará que em tal dia deu de comer a tais pobres; provará que em tal dia, estando despidos, os vestiu; provará que em tal dia, estando enfermos, os visitou; provará que em tal dia, estando encarcerados ou cativos, os pôs em liberdade; e os mesmos pobres, que também estarão presentes, o não poderão negar; logo, impossível é, não digo que a misericórdia de Cristo, senão que sua mesma justiça lhes não receba os embargos.

E porque sem embargo deles se não possa por outra via confirmar a sentença, fundando-se nos pecados que cometeu cada um — dos quais, porém, se não faz menção no relatório dela — provarão também superabundantemente que os pecados cometidos não têm direito nem lugar na causa dos que remediaram os pobres, e alegarão, não outros textos, senão os da mesma lei de Deus. Em Tobias alegarão o texto: "Que a esmola livra de todo o pecado, ainda que fosse mortal, e não consente que a alma vá ao inferno" (Tb 4,11). — Em Jesus Sirac alegarão o texto: "Que assim como a água apaga o fogo, assim a esmola extingue os pecados" (Eclo 3,33). — Em Daniel alegarão o texto: "Que a esmola resgata dos pecados, e a misericórdia com os pobres das maldades cometidas" (Dn 4,24). — Em Davi alegarão o texto: "Que o que tem cuidado de acudir e remediar ao pobre e necessitado, no dia do juízo o livrará Deus" (Sl 40,12). — E finalmente, sobre todos, pedirão ao mesmo supremo Juiz, Cristo, que juntamente é juiz e advogado nosso, se alegue a si mesmo o seu texto universalíssimo, em que não pôs limitação alguma: "Dai antes esmola do que tiverdes, e eis que tudo vos será limpo" (Lc 11,41). — Por remate de contas, dai esmola, e ficareis purificados de todas vossas culpas. — E que poderá ou que poderia responder Cristo no caso negado que a sua sentença de condenação se houvesse de estender aos que remediaram aos pobres, pelos pecados que cometeram? Não há dúvida que no tal caso, aceitando os embargos, responderia o que, em nome e pessoa do mesmo soberano Juiz, escreve Santo Agostinho: "Dificultosa coisa é que, se eu diligentemente examinasse vossas consciências e vossas obras, não achasse bastantes causas para vos condenar". "Mas ide ao reino do céu, porque tive fome e me destes de comer, e entendei que se vos salvastes, não foi porque não pecastes, senão porque com as vossas esmolas remistes os vossos pecados."[12] Isto é não o que dirá, senão o que diria no dia do Juízo, quando por parte de nossos pecados se embargasse a sentença do reino do céu aos favorecedores dos pobres.

Acabemos, pois, por onde começamos. "Bem-aventurados os pobres, Bem-aventurados os misericordiosos", e bendita e para sempre louvada a providência e bondade divina e humana daquele soberano Senhor que, sacramentando-se em pão para nos sustentar a nós, se quis também sacramentar nos pobres, para que nós o sustentássemos a ele, e por meio da pobreza de uns e misericórdia de outros, sem embargo de sermos pecadores, nos franqueasse nesta vida as portas de sua graça, para que achemos abertas na vida eterna as da glória: "Que a mim e a vós o Senhor Deus onipotente digne-se conceder... etc.".

SERMÃO DA
Primeira Oitava da Páscoa

Na Capela Real.
Ano de 1647.

∾

"No mesmo dia caminhavam dois dos discípulos
de Jesus para uma aldeia chamada Emaús."
(Lc 13,24)

Vieira promete ser, neste sermão, historiador e pregador. O tema será: Os discípulos de Emaús no nosso tempo. Jesus ia com eles: Ir a Jerusalém pelo caminho de Jerusalém é estrada ordinária, mas pelo caminho de Emaús só Deus o faz. E perguntou-lhes por que estavam tristes. Muito mais dificultoso é o contentar que o remir. Ressuscitado, Cristo enxugou lágrimas e consolou tristezas. Pedro, Madalena, Tomé e os de Emaús. Em Portugal, são mais os queixosos que os contentes. Nos outros reinos, com uma mercê ganha-se um homem; em Portugal, com uma mercê perdem-se muitos. Como hão de ser os ministros? Ministro que assola o povo para crescer é açoite de Deus irado. Ministro que trabalha pela conservação do povo e para que não padeça, este sim é ministro de Deus. O exemplo de Moisés. Os discípulos esperavam: o esperar é o maior tormento. E o que promete a esperança não pode cumprir a onipotência. Quando foi reconhecido, Jesus se escondeu. E os discípulos, desencaminhados, voltaram a Jerusalém. É necessário desandar o andado, desfazer o feito e desviver o vivido.

§ I

É tão particular história a que hoje nos refere S. Lucas no cap. 24 da sua, que, contra o estilo que ordinariamente costumo seguir, quero por Páscoa que seja o sermão a mesma história. Historiador e pregador hei de ser hoje: dobrada obrigação de dizer verdades. Deus me ajude a que não sejam mais das que vós quiséreis. O que me parece posso prometer seguramente é que a história vos não enfastie por antiga e mui sabida, porque, ainda que segundo a boa cronologia é de mais de mil e seiscentos anos, eu farei que pareça a história de nossos tempos. Nenhuma coisa ouvireis que não seja o que vedes.

§ II

Na tarde de tal dia como o de ontem — que o que Cristo obrou em um dia não o pode representar a Igreja senão em muitos — tristes, com causa, pela morte de seu Mestre, e desesperados, sem causa, pela tardança de sua Ressurreição, caminhavam dois discípulos de Cristo para o castelo ou aldeia de Emaús. Que erradas são as imaginações dos homens! Mas que muito que não acertem as imaginações no que cuidam, se até os mesmos olhos erram no que veem! Imaginavam os dois discípulos a Cristo morto e ausente, e no mesmo tempo e pela mesma estrada ia o Senhor caminhando com eles sem o conhecerem, ainda que o viam: "O mesmo Jesus ia com eles" (Lc 24,15).

Ia o Senhor com eles. Aqui reparo, ou aqui paro, que também imos caminhando. O intento de Cristo era mandar a estes discípulos reduzidos e consolados para Jerusalém, aonde estavam os apóstolos também tristes. Pois, se o seu intento era encaminhar os discípulos para Jerusalém, como se vai o Senhor andando com eles para Emaús: "O mesmo Jesus ia com eles"? — O caminho de Emaús e o caminho de Jerusalém eram encontrados, e Cristo deixa-se ir com os discípulos para Emaús, quando os quer levar para Jerusalém? Sim, porque essas são as maravilhas da providência divina: levar-nos a seus intentos pelos nossos caminhos. Conseguir os intentos de Deus pelos caminhos acertados de Deus, isso é providência vulgar; mas conseguir os intentos de Deus pelos caminhos errados dos homens, essas são as maravilhas da sua providência. Ir a Jerusalém pelo caminho de Jerusalém, é estrada ordinária; mas ir a Jerusalém caminhando para Emaús, só Deus o faz.

Mandou Deus ao profeta Jonas que fosse pregar à corte de Nínive. Não se acomodou o profeta com a missão. Estava no mesmo porto um navio de vergas de alto para Jope; pagou o frete, diz o texto, e embarcou-se nele. Que Jonas não quisesse pregar na corte de Nínive não me admira, que isto de pregar nas cortes é navegar entre Cila e Caribdes: ou não haveis de cortar direito, ou haveis de dar a través com o navio. Mas que Deus, mandando a Jonas pregar a Nínive, o deixe embarcar para Jope! Isto não entendo. — Senhor, vossa divina Providência não tem destinado a voz deste homem para o remédio de Nínive? Dos desenganos e das verdades que há de dizer este pregador não depende a conversão e a conservação daquele rei, daquela cidade, daquele reino? Pois, se quereis que vá a Nínive, por que consentis que se embarque para Jope? Deixai-o ir, que essas são as maravilhas da minha Providência — diz Deus: — há-se de embarcar para Jope, e no cabo há-se de achar em Nínive. E assim foi. Levar um homem a Nínive pela carreira de Nínive, isso faz um piloto que não sabe ler nem escrever; mas levá-lo a Nínive pela derrota de Jope é arte só daquela sabedoria suprema que tem o leme do mundo na mão. É verdade que navegar para Jope quem tem obrigação de ir para Nínive é um modo de caminhar custoso e muito arriscado: é custoso, porque Jonas gastou debalde o seu dinheiro, pagou o frete, e não fez a viagem; é muito arriscado, porque ele embarcou-se em um navio e desembarcou na boca de uma baleia. Mas que seguro tem o porto quem navega nos braços da Providência divina, ainda quando a resiste e se opõe a ela! Haverá mais ou menos tempestade, haverá maior ou menor baleia, mas nem a fúria da tempestade, nem as gargantas e ventre da baleia poderão estorvar os intentos de Deus. Ameaçar-vos-á a tempestade, mas não vos há de afogar; tragar-vos-á a baleia, mas não vos há de digerir. Assim levou Deus a Jonas a Nínive pelos caminhos de Jope; assim levou Cristo aos discípulos a Jerusalém pelos caminhos de Emaús: "O mesmo Jesus ia com eles".

Caminhando juntos o Senhor com os discípulos, perguntou-lhes que é o que tratavam entre si e de que iam tristes: "Que é isso que vós ides praticando e conferindo um com o outro, e por que estais tristes?" (Lc 24,17). — Coisa é muito digna de notar que em um dia tão alegre, como o da Ressurreição, e em uma ocasião de tanto contentamento, como o da Redenção do mundo, aqueles a quem mais de perto tocava estivessem todos tristes. Os apóstolos tristes, e encerrados em casa; os dois discípulos tristes, e caminhando para Emaús; a Madalena triste, e chorando às portas da sepultura: enfim, tudo e todos tristes. A tristeza era a mesma, mas as causas deviam de ser diversas, porque o eram também os efeitos. Os apóstolos escondiam-se, porque temiam aos judeus: "Por medo dos judeus" (Jo 7,13); os discípulos iam-se para Emaús, porque desesperavam da Redenção: "Ora, nós esperávamos" (Lc 24,21); a Madalena chorava, porque amava muito a seu Mestre: "Porque amou muito" (Lc 7,47). — Se quereis conhecer as causas do descontentamento de cada um, vede-o nos efeitos. Quem teme, esconde-se; quem desespera, vai-se; quem ama, chora. Com estes me tenho eu. Mas que estando o mundo remido, como estava, houvesse tantos descontentes, uns retirados em sua casa, outros deixando a corte de Jerusalém, outros chorando sem consolação! O mundo remido, e descontentes tantos? Não vos espanteis, que nem eu me espanto. Sabeis por quê? Porque é muito mais dificultoso o contentar que o remir.

Estava o povo de Israel no cativeiro de Egito, qui-lo Deus remir da tirania de Faraó, e que fez? Mandou lá Moisés com uma vara, e remiu-se o povo. Começaram a marchar para a Terra de Promissão em número de seiscentos mil homens, e os favores e maravilhas com que Deus os tratou em quarenta anos de deserto quase excedem a fé. Se haviam de passar o Mar Vermelho, partiam-se as ondas; se haviam de atravessar o Rio Jordão, suspendiam-se as correntes; se os molestava o sol, corria um anjo uma nuvem que lhes fazia sombra; se sobrevinha a noite, acendia-se um cometa que os alumiava; para que comessem com abundância e regalo, chovia o céu maná; para que não sentissem sede, acompanhava-os uma penha que se desfazia em fontes; finalmente, para que a jornada não tivesse impedimento, nem do tempo, nem do cuidado, as roupas não envelheciam e os corpos não enfermavam. Desta maneira tratava Deus aqueles homens, e eles como lhe correspondiam? Tudo eram murmurações, tudo queixas, tudo descontentamentos. Quiseram apedrejar a Moisés;

trocaram a Deus por um bezerro; suspiravam pelo Egito; enfastiavam-se do maná, diziam que melhor ia no cativeiro, lhes lançavam maldições a quem os libertara todos tristes, todos descontentes, todos desconsolados, quase todos arrependidos. Pois, valha-me Deus! Remiu Deus este povo fazendo tão pouco, e não o pôde contentar fazendo tanto? Não, porque é muito mais dificultoso o contentar que o remir. Para remir, bastou Moisés com uma vara; para contentar, não bastou Moisés com vara, nem anjo com nuvem, nem Deus com toda sua onipotência fazendo milagres. Os descontentamentos e queixas dos povos ordinariamente caem sobre os ministros, e talvez se levantam até o sagrado dos príncipes. O príncipe aqui era Deus. Vede que justiça, que piedade, que magnificência? Os ministros, um era um anjo descido do céu, tão amante e cuidadoso do povo, que nem consentia que lhe tocasse um raio do sol; o outro era Moisés, o melhor homem da terra, tal que entrou em ciúmes Deus que o adorasse o povo, e por esta causa lhe encobriu a sepultura. Pois, se onde o príncipe é Deus e os ministros, ou são anjos, ou homens merecedores de que os idolatrem, há contudo descontentamentos e dissabores, que muito que os houvesse ou que os haja onde os ministros não podem ser Moisés nem anjos, e onde os príncipes, ainda que sejam dados por Deus, é força que sejam homens? Por isso digo que é muito mais dificultoso o contentar que o remir. Para remir, valeu-se Deus de mosquitos, e remiu; para contentar, serviu-se Deus de anjos, e não contentou.

§ III

*M*as, suposto que o contentar é tão dificultoso, e por outra parte tão importante, quisera de caminho arcar com esta dificuldade, e ver se é possível vencer-se. Primeiramente digo que o estarem contentes todos não pode depender de um só, como muitos se enganam. O contentamento de todos depende de todos: depende do príncipe, depende dos ministros e depende dos vassalos. Para todos estarem contentes, hão de concorrer todos para o contentamento, uns tratando de contentar, outros querendo contentar-se. Parecia-me que se conseguiria isto, conforme o nosso Evangelho, se o príncipe imitasse a Cristo, e se os vassalos imitassem aos discípulos. Os ministros, não os acho no texto, mas quando chegarmos a eles lhes buscaremos imitação.

Começando, pois, pelo príncipe, a primeira coisa que fez Cristo tanto que ressuscitou foi tratar de enxugar lágrimas e de consolar tristezas. Estava a Madalena chorando às portas do sepulcro, aparece-lhe o Senhor, enxuga-lhe as lágrimas; iam os discípulos tristes e desesperados para Emaús: foi-se encontrar com eles o Senhor e consolou-os de sua tristeza. E que se seguiu daqui? Que amanhecendo no dia da Ressurreição todo o reino de Cristo descontente, anoiteceram no mesmo dia todos contentes e consolados. Seja o primeiro cuidado do príncipe enxugar lágrimas, e logo haverá menos descontentes. Se lançarmos os olhos por todos os reinos do mundo, presentes e passados, um só reino acharemos em que todos estão contentes. E que reino é este? França? Inglaterra? Alemanha? Não: o Reino do Céu. No Reino do Céu todos estão contentes. E por que não há descontentes no Reino do Céu? S. João no Apocalipse: "Então Deus lhes enxugará todas as lágrimas de seus olhos, e não haverá mais choro, nem mais gritos, nem mais dor" (Ap 21,4). — Sabeis — diz S. João — por que no reino do céu não há tristezas nem descontentamentos?

Porque a primeira coisa que faz Deus a todos os que vão deste mundo é enxugar-lhes as lágrimas. E onde o primeiro cuidado do príncipe é enxugar as lágrimas dos seus, como há de haver descontentes? Não há nem haverá eternamente descontentamento em tal reino: "Nem mais gritos, nem mais dor". — E por que não cuidássemos que era isto privilégio só do céu, o mesmo fez Cristo hoje na terra. O seu reino não constava de muitos vassalos, mas todos ficaram hoje contentes, porque pôs todo o seu cuidado em enxugar as lágrimas de todos.

Mas vindo à prática desta doutrina, vejo que me dizem que é muito fácil dizer que se enxuguem as lágrimas de todos; mas como se hão de enxugar? Enxugar as lágrimas bom remédio é para não haver descontentamento; mas que remédio há de haver para se enxugarem as lágrimas? Fácil remédio: o que Cristo fez. Inquirir a causa das lágrimas, e tirá-la. Quando Cristo apareceu à Madalena, a primeira coisa que fez foi inquirir a causa por que chorava: "Mulher, por que choras? (Jo 20,13). Quando apareceu aos dois discípulos, a primeira coisa que fez também foi perguntar a causa de sua tristeza: "Que é isso que vós ides praticando e conferindo um com o outro, e por que estais tristes?". Que é o que falais, por que estais tristes? — Eis aqui a razão por que se trabalha muitas vezes debalde em enxugar as lágrimas: porque se não tomam na fonte, porque se lhes não busca a causa. Busque-se a causa das lágrimas, e logo o remédio será fácil. Bem pudera Cristo enxugar as lágrimas da Madalena e consolar as tristezas dos discípulos sem lhes perguntar pela causa, pois a sabia, mas quis dar nesta ação um grande documento aos príncipes de como haviam de proceder na cura de uma enfermidade tão dificultosa, como a de sarar descontentamentos.

Oh! que ação tão divina e tão real! O primeiro rei que Deus elegeu neste mundo foi Saul. E qual foi a primeira coisa que disse e a primeira coisa que fez este rei? Leia-se o texto sagrado, e achar-se-á que as primeiras palavras que disse Saul depois de ungido por rei foram estas: Que causa tem o povo para chorar? (1Rs 11,5) — E sabendo que a causa por que chorava o povo eram os danos que recebia das invasões dos amonitas, a primeira ação que fez Saul depois de ungido foi remediar a causa dessas lágrimas, partindo no mesmo dia e com todo o poder a fazer guerra aos de Amon, com que os destruiu: "Massacrou Amon (1Rs 11,11). — De maneira que o rei eleito por Deus a primeira palavra que se lhe há de ouvir é perguntar pela causa das lágrimas, e a primeira ação que se lhe há de ver é acudir ao remédio delas. Assim o fez Cristo hoje: a primeira palavra que se lhe ouviu foi: "Mulher, por que choras? — E a primeira ação que se lhe viu foi remediar-lhe a causa por que chorava.

Sim, mas para as lágrimas que não têm causa, que são a maior parte das que se choram, que remédio lhes daremos nós? Para curar as lágrimas da razão já temos remédio: buscar-lhes a causa e tirá-las; mas para curar as lágrimas da sem-razão, que remédio lhes havemos de dar, que elas não têm causa? As lágrimas dos que choram bem se podem remediar, mas as lágrimas dos que se choram, que remédio há de haver para elas? Eu dissera que as lágrimas que não têm causa não hão mister cura. Se as lágrimas têm causa, dê-se-lhe remédio e enxuguem-se; se as lágrimas não têm causa, elas se enxugarão por si, não hão mister remédio. Examine o príncipe exatamente donde nascem as lágrimas dos vassalos: se têm causa, ponha-lhes remédio; se não têm causa, não lhes deem cuidado.

§ IV

$\mathcal{E}$ basta isto para não haver descontentamentos? Não basta que o príncipe imite a Cristo; é necessário que os vassalos imitem aos discípulos. Quatro aparições fez Cristo depois de ressuscitado a seus discípulos, muito dignas de ponderação. Apareceu a S. Pedro; e sem mais diligências que aparecer-lhe, S. Pedro o conheceu e se deu por contente: "O Senhor ressuscitou verdadeiramente e apareceu a Simão" (Lc 24,34). — Apareceu à Madalena, e ainda que lhe viu o rosto, não bastou isto para o conhecer; chamou-a por seu nome: "Maria" — e no mesmo ponto o conheceu e se lhe lançou aos pés: "Disse-lhe Jesus: Maria. Ela, voltando-se, lhe disse: Raboni" (Jo 20,16). — Apareceu a São Tomé, e ainda que os discípulos lhe tinham dito que ressuscitara, enquanto não meteu a mão no lado, não creu nem reconheceu a seu Deus e a seu Senhor: "Eu, se não vir nas suas mãos a abertura dos cravos, e se não meter a minha mão no seu lado, não hei de crer" (Jo 20,25). — Apareceu a estes discípulos de Emaús, e por mais que caminhou com eles e lhes declarou as Escrituras e as profecias, não o conheceram, senão quando lhes deu o pão: "Conheceram no partir do pão" (Lc 24,35). — Nestas quatro aparições estão representados quatro gêneros de vassalos, ou quatro gêneros de condições de vassalos. Há uns vassalos que são como S. Pedro: com verem a seu rei, com lhe aparecer o seu rei, se dão por contentes. Há outros vassalos que são como Madalena: não lhes basta o ver nem o aparecer; contudo, se o rei os chama pelo seu nome, como Cristo chamou à Madalena, se o rei lhes sabe o nome, não hão mister mais para viverem consolados e satisfeitos. Há outros que são como São Tomé: se o rei lhes não entrega as mãos e o lado, se não manejam o coração do rei, se não se lhes abrem os arcanos mais interiores do Estado — ainda que sejam daqueles que duvidaram e dos que vieram ao cabo dos oito dias, como Tomé — não se dão por bem livrados. Há outros, finalmente que são como os discípulos de Emaús, que por mais profecias que se lhes declarem, por mais razões que se lhes deem, enquanto se lhes não dá o pão, estão com os olhos e com os corações fechados: nem conhecem, nem reconhecem. Ora, censuremos estes quatro estados de vassalos. Os que se contentam, como S. Pedro, só com ver, são finos. Os que se contentam, como a Madalena, só com que lhes saibam o nome, são honrados. Os que se não contentam, como S. Tomé, senão com o lado, são ambiciosos. Os que se não contentam, como os de Emaús, senão depois de lhes darem o pão, são interesseiros. E os que com todas estas coisas ainda se não contentam? São portugueses.

Verdadeiramente, que se os portugueses se contentaram, como os discípulos, não houvera reino de mais contentes que Portugal. Eu já me contentara que fôramos como os que nesta ocasião fiaram menos delgado. Os discípulos que nesta ocasião andaram menos finos foram os de Emaús, que não conheceram senão quando lhes deram: "E lhes deu" (Lc 24,30) — mas ainda estes nos levaram muita vantagem. Por quê? Porque se contentaram com o Senhor lhes partir o pão: "No partir do pão". Os portugueses não se contentam com se lhes dar o pão partido; há-se de dar todo o pão, sob pena de não ficarem contentes. Daqui se segue que nunca é possível que o estejam.

As vestiduras de Cristo, que era o manto e a túnica, dividiram-nas entre si os soldados que o crucificaram, mas com esta diferença: os quatro soldados a quem coube o manto, partiram-no em quatro partes e ficaram contentes todos quatro. Os quatro, ou fossem os mesmos ou diferentes, a quem coube a túnica, não a quiseram partir, jogaram-na; levou-a um, e ficaram descontentes três. Pois, por que razão descontentou a túnica a três, se o manto contentou a quatro? É bem fácil a razão. Os quatro a quem coube o manto acomodaram-se com que o manto se partisse. E quando os homens se acomodam a que as coisas se partam e se repartam, com o que se cobre um se podem contentar quatro. Os soldados a quem coube a túnica, não trataram deste acomodamento: cada um quis toda a túnica para si: "Não a rasguemos, mas lancemos sortes sobre ela" (Jo 19,24). — E quando os homens são de tal condição que cada um quer tudo para si, com aquilo que se pudera contentar a quatro é força que fiquem descontentes todos. O mesmo nos sucede. Nunca tantas mercês se fizeram em Portugal como neste tempo; e são mais os queixosos que os contentes. Por quê? Porque cada um quer tudo. Nos outros reinos com uma mercê ganha-se um homem; em Portugal com uma mercê perdem-se muitos. Se Cléofas fora português, mais se havia de ofender da ametade do pão que Cristo deu ao companheiro do que se havia de obrigar da outra ametade que lhe deu a ele. Porque, como cada um presume que se lhe deve tudo, qualquer coisa que se dá aos outros cuida que se lhe rouba. Verdadeiramente que não há mais dificultosa coroa que a dos reis de Portugal, por isto mais do que por nenhum outro empenho.

Quando Josué houve de entrar à conquista da Terra de Promissão, disse-lhe Deus desta maneira: "Josué, esforçai-vos, e tende grande valor, porque vós haveis de repartir a terra a esse povo. — Notáveis palavras na ocasião em que se disseram! Quando Deus disse estas palavras a Josué, foi quando ele estava com as armas vestidas para passar da banda além do Jordão, a conquistar a Terra de Promissão. Pois, por que não lhe diz Deus: esforçai-vos, e tende valor, porque haveis de conquistar esta terra aos inimigos — senão: Esforçai-vos, e tende valor, porque haveis de repartir esta terra ao povo de Israel? Ambas as coisas havia de fazer Josué; havia de conquistar a terra aos amorreus e havia de repartir a terra aos israelitas; mas Deus esforça-o, e diz-lhe que tenha valor porque havia de repartir, e não porque havia de conquistar a terra, porque muito maior empresa e muito mais arriscada batalha era haver de repartir a terra aos vassalos que haver de conquistar a terra aos inimigos.

Em nenhuns reis do mundo se vê isto mais claramente que nos de Portugal. Conquistar a terra das três partes do mundo a nações estranhas foi empresa que os reis de Portugal conseguiram muito fácil e muito felizmente; mas repartir três palmos de terra em Portugal aos vassalos, com satisfação deles, foi impossível, que nenhum rei pôde acomodar nem com facilidade nem com felicidade jamais. Mais fácil era antigamente conquistar dez reinos na Índia que repartir duas comendas em Portugal. Isto foi, e isto há de ser sempre, e esta, na minha opinião, é a maior dificuldade que tem o governo do nosso reino. Tanto assim que, se pode pôr em problema na política de Portugal se é melhor que os reis façam mercês ou que as não façam. Não se fazerem mercês é faltar com o prêmio à virtude; fazerem-se é semear benefícios para colher queixas. Pois, que hão de fazer os reis? A questão era para maior vagar. Mas por que não fique indecisa, digo entretanto que um só meio acho aos reis para salvarem ambos estes inconvenientes. E qual é? Não dar nada a ninguém e premiar a todos. Pois, como? Premiar a todos sem dar nada a ninguém? Sim: o dar e o premiar são coisas mui diferentes. Dar aos que merecem ou não merecem é dar; dar só aos que merecem é premiar. Não fazerem mercês os reis seria não serem reis, mas hão de fazê-las de maneira que as mercês não sejam dádivas, sejam prêmios. Deem os reis só aos beneméritos, e fecharão as bocas a todos. Quando os prêmios se dão aos que merecem, os mesmos que os murmuram com a boca os aprovam com o coração. Murmurais do que está bem dado? Apelo da vossa língua para vossa consciência. Este é o único remédio que têm os reis para salvarem a opinião naquele tribunal onde só neste mundo podem ser julgados, que é o coração dos vassalos. Enfim, sejam os príncipes como Cristo no repartir, e sejam os vassalos como os discípulos no contentar-se, e cessarão as queixas.

§ V

Mas os ministros, de quem ainda não dissemos, como hão de ser? Direi como hão de ser e como não hão de ser, que uma e outra coisa é necessária. Já disse que não achava os ministros no texto; mas se eles se afastam do Evangelho, que muito me tire eu também dele, quando os busco? Muito antes de haver Evangelho foi muito grande e muito notável ministro Moisés. Digo pois que os ministros hão de ser como Moisés e não hão de ser como Moisés. Hão de ser como Moisés para com os hebreus, e não hão de ser como Moisés para com os egípcios. Quis Deus destruir o povo de Israel pelo pecado do bezerro, e disse assim a Moisés: "Deixa-me, que a minha ira se inflame, e farei de ti uma grande nação" (Ex 32,10). Moisés, deixa-me acabar com este povo e destruí-lo, e eu te farei governador de outro povo muito maior. — Oh! que grande tentação para um ministro! Se o povo se destruir, terei eu grandes aumentos; se isto se acabar, crescerei eu. Grande tentação! E que respondeu Moisés? Ou haveis de perdoar ao povo, Senhor, ou me haveis de riscar de vossa graça (Ibid. 31).
— Os homens duas coisas estimam mais que tudo: a primeira, a graça de seu senhor, e a segunda, seus próprios aumentos. E Moisés foi tão grande ministro que, oferecendo-lhe Deus grandes aumentos para que deixasse destruir o povo, ele respondeu que, se o povo se havia de destruir, não queria a graça de seu Senhor. Os outros assolam o povo para crescer na graça e nos aumentos; Moisés, por defender o povo, nem quis os aumentos nem a graça. Ministro que não faz caso de seus aumentos pela conservação do povo, e que chega a arriscar a graça do príncipe para que o povo não padeça, este ministro sim é ministro de Deus propício, como o foi Moisés com os hebreus. Mas ministro que assola os povos para ele crescer, e que da destruição dos vassalos quer fazer degrau para subir à graça do príncipe, livre-nos Deus de tal ministro: é açoite de Deus irado, como o foi Moisés com os egípcios.

Moisés no Egito foi o mais milagroso ministro que se viu no mundo: tudo em Moisés eram milagres. Mas que milagres eram os seus? Rãs, mosquitos, gafanhotos, sangue, trevas, mortes dos primogênitos, enfim, as dez pragas do Egito. E ministro cujos milagres são pragas, ministro cujo talento são opressões, não o dá Deus para remédio, senão para destruição dos reinos. Assim deu Deus a Moisés para destruição do reino de Faraó. Não há mais evidente sinal de Deus querer destruir e acabar um reino que dar-lhe semelhantes ministros. Cada ministro destes é um sinal, é um portento, é um cometa fatal, que está ameaçando a ruína de uma monarquia. Levantemos os olhos da terra ao céu, e vê-lo-emos claramente. Como o céu é a corte de Deus, pôs o mesmo Deus no céu dois ministros, por meio dos quais governasse este mundo inferior, ambos grandes, ambos ilustres, mas um maior, outro menor. Com toda esta distinção fala o texto sagrado: "Fez Deus dois grandes luzeiros, um maior, que presidisse ao dia, e outro menor, que presidisse à noite" (Gn 1,16). — O ministro maior é o sol, a quem deu a presidência do dia; o ministro menor é a lua, a quem deu a da noite. Não deixemos de advertir de caminho — que também faz muito ao nosso caso — que o ministro maior nunca se mete na jurisdição do menor. O sol governa em um e outro hemisfério a sua presidência, que é a do dia, sem jamais se meter na da noite. Porém, o Ministro menor, que é a lua, é tão intrometido, que não só de noite, mas de dia, não só na sua presidência, senão também na que não é sua, se mete — ou mexe — e quanto toma do dia tanto falta à noite; tanto não assiste à obrigação do seu ofício quanto se intromete no alheio. Assim se governa, contudo, e se conserva o mundo. Mas quando Deus o quiser acabar e destruir para sempre, que fará? Nestes mesmos ministros há de pôr os sinais da destruição, e deles hão de sair os efeitos. Os sinais no sol e na lua: "Haverá sinais no sol e na lua" (Lc 21,25), os efeitos na terra e no mar: "Na terra consternação das gentes, pela confusão em que as porá o bramido do mar" (Ibid.). — Na terra opressões, no mar confusões. O sol domina no mar, e principalmente na terra; a lua domina na terra, e principalmente no mar; e estes são os dois elementos em que vivem e negoceiam a vida os homens. Mas quando neles tudo são opressões e confusões, efeitos dos ministros que os governam, sinal é que se quer acabar o mundo ou alguma parte dele. Quando assim for em todo o mundo, sinal será que se acaba o mundo quando assim se vir e experimentar em qualquer reino, sinal é também que o reino se acaba. O sol e a lua são os primeiros planetas, senão os mais benéficos de todo o universo; porém, quando trocado o fim para que Deus os pôs em tão alto lugar, eles se revestirem — como farão naquele tempo — de horrores e sangue: "O sol se converterá em trevas, e a lua em sangue" (At 2,20). — os planetas são cometas, a luz são trevas, as influências são raios, e os prognósticos de tudo isto a assolação e ruína de tudo.

Tais costumam ser os ministros que a justiça divina permite, quando quer dar o último castigo aos pecados e destruir monarquias. E tal ministro foi Moisés, quando Deus o escolheu para a destruição total de Faraó. Como se Moisés fora sol de dia e lua de noite, uns prodígios obrava de noite, outros de dia; como se tivera o predomínio da terra e do mar, umas execuções fazia no mar, outras na terra: todas, porém, de opressão, de confusão, de horror, e nenhuma para bem, senão para mal e assolação dos egípcios; nas casas, nas ruas, nos campos; nas lavouras, nos gados, nos pastores; nas fontes, nos rios, nos mares: tudo eram novidades, mas todas em dano; cada dia se mudavam, mas sempre de um mal grande para outro maior. Ó miserável povo, ó miserável reino, ó miserável rei! Ó violento e terrível ministro, que também te chamara cruel se a tua vara não fora açoite de Deus, e tu verdugo de sua justiça. E a maior fatalidade de todas era que nada disto abrandava os ânimos, antes os endurecia mais. Cada milagre dos que fazia Moisés no Egito era um mármore que se punha no coração de Faraó contra Deus, de quem Moisés era ministro. Caso digno não só de admiração, mas de assombro! Fazia Moisés um milagre: lançava a vara da mão que se convertia em serpente; e que se seguia deste portento? "Endureceu-se o coração de Faraó" (Ex 7,13). — Fazia Moisés outro milagre: tocava com a vara no rio, que se convertia em sangue; e que se seguia destes horrores? "Endureceu-se o coração de Faraó". — Fazia Moisés outro milagre: tocava com a vara na terra, levantavam-se exércitos de gafanhotos que talavam os campos; e que se seguia desta destruição? "Endureceu-se o coração de Faraó." — Fazia Moisés outro milagre: tocava com a vara no ar, começavam a chover raios e coriscos, que matavam os gados e os pastores; e que se seguia desta tempestade? "Endureceu-se o coração de Faraó". — De maneira que os milagres de Moisés, ministro de Deus irado, não serviam mais que de endurecer o coração de Faraó. Sendo que o primeiro cuidado dos ministros há de ser abrandar e afeiçoar, e reduzir os corações ao serviço, à obediência e ao amor de seu senhor. Vede se tenho razão para dizer que os ministros não devem de ser como Moisés para com os egípcios, mas hão de ser como Moisés para com os hebreus. Imitem nesta forma os ministros a Moisés, os vassalos aos discípulos, os príncipes a Cristo e, concorrendo todos desta maneira, uns a contentar e outros a contentar-se, não há dúvida que, ao menos em grande parte, cessarão os descontentamentos e as tristezas: "E por que estais tristes?".

§ VI

Respondendo os discípulos à pergunta de Cristo, disseram que a causa de sua tristeza era verem mal logradas as esperanças que tinham na ressurreição de seu Mestre, e com ela da redenção do reino de Israel: "Nós esperávamos que ele havia de remir o reino de Israel" (Lc 24,21). — Ora, eu me pus a considerar algumas vezes qual era o pior estado neste mundo, se o de esperar, se o de ser esperado, e parece que temos a solução da dúvida neste caso. Os discípulos eram os que esperavam a redenção, Cristo era o esperado por redentor, e, ainda que a tormenta que os discípulos padeciam por esperarem era grande, a que Cristo padecia por ser esperado era maior. A dos discípulos chegava-lhes ao coração tristezas, desconfianças, desesperações; a de Cristo passava ainda além do coração, porque chegava a tocar no crédito. Ouvia dizer de si, nas estradas públicas, que não respondera na redenção ao que dele se esperava: "Nós esperávamos." — Logo, parece que ainda é maior mal o ser esperado que o esperar. Respondo com distinção: digo que o esperar é o maior tormento, o ser esperado é o maior empenho. Não há maior tormento no mundo que o esperar, nem pode haver maior empenho no mundo que o ser esperado. Quem se sujeitou a esperar, sacrificou-se à maior pena; quem se sujeitou a ser esperado, arriscou-se à maior empresa. Sem sairmos do mistério, acharemos a prova de ambas as coisas.

Primeiramente, o esperar é o maior tormento. Provo. O maior pecado que se cometeu no mundo foi a morte do Filho de Deus; e que castigo deu a divina justiça, que castigo deu a divina severidade aos judeus por este maior de todos os delitos, de não crerem e de matarem ao Messias? O castigo foi que esperassem por ele: castigou-lhes a falta da fé com a continuação da esperança. Vós não crestes? Pois esperareis. Notai. Na justiça de Deus não pode haver desigualdade em proporcionar o castigo e o delito. O maior delito que podia haver no mundo era a morte do Filho de Deus; pois, por isso deu a divina justiça por castigo aos judeus que esperassem, porque ao maior delito era devido o maior castigo, e não podia haver maior castigo que o esperar. Castigar a morte do Messias com esperarem por ele, foi dar à maior culpa a maior pena: "Nós esperávamos". — Eis aqui como o esperar é o maior tormento.

E o ser esperado? É o maior empenho. Provo no mesmo caso. E para maior inteligência do que quero dizer, havemos de supor que o Messias, por quem esperavam os judeus, na opinião vulgar do povo não era Messias Deus, senão Messias homem: esperavam um homem grande, sim, maravilhoso, sim, e que havia de dominar o mundo, sim; mas puro homem, e filho de Davi somente. Os patriarcas e os profetas, e alguns mais sábios — ainda que poucos — esses conheciam que o Messias havia de ser Filho de Deus, os outros não. E a razão desta permitida ignorância foi porque, como aquele povo era tão grosseiro e inclinado à idolatria, não fiou Deus do comum dele o mistério altíssimo da Trindade, sendo certo que, se lhes mandasse propor que havia em Deus três pessoas, haviam de crer em três Deuses, que é a consequência que ainda hoje embaraça sua cegueira. A Moisés, a Davi, e outras grandes almas daquele tempo, revelou-lhes Deus o segredo da Divindade do Messias: "E me revelastes o segredo oculto do teu saber" (Sl 50,8) — mas o comum do povo tinha-o só por puro homem, e como tal o esperava. Veio enfim o esperado Messias, e veio, não só homem, senão verdadeiro Deus. E que lhe aconteceu? "Veio para o que era seu, e os seus não o receberam" (Jo 1,11). Não o receberam os seus, nem o aceitaram, nem se satisfizeram dele. Pois, se as esperanças dos judeus ficaram tão melhoradas na posse, se o que esperavam era homem e o que veio era Deus, por que se não satisfizeram suas esperanças? Aí vereis quão dificultoso e arriscado empenho é ser o esperado de um reino: que a expectação de um homem esperado não a satisfaz um Deus vindo. O Messias que esperava o reino de Israel era um homem; o Messias que veio ao reino de Israel era Deus; e são tão más de contentar as esperanças dos homens que, vindo o mesmo Deus em pessoa, não desempenhou a expectação de um homem que se esperava.

E qual é a razão disto? Qual é a razão porque nem Deus pode satisfazer as esperanças dos homens? A razão é porque o que promete a esperança não o pode cumprir a onipotência. Parece dificultoso, mas um bom exemplo o fará fácil. Tiveram os apóstolos uma competência entre si, mais própria da corte que do colégio: "E excitou-se entre eles a questão sobre qual deles se devia reputar o maior" (Lc 22,24). Era a contenda qual deles fosse ou havia de ser maior no reino de Cristo. É certo que maior não o pode ser mais que um. A igualdade pode se achar em muitos; a maioria não a pode haver mais que em um só. E contudo todos os apóstolos tinham no seu pensamento a maioria, e cada um cuidava que ele era ou havia de ser o maior do reino de Cristo. Vede agora se é mais o que promete a esperança do que pode cumprir a onipotência. A esperança prometia a doze, e a onipotência não podia dar a maioria mais que a um, e assim a deu só a Pedro. Donde se segue que aquilo com que a esperança contenta a doze, com isso mesmo a onipotência há de descontentar a onze. Não foi assim? Assim foi. Na esperança estavam contentes todos os doze apóstolos, e na execução ficou contente só Pedro, e os demais descontentes. E como esta seja a natureza da esperança, por isso a onipotência do Messias-Deus não pôde desempenhar as esperanças que os homens tinham concebido do Messias homem, porque o que cada um esperava daquele homem, nem o mesmo Deus o podia dar a cada um. Cada um, porventura — como agora — esperava que no tempo daquele Messias havia ele de ser o maior; e isso nem Deus o podia fazer.

Boa está esta razão, mas ainda não esgotou a dificuldade. A esperança satisfaz-se com a medida do que se espera: o povo de Israel esperava que o viesse remir um homem, e veio remi-lo um homem e Deus, que era mais. Pois, se as suas esperanças alcançaram mais do que esperavam, por que senão contentam? Que a esperança senão contente com o menos, bem está; mas que a mesma esperança se não contente com o mais? Contradição é esta que não posso alcançar com o entendimento e vejo-a com os olhos. Quantos há hoje em Portugal que têm mais do que nunca esperaram, e no cabo estão ainda descontentes? Vinde cá: quando a vossa imaginação esteve mais desvanecida, chegou nunca a sonhar nem a esperar o que hoje tendes? Nem vós mesmo o negareis. Pois, se tendes mais do que nunca esperastes, por que está ainda descontente vossa esperança? Esta pergunta não tem resposta, porque esta sem-razão não tem razão. Irracional afeto é a esperança descontente, vilíssimo afeto é. E senão, vede em quem se achou hoje: em Cléofas e no seu companheiro, que eram da aldeia de Emaús: afeto de homens de aldeia, Deus nos guarde a nossa corte dele.

A fé e a caridade são afetos muito fidalgos e muito bons de contentar. A fé, para crer, basta-lhe uma profecia, e fica satisfeita; a caridade, para amar, quando não tenha benefícios bastam-lhe agravos, que o amor até de ofensas se sustenta. Não assim o vil afeto da esperança: nenhuma coisa lhe basta para o contentar: "Ora, nós esperávamos". — Todas estas distinções temos na história destes dias. Quinta-feira, na Ceia, ficou tão satisfeita a caridade que disse por boca de S. João: "Como amasse, amou" (Jo 13,1). — Sexta-feira, na cruz, ficou tão satisfeita a fé, que disse por boca do centurião: — "Verdadeiramente este era Filho de Deus" (Mt 27,54). — E domingo, depois da ressurreição, ainda está a esperança tão mal satisfeita, que disse por boca dos discípulos de Emaús: "Ora, nós esperávamos". Nós esperávamos, mas não se cumpriram nossas esperanças. — A caridade satisfez-se no mais amante; a fé satisfez-se no mais incrédulo; a esperança não se satisfez nos mais obrigados. Para contentar a caridade, bastou Cristo vivo; para contentar a fé bastou Cristo morto; para contentar a esperança, não bastou Cristo ressuscitado. Nem as obras da vida, nem as maravilhas da morte, nem as glórias da ressurreição bastaram para satisfazer e contentar uma esperança: "Ora, nós esperávamos".

§ VII

"Nós esperávamos, e são já hoje três dias" (Lc 24,21). — Disto me escandalizo mais que de tudo. Vinde cá, mal entendidos esperadores da redenção: quando Moisés subiu ao monte Sinai, não esperastes por ele quarenta dias? Pois, quando Cristo subiu ao monte Calvário, por que vos cansais de esperar três? Esperastes quarenta dias por Moisés e não esperareis três dias por Cristo? Eu escandalizava-me, mas eles parece que não deixam de ter razão. Essa é a diferença que há de haver do tempo de Cristo ao tempo de Moisés. Se no tempo de Cristo se houvesse de esperar como se esperava no tempo de Moisés; se no tempo da redenção se houvesse de esperar como se esperava no tempo do cativeiro, que felicidade era a dos nossos tempos maior que a dos passados? Assim o presumiam os discípulos, e assim era, ainda que eles o ignorassem. No tempo de Moisés esperavam os homens quarenta dias com paciência, porque não era ainda vindo o esperado; mas no tempo de Cristo cansam-se de esperar três dias, porque é já outro tempo: é tempo da redenção. Esperar antes de vir o esperado é pensão do tempo; mas depois de vir o esperado, esperar ainda, é tormento de desesperação. Vede como acudiu a esta razão e como se conformou com ela o mesmo Cristo.

Pela morte de Cristo abriram-se as portas do céu, e os santos padres do limbo viram logo a Deus. Mas, perguntam os teólogos se a vista de Deus a começaram logo a gozar os padres tanto que Cristo expirou, ou quando sua alma santíssima entrou no limbo. A resolução mais verdadeira é que, tanto que Cristo expirou na cruz, logo os santos padres começaram a gozar a visão beatífica, porque não era justo que o prêmio de seus merecimentos se lhes dilatasse. Se lhes dilatasse? Notável razão dos teólogos! A alma de Cristo desceu ao limbo em dois instantes, e quase todos os que estavam no limbo, havia dois mil, três mil e quatro mil anos que esperavam. E se esperavam havia quatro mil anos, que importava que esperassem mais dois instantes? Importava muito, porque o tempo era já outro. O tempo passado era de cativeiro, o presente era de redenção; e no tempo do cativeiro esperar pelo prêmio quatro mil anos era conforme a miséria do tempo passado; mas no tempo da redenção esperar só dois instantes era contra a felicidade do tempo presente. Essa diferença há de ter o tempo da redenção do tempo do cativeiro: que no tempo do cativeiro esperavam-se quatro mil anos; no tempo da redenção nem dois instantes se há de esperar.

Mas, se para os do limbo era muito esperar dois instantes, por que não seria também muito para os do mundo esperar três dias: "Nós esperávamos, e são já hoje três dias"? — Bem tirada e apertada estava a réplica se dentro dos mesmos termos de uma razão não pudera caber outra maior. Assim como entre o passado e o presente é necessário que haja grande diferença de tempo a tempo, assim no mesmo tempo presente, entre os mais e menos beneméritos, é igualmente necessário que haja muita diferença de pessoas a pessoas: "Porém nós esperávamos". — Aquele "Porém nós" parece que justifica ou pode justificar a queixa dos discípulos na dilação dos três dias que Cristo tardava em se lhes manifestar, tendo-o feito aos do limbo no mesmo instante de sua morte. Se para os patriarcas não houve dilação, para nós os apóstolos e discípulos, por que a há de haver: "Porém nós"? — E tem a dúvida uma circunstância, que não só parece alheia da razão, senão ainda deformidade. Os patriarcas eram do seio de Abraão, os apóstolos eram do seio de Cristo: Abraão era servo de Cristo, Cristo era Senhor de Abraão. Pois, é bem que se premiem logo os do seio do criado, e que estejam esperando os do seio do Senhor: "Porém nós esperávamos"? — Vejamos quem eram uns e outros, e no mesmo "Porém nós" não só acharemos razão, senão muitas razões para esta diferença de favor que com eles usou Cristo. Quem eram os patriarcas e quem eram os apóstolos? Os patriarcas eram um Adão, a quem todo o gênero humano reconhecia por pai; era um Noé, que salvou ele só o mundo em um navio; era um Moisés, que libertou o povo de Deus do cativeiro e o levou à Terra de Promissão; era um Jó, exemplo da paciência e da constância; era um Davi, que acudindo pela honra de Deus, vencia gigantes; era um Esdras, restaurador do templo e da religião; era um Jeremias, que ardia e se desfazia em zelo de seu Senhor; era um Isaías, que se deixava serrar pelo meio, por lhe não faltar à fé. E os apóstolos? Tenha paciência o "Porém nós". Eram um Pedro, que negou; um Tomé, que não creu; os demais, que fugiram e deixaram todos a seu Senhor nas mãos de seus inimigos. Pois, seria bem que fossem premiados igualmente os que assim fugiram com os que assim serviram? Os que temeram a morte com os que assim perderam a vida constantemente? Os que à vista de seu reino desampararam, com os que pelejaram por ele sem nunca o verem? Finalmente, os que havia três anos que serviam com os que tinham trezentos, quinhentos e mil anos de merecimento? Bem clara está a razão, e esta é a primeira.

A segunda, e não menor, é porque os apóstolos eram vivos, os patriarcas eram mortos, e os mortos que acabaram a vida no serviço de seu Senhor devem preferir e preceder aos vivos. Por que razão? Pela do merecimento e pela do impedimento. Pelo merecimento, porque não pode um vassalo chegar a mais que a dar a vida; pelo impedimento, porque o morto não pode requerer nem falar por si, e o príncipe há de ser o requerente dos mortos. Os vivos hão de buscar o príncipe para que os premie; o príncipe há de ir buscar os mortos para ele os premiar; e assim o fez Cristo, que os foi buscar ao limbo. O despacho mais pronto e mais breve que Cristo deu para o seu reino foi o de Dimas: "Hoje estarás comigo no paraíso" (Lc 23,43). — Mas ainda ao mesmo Dimas quis Cristo que precedessem os patriarcas, porque, quando os soldados acabaram de matar aos ladrões, já havia tempo que Cristo estava no limbo: "Quando chegaram a Jesus, viram que já estava morto" (Jo 19,33). — A brevidade do despacho de Dimas foi do mesmo dia: *hodie* — a do despacho dos patriarcas foi do mesmo instante. Para Dimas fazer efetivo o seu despacho, foi ele a Cristo; para os patriarcas terem efetivo o seu, foi Cristo a eles. Dimas, como vivo, esperou Cristo que requeresse por si: "Senhor, lembra-te de mim". Os patriarcas, como mortos, não esperou que requeressem eles, mas ele foi o seu requerente, e os foi buscar debaixo da terra para os premiar.

§ VIII

Estas são as razões por que nenhuma tiveram os peregrinos de Emaús no que cuidavam, nem ainda a podiam ter no que não cuidaram, persuadindo-se que o cumprimento da sua esperança lhes tardava, sendo eles os tardos, como Cristo lhes chamou: "Ó estultos e tardos de coração" (Lc 24,25). Tardos no crer, ignorantes no inferir e impacientes no esperar. Tinham ouvido que o Senhor havia de estar debaixo da terra três dias e três noites, assim como Jonas no ventre da baleia; e lançadas bem as contas, ainda lhes faltavam para três dias quando menos vinte e duas horas. Eles o confessaram assim quando disseram: "Fica em nossa companhia, Senhor, porque é já tarde" (Ibid. 29). — Era a hora de se pôr o sol, e quando se pôs à sua mesa o sol, que na sua imaginação ainda não tinha amanhecido, então o viram e se lhes escondeu juntamente: "E o conheceram, mas ele desapareceu-lhes de diante dos olhos" (Ibid. 31). — Com esta brevíssima vista tudo ficou trocado em um momento: a tristeza trocada em alegria, a desconfiança trocada em credulidade, a esperança trocada em fé, e eles tão trocados dentro e fora de si mesmos, que logo voltaram animosos de Emaús para Jerusalém assim como tinham saído tímidos de Jerusalém, para Emaús.

Se fora sermão este discurso, aqui tínhamos um bom ponto com que acabar. Não há sinal mais certo e mais seguro, senhores, de termos conhecido a Cristo, e Cristo nos ter convertido a si que desfazer os caminhos errados de nossa vida pelos mesmos passos por onde os fizemos. Se desencaminhados fomos de Jerusalém para Emaús, postos no verdadeiro caminho, tornemos de Emaús para Jerusalém. "Considerei os meus caminhos, e voltei os meus pés para os teus testemunhos" (Sl 118,59) — dizia um rei tão fraco como Davi enquanto homem, e tão resoluto e animoso enquanto arrependido e penitente: Considerei os caminhos de minha vida, e logo os desfiz pelos mesmos passos. — É necessário desandar o andado, desfazer o feito e desviver o vivido. Assim o fizeram na mesma hora, não o guardando para o outro dia, os nossos venturosos peregrinos. Na mesma tarde desfizeram o que tinham andado pelos mesmos passos, e assim como tinham deixado Jerusalém e caminhado para Emaús, assim deixaram Emaús e voltaram a toda a pressa para Jerusalém. Chegados a Jerusalém, entraram com o alvoroço que se deixa ver, no cenáculo, onde acharam outros discípulos cheios de excessivo prazer, porque S. Pedro os tinha certificado de que vira ressuscitado o divino Mestre. Contaram o que lhes tinha sucedido, e acrescentaram a alegria de todos com a narração tão notável da sua história, a qual, e a de nossos tempos, acaba aqui.

SERMÃO DA
Segunda Oitava da Páscoa

*Em Roma, na Igreja da Casa Professa da
Companhia de Jesus: dia em que é obrigação
e costume de toda Itália pregar da Paz.*

※

"Apresentou-se Jesus no meio de seus discípulos,
e disse-lhes: Paz seja convosco. E dizendo isto,
mostrou-lhes as mãos e os pés."
(Lc 24,36.40)

Vieira parte da definição de Santo Agostinho: a paz é uma concórdia ordenada. E ela consiste em que, seja numa casa ou numa república, o império do que manda e a sujeição dos que obedecem estejam concordes. Para que essa concórdia gere paz é necessário, da parte do que manda, igualdade e, da parte dos que são mandados, paciência. Igualdade quanto ao lugar: guardar o meio no meio da ofensa e do amor, grande excesso de igualdade! E quanto às ações? A mesma igualdade. O cetro de Salomão era a vara da igualdade. Na família de Jacó faltou a paz porque faltou a igualdade no pai. Ele fez a José uma túnica de melhor cor! O exemplo de Laínez: inclino-me a não me inclinar. A medida da igualdade que gera paz: o gomor com que se colhia o maná no deserto. Se faltar a igualdade, o remédio para a paz é a paciência. A paz de Cristo e a paz do mundo.

§ I

Depois da tempestade do dilúvio, ainda navegava na arca o mundo já salvo, quando na última hora de uma tarde a pomba, embaixadora de Noé, lhe trouxe a primeira nova da paz em um ramo verde de oliveira: "A pomba voltou sobre a tarde trazendo no seu bico um ramo de oliveira" (Gn 8,11). — Falou Moisés em todas e cada uma destas palavras como profeta do passado e como evangelista do futuro. Vede parte por parte como se conforma a figura com o figurado, e aquele texto com o do Evangelho: "A pomba voltou: Apresentou-se Jesus"; "Sobre a tarde: Ao entardecer"; "Trazendo no seu bico: E lhes disse"; "Um ramo de oliveira": "Paz a vós". Esta é a primeira parte do Evangelho, e esta será a primeira e a segunda do meu discurso. Todo ele se empregará em concordar estas duas palavras: "Paz a vós" (Lc 24,36). — A vós, que dentro da vossa cidade estais cercados de inimigos, como estavam os apóstolos nesta hora; a vós, que nem dentro da vossa casa, e com as portas cerradas, estais seguros; a vós, que dentro dos muros padeceis guerras civis e dentro das vossas paredes discórdias domésticas; a vós, e a todos como vós, paz: "Paz a vós".

Santo Agostinho, no livro dezenove da cidade de Deus, definindo a paz, diz assim: "A paz entre os homens não é outra coisa que uma concórdia ordenada"[1]. Se não é ordenada, e bem ordenada, ainda que seja concórdia, e grande concórdia, não é paz. Por isso entre maus não pode haver paz: "Não há paz para os ímpios" (Is 57,21). — E a ordem desta concórdia, ou a concórdia desta ordem, em que consiste? Em duas coisas, diz Agostinho: uma da parte do superior para com os súditos, outra da parte dos súditos para com o superior: "A paz da casa consiste na ordem do império e a concórdia da família na ordem da obediência. A paz da cidade consiste na ordem do império e a concórdia dos cidadãos na ordem da obediência". De maneira que na casa ou família, que é uma república pequena, e na república, que é uma casa ou família grande, toda a paz consiste em que o império do que manda e a sujeição dos que obedecem, ele ordenando e eles subordinados, estejam concordes. Até aqui a doutrina fundamental de Santo Agostinho, de Santo Tomás e de todos os teólogos.

Agora pergunto eu: e que será necessário de uma e da outra parte para que a ordem desta concórdia se conserve, e com a ordem e a concórdia se consiga a paz? Respondo, com a mesma proporção, que são necessárias outras duas coisas. Da parte do superior e do que manda, igualdade; da parte dos inferiores e dos que são mandados, paciência. Sem igualdade de uma parte e sem paciência da outra não se poderá conseguir nem conservar a paz. Vós que na família ou na república tendes o mando, se quereis paz, igualdade; vós que na família ou na república sois mandados e sujeitos, se quereis paz, paciência. Tudo isto ensinou Cristo hoje a seus discípulos, que haviam de ser superiores, e eram súditos: "Apresentou-se no meio de seus discípulos, mostrou-lhes as mãos e os pés, e disse-lhes: Paz seja convosco" (Lc 24,36.40). — Cristo posto no meio, Cristo mostrando as suas chagas, Cristo anunciando a paz: "Apresentou-se no meio": eis aí a igualdade; — "Mostrou-lhes as mãos e os pés": eis aí a paciência; — "Disse-lhes: 'Paz seja convosco'": eis aí a paz. — Esta, assim declarada, será a primeira e segunda parte do meu argumento. Comecemos pela igualdade, e demos o primeiro lugar, como é obrigação, aos que mandam.

§ II

"Apresentou-se no meio de seus discípulos, e disse-lhes: Paz seja convosco." — Apareceu Cristo como Mestre à sua escola, como pai à sua família, como príncipe ao seu reino; mas como era príncipe da paz e Mediador da paz, apareceu no meio: "Apresentou-se no meio". — Com as palavras ensinou a paz, e com o lugar e sítio que tomou ensinou o meio de a conseguir, que é a igualdade. Notai a maravilhosa e suma igualdade de Cristo, posto em meio dos discípulos: "Apresentou-se no meio dos discípulos". — De uma parte estava Pedro, que o tinha negado, e não se retirou nem afastou de Pedro; da outra parte estava João, que o tinha assistido, e não se chegou ou pôs mais perto de João, senão igualmente no meio: "no meio". Guardar o meio no meio da ofensa e do amor, grande excesso de igualdade! Nem a ofensa o obrigou ao retiro, nem o obséquio ao favor; mas amado e ofendido, sempre igual e em meio de um e outro: no meio de seus discípulos". — Esta foi a igualdade quanto ao lugar. E quanto às ações? A mesma. No rosto, na alegria, nas palavras, na benevolência, no esquecimento do passado, igual com todos e a todos. A todos oferece a paz: "A paz seja convosco"; a todos tira o temor: "Não temais" (Lc 24,36); a todos anima e consola: "Por que estais vós turbados?" (Ibid. 38). — A todos se convida: "Tendes aqui alguma coisa que se coma?" (Ibid. 41). — A todos regala: "Um peixe assado e um favo de mel". — A todos se entrega e franqueia todo: "Apalpai, e vede" (Ibid. 39) — mas parcialidade ou particularidade a nenhum. Pois, Senhor meu, ao menos para João, que intrepidamente vos acompanhou na cruz; ao menos para João, que morto vos levou à sepultura; ao menos para João, que é o herdeiro de vosso amor e o filho segundo de vossa Mãe, não haverá um pequeno sinal de maior afeto? Não. Porque o que Cristo levava em si e consigo, e anunciava a todos os discípulos, era a paz: "A paz a vós" — e sem igualdade, e igualdade com todos, não há paz.

§ III

Orei, a corte e o reino mais pacífico que nunca viu o mundo foi o de Salomão. O rei se chamava Salomão, que quer dizer "Pacífico"; a corte se chamava Jerusalém, que quer dizer "Visão de paz"; o reino tinha por confins a mesma paz: "O que estabeleceu a paz nos teus limites" (Sl 147,14). — E com que arte, com que indústria adquiriu e conservou Salomão para si, para sua corte e para o seu reino uma tão notável e nunca vista paz? Com a igualdade somente: "Vara de igualdade é a vara do teu reino" (Sl 44,7). — O cetro de Salomão era a vara da igualdade, e porque com esta vara de igualdade media igualmente a todos, por isso foi o seu reino entre todos os reinos, e a sua corte entre todas cortes, e ele entre todos os reis o que gozou de mais alta e firme paz. Não havemos mister outro comentador, nem mais claro, nem de maior autoridade que o mesmo texto. Depois de dizer, "Vara de igualdade é a vara do teu reino" (Sl 44,7), acrescenta: "Amaste a justiça, e aborreceste a iniquidade" (Ibid. 8). — Amava e aborrecia Salomão, mas não tinha mais que um só amor e um só ódio. E a quem o amor? À justiça: "Amaste a justiça". — E a quem o ódio? À desigualdade: "E aborreceste a iniquidade". — E um rei tão amante da justiça e tão aborrecedor da desigualdade, necessariamente havia de ser o que foi: ele só, e ele por antonomásia o Pacífico.

Grandes outros dotes de rei e de reinar, teve Salomão; mas vede como só este foi o que o fez rei da paz. Renunciou Davi em Salomão o seu reino, e para que ele reinasse como filho de tal pai e sucessor de tal rei, apareceu-lhe Deus, e disse-lhe que pedisse o que quisesse. Pediu Salomão sabedoria, e não só lhe deu Deus maior sabedoria que a de todos os homens, senão também maiores riquezas e maior potência que a de todos os reis. É, porém, coisa digna de grande admiração que, não contente Davi com tudo isto, ainda fez novo memorial a Deus, e pediu mais para o rei, seu filho. E que pediu? Que lhe desse Deus justiça, e não outra, senão tal que fosse semelhante à do mesmo Deus: "Ó Deus, dá o teu juízo ao rei, e a tua justiça ao filho do rei" (Sl 71,2). — Pois Davi, vedes o vosso filho tão sábio, tão rico, tão poderoso, e com tantas prendas juntas e tantas qualidades verdadeiramente reais, e ainda vos parece que não lhe bastam para dar boa conta do seu reinado? Sim. Porque Salomão, segundo o significado do seu nome e segundo o que dele está profetizado, não só tem obrigação de ser bom rei, senão rei pacífico; e para ser pacífico não basta a sabedoria, nem a riqueza, nem a potência, se lhe faltar a igualdade com todos: por isso peço a Deus que, sobre estes dons lhe acrescente o de uma tal justiça que seja semelhante à sua: "E a tua justiça ao filho do rei". — E qual é a justiça de Deus no governo universal do mundo? Uma igualdade suma, sem exceção de pessoa nem diferença de estado: "O qual faz nascer o seu sol sobre bons e maus, e vir chuva sobre justos e injustos" (Mt 5,45). — Esta é a igualdade da justiça que Davi pediu para seu filho, acrescentando que o fim da sua petição era a paz que lhe estava prometida: "Recebam os montes paz para o povo, e os outeiros justiça" (Sl 71,3).

— E porque Deus lhe concedeu o que pedia, logo profetizou que tal seria a paz de Salomão em todo o tempo do seu reinado: "Nos dias dele aparecerá justiça e abundância de paz" (Ibid. 7).

Aqui vereis, senhores, o engano deste mundo. Todas as guerras deste mundo se fazem a fim de conseguir a paz. "Todo homem" — diz Santo Agostinho — "mesmo quando guerreia, procura a paz: as guerras acontecem na intenção da paz."[2] — À guerra se aplica a sabedoria, na guerra se emprega a potência, com a guerra se despendem as riquezas e com a guerra se pretende a paz: mas é engano: "Não conheceram o caminho da paz" (Sl 13,3). — A paz não se conquista com exércitos armados: conquista-se com uma só espada e com dois escudos; com uma só espada, que é a da justiça, e com dois escudos, que são os das suas balanças. Divida a espada igualmente pelo meio o que partir, e ponham-se as partes ou ametades iguais uma em uma balança e outra na outra, e debaixo desta igualdade se achará a justiça, e neste equilíbrio a paz. Tal foi o primeiro juízo de Salomão e a primeira sentença do rei pacífico. Assentado Salomão no trono real, a primeira causa ou caso que lhe foi proposto foi a contenda de duas mulheres sobre um menino, o qual cada uma delas protestava que era seu filho. Não havia testemunhas, nem outra prova. E que faria o rei? O que eu acabo de dizer. Manda que "O menino se parta pelo meio" — e esta foi a igualdade da espada da justiça; manda mais que as duas ametades "Uma se dê a uma mulher, e outra a outra" (3Rs 3,25); e esta foi a igualdade das balanças. Oh! admirável jeroglífico da justiça igual e digno de o tomar por empresa o rei pacífico! Mas não parou aqui a decisão da causa. Descoberta com esta indústria a verdade, não se partiu o menino, mas vivo e inteiro se deu à que era sua mãe, e nestas duas partes da sentença de Salomão se manifestaram os dois efeitos da justiça particular ou universal que devem observar os reis. A justiça particular tem obrigação de dar a cada um o seu, e nesta ordinariamente, se uma parte fica satisfeita, a outra fica queixosa; porém, a justiça universal e comum tem obrigação de ser igual com todos, e desta igualdade, que a todos satisfaz e abraça, nasce a verdadeira e constante paz. Em uma igual, em outra desigual Salomão, e em ambas justo, mas só na da igualdade rei pacífico: "Vara de igualdade é a vara do teu reino" (Sl 44,7).

§ IV

Do exemplo do rei e da república, que são as casas grandes, passemos ao do pai e da família, que são os reinos pequenos. A maior casa que houve no mundo foi a de Jacó, e Jacó o maior pai de famílias. Nesta casa e deste pai nasceram doze filhos, em que se criaram e cresceram os doze patriarcas, cabeças e fundadores das doze tribos de Israel. Mas qual foi o estado desta grande família, enquanto os filhos, sendo tantos e de tão diferentes idades, viveram na sujeição do mesmo pai? Ele era santo, mas nem por isso ele, e toda a família, deixaram de correr vária fortuna, já em bonança, já em tempestade, sendo a causa — que é mais — o mesmo piloto. Enquanto Jacó observou igualdade com todos, gozavam uma felicíssima paz. O pai amava igualmente os filhos, os filhos amavam igualmente o pai, e os irmãos entre si se amavam igualmente como irmãos. Ditoso pai! Ditosos filhos! Ditosos irmãos! E ditosa e bem-aventurada família, se este amor e esta paz durara! Mas não durou. E por quê? Foi crescendo José, que era o filho da velhice, começou o pai a amá-lo e favorecê-lo mais que aos outros irmãos, e no mesmo ponto se mudou a cena. A paz se converteu em discórdia, o amor em ódio, a irmandade em inveja, e o mesmo sangue da natureza em sangue de crueldade e vingança: "Vendo seus irmãos que era amado por seu pai mais que todos os filhos, aborreciam-no, e não lhe podiam falar com bom modo" (Gn 37,4). — Notai o "Era mais amado por seu pai" e o "Não lhe podiam falar com bom modo". — Faltou a paz na família, porque faltou a igualdade no pai. A igualdade conservava o amor, e o amor conciliava a paz; a desigualdade excitou a inveja, e a inveja causou a discórdia.

Agora entra a maior admiração. E qual foi esta desigualdade usada com José, e qual a demonstração deste maior amor? Porventura Jacó tirou aos outros filhos a sua bênção, para a dar a José? Não. Porventura deserdou aos outros, para que José fosse o único herdeiro da sua casa? Não. Porventura tratava aos outros como escravos ou criados, e só a José como filho? Não. Qual foi logo a desigualdade que tanto perturbou e arruinou uma tão natural e tão fundada paz? Caso quase incrível! "Fez-lhe uma túnica de várias cores" (Gn 37,3): porque fez Jacó a José uma túnica de melhor cor que aos outros irmãos. Não despojava o pai nem despia aos outros para vestir a José: a todos provia, a todos vestia e a todos com a decência e nobreza devida ao seu estado. Mas porque a túnica de José era de cor mais vistosa, bastou a desigualdade daquela cor, ou aquela cor de desigualdade, para que a inveja espedaçasse a concórdia, para que a paz se convertesse em guerra, a irmandade em hostilidade, o amor em rancor, a benevolência em vingança, a humanidade em fereza; e para que toda a casa se cobrisse de lutos, e o triste e infeliz pai, desfeito em lágrimas, visse pouco depois nas suas mãos aquela mesma túnica tinta de sangue, só porque a tingira de melhor cor. Tão perigosa e subitamente, ainda dentro das mesmas paredes, depende da igualdade a paz.

E se quando a desigualdade topa em matéria tão leve, como no vaqueiro mais loução de um menino, tantos homens em uma conjuração tão escandalosa rompem os maiores respeitos da piedade, da razão e da natureza, que será ou poderá ser onde as desigualdades, por levantar a uns e abater a outros, não reparam na ruína da opinião, da honra, da nobreza, da fazenda, do remédio, e não só da esperança, que é a última âncora da vida, senão da mesma vida? Diga o mesmo Jacó o que experimentou na casa de seu pai, quando ele era filho e ametade de toda a família. Contendiam ele e o seu irmão Esaú, desde o ventre da mãe, sobre o morgado daquela casa, que era o de Abraão, e o maior que houve e havia de haver no mundo, e sendo a matéria de tanto peso e de tanto preço, Isac, que era pai, inclinava para Esaú, e Rebeca, que era a mãe, para Jacó. Enfim, prevaleceu a indústria da mãe contra a vontade do pai; e que resultou desta desigualdade? Não só que a paz da família se converteu em guerra, mas em guerra tão perigosa que a mesma mãe, que tinha favorecido mais a um filho que a outro, se viu reduzida às angústias de perder em um dia a ambos: "Por que serei privada de ambos os filhos em um só dia?" (Gn 27,45). É possível que em um dia me hei de ver órfã de ambos os filhos, um por morto e outro por homicida? — Sim, senhora, que estes são os frutos que produz a desigualdade dos pais quando, sendo iguais em lhes haver dado o ser, o não são em os favorecer e amar. Vós mesmo tirareis de vossos olhos esse Jacó que preferistes, e para lhe salvar a vida o condenareis ao desterro. E não só nas saudades, mas nos perigos da sua ausência, chegareis a tal estado que aborreçais a própria vida: "A minha vida me é fastidiosa" (Gn 27,46).

§ V

Senhores meus, vós que na família ou na república tendes o ofício e a obrigação de as conservar em paz, igualdade: "Iguale o amor os que igualou a natureza" — diz Santo Ambrósio[3]. — E se acaso com os exemplos de Jacó, de Isac e de Rebeca me replicardes que inclinar mais a uns que a outros, ainda entre pais e filhos, é afeto natural, com os mesmos exemplos vos respondo que também é natural seguir-se à desigualdade destas inclinações a rotura da paz e as discórdias domésticas e civis. O verdadeiro e único exemplo é só o de Cristo hoje, como Mestre rei e como Mestre Pai: "Apresentou-se Jesus no meio de seus discípulos. — Ouvi uma grande máxima política e econômica tirada do mesmo texto. O príncipe é senhor da república, o pai é senhor da casa, mas nem o príncipe nem o pai é senhor da sua inclinação: "No meio".

Todas as coisas deste mundo têm a sua inclinação natural: só uma há que não tem inclinação. E qual é? O centro. Todas as partes do universo propendem, carregam e inclinam para o centro; só o centro, que está no meio de todas, não inclina para parte alguma. E por que razão? Porque, se o centro inclinasse a uma ou a outra parte, no mesmo ponto se arruinaria toda a máquina do mundo: "Fundou Deus a terra" — diz o profeta — "sobre a sua própria estabilidade, a qual nunca se inclinou nem inclinará jamais" (Sl 103,5). — E que fundamento da terra é este tão estável e firme, que nem se inclina nem se há de inclinar? Não há dúvida que é o centro: "Sobre a sua estabilidade, isto é, sobre o seu centro, porque todas as partes da terra tendem naturalmente para o centro" — comenta, com Aristóteles, Dionísio Cartusiano[4]. — De maneira que todas as partes do universo se inclinam ao centro, e o centro a nenhuma delas se inclina, porque está no meio: *In medio*. Grande documento da natureza para as inclinações das vontades superiores. Quereis levar após vós as inclinações de todos? Não vos inclineis a nenhum. Porque o centro posto no meio não tem inclinação a nenhuma das partes, por isso todas as partes do universo se inclinam concordemente ao centro, e com a mesma inclinação e com a mesma concórdia se unem entre si e se conservam em paz.

Agora entendereis o próprio sentimento de um texto muito comum, mas não pouco difícil: "Do Senhor, pois, são os centros da terra, e sobre eles pôs o mundo" (1Rs 2,8). — Quer dizer que Deus assentou e estabeleceu o mundo sobre os centros da terra. — Essa é a significação da palavra *cardines*, como se lê no original hebreu; e aqui está a dificuldade. A terra não tem nem pode ter mais que um centro, e em ser um só consiste toda a sua firmeza; como diz logo a Escritura que Deus pôs e estabeleceu o mundo sobre os centros da terra? Porque fala do mundo político com alusão ao mundo natural. O mundo natural tem um só centro; o mundo político tem muitos centros. O centro do mundo natural é o meio da terra; os centros do mundo político são todos os que têm o mando e governo do mesmo mundo ou de suas partes, diz S. Jerônimo. Dentro deste orbe político há muitos círculos, maiores ou menores, e cada um tem o seu centro. Os círculos maiores são os reinos, e o centro do reino é o príncipe; os círculos menores são as cidades, e o centro da cidade é o magistrado; os círculos mínimos são as famílias, e o centro da família é o pai. Estes são, pois, os centros muitos e vários, sobre os quais Deus estabeleceu este orbe racional do mundo político: "Os centros da terra são Senhor, e sobre eles estabeleceu o orbe". — E que se segue daqui? Segue-se que para cada um destes centros se conservar dentro da sua esfera, e para a conservar a ela em paz e concórdia, é necessário que se ponha como verdadeiro centro no meio, e se mantenha e sustente na indiferença deste equilíbrio, sem inclinação a uma nem a outra parte: "No meio".

Aos reis de Israel dizia Deus falando com cada um: "Não declinarás para a direita nem para a esquerda" (Dt 17,11). — Eu vos fiz rei, eu vos fiz governador, eu vos fiz pai do meu povo: pelo que adverti que o inclinar em vós é declinar, e assim vos deveis portar de maneira que nem inclineis para uma parte nem para outra, nem para a esquerda, nem para a direita. Nesta última palavra está a minha dúvida: "Nem para a direita". Que o príncipe não incline para a parte esquerda, que é a pior parte, bem está; mas para a direita, por que não? A parte direita não é a melhor? Sim; pois, por que não quer Deus que o príncipe se incline nem à melhor parte? Porque melhor é não inclinar que inclinar ao melhor. Declarar-me-ei com um exemplo doméstico. Um dos companheiros de nosso padre Santo Inácio, e que depois lhe sucedeu no generalato, foi o mestre Laínez[5]; e querendo o santo empregar este grande talento, que era o mais eminente de todos — como bem se viu, sendo teólogo do Papa no Concílio Tridentino — naquele exercício que fosse mais conforme à sua inclinação, perguntou-lhe a que se inclinava? E que responderia Laínez? — Inclino-me a não me inclinar. — Este é o verdadeiro ditame de um perfeito superior. Inclinar-se a não ter inclinação: "Não declinarás para a direita nem para a esquerda". — Porque inclinar-se a uma parte, qualquer que seja, é faltar ao equilíbrio da igualdade e, com a desigualdade, perder a união, perder a paz, perder a concórdia, perder e perturbar tudo. E assim seria na família ou na república, se se movesse o centro, se se deixasse o meio e se se inclinasse a cabeça. "Apresentou-se no meio" — não só no meio — "No meio" — mas no meio sem inclinação — "Apresentou-se".

No corpo natural bem se pode inclinar a cabeça sem movimento nem mudança do corpo; no corpo político não pode. Vede uma grande figura no meio do mundo, que foi o monte Calvário: "Obrou a salvação no meio da terra" (Sl 73,12). — O mesmo Cristo que, ressuscitado, "Apresentou-se no meio", morrendo, inclinou a cabeça: "Tendo inclinado a cabeça" (Jo 19,30). — E que aconteceu no mesmo ponto? "E eis que se rasgou o véu do templo em duas partes; e tremeu a terra, e partiram-se as pedras, e abriram-se as sepulturas; e muitos corpos de Santos, que eram mortos, ressurgiram" (Mt 27,51s). Inclinou-se uma cabeça coroada, inclinou-se uma cabeça que tinha escrito em cima o título de rei: "Tendo inclinado a cabeça? E eis que": e o que no mesmo ponto se seguiu a esta inclinação foram terremotos, divisões, inquietações, tumultos; tudo perturbado, tudo descomposto, tudo alterado e desunido. Até as pedras insensíveis se quebraram de dor: "Partiram-se as pedras"; até no mais sagrado houve divisões e roturas: "rasgou-se o véu do templo"; até as sepulturas se abriram: "abriram-se as sepulturas" — porque em semelhantes casos muitas coisas que estavam sepultadas no esquecimento se desenterram, e, em despeito dos vivos, saem outra vez à luz do mundo e ressuscitam os mortos: "e muitos corpos de Santos, que eram mortos, ressurgiram". — E para que se veja que este é o mistério da figura, ouçamos a Davi, que maravilhosamente o reduz à prática: "Deus assistiu sempre no conselho dos deuses; no meio deles julga os mesmos deuses" (Sl 81,1). — Apareceu Deus no meio dos que governam o mundo, para os julgar. E que lhes disse? O que eu acabo de dizer: "Até quando julgareis injustamente, e tereis respeito, às faces dos pecadores?" (Ibid. 2). — Até quando haveis de julgar com desigualdade? Até quando haveis de fazer exceção de pessoa, inclinando-vos mais a uma que a outra? "Não souberam, nem entenderam; mover-se-ão todos os fundamentos da terra" (Ibid. 5). — Ora, para que vejais quão ignorante e erradamente procedeis, olhai para as consequências e efeitos desta vossa desigualdade. Seguir-se-ão delas inquietações, seguir-se-ão discórdias, seguir-se-ão ruínas, e toda a terra, perdida a firmeza do centro, se revolverá de baixo para cima: "Mover-se-ão todos os fundamentos da terra".

§ VI

Pelo que, senhores meus, se quereis quietação, se quereis paz, igualdade, e igualdade reta, sem inclinação a nenhuma das partes, como a de Cristo hoje posto em meio dos discípulos: "Apresentou-se no meio dos discípulos". Os discípulos faziam a circunferência, Cristo estava no centro, e as linhas do amor e do favor corriam com a mesma proporção, com a mesma medida e com a mesma igualdade, tanto para cada um como para todos, e tanto para todos como para cada um. Por isso profetizou Malaquias que a justiça e igualdade de Cristo havia de ser como a igualdade e justiça do sol: "Nascerá para vós o sol da justiça". — Em todo o criado se não podia achar melhor nem mais apropriada semelhança. Santo Ambrósio[6]: "O sol de nenhum dista, de nenhum está mais presente, de nenhum está mais ausente". — Se S. Pedro, como grande piloto, tomasse os dois instrumentos da sua arte, em uma mão o compasso e na outra o astrolábio, com o compasso medindo as distâncias de Cristo aos discípulos, havia de achar que de nenhum distava mais nem menos: "O sol de nenhum dista" — e com o astrolábio tomando as alturas, havia de achar igualmente que de nenhum estava mais perto com a presença nem mais longe com a ausência: "De nenhum está mais presente, de nenhum está mais ausente". — Notou com aguda advertência Teofilato[7] que, quando a lua está no zênite, se olhamos para ela, cada um cuida que está sobre a sua casa: "Tu vês a lua sobre a tua casa, eu vejo a mesma lua sobre a minha casa, e parece a cada um que ela se encontra somente sobre a sua casa". — Muito melhor e mais claramente podem fazer esta mesma experiência no sol todos os que me ouvem quando daqui saírem. Se sois um grão-senhor, e olhardes para o sol, haveis de cuidar que está sobre o vosso palácio; se sois um religioso, que está sobre o vosso convento; se sois um artífice, que está sobre a vossa oficina; se sois um pastor, que está sobre a vossa choupana; e nenhum há, ou tão grande ou tão pequeno, que não haja de ter para si que o sol olha particularmente para a sua casa: "E parece a cada um que ela se encontra somente sobre a sua casa".

Esta é a igualdade com que o sol nos alumia e aquenta. E vede como a mesma observou Cristo com seus discípulos, e como cada um deles cuidava que era o que melhor lugar tinha na sua estimação e no seu agrado. Pouco antes do dia da Paixão declarou o Senhor a seus discípulos que ia a Jerusalém a morrer. E no mesmo ponto: "E fez-se uma disputa entre eles sobre quem deles parecia ser o maior" (Lc 22,24). O nosso Mestre vai morrer: e qual de nós é o maior, qual de nós lhe sucederá no messiado? — Não me admira a questão e ambição dela, porque ainda o Espírito Santo não tinha descido sobre os apóstolos; o que me assombra e faz pasmar é que cada um cuidasse e se persuadisse que era ou podia ser ele o maior. Ao menos a promessa feita a S. Pedro em presença de todos, a todos era manifesta: como logo estava ainda a maioria em opiniões, e cada um cuidava que fosse sua? Pedro ainda não tinha negado, que podia ser um bom motivo da exclusiva; que fundamento, pois, e que razão podia ter cada um para se opor a esta demanda: "Quem deles parecia ser o maior"? — A razão foi, diz S. Fulgêncio, porque era tal a igualdade com que Cristo tratava a todos os discípulos, era tão exata e circunspecta a medida com que o Senhor repartia entre eles e temperava as demonstrações do seu afeto, que cada um se persuadia ser ele o que tinha o primeiro lugar no conceito e estimação de seu Mestre. E bem se viu que esta confiança era igual em todos e em cada um, porque todos concordaram em que a demanda se levasse ao tribunal do mesmo Cristo: "Quem julgas que é maior no reino dos céus?" (Mt 18,1). — Mas o Senhor não quis sentenciar nem decidir a dúvida, e deixou ficar a cada um na sua opinião, para não faltar ao respeito da sua inalterável igualdade, e para que a preferência declarada de um não rompesse a paz e concórdia de todos: "Desta maneira sempre se comportava o Senhor, não por deficiência de poder, mas por sabedoria de equidade, de maneira que jamais incitava o ânimo humano dos discípulos ao ciúme"[8].

Assim o diz S. Fulgêncio, e confirma o seu dito com uma excelente reflexão. Pediram os dois filhos do Zebedeu as duas cadeiras, e respondeu Cristo: "Não me pertence o dar-vos" (Mt 20,23). — Perguntou Pedro ao mesmo Senhor: "Que prêmio pois será o nosso?" (Mt 19,27). — E respondeu: "Estareis sentados sobre doze tronos, e julgareis as doze tribos de Israel" (Ibid. 28). — E como assim? replica argutamente o mesmo santo padre: "Quem prometeu doze tronos não tem em seu poder dois tronos?". Cristo diz que não pode dar duas cadeiras, e dá doze cadeiras? Se pode dar doze, por que não pode dar duas? Por isso mesmo. Porque, sendo doze os seus discípulos, dar a dois, e não a dez, não era igualdade. Posso dar a todos, a dois não posso dar. E esta é a maior potência do meu poder: ser impotente para fazer qualquer desigualdade. E por quê? Por manter a concórdia e a paz entre os discípulos, conclui admiravelmente Fulgêncio: "Aquele quer que os discípulos sempre estejam em concórdia responde de maneira equânime e não separadamente, estarei sentado sobre doze tronos". Dando doze cadeiras, contentava e concordava a todos doze: dando somente duas, contentava a dois, e descontentava e desconcordava a dez; e quis observar inviolavelmente a igualdade, para conservar inalteravelmente a paz e a concórdia: "Aquele quer que os discípulos sempre estejam em concórdia".

Esta é a igualdade que Cristo observava para conservar a paz, a qual devem imitar todos aqueles que ou política ou economicamente têm obrigação de procurar uma e outra. E se quereis uma medida certa da mesma igualdade, eu vo-la darei, para que cada um a possa levar para casa. E que medida é esta? O gomor. Quando antigamente caía o maná do céu, saíam todos ao campo a recolher cada um a sua porção. Eram mais de dois milhões de pessoas, grandes e pequenos; e que fez Deus para evitar o tumulto da cobiça, da inveja e da violência, e conservar em paz e concórdia aquela imensa multidão? Fez uma medida chamada gomor, a qual maravilhosamente tinha tal propriedade, que os que colhiam muito e os que colhiam pouco tanto levava um como o outro. E como nem a cobiça, nem a diligência, nem o afeto, nem o favor podia desigualar a medida nem avantajar uns aos outros, todos saíam e tornavam concordes, e todos viviam e se sustentavam em paz. Esta, pois, senhores, seja por último documento a certa e inviolável medida, ou da vossa política para a república, ou da vossa economia para a família. Não o amor, não o favor, não o terror, mas o gomor. O amor causa ciúmes, o favor invejas, o terror ódio e aborrecimentos, e só o gomor, porque é igual para todos — como Cristo em meio dos discípulos — nos pode dar paz: "Apresentou-se no meio dos discípulos e disse-lhes: Paz a vós".

§ VII

Temos visto que para se conseguir e conservar a paz, ou pública ou doméstica, o meio mais fácil e eficaz da parte dos superiores é a igualdade com todos, como a de Cristo posto em meio dos discípulos: "Apresentou-se Jesus no meio dos discípulos". — Mas se acaso faltar esta igualdade — como talvez pode faltar, não só injusta e desordenadamente, senão por causas muito justas e justificadas — que remédio da parte dos súditos para não perderem, e se conservarem em paz? O remédio, não menos provado, posto que não tão fácil, é a paciência. Assim o ensinou e demonstrou o divino Mestre aos mesmos discípulos, quando, anunciando-lhes a paz, lhes mostrou as suas chagas: "Disse-lhes: A Paz a vós — e mostrou-lhes as mãos e os pés" (Lc 24,36.40).

Com as mesmas mãos e com os mesmos pés pregados na cruz viu Isaías a Cristo quando exclamou, dizendo: "O castigo que nos traz a paz estava sobre ele, e fomos sarados pelas suas pisaduras" (Is 53,5). — Nestas palavras descobriu e manifestou o profeta um novo e segundo mistério da Paixão e chagas do Redentor, até agora oculto e ignorado de muitos. Cuidamos que padeceu o Filho de Deus pregado em uma cruz só para nos salvar, e não foi um só o fim, nem um só o efeito de sua Paixão, senão dois: um para nos sarar, e outro para nos ensinar. Para nos sarar, porque o preço das suas chagas foi o remédio da nossa saúde: "Fomos sarados pelas suas pisaduras". — E para nos ensinar, por quê? Aqui está o nosso ponto. Porque o exemplo da sua paciência foi a doutrina da nossa paz: "O castigo que nos traz a paz estava sobre ele". — Notai o "sobre ele". De sorte que duas coisas tomou sobre si Cristo quando quis ser cravado na cruz: a nossa saúde e a nossa paz. A nossa saúde, porque com as suas chagas sarou as nossas: "Fomos sarados pelas suas pisaduras" — e a nossa paz, porque com o sofrimento das mesmas chagas nos ensinou que a paciência é a verdadeira doutrina da paz, se a quisermos fazer nossa: "O castigo que nos traz a paz". — Um e outro efeito resumiu no seu cântico Zacarias, depois de Cristo estar já no mundo. O da saúde: "Para dar ao seu povo o conhecimento da salvação" (Lc 1,77), que é: "Fomos sarados pelas suas pisaduras"; e o da paz: "Para dirigir os nossos pés no caminho da paz" (Ibid. 79), que é: "O castigo que nos traz a paz estava sobre ele". — Quereis ouvir a verdadeira etimologia ou breve definição da paciência? "Paciência, ciência da paz." Por isso o profeta lhe chamou "ciência", isto é, "doutrina da paz", e por isso o divino Mestre, quando disse aos discípulos "paz a vós", lhes mostrou esta mesma ciência, não só escrita e rubricada com o sangue das suas chagas, mas as mesmas chagas impressas e entalhadas nas mãos e nos pés: "Mostrou-lhes as mãos e os pés".

§ VIII

Saia agora a desigualdade dos superiores, ou justa ou injusta, e vejamos que efeitos causa e pode causar na paz dos súditos. Se a desigualdade os achar desarmados da paciência, não há dúvida que causará guerra, e cruel guerra; mas se a paciência os armar e fortalecer contra os golpes da mesma desigualdade, nenhuma haverá tão forte que possa alterar e descompor neles a firme e segura paz.

Para prova da primeira parte destes efeitos, tremenda e funestíssima, ponhamo-nos dentro do céu e às portas do paraíso, e vê-los-emos com horror. Revelou Deus aos anjos que se havia de fazer homem. E que movimentos vos parece que excitaria no conceito e estimação dos espíritos angélicos esta inopinada notícia? Porventura romperam todos em louvores da bondade divina, cantando-lhe hinos e celebrando com panegíricos um tão admirável excesso de sua misericórdia? Nada menos; antes, parecendo-lhes excessiva desigualdade a muitos, logo começaram a revolver no pensamento o que depois ponderou S. Paulo, quando disse: "Porque ele em nenhum lugar tomou aos anjos, mas tomou a descendência de Abraão" (Hb 2,16). — É possível que em nenhuma parte das nossas jerarquias — que isso quer dizer "em nenhum lugar" — achou Deus outra natureza a que unir sua divindade, senão à humana? É possível que há de deixar os anjos, os arcanjos, as virtudes, as potestades, as dominações, os principados, os tronos, os querubins e os serafins, e que o homem feito de barro há de ser Deus? Aqui foi a ira, o furor, a raiva. E como não tiveram paciência para sofrer esta desigualdade, posto que a preferência lhes não era devida, ela foi a que descompôs a quieta e inocente paz em que foram criados; ela a que meteu no empíreo e introduziu no mundo a primeira guerra: "Houve no céu uma grande batalha" (Ap 12,7) — ela a que desacordou a harmonia de todos os coros angélicos, e ela a que, com ruína da terceira parte de todas as jerarquias, deu princípio ao inferno dentro no mesmo céu.

Mas passemos do céu à terra. Não havia na terra mais que dois homens, filhos ambos, e os primeiros filhos do mesmo pai e da mesma mãe, Caim e Abel. Ofereceram ambos sacrifícios a Deus: Abel, que era pastor, das crias de seu rebanho; Caim, que cultivava a terra, dos frutos da sua lavoura; e até aqui viviam ambos naquela sincera paz e união natural que pedia o dobrado vínculo, não só da humanidade, senão também da irmandade. Mas, que sucedeu? Diz o texto sagrado que pôs Deus os olhos no sacrifício de Abel, e não no sacrifício de Caim: "O Senhor olhou para Abel e para as suas ofertas. Entretanto para Caim não olhou para as suas ofertas" (Gn 4,4s) — e foi tal a impaciência e raiva que causou no ânimo de Caim esta desigualdade que, trocada no mesmo ponto toda aquela paz e concórdia natural em crudelíssima guerra, sem temor do pai, sem reverência da mãe e sem respeito da irmandade, porque se não podia vingar em Deus se vingou no mesmo irmão, e o seu sangue foi o primeiro que se derramou no mundo, e a sua morte inocente a primeira em que se executou a sentença fulminada contra a culpa do paraíso. Pois, por um "olhou" ou "não olhou", por um inclinar ou não inclinar de olhos, se quebram todos os foros da razão e da natureza? Sim. Para que conheçam os que têm superioridade, os grandes poderes e jurisdição da sua própria vista, com quanta cautela devem olhar em quem põem e de quem retiram os olhos. Se é tão impaciente e mal sofrida entre irmãos a diferença de ser bem visto ou não bem visto, como poderá haver paciência nem paz entre os estranhos e êmulos, onde as desigualdades forem maiores? A que Deus usou com Caim e Abel é certo que foi justa e merecida, posto que se ignorem as verdadeiras causas. Mas não basta que as causas sejam justas e justíssimas, onde entrevém a desigualdade pública e conhecida, para que a impaciência dos súditos não seja a total destruição e ruína da paz.

Isto é o que faz a desigualdade tomada impacientemente: vejamos agora o que não desfaz, se se aceita com paciência. Tomada sem paciência, faz e é causa de guerras, e tão cruéis como as que vimos; aceitada com paciência, não desfaz, nem altera, nem descompõe a paz, antes a conserva mais gloriosa. E se aqueles exemplos foram de anjos e homens, este será de mais que homens e mais que anjos, e na maior desigualdade que nunca viu nem verá o mundo. Qual foi a maior desigualdade que jamais obrou Deus e qual a maior que cometeram os homens? A maior desigualdade que obrou nem podia obrar Deus foi dar seu Filho pela redenção do homem. Vender o Filho para resgatar o escravo! Condenar a inocência para absolver a culpa! Morrer o imortal para ressuscitar o morto! Deixar quebrar e perder os diamantes para reparar o barro! Enfim, padecer o Criador para que a criatura vil não padeça! Esta foi a maior desigualdade que obrou nem podia obrar Deus. E a maior que cometeram os homens, qual foi? Venderem esse mesmo Filho, tirarem a vida a esse mesmo Filho, e pregarem esse mesmo Filho com quatro cravos em uma cruz. Ainda teve outra circunstância de maior desigualdade este mesmo excesso. Concorre Cristo com Barrabás para ser, um condenado, outro absolto: Barrabás o ladrão, o sedicioso, o homicida, o mais insigne malfeitor de todos os que as enxovias de Jerusalém tinham em ferros; e sai por aclamação absolto Barrabás e condenado Cristo. Ó bárbara, ó desumana, ó horrenda, ó sacrílega, ó infernal desigualdade! A de Deus mais que admirável por excesso de misericórdia, e a dos homens mais que abominável por último extremo de injustiça e crueldade! E sujeito ou oprimido destas duas desigualdades, e levando-as ambas aos ombros debaixo de um madeiro infame, porventura perdeu aquele homem, Deus e homem, o título de príncipe da paz que lhe deram os profetas: "Príncipe da Paz" (Is 9,6)? — Porventura descompôs a harmonia daquela paz que lhe cantaram os anjos no nascimento: "E na terra paz aos homens" (Lc 2,14)? Porventura revogou ou fez litigiosa a paz que deixou em testamento a seus discípulos: "A paz vos deixo, a minha paz vos dou" (Jo 14,27)? — Tão fora esteve de se alterar no seu ânimo pela desigualdade do decreto de Deus a paz com Deus, ou pela desigualdade da sentença dos homens a paz com os homens, que antes ele mesmo, com os cravos que lhe romperam as mãos e pés, rasgou os assinados da guerra e os pregou na sua cruz, como diz S. Paulo: "Cancelando a cédula do decreto que era contra nós, aboliu-a inteiramente, cravando-a na cruz" (Cl 2,14) — e com o sangue que manou de suas chagas firmou as escrituras da paz, pacificando-nos com os homens na terra e com Deus no céu, como também diz o mesmo apóstolo: "Pacificando pelo sangue da sua cruz tanto o que está na terra como o que está no céu" (Cl 1,20). — E por isso, quando hoje anunciou a paz aos discípulos, dizendo "paz a vós", lhes mostrou juntamente as chagas, com cuja paciência a tinha merecido e ganhado: "Mostrou-lhes as mãos e os pés".

§ IX

Já a segunda parte do meu argumento se dera por satisfeita com o que tem demonstrado até aqui, se contra esta mesma que chamei demonstração se não opusera uma tal dificuldade que mais parece implicância que dúvida. Quando Cristo disse aos discípulos "A paz a vós", é certo que não só lhes anunciou a paz, mas também lha deu com efeito. Assim mesmo, quando lhes mostrou as chagas, não só foi para que as vissem, senão também para que as imitassem, e soubessem que o meio de conseguirem a paz era a paciência de semelhantes injúrias. Finalmente, de uma e outra coisa se concluía que também eles haviam de ter os seus Anases, os seus Caifases e os seus Pilatos na sua inocência, que mandassem executar aquelas injustiças e crueldades. Tudo isto era o que dizia de palavra aquela paz, e o que mostravam por obra aquelas chagas; e assim foi. Porque S. Pedro teve contra si a Nero, S. Tiago a Herodes, S. João a Domiciano, e todos tiveram os seus tiranos, que a uns pregaram na cruz, a outros cortaram a cabeça, a outros despiram a pele, e a todos derramaram cruelmente o sangue, e com esquisitos tormentos tiraram a vida. Pois, se o divino Mestre, nos pés, nas mãos e nas chagas abertas a ferro tocava a arma e publicava guerra a seus discípulos, como nas palavras brandas e amorosas lhes anuncia juntamente a paz: "A paz a vós"?

Apertemos mais a dúvida, para que, reduzida a todo o rigor da filosofia, fique mais clara. A paz é uma concórdia recíproca e relativa; e tudo aquilo que é recíproco e relativo, em faltando e se perdendo de uma parte, necessariamente falta e se perde também da outra. Assim o ensina Aristóteles e se demonstra facilmente com dois exemplos vulgares: o da amizade e o do parentesco. A amizade é amor mútuo e recíproco entre dois amigos, e se um só deixa de ser amigo, acabou-se a amizade. No parentesco, o pai é reciprocamente relativo ao filho, e o filho ao pai; e basta que falte só o pai, ou só o filho, para que a relação daquele parentesco se acabe. Do mesmo modo a paz é concórdia mútua, recíproca e relativa; logo, se de uma parte está a guerra, parece que da outra não pode estar nem conservar-se a paz? Respondo que assim é na filosofia de Aristóteles; mas na de Cristo não. Na filosofia de Cristo pode estar e conservar-se a relação de uma parte, ainda que falte e se perca da outra. Provo com os mesmos exemplos. Entre Cristo e Judas havia amizade, como entre o mesmo Senhor e os outros apóstolos. Da parte de Judas faltou a amizade; e da parte de Cristo? Não faltou. "Amigo, a que vieste?" (Mt 26,50). — Amigo lhe chama, quando já era inimigo; amigo, quando era traidor; amigo, quando lhe fazia tão cruel guerra. Não porque Judas naquele tempo fosse amigo, mas porque Cristo ainda o era. "Não esquecido da amizade interior", diz S. Bernardo[9]. Vamos ao pai e ao filho. O Filho Pródigo, depois de perdido, estudando consigo o que havia de alegar ao pai, dizia: "Pai, pequei contra o céu, e diante de ti; já não sou digno de ser chamado teu filho" (Lc 15,18s). — Pois, se o Pródigo conhecia e confessava que já não era filho, como chama contudo pai ao pai: "pai"? Porque da parte do filho se tinha perdido a relação e denominação de filho, mas da parte do pai não se perdeu contudo a relação e denominação de pai. S. Pedro Crisólogo: "Eu perdi o que é do filho, e tu não perdeste o que é do pai"[10].

Do mesmo modo digo que se pode conservar a paz de uma parte, posto que falte e se perca da outra. E no caso ainda mais apertado, em que da parte oposta esteja a guerra, da nossa lhe pode responder a paz. Quereis a prova evidente? Em duas palavras: "Eu" — diz Davi, já em profecia cristã — "eu tinha paz com aqueles que não queriam paz" (Sl 119,7). — E de que modo, rei santo? De que modo conservava Davi a paz com aqueles que não queriam paz, senão guerra? Por meio da paciência, como eu dizia: "A paz só é mantida quando os maus são pacientemente suportados pelos bons" — comenta Hugo Cardeal[11]. Mas muito melhor declara o seu dito o mesmo Davi: "Eu tinha paz com aqueles que não queriam paz; quando lhes falava impugnavam-me grátis" (Sl 119,7). Eu guardava a paz com os que não queriam paz, porque quando me impugnavam, quando me faziam guerra, eu sofria com paciência, e não respondia à guerra com guerra, senão à guerra com paz. — Isto quer dizer "impugnavam-me grátis". E agora ouvireis o verdadeiro sentido e elegante energia daquele "grátis", que em nenhum expositor achareis. Que quer dizer "impugnavam-me grátis": impugnavam-me e faziam-me guerra de graça? Eu o direi. Quando um homem recebe alguma injúria de outro, e propõe de se vingar, não diz: Ele mo pagará muito bem pago? — Pois, neste pagar ou não pagar consiste o ser ofendido de graça ou não de graça: "grátis". De maneira que quando a injúria recebida se vinga, não se recebe de graça, porque com uma injúria se paga a outra injúria; porém, quando a injúria recebida se sofre com paciência e não se vinga, então se faz de graça, porque não se paga. E porque

Davi não se vingava nem tomava satisfação das hostilidades que lhe faziam seus inimigos, por isso diz que o impugnavam de graça: "Impugnavam-me grátis".

Vede-o nos maiores inimigos e maiores perseguidores do mesmo Davi, que foram Saul e Absalão, um rei, outro filho de rei, dos quais ele dizia pela mesma frase: "Os príncipes me perseguiram" (Sl 118,161). — Da parte de Saul estava o ódio, da parte de Davi o amor; da parte de Saul a tirania, da parte de Davi a sujeição; da parte de Saul os agravos, da parte de Davi o sofrimento; da parte de Saul a guerra, da parte de Davi a paz. Saul lhe invejava os aplausos, Davi lhe acrescentava as vitórias; Saul lhe remunerava os serviços com ingratidões, Davi lhe pagava as ingratidões com novos benefícios; Saul lhe atirava com a lança para o matar, Davi, tendo-o debaixo da lança, lhe perdoava a vida. Enfim, a guerra de Saul impugnava sempre a paz de Davi com a perseguição, e a paz de Davi vencia sempre a guerra de Saul com a paciência. Maior contraposição ainda, e com maiores realces de energia em um próprio filho do mesmo Davi. Nasceu-lhe a Davi um filho, ao qual ele pôs por nome Absalão. E que quer dizer Absalão? Quer dizer: "A paz de seu pai". Grão caso! Todos os que leram alguma coisa das Escrituras Sagradas sabem que os patriarcas e profetas antigos os nomes que punham a seus filhos eram profecias do que eles haviam de ser e uma como breve história das ações e sucessos de sua vida. Vejamos agora qual foi a de Absalão. Absalão se rebelou contra seu pai; Absalão conjurou contra ele todos seus vassalos; Absalão lhe tirou a coroa da cabeça; Absalão, com todo o poder de Israel posto em campanha, lhe fez cruelíssima guerra. Chame-se logo Absalão guerra, e não paz de seu pai. Pois, se Davi era profeta, e o maior de todos os profetas, como trocou a significação ao nome e os futuros à profecia, e em vez de chamar a um tal filho guerra de seu pai, lhe chamou "paz de seu pai"? Porque, se da parte do filho estava a guerra, da parte do pai se conservava contudo a paz; e tanto mais admirável era a paz do bom pai, quanto mais abominável a guerra do mau filho. A guerra do filho dizia aos seus soldados: Matai-me a Davi — e a paz de Davi dizia aos seus: "Guardai-me a Absalão" (2Rs 18,5). — A guerra de Absalão dizia: Para que reine Absalão, morra Davi — e a paz de Davi dizia: Morra antes Davi, para que viva Absalão: "Absalão, meu filho, quem me dera que eu morrera por ti" (2Rs 18,33)?

Esta é a filosofia de Cristo, e desta sorte, por excesso de paciência, se conserva maravilhosamente de uma só parte a relação da paz, faltando da outra: "Com os que aborreciam a paz era pacífico" (Sl 119,7). — Oh! grande maravilha! Oh! milagre estupendo da virtude cristã sobre todas as leis e forças da natureza! Uma concórdia discorde e uma discórdia concordante: de uma parte olhando a guerra torvamente para a paz, e da outra vendo e revendo-se a paz placidamente na guerra? E que seria se eu dissesse que é tal o poder da paz paciente, que ainda neste caso, em que não é correspondida, conserva contudo o seu natural ser recíproco e relativo? Assim o digo e o provo. Deem-me atenção os filósofos. Quando a paz se acha só de uma parte, e se vê da outra sem correspondência, ela mesma se corresponde de uma e da outra parte. Mas de que modo? Própria e justamente como as outras relações recíprocas. De uma parte vai a paz diretamente do princípio ao termo, e da outra torna reflexamente do termo ao princípio. Não é proposição ou invento meu, mas teorema e advertência sutilíssima do mesmo Cristo a seus discípulos: "Em qualquer casa aonde entrardes, dizei: Paz seja nesta casa; e se ali houver um filho da paz, repousará sobre ele a vossa paz; e se não, ela tornará para vós" (Lc 10,5s). Quando entrardes em qualquer casa, dizei: paz seja nesta casa; e se o morador dela não for filho da paz, e a não quiser receber, a vossa paz tornará outra vez para vós. — Vede agora em uma só paz a paz direita e reflexa e a paz simples e juntamente recíproca: "Dizei: paz a esta casa": eis aqui a paz direita, que vai de vós para os outros; e se eles a não quiserem aceitar: "A vossa paz tornará para vós": eis aqui a paz reflexa, que torna deles para vós outra vez. E para aqui a maravilha? Não. Porque a mesma paz com esta tendência e com esta reflexão, reciprocando-se dentro em si mesma, se multiplica e se dobra. Assim como o raio do sol, se topa com um corpo opaco, reflete outra vez para o sol e se dobra e estende mais, assim a paz, se encontra um peito duro e obstinado, não se acaba por isso, mas reflete e não para, mas se dobra, fazendo-se mais intensa na mesma reflexão: "A vossa paz tornará para vós".

Ouçamos o comento de S. Bruno sobre as mesmas palavras, que agudissimamente descobre nelas nova elegância e mistério: "A vossa paz tornará para vós, porque prenhe e fecunda"[12]. — Já consideramos que a paz, que na primeira tendência vai uma e singela, torna na reflexão multiplicada e dobrada. Mas por que nota o santo que não só torna dobrada, "mas prenhe e fecunda"? Porque alude à frase de que usou Cristo: "Se o morador da casa não for filho da paz". — A correspondência recíproca de quem oferece a paz é filha da mesma paz, porque dela nasce. Diz, pois, Cristo aos discípulos, que se oferecerem a paz a quem não for filho da paz, nem por isso se desconsolem, entendendo que a sua paz foi estéril e infecunda, porque quando a sua paz não achar filhos da paz que lhe correspondam, a mesma paz os conceberá e parirá: "Prenhe e fecunda" — multiplicando-se na reflexão dentro em si, e correspondendo-se a si mesma. É esta paz como a Fênix, mãe e filha de si mesma, mas mãe e filha que ambas vivem e perseveram: a mãe como paz, a filha como correspondência. E para que não fique mistério algum por advertir neste grande texto, notai que quando Cristo diz que a paz encontrada e não admitida, oferecida e repudiada, tornará outra vez para eles: "tornará para vós" — então, e não antes, lhe chama paz sua: "a vossa paz" — por que só neste caso é a paz verdadeiramente nossa, e toda nossa. Quando a paz é correspondida, divide-se a paz e divide-se o merecimento, porque a paz de uma parte é nossa, e de outra parte é alheia. Mas quando a paz não tem correspondência, toda a paz é nossa, porque é nossa de uma e de outra parte, quando direita e quando reflexa, quando oferecida e quando rejeitada, quando vai e quando torna: "A vossa paz tornará para vós".

Tal e tão maravilhosa é a paz que Cristo hoje deu aos discípulos de sua escola, e esta é a ênfase daquele "Para vós". A vós, e não aos demais; "a vós", que sois meus discípulos e sereis meus imitadores. E por isso, quando lhes prometeu e deixou em testamento a mesma paz, lhes declarou, com repetida expressão de diferença, que era a sua, e como sua, e não como a do mundo: "A paz vos deixo, a minha paz vos dou; eu não vo-la dou como a dá o mundo" (Jo 14,27). — E se perguntarmos em que consiste esta diferença de paz a paz, e em que se distingue a paz de Cristo da paz do mundo, Santo Agostinho e S. Gregório Papa respondem geralmente que a paz do mundo é vã, a paz de Cristo sólida; a paz do mundo falsa, a paz de Cristo verdadeira; a paz do mundo temporal e breve, a paz de Cristo permanente e eterna. Mais disse o mesmo Cristo. À sua paz chamou duas vezes paz: "A paz vos deixo, a minha paz vos dou" — e a do mundo nem uma só vez chamou paz: "Não como o mundo dá, eu vos dou" — porque a paz de Cristo é paz e a do mundo não é paz. É o de que arguiu Deus antigamente aos falsos profetas: "Dizem: paz e não há paz" (Ez 13,10). Dizem e enchem a boca de paz, e não há tal paz no mundo. — E se não, quem há tão cego que não veja o mesmo hoje em toda a parte? Dizem que há paz nos reinos, e os vassalos não obedecem aos reis; dizem que há paz nas cidades, e os súditos não obedecem aos magistrados; dizem que há paz nas famílias, e os filhos não obedecem aos pais; dizem que há paz nos particulares, e cada um tem dentro em si mesmo a maior e a pior guerra. Havia de mandar a razão, e o racional não lhe obedece, porque nele e sobre ela domina o apetite. A paz de Cristo é paz que se conserva no meio da guerra, a paz do mundo é guerra que se esconde debaixo da paz. Chama-se paz, e é lisonja; chama-se paz, e é dissimulação; chama-se paz, e é dependência; chama-se paz, e é mentira, quando não seja traição. É como a de Judas, que com beijo de paz entregou a Cristo nas mãos de seus inimigos; é como a de Joab, que com abraço de paz meteu o punhal pelo coração de Abner. Finalmente, por conclusão do que dissemos, a paz de Cristo é paz que, estando só de uma parte, é paz recíproca de ambas as partes; e a do mundo, professando-se recíproca de ambas as partes, em nenhuma delas é paz.

Fuja, pois, e desapareça para sempre, e não se ouça mais entre os homens o nome quimérico e vão deste engano universal. E ponhamos todos, não só os olhos, mas os corações e as almas nesta vera efígie da verdadeira, sólida e eterna paz. Desde este lugar, como cabeça do mundo, está Jesus crucificado bradando a todo ele o que disse ressuscitado a seus discípulos: "A paz a vós". A vós, ó gentios idólatras, que ainda me não conheceis por vosso Criador: "A paz a vós". A vós, ó hereges, que chamando-vos cristãos, negais e viveis desunidos de minha única esposa a Igreja: "A paz a vós". A vós, ó católicos, que contra o maior de meus mandamentos vos estais desfazendo em guerras, como se não fora melhor a paz que mil vitórias: "A paz a vós". E a vós, ó romanos, que sendo Roma a Jerusalém da lei da graça, deve não só chamar-se, mas ser "visão de paz" na concórdia, "visão de paz" na união e "visão de paz" no exemplo da perfeita caridade: "A paz a vós". E se não bastam estas vozes e estes brados para vos persuadir a paz, bastem as chagas destas mãos e destes pés para vos render e para vos obrigar a ela na paciência: "Mostrou-lhes as mãos e os pés" (Lc 24,40). — E vós, soberano príncipe da paz, desse trono de vossa majestade e piedade, concedei a todo este devotíssimo e fidelíssimo povo, entre todos os do mundo mais particularmente vosso, a vossa paz. Paz com Deus, paz com nossos próximos e paz com nós mesmos. Com esses três cravos que vos pregaram na cruz, e abriram em vós as preciosíssimas Chagas das mãos e dos pés, confirmai em nós estas três pazes. Com o cravo da mão direita, a paz com Deus; com o cravo da mão esquerda, a paz com os próximos; e com o cravo de um e outro pé, a paz com nós mesmos, assim no corpo como na alma. E com este riquíssimo e abundantíssimo dom de vossa liberalíssima misericórdia, nos lançai a todos uma inteira bênção de paz, formada com vossa mesma cruz: "A paz a vós, paz a vós, paz a vós".

SERMÃO DE

Nossa Senhora da Conceição

Na Igreja da Senhora do Desterro.
Bahia, ano de 1639.

"Da qual nasceu Jesus."
(Mt 1,16)

O sermão é pregado na Igreja da Senhora do Desterro, na Bahia, na festa da Conceição da Mãe de Deus. Vieira se propõe harmonizar estes dois títulos de Maria, tão distantes um do outro, tendo em vista particularmente "os que vêm de tão longe a este deserto, trazidos só da nova devoção da Senhora do Desterro...". O desterro foi o desempenho da Conceição, porque tudo o que deveu a seu Filho na Conceição lhe pagou no seu desterro. O Filho na Conceição, o redentor da mãe, porque a remiu do pecado original; a Mãe no desterro, redentora do Filho, porque o remiu da espada de Herodes. A vida de Deus humanado excede infinitamente todas as coisas remidas, inclusive a vida espiritual de Maria. O desterro é morte e sepultura. A visão de Ezequiel dos ossos mortos. Muito mais acompanhou a Mãe ao Filho nas dores da cruz do que o Filho à Mãe nos sentimentos do desterro. Não só ficou satisfeita a dívida de que era credor o Filho, mas o mesmo Filho ficou novamente endividado e devedor à Mãe. Todos nós também somos devedores a ela. Como poderemos pagar ou agradecer esta dívida que nos toca? É necessário que, com os olhos no céu, tenhamos toda a terra por Egito e por desterro.

§ I

Lugar, pessoa e tempo são aquelas três circunstâncias gerais com que todo o orador se deve medir, se não quer faltar nem exceder as leis desta nobilíssima arte, que na natureza racional é a primogênita. Assim o desejei fazer hoje. E posto que a pessoa, ou pessoas, se concordam facilmente com o lugar e com o tempo, nem o tempo com o lugar, nem o lugar com o tempo entre si parece que têm possível acomodação. As pessoas são as que se nomeiam nas palavras que propus, Jesus e Maria; o lugar é esta nossa Igreja da Senhora do Desterro; e o tempo é o dia de sua puríssima Conceição. As pessoas se concordam facilmente com o lugar do desterro, porque a Mãe e o Filho ambos foram desterrados; e com a mesma propriedade se concordam com o dia da Conceição, porque a Mãe foi a concebida sem pecado original, e o Filho o que a remiu e preservou dele; mas o desterro e a Conceição são dois extremos tão remotos e tão distantes, que muito menor distância é a de Nazaré, onde a Senhora foi concebida, ao Egito, para onde foi desterrada. Na consideração desta grande dificuldade quase estive deliberado a me deixar vencer dela, não me faltando exemplos muito autorizados dos que, não só com perdão, mas com aplausos sem sair do lugar, o deixam, reputando esta circunstância, ou por supérflua e alheia do mistério, ou por menos necessária aos ouvintes. Mas porque os que vêm de tão longe a este deserto, trazidos só da nova devoção da Senhora do desterro, se não ouvem falar do mesmo desterro, em qualquer dia que seja, tornam desconsolados, para satisfazer a piedade do seu afeto, e lhes compensar gostosamente o trabalho das passadas, não pude deixar de insistir outra vez no intento começado. Invocando, pois, o favor da Santíssima Virgem, debaixo de ambos os nomes, e tornando a considerar com maiores impulsos, se entre o mistério da sua Conceição e do seu desterro podia descobrir alguma razão de correspondência, a que se me ofereceu foi tão alta, tão própria e tão cabal, que ela será a matéria do sermão e o emprego de todo o meu discurso. Para que eu possa dizer qual é, e provar o que disser de tal modo que fique persuadido, peçamos à mesma Esposa do Espírito Santo, que, como Senhora do Desterro e Senhora da Conceição, nos assista com sua graça. *Ave Maria*.

§ II

Depois que propus a matéria deste sermão, e sem a declarar encareci tanto a alteza e propriedade dela, razão tenho para me parecer que estou vendo a todos os que me ouvem tão suspensos como alvoroçados no desejo e curiosidade de saber qual seja. E bem creio que a nenhum tenha vindo ao pensamento qual possa ser a correspondência entre dois mistérios tão diversos e em todas suas circunstâncias tão encontrados. A Conceição se obrou no primeiro instante da vida da Senhora, o desterro na idade em que já era Mãe; a Conceição em Galileia, terra de fiéis, o desterro no Egito, região de gentios; a Conceição a livrou do pecado original, e o desterro a sujeitou a todos os trabalhos de que foi causa o mesmo pecado. Como se podem logo corresponder, e com grande propriedade, dois mistérios tão opostos? Já o digo em duas palavras, para depois o demonstrar em muitas. Digo que os mistérios do desterro e Conceição da Mãe de Deus se correspondem não só altíssima, mas também propriíssimamente, porque o desterro da Senhora foi descmpcnho da sua Conceição, e foi o desempenho da sua Conceição porque tudo o que deveu a seu Filho na Conceição lhe pagou no seu desterro. Dai-me agora atenção.

O maior e mais excelente benefício de que a Mãe de Deus é devedora a seu Filho, não é a dignidade de a fazer sua Mãe, senão o privilégio de ser concebida sem pecado. Ambos foram benefícios singulares, que "nem se concederam nem se hão de conceder a outrem"; mas a singularidade de ser concebida sem pecado, maior e muito mais excelente que a de ser Mãe de Deus. Não tenho menos legítima prova, nem menos qualificado autor desta que pode parecer duvidosa suposição que a mesma Mãe que concebeu ao Filho de Deus, e foi concebida em sua graça. Concluído o mistério da Encarnação do Verbo, e despedido o anjo embaixador, partiu logo a virgem, já Mãe de Deus, a visitar Santa Isabel, a qual a recebeu, não nos braços, como faz crer ao vulgo a fantasia dos pintores, mas prostrada a seus sacratíssimos pés, como se deve ter por certo, e as palavras que disse foram estas: "De onde a mim tanto bem, que venha a minha casa a Mãe de meu Senhor?" (Lc 1,43). — Assim falou a Mãe, que havia seis meses o era do Batista, informada já por espírito profético da fé do mistério, e confirmando o que dizia com os saltos e alvoroços do maior dos profetas, que tinha em suas entranhas. Mas que responderia a tudo isto a Virgem Maria? "A minha alma louva e glorifica ao Senhor, e o meu espírito" — que é a parte superior da mesma alma — "se alegrou em Deus meu Redentor" (Lc 1,46s). — Notai e reparai muito nestas últimas palavras. Em Deus meu Redentor, diz, e não em Deus meu Filho. Pois, se o parabém que dá Isabel à Senhora é de ser Mãe de Deus: "Que venha a minha casa a Mãe de meu Senhor" — por que não diz que se alegrou seu espírito em Deus seu Filho, senão em Deus seu Redentor? Porque muito mais estimou a Virgem imaculada, e muito mais alto lugar teve em seu espírito a imunidade com que o Filho a preservou enquanto Redentor que a dignidade a que a sublimou enquanto Filho. Enquanto Redentor, remiu-a do pecado original na Conceição; enquanto Filho, fê-la Mãe de Deus no parto; e no juízo da mesma Senhora, em que não podia haver erro, mais digno de estimação foi o privilégio de ser concebida sem pecado que a dignidade de ser Mãe de Deus. A razão para os teólogos é por que a dignidade de Mãe de Deus pertence às graças "gratis datas"[1], e a de ser concebida sem pecado à "santificante". E como o privilégio singular da Conceição sem pecado, ainda comparado com a inefável dignidade de Mãe de Deus, é maior e mais excelente benefício, muito mais obrigada e devedora ficou a Mãe de Deus a seu Filho pela isentar e remir do pecado original que pela fazer Mãe sua.

§ III

Assentada a verdade desta gloriosa suposição, segue-se agora ver como a Senhora podia satisfazer a esta grandíssima dívida, e como com efeito se desempenhou dela e a pagou. Para inteligência deste ponto, que é o fundamento do nosso discurso, hão de saber os que ainda o não têm advertido que neste mundo não houve um só Herodes, senão dois, e o primeiro muito pior e mais cruel que o segundo. Este segundo foi o que reinava em Jerusalém quando Cristo nasceu; o primeiro foi o que deu ocasião a que o mesmo Cristo nascesse e Deus se fizesse homem, o qual se chamou Adão; e foi Adão pior e mais cruel Herodes que o de Jerusalém, porque Herodes matou os inocentes de dois anos para baixo, e Adão mata a todos seus descendentes no mesmo instante em que são concebidos. Os que matou Herodes, fê-los mártires; os que mata Adão, fá-los pecadores. E como Cristo na Conceição de sua Mãe a livrou da morte em que, como filha de Adão, havia de ser concebida, e a mesma Mãe, desterrando-se livrou ao mesmo Cristo da morte em que, como inocente de Belém, havia de padecer a mãos de Herodes, esta foi a igual correspondência, e o benefício e preço também igual com que a Senhora, por meio do seu desterro, pagou ao Filho tudo o que lhe devia na Conceição; e por este modo, assim como o Filho foi especial Redentor da Mãe, porque a livrou da morte a que estava sentenciada por haver de nascer de Adão, assim a Mãe foi especial Redentora do Filho, porque o livrou da morte a que estava sentenciado por ter nascido em Belém. Ninguém ignora que Cristo, Senhor nosso, é Redentor universal de todos os homens, porque a todos remiu do cativeiro e da morte a que todos ficamos sujeitos por filhos de Adão; e se a Virgem Santíssima também é filha de Adão, em que consistiu a especialidade com que seu Filho a remiu a ela, e não aos demais? Consistiu em que aos demais remiu-os do cativeiro depois de cativos, e da morte depois de mortos; porém, a sua Mãe antes de morta, nem cativa, a remiu antecipadamente, para que o não fosse. E tal foi o nobilíssimo modo de Redenção com que a mesma Mãe remiu também a seu Filho, porque o remiu das mãos de Herodes antes de cair nelas, e da morte que lhe queria dar antes que lha desse: "Porque Herodes vai procurar o menino para o matar" (Mt 2,13).

E que este modo de livrar antecipadamente da morte seja verdadeiro remir, ouvi a prova que em matéria tão debatida porventura nunca ouvistes, nem se pode desejar mais adequada. Depois da famosa vitória contra o gigante, Davi, que não só era valente, mas poeta e músico, compôs e cantou a Deus em ação de graças um salmo, no qual diz com termos esquisitos, não que o Senhor o livrara, mas que o remira da espada maligna: "Redimiste a teu servo da espada maligna" (Sl 143,10). — Porventura o gigante matou, feriu ou tocou a Davi com a sua espada? Tão longe esteve disso que nem a tirou da bainha. Pois, se a espada de Golias não partiu a Davi desde a cabeça até os peitos, como costumam ser os golpes dos gigantes; se lhe não despedaçou membro por membro o corpo em tão miúdos retalhos que os desse a comer, como ele dizia, às aves; e finalmente, se não chegou a executar em Davi nenhuma daquelas fúrias e crueldades pelas quais lhe chamou espada maligna, por que diz que Deus o remiu dela: "Redimiste a teu servo da espada maligna" (Sl 143,10). — Porque, para Deus remir a Davi das mãos e da espada do gigante, não era necessário que Davi caísse nas suas mãos, nem que ele o ferisse com a espada. Antes, por isso o remiu com redenção mais nobre e mais perfeita, porque antes de poder lançar mão à espada já estava livre da sua espada e das suas mãos, e vencedor do mesmo gigante. Se Deus, depois de ferido Davi, o sarara, ou depois de morto o ressuscitara, seria um modo de o livrar muito milagroso, mas não seria o mais nobre nem o mais honrado, assim para Deus como para Davi; mas porque Deus o preservou da morte e das feridas, e do menor toque da espada do gigante, não lhe permitindo que a arrancasse contra ele, por isso diz não simplesmente que o livrou, senão própria e nomeadamente que o remiu: "Redimiste a teu servo" — porque este modo antecipado, não só é o mais nobre e mais perfeito, senão o nobilíssimo e perfeitíssimo de remir.

Este foi o sucesso da batalha de Davi. Mudemos agora a campanha. Temos nela, não um gigante, senão dois gigantes, nem um Davi, senão dois Filhos de Davi. Os dois gigantes são o pecado original e Herodes. Os dois filhos de Davi são Maria e Jesus. Ambos os gigantes estão poderosamente armados, e ambos com espadas, que por isso se chamam malignas, porque a ninguém perdoam, a todos matam. A espada do original mata a alma, a espada de Herodes mata o corpo; e entre o perigo quase inevitável destas duas mortes se empenharam reciprocamente a Mãe e o Filho: o Filho a remir antecipadamente a Mãe da espada do original, e a Mãe a remir também antecipadamente o Filho da espada de Herodes. Dificultoso empenho por certo, mas venturosamente executado. Porque, matando e manchando a espada do original a todos os filhos de Adão, só Maria ficou isenta do golpe e da mancha, e matando a espada de Herodes a todos os inocentes de Belém, sem nenhum se lhe poder ocultar, só Jesus escapou dela livre e vivo. Vede agora se se correspondem bem o mistério da Conceição com o do desterro. O filho na Conceição Redentor da Mãe, porque a remiu da espada do original, a Mãe no desterro Redentora do Filho, porque o remiu da espada de Herodes; o Filho na Conceição empenhando a Mãe na maior dívida, a Mãe no desterro desempenhando-se dela e pagando-a, não só com igual, mas com maior preço.

§ IV

Bem estou vendo que também o meu discurso se tem empenhado e endividado com os doutos em algumas suposições que ele foi envolvendo na paridade que sigo entre um e outro mistério; mas respondendo, como agora farei, à dificuldade de todas, delas ficará mais provado e manifesto quão adequadamente pagou a Mãe no seu desterro o que devia ao Filho na sua Conceição. Primeiramente a vida de que priva o pecado original, como dissemos, é a vida da alma; e a vida de que Herodes privou aos inocentes, e quis também tirar a Cristo, era a vida do corpo: logo, se eu digo que a Senhora pagou com uma vida a dívida da outra, parece que a paga de nenhum modo pode ser igual à dívida, porque a vida da Mãe, que o Filho preservou e remiu na Conceição, foi a vida espiritual, e a vida do Filho, que a Mãe preservou e remiu no desterro, é a vida corporal; e a vida espiritual é tanto mais nobre e de tanto maior preço que a corporal quanto vai da alma ao corpo. Absolutamente, e falando de sujeitos iguais, assim é, que a vida espiritual é muito mais nobre e de muito mais excelente valor que a vida corporal; mas no nosso caso a vida corporal, que a Senhora remiu e salvou das mãos de Herodes, foi a vida corporal de Cristo, a qual vida, posto que corporal, por ser vida de Deus, excede infinitamente à vida espiritual, não só da mesma Virgem Maria, senão de todas as puras criaturas possíveis.

Notável coisa é que no dia do Juízo, havendo de dar Cristo, Senhor nosso, a bem-aventurança em prêmio das obras de misericórdia, só nomeie as corporais, e das espirituais nenhuma menção faça. Vinde, benditos de meu Pai, a gozar a glória do céu: "Porque tive fome, e me destes de comer, tive sede, e me destes de beber" (Mt 25,35). — É certo que o prêmio deve ser proporcionado ao merecimento: o prêmio da bem-aventurança, que consiste na vista clara de Deus, é espiritual e eterno; o merecimento, que consiste na esmola com que se dá de comer e beber ao pobre, é corporal e temporal em si, e corporal e temporal no efeito, porque a vida do pobre, que com ela se sustenta, também é corporal e temporal. Que proporção tem logo, nem a esmola que se dá ao pobre nem a vida do pobre, que se sustenta com a esmola, para Deus a pagar com a bem-aventurança, pois vem a ser pagar a vida corporal e temporal com a vida espiritual e eterna? Não há dúvida que, absolutamente falando, nenhuma proporção tem a esmola com a bem-aventurança, nem a vida corporal e temporal do pobre, que dela se sustenta na terra, com a vida espiritual e eterna, que há de gozar no céu. Mas vede o que diz o Senhor. Não diz: porque destes de comer e beber ao pobre — senão: "Porque me destes de comer e beber a mim"; e como a vida corporal e temporal que se sustenta e conserva no pobre, por privilégio e excesso da divina misericórdia, passa a ser vida de Cristo, essa vida de Cristo sustentada pela esmola, posto que seja vida corporal e temporal, não só é igual no preço à vida espiritual e eterna da bem-aventurança, mas como vida de Deus a excede infinitamente. O mesmo digo, e muito mais e melhor no nosso caso, porque a vida corporal do pobre, que sustentou a esmola, era vida de Cristo só por aceitação e privilégio; porém, a vida corporal, que a Senhora conservou e salvou, era própria, natural e realmente vida do Filho de Deus e seu. E como a soberana virgem, com a antecipada preservação desta vida corporal de seu Filho, pagou a preservação também antecipada da vida espiritual sua, daqui se segue que a paga com que satisfez por meio do seu desterro à dívida que contraiu na Conceição, não só foi igual à mesma dívida, mas a excedeu milhares e milhares de vezes, e com excesso de preço, que nem o mesmo Deus o pôde reduzir a número, porque foi infinitamente maior.

Competiu a Senhora nesta satisfação com seu Filho, não só em lhe pagar antecipadamente a graça recebida na Conceição, que foi de preço, posto que singular, finito; mas pagando-lhe o preço da mesma graça, que verdadeiramente foi infinito, porque foi o sangue derramado na cruz, com que especialmente a remiu. Como se dissera a Senhora: Vós, meu Filho, para me remir do pecado original, comprastes-me aquela graça com o preço infinito de vosso sangue e da vossa morte; pois eu hei-vos de pagar esta fineza com preço também infinito, que é o de vosso mesmo sangue, que quis derramar Herodes, e da vossa mesma vida, que eu vos livrei e salvei da tirania de suas mãos. Vós destes o preço, e eu guardei-o, que não foi menos que dar-vo-lo, porque, se eu o não guardara, não o pudéreis vós dar quando o destes. E tão infinito foi quando o destes por mim na minha Conceição como quando eu vo-lo guardei com o meu desterro. Feche-nos todo este discurso Hugo Cardeal, em próprio e verdadeiro sentido posto que com palavras menos elegantes. Fala do preço de nossa Redenção, à qual Davi chama copiosa: "Nele há copiosa redenção" (Sl 129,7) — e diz assim: "Chama Davi copiosa a Redenção, porque o preço dela foi suficiente a remir mil milhares de mundos. E a razão desta suficiência sem número nem medida é porque o preço da mesma Redenção foi a vida de Deus humanado, que excede infinitamente todas as coisas remidas"[2]. E como esta mesma vida de Deus foi a que a Senhora remiu e salvou das mãos de Herodes por meio do seu desterro, bem provado e demonstrado fica que a dívida contraída na Conceição, em que seu Filho a remiu do pecado, não só a pagou a Mãe superabundantemente quanto ao benefício da graça recebida, mas também infinitamente quanto ao preço dela, pois o preço foi a vida do mesmo Cristo, agora remida, para depois ser redentora.

§ V

A segunda dificuldade que repugna, ou a segunda repugnância que dificulta ser a paga da Mãe no desterro igual à dívida do Filho na Conceição parece tão manifesta e palpável que se vê com os olhos e se toca com as mãos. Porque Cristo remiu a sua Mãe do pecado original morrendo na cruz por ela, e a Senhora remiu e salvou a seu Filho da espada de Herodes, não morrendo, senão desterrando-se somente. Logo, tanto faltou à paga para ser igual à dívida quanto falta ao desterro para ser morte. Concedo que assim é, mas digo que para o desterro ser morte nenhuma coisa lhe falta. O desterrar-se é enterrar-se; e se há alguma diferença entre a morte e o desterro, é que o desterro não só é morte, senão morte e sepultura. A morte mata, mas não sepulta; e sendo assim, que para ser morto e sepultado não basta só a morte, para ser morto e sepultado basta só o desterro. Não pode negar esta igualdade ou este excesso da paga o mesmo acredor da dívida da Conceição, que é Cristo, porque tudo quanto tenho dito do desterro são palavras tiradas da sua própria boca enquanto Deus. Ouvi a maior e mais literal prova deste que parece e não é encarecimento.

Levou Deus ao profeta Ezequiel a um campo, coberto todo de ossos mirrados e secos, e era o campo tão grande, que não chegando a esfera dos olhos aonde sua largueza se estendia, foi necessário que o mesmo Deus lho fosse mostrando por partes: "E ela me levou por toda a roda deles; eram porém muitos em grande número" (Ez 37,2). — Sabes, Ezequiel, diz o Senhor, para que te mostrei esta multidão de ossos? É para que lhes pregues como pregador, e lhes anuncies como profeta, dizendo ou bradando a todos desta maneira: "Ossos secos, ouvi a palavra de Deus. A todos estes ossos me manda dizer Deus que lhes há de introduzir outra vez o espírito, e que todos hão de viver" (Ez 37,4s). — Pregado isto em geral, não pouco admirado Ezequiel do que dizia, e não entendia, passou a referir em particular o que Deus, parte por parte, lhe tinha ordenado, e ao compasso das palavras se ia seguindo subitamente, com maior admiração, o efeito delas. A primeira coisa que se viu e ouviu naquele imenso auditório foi um grande rebuliço, movendo-se todos os ossos e indo cada um buscar a juntura dos outros do mesmo corpo; depois de juntos, apareceram os nervos, que os ataram; depois de atados, seguiu-se a carne, que os encheu; e depois de cheios, estendeu-se por cima a pele, que os vestiu. Mas posto que as estátuas dos corpos por fora formadas em todos os membros, e por dentro organizadas com tudo o que pedia a harmonia de cada qual, estavam perfeitas, elas contudo, como verdadeiramente mortas e insensíveis, de nenhum modo se moviam. Então disse Deus ao profeta que de todas as quatro partes do mundo chamasse o espírito, para que se introduzisse e animasse aqueles cadáveres; "e no mesmo tempo em que o espírito se introduziu neles, todos se ergueram vivos e se puseram em pé, fazendo um exército inumerável" (Ez 37,10). — Isto é o que viu Ezequiel, não sabendo se o que significava aquela tão extraordinária visão era coisa passada ou futura; e verdadeiramente ainda era mais, porque continha o passado, o futuro e também o presente.

Enfim, depois de todo aquele aparato de circunstâncias tão várias e portentosas, declarou Deus a Ezequiel o que significavam, e disse: "Estes ossos são todos os filhos de Israel" (Ibid. 11) que hoje estão desterrados em Babilônia contigo. Admirável caso e, se o mesmo Deus o não dissera, incrível! Os filhos de Israel em Babilônia estavam vivos. Pois, se estavam vivos, como os representa Deus ao profeta em ossos descarnados e secos? Se estavam vivos, como ainda depois de vestidos de carne e pele lhes chama o mesmo Deus mortos: "Sopra sobre estes mortos" (Ez 37,9)? — Os mesmos homens mortos e vivos juntamente? Sim, porque naquele tempo e naquele lugar os filhos de Israel estavam desterrados, e o desterro e a morte, posto que aos olhos humanos pareçam coisas diversas, no juízo e estimação de Deus são a mesma coisa. O desterro é como a morte, e a morte é como o desterro; e se algum excede ao outro na miséria, não é a morte ao desterro, senão o desterro à morte, porque, se o desterrar-se da pátria é morrer, o viver no desterro é enterrar-se. Por isso o oráculo divino uma vez lhes chamou cadáveres, e outra vez ossos secos: cadáveres como mortos e ossos secos como sepultados. Não é comento meu, ou de algum expositor humano, senão declaração do mesmo Deus, falando com os mesmos desterrados: Consolai-vos, povo meu, filhos de Israel — diz Deus — porque ainda que neste desterro de Babilônia estais mortos e sepultados, "eu abrirei os vossos túmulos, e vos desenterrarei das vossas sepulturas, e vos restituirei à vossa pátria ressuscitados e vivos" (Ez 37,12). "Quando eu tiver infundido o meu espírito em vós e vivereis" (Ez 37,14).

De maneira que, por testemunho irrefragável e oráculo infalível da Suprema Verdade, o perder a pátria é morrer, o morrer no desterro é sepultura, e o tornar para a pátria ressurreição. Ninguém argua logo, nem se atreva a afirmar que na circunstância de morrer não foi a paga da Senhora igual à dívida; antes, segundo o rigor da palavra divina, devemos todos confessar que foi muito avantajada na duração, porque a sepultura do Filho morto escassamente chegou a três dias, e a sepultura da Mãe, também morta, porque desterrada, durou sete anos inteiros, verificando-se no seu desterro do Egito o que Deus disse aos desterrados de Babilônia: "Abrirei os vossos túmulos e vos desenterrarei das vossas sepulturas".

§ VI

Parece-me que ninguém haverá tão incrédulo que, depois de ouvir o que até os ossos secos ouviram, duvide a igualdade da correspondência com que a Mãe, livrando ao Filho da morte por meio do seu desterro, pagou o que devia ao mesmo Filho em a preservar e livrar, por meio também da morte, na sua Conceição. Mas desta mesma igualdade, assim provada e concedida, resulta outra nova objeção, a que podemos chamar a terceira dificuldade, e parece que tem muito dificultosa resposta. Quando o Filho morreu na cruz para salvar e livrar a Mãe do pecado original, morreu ele só, e a Mãe não; quando a mesma Mãe se desterrou ao Egito, para salvar e livrar o Filho da tirania de Herodes, não só se desterrou a Mãe, senão também o Filho; logo, em um e outro modo de salvar houve grande diferença, porque o preço da cruz todo foi à custa do Filho, e não da Mãe, e o preço do desterro, não só foi à custa da Mãe, senão da Mãe e juntamente do Filho. Assim parece, mas não foi assim. A vantagem do custo, se a houve, toda foi da parte da Mãe e do desterro, e não da parte do Filho e da cruz.

A primeira razão desta resposta é por que muito mais acompanhou a Mãe ao Filho nas dores da cruz do que o Filho à Mãe nos sentimentos do desterro. Quem poderá negar que muito mais padeceu a Senhora ao pé da cruz a morte do Filho do que podia padecer o Filho nos braços da Mãe o desterro de ambos? Estando em pé junto à cruz, tudo o que padecia o Filho no corpo padecia a Mãe na alma. E, deixados os encarecimentos, não só da conformidade recíproca, mas da identidade deste padecer, que consideram e celebram os santos, o que não admite dúvida é a fé do que profetizou Simeão: "E uma espada traspassará a tua mesma alma" (Lc 2,35) — e se os fios da mesma espada trespassavam o coração de ambos, vede se o preço da Redenção se pagou só à custa do Filho! Por isso a teologia à boca cheia não duvida conceder à Mãe o título de Corredentora. Mas passemos do Calvário ao desterro. Cristo, Redentor nosso, como por amor de nós, não só se quis fazer homem, senão também menino, na idade da infância, em que sucedeu o desterro, só tinha o conhecimento e sentimento das coisas que costumam ter os meninos naquela idade[3]. Isto se entende, não das ciências sobrenaturais, com que conhecia tudo, mas da ciência natural aquisita, que é a que naturalmente influi nos atos do sentimento. E daqui se segue que o soberano Menino não sentiu o seu desterro, nem o da Mãe, porque o não conhecia. Ambos saíam de Nazaré e perdiam a pátria, mas o Menino nem conhecia a pátria nem a perda. E porque o conhecimento dos males é a medida do sentimento deles, esta foi a manifesta e suma diferença da Mãe no sentimento das penas do Calvário. E já pode ser que este fosse o mistério com que a Senhora junto à cruz se chama Mãe e mulher, e o Menino no desterro só se chama Menino, e não filho. A senhora junto à cruz, Mãe e mulher: "Estava em pé junto à cruz de Jesus sua Mãe; mulher, eis aí teu filho" (Jo 19,25s) — e o Menino no desterro, só Menino, e não filho: "Toma o menino, e sua Mãe" (Mt 2,13). — E por quê? Porque a Senhora na cruz sentiu as penas do Filho, como Mãe, pelo afeto do sangue, e como mulher, pelo conhecimento e reflexões da idade; porém o Menino no desterro, nem como Filho sentia a peregrinação da Mãe, nem como Menino a sua, porque nem uma nem outra conhecia. Esta é a primeira razão ou resposta da nossa dúvida, não menos qualificada que com a autoridade do sapientíssimo Abulense.

Agora direi eu a minha. Digo que o preço da Redenção com que a Senhora, por meio do seu desterro, remiu e salvou o Filho das mãos de Herodes, todo foi à custa da mesma Mãe, e nada do Filho, porque só a Mãe foi a desterrada, e o Filho não. Mas como pode isto ser, se a mesma Mãe, partindo e caminhando para o desterro, levou o Filho em seus braços? Por isso mesmo. A Senhora, saindo de Nazaré, desterrou-se, porque Nazaré era a sua terra e a sua pátria; porém o Filho, sendo levado nos braços da Senhora, não se desterrou, porque a terra e pátria do Filho de Deus e da virgem é a mesma virgem de quem nasceu. Haverá quem nos diga e prove isto? Sim, e não menos que o pai ou avô de ambos, Davi: "Vós, Senhor" — diz Davi falando com Deus — "fizestes bendita a vossa terra" (Sl 84,1). — Toda esta terra em que vivemos é de Deus, mas depois do pecado de Adão não é terra bendita, senão maldita: "Maldita seja a terra por tua causa" (Gn 3,17). — Que terra logo é esta bendita, a quem Davi chama terra de Deus? É aquela a quem disse o anjo: "Bendita és tu entre as mulheres" (Lc 1,28) — e a quem disse Isabel:

"Bendita és tu entre as mulheres, e bendito é o fruto do teu ventre" (Ibid. 42). — E por que razão a bendita entre todas as mulheres, que é a Virgem Maria, se chama terra de Deus: "Tua terra"? Porque depois que Deus nasceu nela e dela, ela é a sua terra e a sua pátria: "Tua terra, isto é, a beatíssima Virgem" — diz Hugo de Santo Caro[4]. E como a bendita e benditíssima Virgem era a terra e pátria de seu Filho, nesta jornada ao Egito a Mãe foi a desterrada, e o Filho não. A Mãe a desterrada, porque deixou a sua terra, que era Nazaré; mas o Filho de nenhum modo desterrado, porque levava a sua terra consigo, ou a sua terra o levava a ele: "Tua terra".

Não sei se reparastes bem em uma coisa, que cada dia repetimos, e é chamar-nos a Igreja "os desterrados filhos de Eva". — Nós não só somos filhos de Eva, senão de Eva e de Adão; e não só Eva foi desterrada do paraíso, senão também Adão, e juntamente com ela. Pois, se o pai e a Mãe ambos foram desterrados, nós, que somos filhos de ambos, por que havemos de ser os desterrados filhos de Eva, e não os desterrados filhos de Adão? Porque falaria muito errada e muito impropriamente quem de outro modo nos chamasse. É verdade que Adão e Eva ambos foram lançados do paraíso, mas a desterrada só foi Eva, Adão não. E por quê? Porque Eva foi criada no paraíso; Adão não, senão fora dele. E como Eva foi criada no paraíso, quando Deus a lançou do paraíso, então verdadeiramente foi desterrada; e por isso nós propriamente somos os desterrados filhos de Eva. Pelo contrário, Adão, quando foi lançado do paraíso, tão fora esteve de ser desterrado que então é que tornou para a sua terra, como o mesmo Deus lhe disse: "Torne para a terra de que foi formado" (Gn 3,19).

Não pode haver história nem profecia mais própria do nosso caso. A terra de que foi formada a humanidade do segundo Adão, Cristo, foi a terra bendita e virginal da sempre Virgem Maria: "Terra da qual foi formado". — Pois, assim como sendo lançados do paraíso Adão e Eva, Eva só foi a desterrada, porque saiu da sua pátria, e Adão não foi desterrado, porque, indo para a terra de que fora formado, foi para a sua terra, assim na jornada do Egito, a Mãe e o Filho ambos saíram de Nazaré, mas só a Mãe, como segunda Eva, foi desterrada, e o Filho, como segundo Adão, não, porque a Mãe deixou a terra em que tinha nascido, e o Filho levava consigo, ou era levado, da terra donde nascera: "Terra da qual foi formado".

§ VII

Respondidas por esse modo as dificuldades, e não só satisfeitas e desfeitas as objeções, mas convertidas todas em vantagens, bem provada parece que fica a verdade do nosso assunto, e quão comprida e superabundantemente pagou a virgem, Senhora nossa, por meio do seu desterro, as finezas que devia ao Filho no singular privilégio da sua puríssima Conceição. E se dermos um passo adiante sobre este mesmo fundamento, com verdade não menos evidente podemos inferir que não só ficou a dívida, de que era acredor o Filho, paga e satisfeita, mas o mesmo Filho novamente endividado e dobradamente devedor à Mãe. Com elegante apóstrofe, disse S. Metódio à Virgem Maria que, devendo todos a Deus tudo quanto têm, só ela tem sempre por devedor ao mesmo Deus: "Ótimo! És aquela que sempre tens Deus por devedor"[5]. — A razão natural deste dito é fundada naquela certa filosofia, com que disse Aristóteles que aos pais ninguém pode pagar o que deve, porque lhes devemos o ser e a vida. E daqui se segue que, pelo benefício e efeito do desterro sobre o da Encarnação, ficou o Filho de Deus e da Virgem duas vezes obrigado a sua Mãe, e dobradamente devedor seu, como dizia, porque o ser e a vida que uma vez lhe tinha dado pela Encarnação, livrando-o por meio do seu desterro das mãos de Herodes, lha tornou a dar outra vez, como se outra vez o gerara.

Prove o pai o que dizemos da Mãe. Falando o Eterno Pai com o mesmo Filho seu e da virgem no salmo segundo diz, que é seu Filho e que o gerou hoje: "Tu és meu filho, eu te gerei hoje" (Sl 2,7). — A palavra hoje significa dia determinado, e não há dúvida que fala do dia da Encarnação, porque o mesmo Verbo que o Pai tinha gerado "desde toda a eternidade" enquanto Deus, naquele dia o gerou temporalmente enquanto homem. E isto se confirma claramente de tudo o que o mesmo Pai continua a dizer no mesmo salmo. Mas não para aqui a significação da mesma palavra hoje, porque S. Ambrósio, S. Hilário, S. João Crisóstomo, e outros graves expositores, dizem que não só significa determinadamente o dia da Encarnação, senão também o da Ressurreição. Têm por si o texto do apóstolo S. Paulo, o qual depois de referir as mesmas palavras "Eu hoje te gerei", acrescenta que, quando Deus "tornou a introduzir a seu Filho no mundo, mandou a todos os anjos que o adorassem" (Hb 1,6). — De sorte que duas vezes introduziu o Eterno Pai a seu Filho neste mundo: a primeira vez no dia da Encarnação, em que lhe deu o ser e vida de homem, e outra vez no dia da Ressurreição, em que depois de morto lhe tornou a dar o mesmo ser e a mesma vida. E em ambos e cada um destes dois dias diz o mesmo Pai que gerou a seu Filho: "Eu hoje te gerei" — porque o livrá-lo da morte no dia da Ressurreição foi como se outra vez o gerara. Isto é o que o Pai diz de si, e isto mesmo o que eu digo da Mãe. O pai, quando livrou a seu Filho da morte por meio da Ressurreição, diz que o gerou outra vez; e se o Pai gerou outra vez a seu Filho quando o livrou da morte por meio da Ressurreição, quem negará que também a Mãe gerou outra vez ao mesmo Filho, quando o livrou da morte por meio do seu desterro? Não há dúvida que, assim o pai como a Mãe geraram segunda vez ao mesmo Filho, porém a Mãe com maior propriedade e maior vantagem, porque não só o livrou como Mãe, mas como Mãe antecipadamente preservada do original pelo mesmo Filho. O pai livrou-o da morte depois de morto; a Mãe livrou-o antecipadamente para que não morresse. Assim havia de ser para que a paga do desterro se ajustasse em tudo à dívida da Conceição.

Logo, não só Cristo ficou pago, senão devedor, como eu inferia, e dobradamente devedor. Uma vez devedor do ser e da vida, que lhe deu a Mãe pela Encarnação, e outra vez devedor da mesma vida, que lhe salvou e remiu pelo desterro. S. Bernardo, considerando que Deus o criou e que Deus o remiu, confessa que duas vezes se deve a si mesmo e duas vezes todo a Deus: "Se todo me devo pelo fato de ser criado, o que acrescentarei pelo fato de ser restaurado?"[6]. — Já o tinha dito antes Santo Ambrósio, convencido da mesma consideração com que também nos convence: "Portanto remido pelo Senhor, és servo porque foste criado, és servo porque foste remido; e assim deves a servidão ao Senhor e também ao redentor"[7]. Criado e remido por Deus, sois de Deus porque vos criou, e sois de Deus porque vos remiu; e por estes dois títulos vos deveis duas vezes a Deus, uma vez como Criador e outra como Redentor. — Ó virgem gloriosíssima do desterro, sempre gloriosa a credora de vosso Filho, mas dobradamente quando desterrada. Tudo o que os homens somos obrigados a confessar que devemos a Deus é obrigado o mesmo Deus a confessar que vos deve a vós: na Encarnação devedor vosso, porque o criastes; no desterro, outra vez devedor vosso, porque o remistes; na Encarnação, Mãe do Criador; no desterro, Redentora do Redentor.

§ VIII

Assim endividou a Mãe de Deus a seu Filho quando lhe pagou com o desterro o que lhe devia na Conceição. Mas não só o endividou a ele, senão também a todos nós. E por quê? Porque, quando por meio do seu desterro foi Redentora do Redentor, foi também Redentora de todo o gênero humano. Funda-se esta proposição em uma teologia certa, que melhor que todos declarou S. Pedro Crisólogo: "Cristo teria anulado toda a causa de nossa salvação se tivesse permitido ser morto quando criança"[8]: que se Cristo morrera nesta idade em que Herodes o queria matar, juntamente pereceria a Redenção do mundo e a salvação do gênero humano. — Assim é, ou assim seria, porque ainda que a morte do Filho de Deus em qualquer tempo e em qualquer idade era preço mais que abundantíssimo para a Redenção do gênero humano, contudo, como a Santíssima Trindade tinha decretado de não aceitar em seu resgate senão a morte de cruz e tudo o mais que o Senhor padeceu, sendo os decretos de Deus imudáveis, qualquer destas condições que faltasse ficava a Redenção do mundo frustrada. E que fez a Virgem Maria por meio do seu desterro? No efeito salvou a vida do Filho e na causa salvou a de todos: no efeito salvou o Redentor e na causa salvou a Redenção, a qual pereceria se ele então morresse: "Teria anulado toda causa de nossa salvação". — Donde se segue que, assim como o Filho lhe deveu a sua redenção, assim nós lhe devemos a nossa; e assim como pelo seu desterro foi a Senhora Redentora do Redentor, assim pelo mesmo ato foi Redentora também de todo o gênero humano.

No mesmo Egito, para onde a Senhora foi desterrada, temos a prova. Quando José declarou a el-rei Faraó o mistério dos sonhos, e não só ensinou, mas executou o remédio com que nos sete anos da fartura se havia de fazer a prevenção para os outros sete da fome, mudou-lhe o mesmo Faraó o nome, e mandou que dali por diante fosse chamado, na língua egipcíaca, Salvador do mundo: "Mudou-lhe o nome, e o chamou, na língua egipcíaca, Salvador do mundo" (Gn 41,45). — Não reparo na mudança do nome, mas na grandeza dele sim, porque, ainda que a ação e indústria o merecia grande, parece que não se estendia a tanto. Se livrou da fome ao Egito, chame-se Salvador do Egito; mas Salvador do mundo todo, por quê? A Escritura o declara logo, e é a razão tão cabal como admirável ao nosso propósito: "Todas as províncias vinham ao Egito para comprar alimentos e moderar os males da carestia". Foi a fome tão universal em todo o mundo, que todas as províncias vinham ao Egito buscar o remédio da vida; e como a prevenção de José, não só proveu do mantimento ao Egito, senão a todas as províncias do mundo, por isso com muita razão se chama, não só salvador do Egito, senão do mundo todo. Enquanto livrou da fome ao Egito, salvador do Egito; e enquanto o Egito livrou da fome ao mundo, salvador do mundo. É tão semelhante a consequência de caso a caso, que quase não tem necessidade de aplicação. Enquanto a Virgem Maria, por meio do seu desterro, salvou a vida do Salvador, foi Salvadora do Salvador. Mas enquanto da vida do mesmo Salvador naquela idade dependia, como de causa, o salvar-se ou não o gênero humano: "Teria anulado toda causa da salvação se tivesse permitido ser morto quando criança" — não só foi Salvadora do Salvador, senão Salvadora também de todo o gênero humano. E assim como o Filho deveu ao seu desterro a vida, assim o gênero humano, que somos nós, lhe devemos também a salvação.

§ IX

Suposto, pois, o conhecimento — que para muitos será novo — desta grande e universal mercê de que somos devedores à Senhora do Desterro ou ao desterro da Senhora, resta por fim — para darmos bom e proveitoso fim ao sermão — saber o modo com que poderemos pagar ou quando menos agradecer uma dívida que tão particularmente toca a cada um como a todos. E porque o melhor e mais agradável obséquio que podemos fazer à Mãe de Deus, e a melhor e mais verdadeira devoção com que podemos venerar seus sagrados mistérios é a imitação do que obrou neles, digo que o que devemos oferecer à Senhora desterrada, em memória do seu desterro, é fazermos também deste mundo o nosso Egito e o nosso desterro, e vivermos nele como desterrados.

Até os gentios souberam dizer que "para o homem de valor todo o mundo é pátria"[9] — e se há nação no mundo para a qual o mesmo mundo seja pátria, somos nós. O primeiro fundador de Portugal e pai de todos os Portugueses foi Tubal, que quer dizer *mundanus*, homem de todo o mundo, e tal foi a bênção ou herança que deixou a todos seus filhos: uns na Europa, outros na África, outros na Ásia, outros nesta América, enfim, todos divididos nas quatro partes do mundo, como cidadãos do universo, para que nenhum português cuide que basta para satisfazer à obrigação e devoção que digo só com estar fora e longe de Portugal, pois, em qualquer parte do mundo está na sua pátria. Que remédio logo para pagarmos à Senhora do Desterro o que devemos ao seu com o nosso? Disse discretissimamente Sêneca que quem tem todo o mundo por pátria não pode ser desterrado, porque para qualquer parte do mundo que o levem, sempre vai para a sua pátria: "Não posso deixar a minha pátria. Uma só é de todos e além dela ninguém pode ser desterrado. A qualquer terra que vou, vou à minha terra. Nenhuma é exílio, mas é segunda pátria"[10]. — E como todo o mundo para nós é pátria, como poderemos pagar à Senhora do Desterro, também com o nosso desterro, o benefício e mercê tão grande que nos fez com o seu?

Respondo que sim, podemos, não já tendo o mundo todo por pátria, senão por desterro. Quem mais sábia e elegantemente que todos definiu e dividiu este ponto foi o maior juízo do seu século, Hugo Victorino, o qual diz assim: "O homem mimoso e fraco só ama e tem por pátria a terra em que nasceu; o forte e valoroso todo o mundo tem por pátria; o perfeito e cristão todo o mundo tem por desterro". Cada um destes três aplicaram variamente ao mundo o seu amor: "o primeiro fixou-o, o segundo espalhou-o, o terceiro extinguiu-o"[11]. — O primeiro fixou-o, porque o pôs em um só lugar, que é a terra onde nasceu; o segundo espalhou-o, porque o estendeu a qualquer parte do mundo; o terceiro extinguiu-o, porque nem alguma parte nem todo o mundo teve por pátria, mas todo e qualquer parte dele reputou por desterro. Este é o perfeito, e não estoico, mas heroico modo de viver o homem neste mundo sempre e em qualquer parte dele como desterrado. E este é também o obséquio e correspondência com que, imitando a Senhora do Desterro desterrada no Egito, podemos, senão pagar, ao menos agradecer com o nosso desterro o inestimável benefício da salvação do gênero humano, que nos assegurou com o seu.

Oh! que venturosa romaria seria esta do Desterro hoje, e que bem remunerados tornaríamos deste ermo, se todos levássemos uma firme resolução de viver daqui por diante como desterrados, conhecendo com viva fé que tudo o que é terra é desterro, e só o céu nossa verdadeira pátria! Ouçamos a S. Paulo, o qual, arrebatado ao céu, foi o único homem que viu a pátria antes de ser morador dela: "Não temos aqui uma cidade permanente, mas buscamos a futura" (Hb 13,14). Nenhum de nós tem ou pode ter na terra cidade ou pátria certa e permanente, porque todos imos caminhando para a futura, que é a pátria do céu. — E S. Basílio, ameaçando-o com o desterro um governador do imperador Valente: — Enganas-te — respondeu — se cuidas que me podes desterrar, porque eu não reconheço outra pátria senão a do céu; e este lugar, onde agora estou, e qualquer outro deste mundo, todos para mim são desterro. — Assim o refere S. Gregório Nazianzeno por estas palavras: "Estou livre de qualquer medo de exílio: reconheço que existe uma pátria de todos o paraíso, e olho a terra como um exílio da natureza comum a todos: crescendo portanto de uma pátria, não sou circunscrito pela terra de maneira alguma"[12]. — O mesmo nome de pátria nos está ensinando que só o céu o pode ser. E por quê? Porque o nome de pátria é derivado do pai, e não da mãe: a terra em que nascemos é a mãe que nos cria; o céu para que somos criados é o lugar do Pai que nos dá o ser; e se a pátria se derivara da terra, que é a mãe que nos cria, havia-se de chamar mátria, mas chama-se pátria, porque se deriva do pai que nos deu o ser e está no céu. E se para sermos filhos de tal Pai é necessário que só o céu tenhamos por pátria, assim, para sermos dignos servos da Mãe deste mesmo pai, é necessário que tenhamos toda a terra por Egito e por desterro.

Oh! que mal entendida é a nossa vida, que mal entendidos os nossos cuidados, e que mal entendida a nossa pouca fé e o nosso pouco entendimento! A terra, que é um desterro cheio de tantos trabalhos, de tantas misérias, de tantas desgraças, de tantos desgostos, onde não há um dia nem uma hora isenta de aflições e moléstias, essa nos leva todo o amor e todos os pensamentos, como se fora a verdadeira pátria. E o céu, que é a pátria de todos os bens, de todas as felicidades, de todas as delícias, de toda a bem-aventurança, onde não há nem pode haver sombra de mal ou de pena, em vez de ser a nossa perpétua saudade e o nosso contínuo cuidado, não só vivemos tão esquecidos dela, e tão pouco desejosos, antes temerosos do dia em que havemos de ser chamados, como se fora para o mais triste desterro. A virgem desterrada, a cuja presença, quando entrou no Egito, caíram todos os ídolos, se sirva de desterrar de nossos corações esta falsa e cega idolatria com que o mundo nos traz enganados para que o adoremos, e com um raio de viva fé alumie a cegueira e ignorância de nossos entendimentos, para que conheçamos que tudo o que é terra é desterro, e só o céu, para que fomos criados, a nossa verdadeira e bem-aventurada pátria: "À qual nos conduza o Senhor Jesus". — Amém.

SERMÃO DA
Terceira Dominga Post Epiphaniam

Na Sé de Lisboa.

"Se tu queres, podes."
(Mt 8,2)

Trata-se mais de uma conferência do que de uma homilia, embora repleta de referências bíblicas e outras. O esqueleto deste corpo parece árido, mas é revestido de muitos saberes saborosos. O querer e o poder divididos, nada são; unidos, são tudo! Ajustar o querer com o poder, disso depende toda a felicidade humana. Quem quer mais do que lhe convém perde o que quer e o que pode. Quem está pagando continuamente os desmandos do querer desajustado com o poder é a gente comum. Praticamente, a primeira diligência para o ajustamento entre poder e querer é que cada um meça o seu poder. O poder e o modo de poder, porém, são duas coisas muito diversas. Os três modos de bom ajustamento são: ou querer somente o que posso, assim é Deus: pode quanto quer; ou querer mais do que posso, deste modo se destrói o poder e também o querer; ou querer menos do que posso, este modo não só está livre dos perigos do segundo, mas excede com grandes vantagens as mesmas conveniências do primeiro. Deus tudo faz com conta, peso e medida, porque só a ele sobeja sempre o poder para quanto quiser.

§ I

O querer e o poder, se divididos, são nada, juntos e unidos são tudo. O querer sem o poder é fraco, o poder sem o querer é ocioso, e deste modo, divididos, são nada. Pelo contrário, o querer com o poder é eficaz, o poder com o querer é ativo, e deste modo, juntos e unidos, são tudo. Assim considerava o querer e poder de Cristo, certo do seu poder e duvidoso do seu querer, um homem pobre e enfermo, o qual na história do presente Evangelho, prostrado a seus divinos pés, lhe pediu que o remediasse, dizendo que, se quisesse, podia: "Se tu queres, podes" (Mt 8,2).

Grande miséria é, não digo já da incredulidade, mas da estreiteza do coração humano que, confessando os homens a Deus o poder, lhe duvidem da vontade; mas ainda é maior miséria e cegueira que não falte quem até o poder lhe duvide. Outro necessitado, que também pediu a Cristo a saúde, não para si, mas para um filho, o que disse ao mesmo Senhor foi: "Se podeis alguma coisa, ajudai-nos" (Mc 9,21). — Ambos estes homens procuraram o remédio, ambos o pediram, ambos o duvidaram e, se bem considerarmos o que disseram, ambos ofenderam a Cristo. O primeiro falou com pouca, o segundo com menos, e nenhum com inteira fé. E que faria o benigníssimo Senhor, assim rogado e ofendido? Um lhe duvidou o querer: "Se queres" — outro lhe duvidou o poder: "Se podeis alguma coisa" — e a ambos mostrou que podia e queria. Ao que lhe duvidou da vontade disse: Quero e posso; ao que lhe duvidou do poder disse: Posso e quero — e a ambos despediu satisfeitos com o remédio que desejavam.

Oh! que grande ventura é requerer diante de um príncipe que quer e pode! Assim seria também a maior de todas as desgraças esperar o remédio de algum tão pouco poderoso que não possa e de tão má vontade que não queira. A Augusto César disse Marco Túlio prudente e elegantemente que a natureza e a fortuna lhe tinham dado, uma a maior e outra a melhor coisa que podiam para fazer bem a muitos. "Nem a tua fortuna tem algo maior que o poder, nem a tua natureza tem algo melhor que o querer salvar a muitíssimos"[1]. — A maior coisa que pode dar a fortuna a um príncipe é o poder, e a melhor que lhe pode dar a natureza é o querer, para poder e querer fazer bem a todos. Ambas estas excelências de supremo Senhor concorreram em Cristo no grau mais heroico. E se nelas teve alguma parte a fortuna, não foi a sua, senão a nossa. O poder e o querer, tudo em Cristo é natureza, como composto inefavelmente de duas: como Deus, todo-poderoso, como homem, todo benévolo; e uma e outra coisa logrou hoje com inteira experiência aquele homem de meia fé, que disse: "Se tu queres", podes. — A estas duas palavras respondeu o Senhor com outras duas. Ao "Se tu queres" disse "quero", ao "Podes" disse "purificai-vos", e em ambas lhos ensinou que não só podia, como a sua fé confessava: "podes" — senão que também queria, como a sua esperança duvidava: "Se tu queres".

Desta maneira declarou em uma mesma ação Cristo, Senhor nosso, quão alta e prontamente estão unidos para nosso remédio na sua onipotência o poder, e na sua vontade o querer. E porque eu quisera que esta união tão maravilhosa, não só nos servira de documento para a fé senão também de exemplo para a imitação, de todo o largo Evangelho escolhi só aquelas duas palavras: "Se quereis, podeis". — Mas como o poder e querer só naquele supremo Senhor, que pode quanto quer, são iguais e, pelo contrário, no homem o poder é pouco e limitado e o querer sempre insaciável e sem limite, como se poderá na contrariedade desta discórdia achar algum meio de união? Reconheço a dificuldade, mas por isso será ela todo o emprego do meu discurso. "Se quereis, podeis": sobre estas duas palavras, consideradas variamente por todos os modos com que se podem combinar, veremos como se há de ajustar o querer com o poder e o poder com o querer. É uma das mais importantes matérias que se deve ensinar ao mundo, e de que depende toda a felicidade humana. Deus me assista com sua graça. *Ave Maria*.

§ II

Se buscarmos com verdadeira consideração a causa de todas as ruínas e males do mundo, acharemos que não só a principal, senão a total e a única, é não acabarem os homens de concordar o seu querer com o seu poder: "Se quereis, podeis". — A raiz deste veneno mortal, nascida, não só na terra, senão também no céu, é a inclinação natural com que toda a criatura dotada de vontade livre, não só apetece sempre ser mais do que é, senão também querer mais do que pode. Que quis o anjo do céu e que quis o homem no paraíso? Ambos quiseram ser como Deus. Menos me admiro das suas vontades que dos seus entendimentos. Vem cá, Lúcifer, vem cá Adão: tu anjo, e o mais sábio de todos os anjos, tu homem, e o mais sábio de todos os homens, não entendeis e conheceis com evidência que não podeis ser como Deus? Pois, como apeteceis o que não podeis? Porque tal é a cegueira de um entendimento ambicioso e a ambição de uma vontade livre. Há de querer mais do que pode, ainda que conheça que é impossível. O poder ou poderes do homem eram sobre todos os peixes do mar, sobre todas as aves do ar e sobre todos os animais da terra; o poder e poderes do anjo eram sobre a terra, sobre o mar, sobre o ar, sobre o fogo, e não só sobre todos os elementos, mas também sobre todos os corpos celestes, e sobre todos os astros e seus movimentos. E porque ainda havia no mundo outro poder maior, posto que este fosse de Deus, nem o anjo nem o homem se contentaram com poder o que podiam. E que se seguiu daqui? A ruína universal do mundo, a ruína da terceira parte dos anjos e a ruína de todos os homens.

Mas deixados os anjos, que não são capazes de emenda, falemos com os homens, que se podem emendar, se quiserem. Começando pelos maiores corpos políticos, que são os reinos, qual é a causa de tantos se terem perdido, de que apenas se conserva a memória, e outros se verem tão arruinados e enfraquecidos, senão o apetite desordenado e cego de quererem os reis mais do que podem? Daqui se seguem as guerras e a ambição de novas e temerárias empresas, como as de Membrot[2]; daqui as fábricas de edifícios magníficos e insanos, como a Torre de Babel; daqui a prodigalidade de excessivas mercês, amontoando em um o que se tira a todos, como as de Assuero em Amã; daqui as festas e jogos públicos, com aparatos mais monstruosos que extraordinários, sem outro fim que a falsa ostentação e vaidade do que não há nem é. E quando as despesas de tudo isto deveram sair do que sobejasse nos erários e tesouros reais, que será onde se veem tiradas e espremidas todas do sangue, do suor e das lágrimas dos vassalos, carregados e consumidos com tributos sobre tributos, chorando os naturais para que se alegrem os estranhos, e antecipando-se as exéquias à pátria por onde se lhe devera procurar a saúde? Salomão foi o rei que em todo o seu reinado gozou da mais alta e segura paz de quantos houve dentro e fora de Israel; mas foi tal a guerra que ele fez à sua mesma corte e reino com os prodigiosos espetáculos de grandeza e majestade, cuja fama trazia a Jerusalém todas as nações do mundo, que o mesmo Salomão foi o que destruiu o que tanto enobreceu e exaltou, e não por outra razão ou defeito, senão porque, sendo mais poderoso que todos, se não contentou com o que podia. A prata no seu tempo, diz a Sagrada Escritura que era tanta em Jerusalém como as pedras da rua, e neste mesmo tempo eram tantos, tão multiplicados e tão excessivos os tributos com que o glorioso e miserável povo sustentava a fama de ser chamado seu um tal rei que, não podendo suportar um peso tão intolerável, com que em toda a vida os oprimiu e nem na morte os aliviou, a primeira coisa que pediram a seu sucessor, Roboão, foi a suspensão e remédio destas opressões. Mas como o filho, que se não contentava com menos que poder ainda mais que seu pai, não desse ouvidos a uma tão justificada queixa, rebelados os mesmos vassalos, lhe negaram a obediência, e de doze tribos, de que constava o reino, perdeu em um dia dez, as quais nem nos dias de Roboão, nem de todos seus descendentes, se uniram ou sujeitaram jamais à mesma coroa.

E se este natural apetite de quererem os homens sempre mais do que podem nem na soberania dos que podem tudo se farta, que será daí a baixo, desde os maiores entre os grandes até os mínimos entre os pequenos? O oficial pode viver como oficial, e quer viver como escudeiro; o escudeiro pode viver como escudeiro, e quer viver como fidalgo; o fidalgo pode viver como fidalgo, e quer viver como título; o título pode viver como título, e quer viver como príncipe. E que se segue deste tão desordenado querer? O menos é que, por quererem o que não podem, venham a não poder o que podiam. Quanto sobe violentamente o querer para cima, tanto desce sem querer o poder para baixo. Ouvi o que agora direi como provérbio: Quem quer mais do que lhe convém, perde o que quer e o que tem. Simão Mago apelidou um dia todo o povo romano para o verem subir ao céu; e verdadeiramente à vista de todos começou a voar. Orou porém S. Pedro sem se levantar da terra, e a sua oração derrubou das nuvens ao mago, com tal queda que, desconjuntados e quebrados todos os ossos, desde os joelhos até os pés, totalmente ficou inábil para poder dar um passo. Justo castigo, mas parece que desigual a tamanha maldade. Este mago, para que o seguissem os judeus, fingia-se Messias, e para que o adorassem os gentios, fingia-se Júpiter; e um delito composto de tantos delitos tão enormes, tão ímpios, tão sacrílegos e blasfemos, porque o não castigou Deus com lhe tirar logo a vida, senão com o privar somente do uso dos pés? Excelentemente S. Máximo: "De modo que aquele que, pouco antes, tentara voar subitamente não podia andar, e o que assumira as penas perdia os pés"[3]. Não se contentou Simão com os pés que Deus e a natureza lhe tinham dado para andar, e quis asas para voar; pois fique privado não só das asas, para que não voe, senão também dos pés, para que não ande. E para que mais? Para que este exemplo e desengano seja um público pregão a Roma, e a todo o mundo, que quem quer poder mais do que lhe convém, perde o que quer e o que tem.

No Testamento Velho, el-rei Baltasar porque quis mais do que podia "Achou-se que tinha menos do peso" (Dn 5,27). — E donde veio este menos, senão daquele mais? "Esperastes o mais, e eis que vos veio o menos" (Ag 1,9) diz o profeta Ageu. No Testamento Novo, o Filho Pródigo, porque no gastar e alardear quis o que não podia nem pedia o estado de filho, veio a pedir por misericórdia a fortuna de criado: "Faze-me como um dos teus trabalhadores" (Lc 15,19). — Quantos vieram a servir porque quiseram ser mais servidos, ou servidos de mais do que podiam manter? Se apenas podeis sustentar um cavalo com uma mochila, por que haveis de ter uma carroça com oito lacaios? Um é afeiçoado à caça, e quando os cães andam luzidios e anafados, ver-lhe-eis os criados pálidos e mortos à fome. O outro é prezado ou picado de pinturas, e quando ele, com falso testemunho ridículo, chama aos seus quadros originais de Ticiano, os pajens e os lacaios são verdadeiramente cópias de Lázaro. Que direi do que, para sair um dia aos touros e ostentar cinquenta lacaios vestidos de tela, empenhou o morgado e as comendas por muitos anos? As sortes seriam quais quis a ventura; mas a pior e mais certa foi a da pobre casa. Ele poderia ter um dia de Páscoa, mas ela há de jejuar dez anos de quaresma. Eis aqui o que vêm a não poder os que querem mais do que podem. Com essa mal considerada vaidade, que é o que adquiristes ou o que perdestes? Perdestes a felicidade de não pedir, perdestes a liberdade de não dever, perdestes o descanso de não pagar, e o que adquiristes com o que tínheis, e com o que não tínheis, foram as invejas dos amigos, as murmurações dos sisudos, as perseguições dos acredores e a desgraça e mau conceito dos mesmos príncipes, a quem quisestes lisonjear e servir, porque, como vos há de fiar a sua fazenda quem assim vê que esperdiçais a vossa?

§ III

Mas isto passe embora, porque é dano particular. O mau é que, para restaurar estes desmanchos, que sempre se devem e nunca se pagam, quem os está continuamente pagando por vários modos é o comum. O oficial de pena, a cujos rasgos mede o regimento as regras e conta as letras, se ele quer gastar sem conta e sem medida, que há de fazer? Troca as suas penas com as dos gaviões e minhotos, e não há ave de rapina que tanto leve nas unhas. O letrado ou julgador, cuja autoridade constava antigamente de uma mula mal pensada com sua gualdrapa preta, se hoje fora de casa há de sustentar a liteira e dentro as alfaias que lhe respondem, não bastando os ordenados para a terceira parte do ano, quem há de suprir a despesa das outras duas partes, senão as partes e a justiça? O que entre fumos de nobreza e fidalguia vive à mercê da sua herdade, a qual, quando as novidades não mentiam, só dava para sarja no verão e baeta no inverno, agora que já às lãs se não sabe o nome, de que se há de vestir, sendo o galo da sua aldeia, senão das penas dos que podem menos? O mercante, que tomou os assentos ou contratos reais de público, e se contratou de secreto com os zeladores da fazenda do mesmo rei, de que modo se há de soldar quando se vê quebrado, senão com o soldo e fardas dos miseráveis soldados, tornando a comprar os já comprados ministros, para que lhe subam os preços e ajuste as quebras? Infinita coisa seria se houvéssemos de discorrer por todos os estados, assim da paz como da guerra, com que a fazem cruel à república os mesmos que tinham obrigação de a defender. Com razão disse Sêneca que "A riqueza se faz de muitas pobrezas"[4] — porque, para enriquecer um homem, se empobrecem outros e, para se levantar ou ressuscitar uma casa, se arruínam e sepultam muitas. Os empenhos do morgado tirá-los-á o governo, o cativeiro das comendas remi-lo-ão as pensões; e se a limitação dos ordenados não abrange a tanto, estendê-la-ão sem limite os desordenados. O que não pode pagar a gineta, pagá-lo-á a companhia; o que não pode pagar o bastão, pagá-lo-á o exército; o que não pode pagar Portugal, pagá-lo-á o Brasil, pagá-lo-á a África, pagá-lo-á a Índia. E para que poucos que querem mais do que podem sejam flagelos, assolação e raios das quatro partes do mundo, se lhes dará licença por escrito para que possam quanto quiserem.

Lembra-me a este propósito um apotegma daquele famoso legislador dos gregos, Sólon: "Do luxo nascerá a tirania, enquanto o feno sobe aos chifres"[5]. Quer dizer a primeira parte que do luxo nascerá a tirania, péssima filha de mau pai. E, segundo os gemidos dos tiranizados, cujas serão estas tiranias, senão dos que eu vou falando? Todos querem mais do que podem, nenhum se contenta com o necessário, todos aspiram ao supérfluo, e isto é o que se chama luxo. Luxo na pessoa, luxo no vestido, luxo na mesa, luxo na casa, luxo no estrado, luxo nos filhos, luxo nos criados e criadas e, onde não basta o próprio, claro está que, ou por arte ou por violência, se há de roubar o alheio, que estas são mais ou menos descobertas as tiranias: "Do luxo nascerá a tirania". — E, por que não pareça dificultoso ou impróprio que de uma causa tão branda e tão deleitável, como o luxo, nasça um efeito tão duro e tão cruel, como a tirania, declara a primeira parte da sua sentença Sólon com a comparação da segunda, que verdadeiramente é subtilíssima: "Enquanto o feno sobe aos chifres". — O pasto com que se regala e se engrossa o touro, não é o feno brando, e para ele tão saboroso, que o come de dia e o torna a recomer de noite? Pois esse feno na testa do mesmo bruto é o que se converte naquelas duas pontas duras, fortes e agudas, que são o instrumento e as armas de toda a sua fereza. Lançai-o no corro, e vereis como a todos remete, a todos atropela, a uns bota para o ar, a outros pisa, a outros fere ou mata, e o que melhor livrou da sua fúria foi deixando-lhe a capa nas mesmas pontas. Se o luxo é o feno, quanto mais se come dele, e se gosta, e se rumina, tanto maiores serão as tiranias, e mais feros os estragos: "Enquanto o feno sobe aos chifres".
— Boa matéria se me oferecia agora para falar das durezas tão cruéis, e das agudezas tão sutis, e das armações tão bem armadas destas armas da tirania. Mas o dito bastará para que se entenda a verdade do fundamento que pus, ou supus, como primeira pedra deste tão importante discurso, e que a causa e raiz de todos os danos particulares e públicos que padecem as famílias, as comunidades e os reinos, e com que se está indo a pique o mundo, é não acabar o apetite, a ambição e a cegueira humana de tomar as medidas ao que pode e ajustar o seu querer ao seu poder: "Se tu queres, podes"

§ IV

Para reduzirmos à prática este tão necessário ajustamento, a primeira diligência que há de fazer todo o homem prudente de si para consigo, e sem paixão nem amor-próprio, é medir o seu poder. "Que homem há de vós" — diz Cristo — "o qual, se quer edificar uma torre, não lance suas contas primeiro, e considere muito devagar se tem cabedal bastante para levar a obra ao cabo?" (Lc 14,28). Porque do contrário se seguiria" — acrescenta o Senhor — "que, depois de ter lançado os alicerces, se não pudesse continuar a fábrica e pô-la em perfeição, se ririam todos dele, dizendo: Este homem pôde começar, mas não pôde acabar" (Ibid. 29s). — Se Cristo nestas palavras profetizara da nossa corte, não a pudera descrever melhor. Raro é o edifício grande em Lisboa que esteja acabado, nem pelos filhos e netos de seus primeiros fundadores. Assim o notam os estrangeiros, aos quais eu ouvi inferir, não sei se em louvor, se em descrédito da nossa nação, que sempre são maiores os nossos pensamentos que o nosso poder. O certo é que, de lhe não tomar as medidas antes de começar, incorremos a desaprovação e riso de todo o bom juízo humano: Este homem pôde começar, mas não pôde acabar.

A palavra "Este homem" mostra bem que neste primeiro exemplo falou o Senhor dos particulares; e por que não cuidem os reis que pela estimação de todo-poderosos ficam isentos desta regra, ajuntou logo o mesmo Mestre divino: "Ou que rei há que, havendo de pelejar em campanha com outro rei, não meça primeiro as forças de ambos os exércitos, e considere-se, sendo o seu meio por meio menor, se poderá defender com ele do inimigo?" (Lc 14,31). Mui alheia coisa é de toda a razão e prudência que estejam os reis tão mal inteirados do que podem e do que têm, que o mandem perguntar na ocasião aos tribunais da Fazenda. Mas nesta parte podem os antigos reis de Portugal ser exemplar a todos os do mundo. Tomara poder referir aqui todo o testamento de el-rei D. Sancho, o Primeiro[6], do qual se vê com admiração, não só o seu grande poder e riquezas naquele tempo, mas a notícia presencial e exatíssima de quanto possuía, e em que gêneros, e em que lugares, e em que mãos. Não deixarei contudo de apontar algumas verbas do mesmo testamento, pelo que toca à distribuição do dinheiro somente, não falando nas doações de vilas, lugares, e outras rendas.

Primeiramente — diz — mando que meu filho, Dom Afonso, suceda no meu Reino, e duzentos mil maravedis, que estão nas torres de Coimbra, e seis mil nas de Évora etc. Ao Infante D. Pedro, meu filho, quarenta mil maravedis, dos quais o Mestre do Templo tem em Tomar vinte mil, e os outros vinte o Mestre do hospital, em Beluer. Ao Infante D. Fernando outros quarenta mil, dos que estão nas Torres de Coimbra, outros tantos a meu neto D. Fernando. À minha filha, a rainha D. Teresa, quarenta mil maravedis, e duzentos e cinquenta marcos de prata, que estão em Leiria. E à infanta D. Dulce, minha neta, quarenta mil maravedis, e cento e cinquenta marcos de prata, que estão em Alcobaça. — Estes maravedis tinham tanto valor naquele tempo, que no mesmo testamento deixa o rei dez mil maravedis para se edificar um convento da Ordem de Císter, e outros dez mil para fundação de um hospital de leprosos. Vários vasos de ouro da casa e uso real manda que se desfaçam em cruzes e cálices, aplicados a diferentes Igrejas. A todas as catedrais, e outras de sua devoção, e a todos os mosteiros de religiosos e a todas as ordens militares deixa grossos legados apontando na mesma forma donde se hão de tirar. E finalmente, no do Sumo Pontífice, diz assim: De cento e noventa e cinco onças e meia de ouro, que tenho nas torres de Coimbra, se deem ao senhor Papa cem marcos. — Tão exata e tão miúda notícia tinha aquele bom rei dos seus tesouros, que nem meia onça de ouro lhe escapava da conta, sendo que aquelas onças tinham muito maior peso das que hoje entre nós têm o mesmo nome, pois em menos de duzentas onças, como consta da mesma verba, cabiam cem marcos. De sorte que no mesmo tempo estava o erário real junto e dividido: dividido, por ocasião das guerras interiores com os mouros, em diferentes torres do reino; e junto na memória e mente do rei, para saber por si mesmo quanto tinha e o que podia, e por isso não empreendeu guerra ou ação militar em que não fossem tantas as vitórias como as empresas. Oh! quanto pode, e sem opressões dos vassalos, o príncipe que se mede com o que pode! Não me posso abster, nem é justo neste passo, de referir a última cláusula do dito testamento, cujas palavras são estas: Dez mil e duzentos maravedis ficam nas minhas Torres de Coimbra e na minha arca, e estes são para restituições do que indevidamente houver tomado, e o que sobejar para cativos e pobres. De maneira que em um reino novamente levantado, e em tempo de tantas guerras, em que tanto se costuma tomar violentamente a todos, todas as restituições, a que a consciência deste rei duvidava escrupulosamente de poder estar obrigado, se podiam satisfazer com dez mil e duzentos maravedis, e sobejar ainda para cativos e pobres. Tanto pode outra vez, só com o seu, e sem o alheio, quem se sabe e quer medir com o que pode.

Mas que dirão, à vista deste exemplo, os que por não tomar as medidas ao que podem ou não podem, cuidam que podem tudo? Parece-me que os estou vendo retratados na precipitada arrogância dos filhos do Zebedeu. Perguntou-lhes Cristo se podiam beber o cálix que ele havia de beber: "Podeis vós beber o cálix que eu hei de beber?" (Mt 20,22). — E sem mais consideração ou exame do que eram perguntados, responderam: "Podemos". — Ora, já que dizeis que podeis beber o cálix, não me direis também qual é esse cálix e qual essa bebida? É tal que o mesmo Cristo, receoso de o poder beber, e tendo por mais possível o contrário, apelou para os possíveis da onipotência: "Pai, se é possível" (Mt 26,39). — Pois, se isto mesmo é o que vos perguntam se podeis, e nem sabeis o que podeis nem sabeis o que é, por que dizeis "Podemos"? Porque assim cuidam que podem tudo os que não consideram nem conhecem primeiro o que podem ou não podem.

Ainda depois de conhecidas as próprias forças pode um homem não poder o que pode, porque o poder e o modo do poder são duas coisas muito diversas. Quando Davi se ofereceu a sair ao desafio com o filisteu, disse-lhe el-rei Saul que não podia, porque o filisteu era gigante, e ele menino, o filisteu soldado exercitado nas armas, e ele não: "Não poderás resistir a este filisteu, nem combater com ele, porque tu és um menino, e este é um homem guerreiro desde a sua mocidade" (1Rs 17,33). — Contudo respondeu Davi que sim, podia, porque ele tinha experimentado as suas forças com os ursos e os leões, aos quais despedaçava e matava, e o mesmo faria ao gigante: "Assim também eu, teu servo, matei um leão e um urso" (Ibid. 36). — Ouvida a resposta e provado o poder de Davi com tão abonadas experiências, o mesmo Saul, o qual lhe dissera que não podia sair ao gigante, o vestiu de suas próprias armas para que saísse. Armado porém ele, e fazendo experiência das mesmas armas, disse que não podia assim andar: "Assim não posso andar". (Ibid. 39). — Pois Davi, se tão pouco há dissestes que podíeis, como agora dizeis que não podeis? Não diz Davi que não pode, mas diz que não pode daquele modo: "Assim não posso". — Medindo as forças do gigante com as dos ursos e dos leões diz posso; mas medindo o exercício das mesmas forças consigo carregado de armas diz não posso, porque não basta o poder para poder, se o impede o modo. O poder e mais o modo do poder é o que há de examinar e reconhecer primeiro quem quer saber se pode ou não pode.

§ V

Feito assim o exame do poder, e feito, como dizia, sem paixão nem amor-próprio, para ser bem feito, segue-se a eleição do querer, em que consiste todo o acerto e pode haver muitos erros. Ou eu posso querer somente o que posso, ou querer mais do que posso, ou querer menos do que posso. E como nestes três modos de ajustar o querer, ou igualando, ou excedendo, ou diminuindo, se pode alterar muito a devida proporção, vejamos pela mesma ordem qual será a mais acertada, e por isso mesmo a mais conveniente.

Quanto à primeira, de querer somente o que posso, é tão excelente e adequada esta proporção, que por um modo admirável parece se iguala o querer e poder humano com a vontade e onipotência divina. Qual é a excelência e soberania da vontade e onipotência divina? É que Deus pode quanto quer. Pois, se Deus pode quanto quer e eu quero só quanto posso, este é o caso, como diz Sêneca em outro, no qual pode o homem competir na felicidade com Deus. Porque se Deus pode quanto quer, eu também posso quanto quero, porque só quero quanto posso. Assim o notou com sutil e bem fundada advertência o douto e engenhoso autor da Arte da Vontade. É verdade que Deus pode fazer mais do que quer, mas também o homem pode querer mais do que pode, e a proporção do querer com o poder tanto consiste em Deus em se medir o poder divino com a vontade divina, como no homem em se medir a vontade humana com o poder humano. Daqui se segue que os muito poderosos e os que pouco podem, todos são iguais nesta felicidade em que se fazem tão semelhantes a Deus, porque se uns e outros se conformam e contentam com o que podem, nem o muito de uns é mais, nem o pouco de outros é menos, porque todos, dentro da medida do seu poder, têm tudo quanto querem. Oh! que ditoso e bem ordenado viveria universalmente o mundo se todos penetrassem o interior deste segredo, e não trespassassem o seu querer além das raias do seu poder!

Advirtam porém aqui principalmente os poderosos que o que dizemos do poder só se entende do que lícita e justamente se pode. O ilícito e injusto nunca se pode fazer, ainda que se faça. Mas é tal a jactância dos poderosos, e mais daqueles que cuidam que podem tudo, que tem por afronta do seu poder cuidar-se que tem limite o que podem. Assim como o juiz não pode exceder as leis do rei, assim o rei não pode exceder as da razão e justiça. A el-rei Creonte disse Medeia: "Se julgas, investiga; se reinas, comanda"[7]. Se obras como juiz, toma conhecimento da causa: mas se obras como rei, manda o que quiseres. — A segunda parte deste aforismo é tirada dos arquivos, não só da tirania, mas do ateísmo. E não só a seguem os reis, senão também os juízes. Pilatos era juiz com vezes de rei, porque era em Judeia locotenente do César; e vede o soberbíssimo conceito que tinha dos seus poderes. Como Cristo, Senhor nosso, acusado pelos judeus, não respondesse a uma pergunta que lhe fazia Pilatos, disse-lhe assim: "A mim não respondes?" (Jo 19,10). — "Não sabes que tenho poder para te crucificar, e que tenho poder para te livrar?" — Não, Pilatos, não sabe isso Cristo. Esse homem, que tens em pé diante de ti, é o mais sábio de todos os homens, e juntamente Deus, e nem como homem nem como Deus sabe o que dizes, porque dizes o que não é nem pode ser. Se esse homem é réu, não tens poder para o livrar, e se é inocente, não tens poder para o crucificar. E por quê? Porque, se é réu, não o podes absolver da culpa, e se não tem culpa, não lhe podes condenar a inocência. Mas quantos inocentes vemos condenados, e quantos culpados absolvidos, tudo pela falsa e arrogante ostentação dos que cuidam que podem tudo!

Ora, eu vos quero conceder o que não tendes, e, supondo convosco que verdadeiramente podeis tudo, ouvi agora o que ignorais e porventura nunca ouvistes. Cuidais que o poder tudo consiste em não haver coisa alguma a que senão estenda o vosso poder, e é engano manifesto. O poder tudo consiste em poder algumas coisas e não poder outras: consiste em poder o lícito e justo, e em não poder o ilícito e injusto; e só quem pode e não pode desta maneira é todo-poderoso. Não é paradoxo meu, senão verdade de fé divinamente explicada por Santo Agostinho. "Quantas coisas não pode Deus, e contudo é onipotente?" — E se não, dizei-me: Deus pode deixar de ser? Não. Deus pode mentir? Não. Deus pode enganar ou ser enganado? Não. Deus pode fazer alguma coisa malfeita? Não. Pois se Deus não pode tantas coisas, como é todo-poderoso? Por isso mesmo, diz Santo Agostinho: "Antes, é onipotente porque não pode estas coisas". — E a razão é porque o ser todo-poderoso consiste em poder umas coisas e não poder outras: em poder todas as que são lícitas e justas, e não poder nem uma só das que são ilícitas e injustas. Tanto assim, diz animosamente a águia dos Doutores, que se Deus pudesse estas coisas que temos dito que não pode, seria indigno de ser onipotente: "Por isso, se pudesse morrer, mentir, enganar e ser enganado, se pudesse agir iniquamente não seria digno de ser onipotente"[8].

Mas porque esta palavra "digno" parece que refere ou atribui à onipotência o merecimento, sendo assim que Deus goza a soberania de todos seus atributos, não por merecimento, senão por natureza, o que Santo Agostinho disse por estes termos, porque escrevia para os doutos, declararei eu mais, porque falo para todos. A harmonia dos atributos divinos é tão concorde, sem poder encontrar um ao outro, que esta recíproca conformidade não só passa a ser união, senão identidade entre si e com o mesmo Deus. E daqui vem que o atributo da onipotência não pode todas aquelas coisas que seriam contrárias aos outros atributos. Deus é sumamente bom e, se pudesse o mau, não seria suma bondade; Deus é sumamente justo e, se pudesse o injusto, não seria suma justiça; Deus é sumamente sábio e, se pudesse o errado, não seria suma sabedoria; Deus é sumamente verdadeiro e, se pudesse o falso, não seria suma verdade. Logo, para Deus ser digno de ser onipotente, e a mesma onipotência digna de ser sua, não só era decente, mas necessário que, podendo tudo o mais, não pudesse coisa alguma que fosse indigna de Deus. E daqui se convence, como argumenta em outro lugar o mesmo Santo Agostinho, que, se Deus pudesse tais coisas, seria menos poderoso, e que por isso as não pode fazer, porque é onipotente: "Se Deus não pode isso, ou mesmo se pudesse, seria menos poderoso; por isso não pode algumas coisas porque é onipotente".

Que dirão agora a isto os todo-poderosos do mundo? Se quereis ser onipotentes, podei somente o justo e lícito e não queirais poder o ilícito e injusto. Se assim o fizerdes, sereis onipotentes como Deus, e se não, serão os vossos poderes como os do diabo, que pode e faz muitas coisas que Deus não pode. Suposto, pois, que só se pode o que lícita e justamente se pode, quem nesta forma ajustar o seu querer com o seu poder, poderá quanto quiser, porque só quererá quanto pode. E para que acabeis de ver quanto tem de divina esta proporção do querer ajustado com o poder, notai por fim que Deus só pode fazer o que pode querer, de sorte que só pode obrar a sua onipotência o que pode querer a sua vontade. E se estas são as medidas do poder e querer imenso, poder só o que quer, por que se não contentará a limitação humana com querer só o que pode? Querei só o que podeis, e sereis onipotentes: "Verdadeiramente é onipotente" — conclui Agostinho — "quem pode quanto quer"; com tal condição, porém, "que só queira o bem-feito, e não queira o malfeito porque neste querer e não querer consiste a verdadeira onipotência"⁹.

§ VI

Até aqui temos visto a grande conveniência e excelência mais que humana da primeira proporção do querer com o poder, que é querer cada um somente o que pode. A segunda é dos que excedem esta medida, e querem mais do que podem, com os quais agora falaremos. E que lhes direi eu? Digo geralmente, senhores — porque os senhores são os que mais ordinariamente se não querem medir, ainda que seja consigo mesmos — que para desengano deste desejo, e emenda desta vaidade bastava só a consideração do erro que lhe hão de achar no fim e fora melhor atalhar no princípio. Considerai que, querendo mais do que podeis, não só destruís o vosso poder, senão também o vosso querer. Porque, se eu quero mais do que posso, claro está que hei de perder o que posso e não hei de conseguir o que quero. Pois, se no fim não haveis de poder conseguir o que quereis, para que é trabalhar e cansar debalde? Mas tal é a cegueira da ambição humana! Mais de duzentos anos depois do dilúvio, caminhando todos os homens que então havia e ainda se conservavam juntos, diz a Escritura Sagrada que vieram dar em uma grande campina, a qual os convidou, para quê? Não para a dividirem entre si, e a lavrarem e cultivarem, mas para edificarem nela uma torre que chegasse até o céu. Filo Hebreu diz que o intento desta fábrica foi para se livrarem nela de outro dilúvio, se acaso sucedesse; o certo, porém, é, como refere o mesmo texto, que quiseram levantar um tão soberbo e prodigioso edifício para celebrar e fazer famoso seu nome: "Façamos célebre o nosso nome, antes que nos espalhemos" (Gn 11,4). — Todas as famílias de que se compunha este ajuntamento eram setenta e duas; mas as razões que dificultavam a obra não tinham número. Vivia ainda entre eles Noé, já experimentado em grandes fábricas, o qual, como velho sisudo e pai de todos, não há dúvida que lhes proporia quantos impossíveis se envolviam na temeridade daquele pensamento. Se dizeis que os materiais desta torre hão de ser tijolos cozidos, não vedes que nem toda a terra vos pode dar barro para os amassar, nem lenha para os cozer? Depois de crescer a obra, como pode haver máquinas tão fortes e tão altas com que guindar os mesmos materiais até as nuvens? E dado que houvesse indústria e braços para tudo isto, não sabeis que, em chegando à terceira região do ar, frigidíssima, havíeis de morrer todos? Pois, se para vós levantais a vossa sepultura, e para a mesma torre fabricais as suas ruínas, por que quereis o que não podeis e por que trabalhais inutilmente no que não havéis de levar ao cabo? A mesma Escritura Sagrada nos diz altissimamente em uma palavra o porquê. Porque eram filhos de Adão: "O Senhor desceu para ver a cidade que os filhos de Adão edificavam" (Ibid. 5).

Ora, eu noto que mais certo parece estava chamarem-lhes filhos de Noé, que foi o segundo pai do gênero humano, e o era mais propriamente de todos os que ali se achavam. Pois, por que lhes chama o oráculo divino filhos de Adão, e não de Noé? Porque o nome de Adão tinha muito maior peso e energia no caso presente. Como filhos de Noé, não se seguia bem o intento de edificar a torre, porque se nosso pai fabricou de madeira um edifício que se levantou sobre as águas, não era boa consequência: também nós poderemos de barro fabricar outro que se levante sobre as nuvens. Porém, como filhos de Adão, sim. Porque, se Adão foi um homem que cuidou que podia ser como Deus, não é muito que seus filhos cuidem que podem edificar uma torre que chegue até o céu. Enfim, Deus em pessoa desceu a ver a torre e logo confundiu as línguas de todos, para que se não entendessem a si mesmos os que tinham sido autores de uma fábrica tão mal entendida, e assim cessou a obra: "As obras interrompidas e as ameias das muralhas caem e tudo está igualado ao céu"[10]. — E que bem se leria naquelas vastíssimas ruínas, relevada em letras de bronze, a sentença de Davi: "Maquinaram conselhos que não puderam estabelecer" (Sl 20,12). — Onde intentaram celebrar seu nome, fizeram célebre a sua loucura, e na mesma torre, com que quiseram adquirir fama fabricaram sua própria confusão: isto quer dizer Babel.

Com este exemplo desenganou Deus, e ensinou a todos os homens juntos que pusessem freio à vaidade de seus pensamentos, e não quisessem mais do que podiam. Eles, porém, entenderam tão mal aquela linguagem e se esqueceram tão brevemente daquela lição que, divididos pelo mundo, assim como deixavam nos campos de Senaar aquele fatal monumento da sua loucura, assim não houve monte ou vale na terra em que não levantassem outros. Ponde-vos entre Sodoma e Segor, e se perguntardes que estátua é aquela que ali se vê em pé, e dura ainda hoje, ninguém vos dirá o nome próprio, porque se não sabe; mas a Escritura Sagrada nos diz que é a mulher de Lot, a qual, porque quis ver o que não podia, conforme o preceito do anjo, no mesmo passo em que voltou os olhos para ver o incêndio das cidades infames, ali ficou convertida em estátua de sal. Ponde-vos na cidade de Galgala, e vereis como um profeta está despojando do cetro e da coroa e despindo a púrpura a um rei de agigantada estatura, e o mesmo profeta — qual era Samuel — vos dirá que aquele rei é Saul, privado para sempre do reino por se querer aproveitar dos despojos de Amalec, o que não podia, porque Deus lhe tinha mandado que os queimasse todos. Ponde-vos junto ao bosque chamado de Efraim, ali vereis pendurado de um carvalho pelos cabelos, e trespassado pelo peito com três lanças, o mais galhardo mancebo que para inveja da formosura criou a natureza. Tal foi o trágico fim de Absalão, o qual, traidor a Deus, ao pai, à pátria e a si mesmo, sendo terceiro filho de Davi, lhe quis tirar a coroa da cabeça e pô-la na sua, como não devera nem podia. Ponde-vos nos campos de Babilônia, e vereis com horror andar sobre quatro pés, pascendo feno e bebendo do rio com os brutos, um homem convertido na mesma figura, o qual, pouco antes adorado no trono real, se chamava Nabucodonosor. Era o mais poderoso monarca do mundo; mas porque quis ser e poder mais do que podia, o fez Deus cursar naquela escola sete anos, para ele aprender e nos ensinar o que podem vir a ser os que querem mais do que podem.

Infinita matéria seria se houvéssemos de discorrer por todos os exemplos que lemos nas Escrituras Sagradas do muito que Deus se ofende e do rigor com que castiga a insolência de quererem os homens poder mais do que ele quis que pudessem. Mas, para último desengano nosso, e testemunho estupendo desta mal entendida verdade, não me é lícito passar em silêncio o que agora referirei, sentenciado e declarado por boca do mesmo Deus. Todo o capítulo quarenta e oito gasta o profeta Jeremias em pregar e anunciar a destruição de Moab, entendendo debaixo deste nome toda a nação dos moabitas. E não há gênero de trabalho, de miséria, de afronta, até a última e total aniquilação, que repetidamente e por vários modos lhes não ameace. Finalmente, chega a dar as causas de tamanho castigo, e quais vos parece que serão? Uma só, mas admirável, e pronunciada não menos que pelo mesmo Deus: "Eu sei, diz o Senhor, a sua jactância, e que não é conforme a ela o seu valor, nem os seus esforços têm sido conforme ao que podia fazer" (Jr 48,30). — Será destruído e assolado Moab, sem ficar pedra sobre pedra em todas suas cidades — diz Deus — porque sei que a sua arrogância e presunção é maior que as suas forças, e quis fazer mais do que podia. Pois, por que a presunção de Moab é maior que as suas forças e porque intentou fazer o que não podia, tamanho delito é este, e tão abominável diante de Deus, que em castigo dele há de destruir, assolar e aniquilar uma nação inteira? Se o mesmo Deus o não dissera, quem pudera crer tal excesso da divina justiça? Mas assim é sem dúvida, pois Deus dá esta só causa por sua própria boca. E por isso quero tornar a repetir as mesmas palavras: "Sei a sua jactância, e que não é conforme a ela o seu valor". Porque conheço sua arrogância, e porque sei que as suas forças e o seu poder não é igual a ela. — "Nem os seus esforços têm sido conforme ao que podia fazer." E porque sei que o que intentou fazer era mais do que podia. — Tão atrozmente sente Deus, tanto aborrece, detesta e abomina o excesso dos que se atrevem a querer mais do que ele quis que pudessem.

E se me perguntardes em que consiste a atrocidade de um delito que não parecia tão grande, respondo que a razão é porque, quererem os homens poder mais do que Deus quis que pudessem toca no vivo de sua própria divindade, destruindo e desacreditando a reta disposição dos seus divinos atributos. Profundamente Davi: "Caiam de seus pensamentos, lança-os segundo a multidão das suas impiedades, porque te irritaram, Senhor" (Sl 5,11). Aos que se atrevem a poder mais do que vós quisestes, vós Senhor, os derrubareis de seus pensamentos, em pena das muitas impiedades com que provocaram a vossa ira. O que neste texto é digno de grande reparo são aquelas palavras "Segundo a multidão das suas impiedades". O pecado da impiedade consiste em negar a Deus a sua divindade: "O insensato disse no seu coração: Não há Deus" (Sl 13,1). — O pecado de quererem os homens mais do que podem parece que não passa de presunção, soberba e arrogância, como chamou o mesmo Deus ao dos moabitas: "Sei a sua jactância" — Pois, por que chama Davi a estes tais, não só soberbos e arrogantes, senão ímpios e muitas vezes ímpios: "Segundo a multidão das suas impiedades"? — Porque Deus reparte e mede a cada um dos homens a maior ou menor porção do poder que é servido dar-lhe, segundo o conselho secreto e reta disposição da sua sabedoria, da sua justiça, da sua providência, da sua liberalidade; e contra todos estes atributos divinos são ímpios os que querem poder mais do que Deus quis que pudessem. Dei-te pouco, contenta-te com o pouco, que é o que eu sei que te convém, e não queiras muito; dei-te muito, contenta-te com esse muito, e não queiras mais, porque nesse mais que desejas está escondida a tua perdição. Não queiras ensinar a minha sabedoria, não queiras condenar a minha justiça, não queiras emendar a minha providência, não queiras acanhar a minha liberalidade; e porque tudo isto fazes quando queres poder mais do que eu quis, não só uma vez és ímpio, senão muitas vezes: "Segundo a multidão das suas impiedades".

Olhem os homens para as outras criaturas sem uso da razão, e não queiram ser ingratos e soberbos contra Deus, quando todas elas, grandes e pequenas, o louvam e lhe dão graças pelo que dele receberam. Se o rato não quer ser leão, nem o pardal quer ser águia, nem a formiga quer ser elefante, nem a rã quer ser baleia, porque se não contentará o homem com a medida do que Deus lhe quis dar? E que seria se nem os leões, nem as águias, nem os elefantes, nem as baleias se contentassem com a sua grandeza, e uns se quisessem comer aos outros, para poder mais e ser maiores? Isto é o que querem e fazem continuamente os homens, e por isso os altos caem, os grandes rebentam e todos se perdem. Os instrumentos que criou a natureza ou fabricou a arte para serviço do homem, todos têm certos termos de proporção, dentro dos quais se podem conservar e fora dos quais não podem. Com a carga demasiada cai o jumento, rebenta o canhão e vai-se o navio a pique. Por isso se veem tantas quedas, tantos desastres e tantos naufrágios no mundo. Se a carga for proporcionada ao calibre da peça, ao bojo do navio e à força ou fraqueza do animal, no mar far-se-á viagem, na terra far-se-á caminho, e na terra e no mar tudo andará concertado. Mas tudo se desconcerta e se perde, porque em tudo quer a ambição humana exceder a esfera e proporção do poder.

Vejo que me estão dizendo os prezados de grande coração que este discurso quebra os espíritos e acovarda os ânimos, para que não empreendam nem façam coisas grandes. Antes, às avessas. Empreendei e fazei coisas grandes, e as maiores e mais admiráveis, mas dentro da esfera e proporção do vosso poder, porque fora dela não fareis nada. Quem empreendeu e obrou maiores coisas na lei velha que Davi, e na nova que S. Paulo? Mas vede como ambos confessam que em todas se mediram com o seu poder, e nunca o excederam. Davi diz: "Não me exercitei em coisas grandes, nem admiráveis superiores a mim" (Sl 130,1). — Todos sabemos quão grandes e admiráveis foram as obras e vitórias de Davi; como diz, logo, que não se exercitou em coisas grandes nem admiráveis? Na última palavra: "superiores a mim", o declara. — Foram grandes e admiráveis as minhas obras, mas não superiores a mim, porque nunca excederam a medida do meu poder e das minhas forças: "Não me exercitei em coisas grandes, nem admiráveis superiores a mim"[11] — diz Cartusiano. — Do mesmo modo S. Paulo. As suas tentações, as suas perseguições e as suas vitórias; as suas peregrinações, as suas conversões e os seus trabalhos, padecidos pela dilatação da fé, ele mesmo não pode negar que foram maiores que os de todos os apóstolos: "Tenho trabalhado mais que todos" (1Cor 15,10) — e, contudo, afirma que nunca excedeu a regra e poder das forças que Deus lhe tinha dado, medindo-se sempre e em tudo consigo mesmo: "Nós nos medimos conosco, e nos comparamos a nós mesmos, segundo a medida da regra com que Deus nos mediu" (2Cor 10,12s). — Meça-se, pois, cada um consigo, e ajuste as suas ações com as suas forças e com o seu poder, porque, se para fazer maiores obras quiser poder mais, nem serão maiores nem obras.

§ VII

Depois de considerado nestes dois modos de concordar o querer com o poder, no primeiro, quão conveniente é querer cada um só o que pode, e no segundo, quão errado e arriscado querer mais do que pode; segue-se o terceiro, que consiste em querer menos do que pode, e este modo digo por fim que não só está livre dos perigos e danos do segundo, mas excede com grandes vantagens e maior segurança as mesmas conveniências do primeiro.

Só quem quer menos do que pode é sempre poderoso, porque quem quis quanto podia encheu a medida do seu poder e não pode passar daí; porém, quem quer menos do que pode, sempre pode mais do que quer. E se esta razão é altamente bem entendida, ainda é mais alta a prova. A onipotência divina obra *ad intra* e *ad extra*, como falam os teólogos, isto é, dentro em si e fora de si: dentro em si no ser incriado e fora de si no ser que dá a todas as criaturas. E que sucede ao poder de Deus nestes dois modos de obrar dentro e fora de si? Dentro de si o Pai, pelo entendimento, produz o Filho, e o Pai e o Filho pela vontade, produzem o Espírito Santo. E fora de si o Pai, o Filho e o Espírito Santo criaram este mundo, e todas as criaturas espirituais e corporais que enchem o céu e a terra. Agora pergunto: E pode Deus com sua onipotência obrar mais do que tem obrado? *Ad intra* não, *ad extra* sim. *Ad intra* não, porque nem o Pai só, nem o Filho só, nem o Espírito Santo só, nem todas as três pessoas divinas juntas podem produzir outra que seja Deus. Porém *ad extra* sim, porque, assim como criaram este mundo, assim podem criar infinitos outros, com outras criaturas tão perfeitas e ainda mais do que todas as que tem criado. Qual é logo a razão por que, sendo o poder de Deus dentro em si e fora de si infinito, dentro em si não pode obrar mais do que obrou, e fora de si pode sempre mais e mais, sem limite nem fim? A razão é clara e manifesta, porque dentro em si obrou Deus quanto podia; fora de si nem obrou nem obrará jamais quanto pode. E se isto é em Deus, quanto mais daí abaixo? Quem quer quanto pode, não pode mais; quem quer menos do que pode, sempre lhe sobeja poder.

Daqui se segue que o rico que quer mais do que pode é pobre, e o pobre que quer menos do que pode é rico. O rico que quer mais do que pode é pobre, porque lhe falta o mais que quer; e o pobre que quer menos do que pode é rico, porque lhe sobeja o mais que pode. Assim no-lo ensinou a mesma natureza, mestra de nossas ações, quando nos proveu dos instrumentos, medindo-os com elas. Por que dispôs a natureza que a mão fosse maior que o coração, e o coração um, e as mãos duas? Porque o coração é o instrumento do querer, e as mãos do poder: no coração está a deliberação da vontade, e nas mãos a execução das obras; e ordenou que a mão fosse maior que o coração, e o coração um, e as mãos duas, para que sempre pudéssemos mais do que quiséssemos, e nunca queiramos tanto quanto podemos. Oh! se os homens entendêssemos esta política natural e doméstica, e nos persuadíssemos a ela, quão descansada seria esta vida, que nós, pelo desgoverno da nossa vontade, e pelos excessos das nossas vontades fazemos tão cansada e trabalhosa!

Faz grande diferença o profeta Isaías entre os fracos e de baixos espíritos, que rasteiramente seguem os passos da natureza, e os de alto e generoso coração que, confiados em Deus, se levantam sobre ela. Aqueles — diz — por robustos que sejam na idade e nas forças, cansam e enfim caem: "Desfalecerão os meninos, e fatigar-se-ão, e os jovens cairão de fraqueza" (Is 40,30). — Os outros, porém, tomarão asas de águia, e andarão e correrão, sem jamais cansar nem desfalecer: "Tomarão asas como de águia, correrão e não se fatigarão, andarão e não desfalecerão" (Ibid. 31). — Tais são, como estes segundos, os que querem menos do que podem, e tal é o descanso e fortuna da sua vida, se fortuna se pode chamar o que depende da própria vontade e de seguir o ditame da boa razão. Ponderemos as palavras, que são admiráveis. Diz que tomarão asas como de águia: "Tomarão asas como de águia "— mas não diz que voarão. O que só diz é que andarão e correrão, sem cansar nem desfalecer: "Correrão e não se fatigarão, andarão e não desfalecerão". — Pois, se têm asas, e asas de águia, por que não voam? E se podem voar, e voar tão alto como a rainha das aves, por que se contentam só com andar e correr? Porque querem e sabem viver descansadamente. Quem tem asas para voar e se contenta com andar, e quando muito com correr, pode mais do que quer e quer menos do que

pode; e só quem quer e se contenta com menos do que pode passa a carreira desta vida sem cansar nem desfalecer. O mesmo texto o diz expressamente: "Correrão e não se fatigarão, andarão e não desfalecerão" — Se quisessem voar, como podiam, pois tinham asas, e tais asas, é força que voando cansassem, ainda que as asas lhes fossem naturais. Assim cansou a pomba de Noé, e por isso se tornou para a arca: "Como não achasse onde descansar o seu pé" (Gn 8,9); mas porque foram tão sisudos que, tendo asas, não quiseram voar e se contentaram somente com andar, e quando muito com correr, por isso passaram a carreira desta vida, tão cansada e trabalhosa, sem nenhum trabalho e com seguro descanso; sem nenhum trabalho: "não se fatigarão" — e com seguro descanso: "e não desfalecerão".

E ninguém me argumente em contrário com o exemplo dos serafins que ao lado do trono de Deus viu Isaías, os quais perpetuamente cantavam: "Santo, Santo, Santo" (Is 6,3) — e perpetuamente voavam. Assim era, mas vede o que diz o profeta: diz que "cada um tinha seis asas, e que voavam com duas" (Ibid. 2), e isto mesmo é o que eu digo. Quem tem seis asas, e voa só com duas, sempre voará e sempre cantará. Mas quem, tendo somente duas asas, quer voar com seis, eu vos prometo que brevemente canse de voar e que sempre chore. Bem o vemos na miserável e triste vida de tantos loucos que, despojados de quanto tinham e podiam ter, só lhes deixou a fortuna os olhos, para tarde e sem remédio chorarem a sua cegueira. Que cego há tão cego que não apalpe com as mãos que só despendendo um homem menos do que pode, pode conservar o que pode? Ponhamos o exemplo no militar, no político, no econômico, e ainda no rústico, e em todos nos sairá certa a experiência desta verdade. Empenhar todo o exército sem deixar reserva, fá-lo-á o soldado arriscado, mas não o capitão prudente. O lavrador que comer toda a novidade do ano não terá que semear no seguinte. Se o oficial gastar quanto ganha na saúde, com que se há de curar na enfermidade? O mesmo rei que, pródigo, der tudo de quanto é senhor, não terá quem o sirva, porque não terá com que pague. Saber poupar o poder é certo gênero de onipotência com que nunca pode faltar à necessidade humana o que houver mister, sendo igualmente certo que nenhuma esperança de recuperar o despendido poderá igualar a providência de o poupar e não despender.

Em nenhuma coisa se empregam os homens com maior diligência e cuidado que em conservar a vida e, contudo, todos morrem. Qual é a razão? A razão natural é porque a vida consiste no úmido e cálido radical, os quais sempre a vão gastando e consumindo, gastando-se eles também e consumindo-se a si mesmos. E por mais que a natureza com o alimento e com o medicamento procure recuperar e restaurar o perdido, como ela gasta mais do que pode recuperar, é força que aqueles dois fundamentos da vida e a mesma vida se consuma, e ninguém escape da morte. Se a natureza humana gastara menos do que pode recuperar, fôramos imortais; mas porque ela gasta mais, todos morremos. Passemos agora da vida natural à econômica e política. Não há república nem família tão desgovernada, nem há homem tão pródigo e tão perdido, que nos mesmos excessos com que se empenha e endivida a mais do que pode não faça conta de recuperar o que gasta e pagar o que deve. Mas este pensamento é tão enganoso e errado em todos que, assim como vivem empenhados; arrastados e perseguidos dos seus empenhos, assim acabam a triste, miserável e aborrecida vida, deixando as dívidas em testamento como em morgado, para que as satisfaçam os filhos e netos, que não pagam as suas, quanto mais as alheias. Para reparo da vida natural criou Deus no paraíso a árvore da vida, cuja virtude era recuperar no mesmo úmido e cálido radical tudo o que eles em si e na mesma vida tivessem gastado e consumido; mas o benefício desta restauração nenhum homem chegou a conseguir. Contudo, eu leio no capítulo terceiro dos Provérbios que aqueles que aprenderam a verdadeira sabedoria, e a observam, logram os frutos da árvore da vida: "A árvore da vida é para aqueles que lançaram mão dela, e bem-aventurado o que não a largar" (Pr 3,18). — Que sábios são logo estes que acharam a árvore da vida, e logram na sua o que nenhum homem alcançou? São aqueles que, gastando sempre menos do que podem, conseguem sabiamente antes o que a árvore da vida havia de fazer depois. A árvore da vida havia-lhes de restaurar o gastado depois de o gastarem, e eles, por preservação antecipada, conservam o que ela havia de restaurar, não o gastando. Se Adão comera antes o que havia de comer depois, fora imortal; por isso disse Deus: "Para que não suceda que ele venha a comer da árvore da vida, e viva eternamente" (Gn 3,22). — E isto que Adão não fez na vida natural, fazem na vida econômica e política os que sabiamente conservam em si, não gastando o que a árvore da vida havia de recuperar, mas nunca recuperou, depois de gastado.

Grandes escrúpulos de consciência pudera eu apertar agora neste ponto, pelo grande número de almas que por estes empenhos sem restituição se condenam; mas há muito que estou desenganado que o que os homens não fizerem pelos escrúpulos da conveniência, muito menos o farão pelos da consciência. Os da conveniência pertencem a esta vida, os da consciência à outra, de que há tão poucos que tratem. Para conclusão, pois, de toda esta matéria, tão importante para o presente como para o futuro, acabo com uma sentença que, sendo do Espírito Santo, até no mesmo Espírito Santo é admirável. No capítulo onze da Sabedoria divina, falando a mesma Sabedoria com Deus, diz assim: "Vós, Senhor, tudo fazeis com conta, peso e medida, porque só a vós sobeja sempre o poder" (Sb 11,21s). Notável porquê! Se dissera que Deus faz tudo com conta, peso e medida porque lhe não falta o poder, boa consequência era; mas "porque lhe sobeja o mesmo poder"? — Sim, porque fazer tudo com conta, peso e medida é propriedade do poder que sempre há de sobejar; e, pelo contrário, fazer as coisas sem conta, peso nem medida é propriedade assim mesmo do poder que nem há de sobejar nem bastar. E se Deus, com todos os cabedais da onipotência, tudo faz com a vara, com a balança e com a pena na mão: com a vara para a medida, com a balança para o peso e com a pena para o número — onde o poder é tão limitado, como o das pobrezas humanas, que cabedal pode haver que se não consuma e acabe, e que baste à prodigalidade, ao desconcerto, à desatenção e ao apetite dos que, querendo mais do que podem, tudo quanto têm e quanto não têm desbaratam sem conta, sem peso e sem medida? Oh! cegueira do lume da razão e da fé! Por que não medimos o tempo com a eternidade? Por que não pesamos o céu com o inferno? E por que não fazemos conta da que havemos de dar de nós a Deus e também aos homens? Se com esta conta, com este peso e com esta medida ajustarmos, não só as nossas ações, senão também os nossos desejos, é certo que o nosso querer se concordará facilmente com o nosso poder e, contentando-nos, não só com todo ele, mas com menos do que podemos, por meio do maior descanso que pode haver nesta vida, conseguiremos o verdadeiro e eterno da outra.

SERMÃO DA
Santa Cruz

Na Festa dos Soldados. Ano de 1638.
Estando na Bahia a Armada Real, com muita
da primeira nobreza de ambas as Coroas.

༄

"Havia um homem dentre os fariseus, por nome Nicodemos,
senhor entre os judeus. Este, uma noite, veio até Jesus, e disse-lhe: Rabi."
"Como Moisés, no deserto, levantou a serpente,
assim importa que seja levantado o Filho do homem."
(Jo 3,1s.14)

Nos anos de 1638 e 1639 são vários os sermões publicados que tratam do acontecimento maior, a saber, da presença dos holandeses nas costas da Bahia. Este, chamado de Festa dos Soldados, celebrava a chegada da Armada Real sob o comando do conde da Torre e com forças de Portugal e Castela. "Muitos nomes ilustres figuravam no rol dos voluntários; a esse escol Vieira queima incenso de que só um fumo tênue distribui aos soldados plebeus. (...) Esse menosprezo do sangue humilde era corrente na época, e em nada o orador ofendia o sentimento comum, tão arraigado que todos buscavam sair de sua classe. (...) Em um sermão do Rosário, Vieira narra a história dessa infeliz expedição."[1] O exemplo de Nicodemos em suas qualidades: a nobreza; tratar com Jesus de noite; buscar a Cristo para consultar e ouvir como mestre.
E a qualidade que lhe faltava: a ousadia. A arma de Cristo é a Cruz.

§ I

Vinte e sete dias faz hoje que com solenidade universal celebrou a Igreja Católica a festa da Santa Cruz. E como se para um mistério tão alto fosse pouco tempo um dia e pouca celebridade uma festa, a torna hoje a celebrar com repetida veneração esta nossa Igreja. Aquela solenidade primeira e universal foi um devido reconhecimento e uma agradecida recordação das obrigações antigas, que a nenhuma outra memória, depois de Cristo, as deve o mundo maiores. Estas são as daquele sagrado lenho que foi a tábua em que do naufrágio de Adão se salvou o gênero humano, e o instrumento gloriosíssimo com que o Filho de Deus feito homem obrou nossa redenção. E posto que na devida ponderação delas pudéramos também empregar este segundo dia, e muitos dias, e sempre ficar devendo, talvez se há de deixar o mais fino pelo mais útil. Bem fora que pudera mais com os homens a memória que a esperança; mas que melhor razão de não ser assim que ter dito que bem fora? É esta uma fidalguia de corações que se acha em muito raros; e quem prega há de falar para todos. Por esta causa, havendo de dizer hoje alguma coisa da sagrada cruz, que sempre será muito pouco, deixo os benefícios passados, que lhe devemos agradecer, por tratar somente dos interesses presentes, que da virtude da mesma cruz, ou de sua onipotência, podemos esperar. O maior interesse, e a mais universal felicidade que hoje podia suceder a este Estado, se consultarmos os desejos e esperanças de todos e ainda as desesperações de muitos, não há dúvida que é uma vitória última de nossos inimigos e uma liberdade geral deste, ou cativeiro, ou opressão, que os livres e os cativos todos padecem. Este é o maior interesse que podia ter o Brasil, e este havemos de descobrir hoje na Santa Cruz, cuido que com tanta ocasião no Evangelho como no desejo. A graça não temos que ir longe a buscá-la, porque na cruz temos cinco fontes delas, e ao pé da cruz em pé a soberana Intercessora, que no-la alcance. *Ave Maria.*

§ II

"Havia um homem dentre os fariseus, por nome Nicodemos, senhor entre os judeus. Est, e uma noite, veio até Jesus, e disse-lhe: Rabi." — "Como Moisés, no deserto, levantou a serpente, assim importa que seja levantado o Filho do homem" (Jo 3,1s. 14). — São estas as primeiras e últimas palavras do Evangelho, as quais, posto que tão diferentes na ordem e tão distantes no lugar, admiravelmente se correspondem e unem no sentido e nos mistérios. "Havia um homem" — diz o evangelista S. João, que, como no mundo há tão poucos homens, bem é que se diga como coisa particular "havia um homem"; chamava-se este homem "Nicodemos, e era grande fidalgo". — Antes de dizer o cronista sagrado que era fidalgo, disse primeiro que era homem, por que há algumas fidalguias tão endeusadas que é necessário que nos digam os evangelistas e que se creia de fé que também estes ídolos de si mesmos são homens. Este homem pois, este fidalgo, este Nicodemos "veio falar com Cristo de noite" — "por medo que tinha do povo". De dia contemporizava com o mundo, de noite tratava com Cristo, e mais, não era cristão. Quantos há que se prezam muito de o ser, e os dias e mais as noites, tudo lhes leva o diabo? O fim desta visita, posto que tanto às escuras, não era sem luz, ou desejo dela, porque era para se aconselhar, perguntar e ouvir a doutrina do Mestre divino: "E lhe disse: Rabbi". — Até aqui a primeira parte do nosso tema; quando for tempo, a segunda.

§ III

"Por nome Nicodemos." Este nome Nicodemos diz a glosa ordinária que quer dizer: "o vencedor do povo". Grande título! E se bem repararmos nas qualidades com que o descreve o evangelista, grandes partes tinha Nicodemos para vencedor. Primeiramente era não só nobre, mas da primeira nobreza: "Senhor entre os judeus" — e ser ilustre quem vai à guerra é levar ametade da vitória ganhada. Não sabe vencer quem não sabe dar o sangue, e mal o pode dar quem o não tem. Quando Davi saiu ao desafio com o gigante, voltou o rosto el-rei Saul para Abner seu capitão-general, e perguntou-lhe: "De que geração era aquele moço?" (1Rs 17,55). — Perguntou-lhe pela geração, dizem os rabinos, que refere Abulense, porque tão briosos alentos e tão animosa resolução de um pastor pareceu-lhe ao rei que não podiam nascer senão de mais altas raízes. Viu-o atrever-se a uma empresa tão árdua, viu-o arrojar-se intrepidamente a um perigo tão manifesto, e para julgar se sairia vencedor, quis se informar se era honrado. Tinha-lhe dito Davi — apertemos mais o ponto — tinha-lhe dito Davi que despedaçava ursos e desqueixava leões; e não se aquieta com tudo isto Saul, pergunta-lhe pela geração: "De que geração era aquele moço" — porque era melhor fiador de haver de levar ao cabo tão grande empresa o sangue que tivesse herdado dos pais que o que derramava das feras.

Maior prova ainda quanto vai de mulher a homem, e tão homem. Nota Orígenes, e bem, quão diferentemente se portaram na prisão e morte de Cristo os discípulos e a Madalena. Os discípulos fugiram, a Madalena seguiu-o animosamente até a morte: Tendo fugido os discípulos, ela o seguiu caminhando até a morte"². — Até a morte, disse Orígenes, e se dissera até depois da morte, era o que mais devia ponderar. Mas donde tanta diferença de doze homens a uma mulher? Donde tanto ânimo em uma mulher, e tão pouco valor em tantos homens? Ide às choupanas das praias de Galileia e ao castelo de Betânia, e aí achareis o donde. A Madalena, ainda que mulher, e uma, era de ilustre solar e senhora; os discípulos, posto que homens, e muitos, eram plebeus e sem nobreza; e onde houve esta ou faltou, ali se luziu ou se perdeu o valor. Outras fraquezas se notaram na Madalena, e porventura nascidas da mesma causa. Como era ilustre e senhora, houve de ser cortesã, passou a cortesia a ser cuidado, passaram os cuidados a ser descuidos. Sendo, porém, a Madalena tão nobre por geração, e os discípulos uns pescadores, que com o remo e a rede sustentavam a baixeza da sua fortuna, como naquela ocasião todos perderam a graça, claro está que, deixados à natureza, cada um havia de obrar como quem era. Os discípulos, como gente plebeia, deitaram a fugir; a Madalena como ilustre, posto que mulher, perseverou constante ao lado sempre de seu Senhor. Tanto aproveita o sangue para os animosos procedimentos, que não está o valor nos braços, está nas veias.

Não quero dizer com isto que seja necessário descender dos godos para ser valente, que isso seria contradizer a razão e negar a experiência. A espada que faz a guerra e dá as vitórias não é fabricada de ouro, senão de ferro; não do metal mais resplandecente e ilustre, senão do mais duro e forte. Para ser tão valoroso como Alexandre não é necessário ser filho de Filipe de Macedônia. O testamento ou morgado de Marte não exclui a rudeza dos nomes nem a vulgaridade dos apelidos. Basta ser Gonçalo e ser Fernandes para ser grão-capitão. Honrada coisa é que a valentia venha por herança e por continuação de muitas idades; mas talvez pode vir de tão longe que chegue já mui cansada. Quantos do arado subiram ao triunfo, e do triunfo tornaram outra vez laureados ao arado? As lentilhas deram a Roma os Lêntulos, e as favas os Fávios. O campo para eles era campanha, e a agricultura, diz Plínio, arte e exercício militar; porque na ordem com que dispunham as plantas, aprendiam a ordenar e governar os exércitos: "Com o mesmo cuidado tratavam eles as sementes, como as guerras; com a mesma diligência dispunham os campos, como os acampamentos"[3]. — Pastor tinha sido o terror dos mesmos romanos o nosso português Viriato, e tanto que trocou o cajado com o bastão, dos seus soldados soube fazer leões, e dos inimigos ovelhas. Assim que, não são totalmente necessários os altos nascimentos para ter valorosos procedimentos.

Mas o que só quero dizer é que na nobreza está o valor mais certo e mais seguro. O que não é nobre, pode ser valoroso, o nobre tem obrigação de o ser; e vai muito do que posso por liberdade ao que devo por natureza. As águias não geram pombas; e se alguma vez a natureza produzisse um tal monstro, a pomba se animaria a ser águia, por não degenerar dos que a geraram. Não há espora para a ousadia nem freio para o temor como a memória do próprio nascimento, se é de generosas raízes. Estava temeroso S. José, e temeroso com razão, por que era matéria de honra; apareceu-lhe um anjo, e disse-lhe: José, Filho de Davi, não temas (Mt 1,20). — A descendência de Davi podia estar tão escurecida da memória de José quanto vai do cetro real aos instrumentos mecânicos que ele manejava; mas quando o anjo o exorta a que não tema, lembra-lhe que é da geração de Davi, porque, como diz o douto Palácio, com nenhuma outra consideração mais eficazmente lhe podia tirar o temor que com a memória de que era descendente de um homem que nunca soube temer. O mesmo Cristo, Redentor nosso, quando houve de tirar a capa para entrar naquela última batalha em que venceu a morte e o inferno, diz o evangelista S. João que se lembrou primeiro de quem era e donde vinha: "Sabendo que ele saíra de Deus e ia para Deus, depôs suas vestiduras" (Jo 13,3s). — Lembrou-se da geração altíssima de que procedia, lembrou-se de que era Filho do Monarca universal de todo o criado, e como entrou com esta lembrança na batalha, ainda que o amor da vida lhe fez seus protestos no Horto, por fim pelejou animosissimamente, e posto que com tanto sangue, triunfou e venceu. Eis aqui, senhores, quão bem fundadas temos as esperanças da vitória que havemos mister, e esta é a primeira boa qualidade que concorria em Nicodemos para o título de vencedor que traz no nome: "Vencedor do povo".

§ IV

A segunda boa qualidade, e muito melhor que a passada, é a que logo se segue: que "veio Nicodemos a tratar com Jesus de noite". Os dias fê-los Deus para nós, as noites para si; os dias para as ocupações do corpo, as noites para os retiros da alma; os dias para o exterior e visível, e por isso claros, as noites para o interior e invisível, e por isso escuras. Assim repartia Nicodemos o tempo. Os dias dava-os às obrigações do ofício, como pessoa pública; e para satisfazer às mesmas obrigações com acerto e bom sucesso, gastava as noites com Deus. Oh! se a nossa milícia, e os cabos maiores e menores dela seguissem este exemplo em parte das noites, que confiadamente me atreveria eu a lhe prometer que para o feliz e desejado fim de tantas prevenções e aparatos bélicos, não faltaria Deus em lhe dar um bom dia!

Nenhum general teve neste mundo maior nem melhor dia que Josué governador das armas de Israel na conquista da terra dos Cananeus. Deu batalha aos madianitas, rotos já e fugitivos quando o sol precipitava a se esconder no ocaso; e para que pudesse prosseguir e acabar a vitória, como se o sol fora soldado seu, mandou-lhe Josué que parasse, e parou ou fez alto o sol. Diz a história sagrada que "nem antes nem depois houve tão grande dia" (Js 10,14) — grande na duração, grande na vitória, grande no império do general, e mais na "obediência do mesmo Deus à voz de um homem". Mas, por que deu Deus a Josué um tal dia? Porque o tal Josué dava a Deus as noites. Antes de dar princípio a toda aquela conquista nos arrabaldes da cidade de Jericó, saiu Josué de noite ao campo a orar, como costumava, quando subitamente viu diante de si um vulto armado de armas brancas, com a espada desembainhada na mão. "Sois nosso, ou dos contrários?" — perguntou, sem o perturbar a visão, e S. Miguel, que era o armado, respondeu: — Eu sou o príncipe dos exércitos de Deus, que em seu nome vos venho assistir e ajudar, para que em tudo o que empreenderdes sejais vencedor. — Que muito, logo, que Deus desse um dia tão grande, e tantos outros dias, a quem assim os partia com Deus? Maior visão foi a do nosso primeiro Afonso, na noite daquele dia em que amanheceu rei, pois viu e ouviu ao Senhor dos anjos, que de sua boca lhe deu o título e lhe assegurou o reino. Mas, que fazia então o valoroso e devoto príncipe? Vigiava e orava na sua tenda, e na história sagrada de Gedeão, como em espelho, se estava vendo a si, e lendo a sua mesma vitória.

Que dirão aqui muitos capitães com nome de cristãos, ou sejam dos menores, ou também — que pode ser — dos maiores? Que dias podem esperar de Deus, se dão as noites ao diabo? Gastar as noites com Dalila e de dia ser Sansão, ainda que seja levar a vitória pelos cabelos, só por milagre será possível. Fugiu Davi de seu filho Absalão, e a frase com que o diz a Escritura é que "fugiu do seu rosto" (Sl 3,1). — Não lhe pôde fazer rosto, nem esperá-lo de cara a cara: voltou as costas e pôs-se em fugida. Vede quem foge e de quem. Foge de um rapaz aquele que em menor idade que a sua matava gigantes; foge acompanhado de três legiões de soldados, que o mesmo texto chama fortíssimos, aquele que só alcançou vitórias que grandíssimos exércitos não puderam vencer. E quem visse a Davi, não retirar-se por modo honesto, senão fugir tão descomposta e declaradamente, se lhe perguntasse de quem fugia e por que, que responderia Davi? Creio que assim como não teve rosto para aguardar, assim não teria boca para responder. Mas responde por ele Santo Ambrósio: "Foge Davi do rosto de Absalão". Foge de Absalão Davi, aquele que por nome e por antonomásia era o valente: "Davi, isto é, o forte de mão". — E por quê? "Porque o pecado o fez fraco." — Porque o seu pecado, de valente o fez fraco, de animoso o fez covarde, de guerreiro e belicoso o fez imbele. — Olhou para uma mulher que não era sua, e este só olhar lhe deu olhado à valentia, e este quebranto lhe quebrantou o valor e o ânimo. Deixou-se vencer do seu apetite, por isso não pôde resistir a um tão desigual inimigo; deixou de temer a Deus, por isso temeu a quem não chegava a ser homem.

Tendo a flor da nossa armada diante dos olhos, não lhe posso dever neste passo um grande documento de S. Isidoro Pelusiota. Vai instruindo o santo a um príncipe como há de alcançar vitória de seus inimigos — que para estes preceitos militares não é necessário professar as armas — e diz assim: "Se desejais vencer os inimigos, conduzi o exército com o medo de Deus". Se quereis, senhor, alcançar vitória de vossos inimigos, fazei capitão dos vossos exércitos o medo de Deus. — Parece paradoxo, para vencer fazer capitão o medo. Mas o mesmo santo dá a razão do seu dito, e não por um, senão por dois fundamentos. O primeiro porque o temor de Deus, que consiste na observância de sua lei e na boa consciência dos soldados, não só faz pelejar com valor, que não basta para vencer, mas com valor e ventura: com valor, porque quem tem boa consciência, não teme a morte; e com ventura, porque quem teme e obedece a Deus, ajuda-o Deus: "A justiça faz com que se combata valente e felizmente". — Este é o primeiro fundamento da nossa parte; o segundo é parte dos inimigos, e não menos verdadeiro. "E pelo contrário a nossa injustiça auxilia os inimigos." — Ó que divinas palavras! — E pelo contrário, conclui o santo, se ao nosso exército faltar o temor de Deus, e em lugar da obediência de sua lei houver ofensas da mesma lei e do mesmo Deus, tão fora estará de nos defender a nós, que será o maior socorro dos inimigos: "a nossa injustiça auxilia os inimigos"[4]. Ó palavras outra vez verdadeiramente divinas! Cuidamos que os socorros do inimigo só lhe vêm de Holanda, e enganamo-nos.

Também lhe vêm de Lisboa e vão da Bahia. Para saber se veio o socorro a Pernambuco, não temos necessidade de mandar espias à campanha. Meta cada um a mão na consciência, e se acharmos que os pecados por que Deus nos castiga continuam, e não há emenda, entendamos que não só tem socorro o inimigo, mas tão poderoso e invencível que o não poderemos contrastar. É caso, o que agora direi, que me faz tremer todas as vezes que o leio.

Entrou Josué à conquista da Terra de Promissão, com tão felizes princípios que a cidade de Jericó, que era uma das mais fortes fronteiras daquela dilatada província, ao tocar somente das trombetas israelíticas, como se os muros foram racionais, começaram a tremer, as pedras a se desencaixar, as ameias a cair, e tudo em um instante esteve por terra. Alcançada esta milagrosa vitória, com universal terror e assombro dos palestinos, marchou o exército para Hai, outra cidade além do Jordão e, sabido pelos exploradores que bastavam dois mil homens para a render, mandou o prudente capitão que fossem três mil. Foram, e apenas tinham intentado o assalto, quando voltaram fugindo com as mãos nos cabelos; mas não voltaram todos, porque muitos ficaram mortos no campo. Que vos parece que faria Josué neste caso? Rasga as vestiduras, prostra-se por terra diante de Deus: — Senhor, Senhor, que é isto que vejo, que novidade; que castigo? Não é Vossa majestade a que me mandou fazer esta guerra? Não é vossa infalível verdade a que me prometeu que venceria? Pois como, seguro eu da mesma promessa, vejo agora fugir os meus soldados, e que antes de pelejar tornam os que puderam tornar, desbaratados e vencidos, com tanta afronta e infâmia deste povo vosso? Ó quanto melhor nos fora não ter passado o Jordão!" (Js 7,7).

— Quanto melhor nos fora não ter posto os pés nesta terra, pois nela havíamos de perder a honra e se haviam de frustrar assim nossas esperanças! Isto dizia Josué, e o diziam e lamentavam todos os anciãos do povo, com as cabeças cobertas de cinza, quando Deus apareceu ao general e respondeu à sua queixa desta maneira: "Israel pecou, violou a aliança que eu lhe havia imposto. Não poderá enfrentar seus inimigos e fugirá deles" (Js 7,11s). Josué, pecou o povo, e por isso foram vencidos os teus soldados; e desengana-te, que assim como agora fugiram estes três mil, assim hão de fugir todos, se os mandares continuar a conquista. — Pareceu-me neste passo, e assim parecerá a todos, que teriam os israelitas levantado outro ídolo, como no deserto, ou cometido universalmente algum sacrilégio não menos horrendo, porque um castigo tão súbito e tão extraordinário não podia cair senão sobre algum pecado atrocíssimo, e esse muito geral, em que todos fossem cúmplices. Lede, porém, o texto, e achareis que em todo aquele grande povo não tinha havido outro pecado mais que um furto de um soldado chamado Acã, o qual se aproveitara de alguma coisa dos despojos de Jericó, contra o preceito em que Deus tinha mandado queimar toda a cidade, e quanto nela havia. Assim o declarou expressamente o mesmo Deus: "Os filhos de Israel violaram o mandamento, porque Acã tirou alguma coisa do anátema" (Js 7,1). — Notai aquele "alguma coisa", porque foi muito pouco o que o soldado tomou. Pois, por um só pecado, e de um só homem, e em matéria quase leve, permite Deus que fujam três mil soldados, e afirma que do mesmo modo havia de fugir todo o exército, que constava de seiscentos mil? Sim, para que vejamos todos se temos razão de tremer, e quão mal fundadas são as esperanças com que nos prometemos grandes vitórias onde há tantos pecados, e tão pouca emenda. Não nos fiemos em armadas, nem em exércitos. Ainda que as armadas fossem de cinco mil naus, e os exércitos de cinco milhões de soldados, como os de Xerxes, todo esse aparato nada importaria, como não importou então, para segurar a empresa. Deus é o que dá e tira as vitórias, e só as podem esperar com confiança os que, pela emenda dos pecados e observância de sua lei, o tiverem propício. Não fora Nicodemos, isto é, "Vencedor do povo", se assim o não fizera. E que fazia? Para ser digno de tal nome procurava não só ter propício a Cristo, mas insinuar-se no trato familiar do mesmo Senhor, empregando neste cuidado as horas mais livres de todos os outros, quais são as da noite: "Veio Nicodemos a tratar com Jesus de noite".

§ V

Ainda tinha outra boa parte Nicodemos, que tantas são necessárias para o nome de vencedor: "E disse-lhe: Rabi": o fim para que vinha buscar a Cristo era para o consultar e ouvir como Mestre. Mestre era também Nicodemos: "Tu és mestre em Israel" (Jo 3,10). — e nesta reflexão de, sendo mestre, vir buscar outro Mestre, consistia o ser bem fundado, e não vão, o nome que tinha. O maior perigo e perdição da guerra é cuidarem os doutores desta arte que sabem tudo. Os sábios em qualquer faculdade mais sabem ouvindo que discorrendo, e mais acompanhados que sós. — Diz o grande político Cassiodoro que "sempre foram estimados por melhores os que de si só não presumem tudo"[5]. — Já se a presunção do saber se ajunta à soberania do poder, como em Nicodemos, que era mestre e príncipe, nestes dois resvaladeiros está certo o precipício e a ruína. Para conseguir efeitos grandes e para levar ao cabo empresas dificultosas, mais segura é uma ignorância bem aconselhada que uma ciência presumida. A primeira vitória para alcançar outras muitas é sujeitar o juízo próprio quem não é sujeito ao mando alheio. Perguntado Alexandre Magno com que indústria ou com que meios em tão breve tempo se fizera senhor do mundo, diz Estrobeu que respondera estas palavras: "Com os conselhos, com a eloquência e com a arte de governar exércitos"[6]. — No último lugar pôs a arte e no primeiro o conselho, porque o conselho é a arte das artes, e a alma e inteligência do que ela ensina. A arte prescreve preceitos em comum, o conselho considera as circunstâncias particulares; a arte ensina o que se há de fazer, o conselho delibera quando, como e por quem. Vegécio dispôs os sítios e batalhas de longe; o conselheiro tem diante dos olhos o exército inimigo e o próprio, os capitães, os soldados, o número, a nação, as armas, e até a ocasião do terreno, do sol e do vento, que se não veem senão de perto. Os levitas que quiseram imitar as façanhas dos Macabeus, porque pelejaram sem conselho, perderam em um dia o que eles, com prudente e bem aconselhado valor, tinham ganhado em muitos. Se algum capitão pudera escusar o conselho era o gênio de Alexandre, formado pela natureza para conquistar e vencer. Mas nem a sua arte, nem sua fortuna o lisonjeou de maneira que não antepusesse o conselho a ambas. O que desigualou o poder pode-o suprir a arte, o que errou a mesma arte pode-o emendar a fortuna; mas o que se intentou sem conselho, ainda que o favoreça o caso, nunca é vitória. A que alcançou de si mesmo Alexandre, essa lhe deu todas as outras, porque se sujeitou a perguntar quem sabia sujeitar o mundo, e havendo de dever de algum modo as suas vitórias, não as quis dever ao seu braço, senão ao seu conselho.

Ouçamos ao homem mais sábio, o qual só logrou perpétua paz porque entendeu melhor que todos a guerra. No capítulo vinte dos Provérbios dá Salomão um documento militar notável. Diz que "as guerras se hão de governar com os lemes". — Se falara das guerras e batalhas navais, pouca dificuldade tinha este provérbio, porque não há dúvida, que nas vitórias do mar grande parte cabe ao leme. Mas falando de todas as guerras absolutamente, que proporção têm as armadas com os exércitos, os navios com os esquadrões e os combates do mar com as batalhas da terra e da campanha? No fundo do original hebreu lançou Salomão a âncora, e escondeu o sentido deste seu provérbio. Onde a nossa Vulgata diz *in gubernaculis* [com os lemes], lê o hebreu *in consiliis* [com os conselhos". E chama Salomão aos conselhos lemes da guerra, para que entenda a política militar dos exércitos que tanto caso hão de fazer os generais do conselho como os pilotos do leme. Se na capitânia, e onde vai a bandeira e o farol, faltou o leme, derrotou-se a armada; e se o general descuidado ou presumido desprezar o conselho, dê-se também por derrotado e perdido. Assim como para navegar e fazer viagem a nau é necessário que vá sempre o leme na mão, já a uma, já a outra parte, acomodando-se as velas ao vento, assim na guerra, em que os acidentes são tão vários, nenhuma coisa se deve intentar nem seguir senão com maduro conselho. Assim o escreveu antigamente S. Basílio e, depois que a arte náutica saiu do Mediterrâneo ao Oceano, Hugo Cardeal. Mas que seria, ou que sucederia, se o conselho não se ouvisse ou, ouvido, se não tomasse? Sem consultar as estrelas se pode prognosticar facilmente. A nau que não dá pelo leme, e toma por davante, mui arriscada vai a encalhar em um baixo ou se romper em um recife. Livre-nos Deus de que não seja tão fatal o nome, como é próprio.

Entre todos os exemplos desta desatenção — que lhe não quero dar outro nome — é o que sucedeu ao exército de Nabucodonosor na mal lograda conquista de Betúlia. Chegou Holofernes com numerosíssimo exército à vista daquela grande cidade, e vendo que se apercebia à defesa para resistir, o que a sua soberba não presumia chamou a conselho de guerra somente por razão de estado — que alguns perguntam o que é bem que se faça, só para saberem o que não hão de fazer. — Houve de dizer seu voto Aquior, que era mestre de campo da gente amonita, e não querendo adular, como outros, mas dizer, como era obrigado, o que entendia, deu um parecer singular. Disse que se lançassem espias na campanha, e que se procurasse haver às mãos de algum homem de Betúlia, do qual se soubesse exatamente se havia pecados contra a lei do seu Deus naquela cidade. Se não houvesse pecados, que levantassem logo o cerco, porque impossível seria que o Deus de Israel os não ajudasse. Mas, se houvesse pecados, que acometessem seguramente a cidade, porque sem dúvida a levariam. Boa confirmação do que dissemos no discurso passado; e era gentio e sem fé quem assim votou, para que vejam os que fundam os seus pareceres em outras políticas se votam como racionais e como cristãos.

Zombou Holofernes do conselho, e jurou muito indignado pela vida de Nabucodonosor que, pelos mesmos fios da espada por onde haviam de passar todos os moradores de Betúlia, passaria também Aquior: eles pelo atrevimento com que presumiram resistir aos seus exércitos, e ele pelo pouco respeito com que votara contra a onipotência do seu monarca. E logo, com a mesma arrogância: Levai-o — disse — manietado, e metei-o dentro em Betúlia, para que a mesma cidade lhe sirva de cárcere, em que aguarde preso a execução da minha sentença. Ditoso Aquior, se assim morrera por defensa da verdade e por haver aconselhado o que devia! Mas a morte, que não estava longe, outro golpe ameaçava, menos imaginado e mais alto. Em todo este tempo tinha estado Judite orando a Deus, coberta de cilícios; agora, porém, vestida de galas e enriquecida de joias, sai da cidade, entra pelos arraiais inimigos e, levada à tenda de Holofernes, subitamente ficou o Bárbaro tão cativo de sua formosura que a valorosa heroína teve a ocasião que buscava de lhe cortar a cabeça, como cortou, estando dormindo, com a sua própria espada. Com a primeira luz do sol apareceu a cabeça de Holofernes sobre os muros de Betúlia na ponta de uma lança: foge o exército assombrado, seguem-no os da cidade, executando nos cercadores o que eles pretendiam: e este foi o fim daquele soberbíssimo monstro, morto, afrontado, perdido e perdendo o mais florente exército, sempre até ali vitorioso, por sua culpa, não por lhe faltar quem bem o aconselhasse, mas por não querer tomar conselho. Sirva de epitáfio à caveira daquela disforme cabeça o que elegante e judiciosamente escreveu um nobre Comentador deste passo: "Este foi o desastrado fim de Holofernes, o qual, enfim, aprendeu em sua própria cabeça, posto que tarde, quão fatal e perniciosa coisa seja aos capitães não querer tomar conselho". — Não é razão que saiba vencer quem se não sabe convencer da razão; e foi justo castigo do céu que perdesse a cabeça quem se não quis governar senão por sua cabeça. Quanto melhor lhe estivera a Holofernes haver seguido o conselho de

Aquior! Mas porque se não quis sujeitar ao bom parecer de um homem prudente, permitiu Deus se sujeitasse tanto ao bem parecer de uma mulher inimiga, que por ela ficasse o seu exército desbaratado e vencido, e ele sem honra e sem vida. Tudo se perdeu neste caso, e só o fruto do bom conselho se não perdeu, porque, se não aproveitou a quem foi dado, rendeu muito a quem o deu. Todos os cabos do exército de Holofernes, ou morreram ou foram vencidos, e só Aquior ficou vivo e triunfante, e não só vivo temporalmente, mas vivo para toda a eternidade, porque recebeu a fé do verdadeiro Deus, cuja causa defendera. Aprendam pois deste funesto e formidável exemplo os generais dos exércitos a não desprezar, mas venerar e seguir os conselhos de quem lhos pode dar; e nós reconheçamos quão bem assentava sobre a docilidade de Nicodemos o nome "Vencedor do povo", pois, sendo letrado, vinha consultar e ouvir e, sendo mestre, aprender de quem o podia ensinar: "E disse-lhe: Rabbi.

§ VI

Temos visto as três boas e necessárias qualidades que concorriam em Nicodemos para o nome que tinha de "Vencedor do povo": nobreza de sangue, familiaridade com Deus, docilidade no juízo. Nobreza de sangue, para o valor; docilidade no juízo, para o conselho, e familiaridade com *Deus*, para o favor do céu, sem o qual tudo o demais aproveita pouco. Mas toda esta harmonia de boas partes as descompunha e deslustrava um senão, o pior e mais feio que podia ser, e o mais oposto e contrário, não só à vitória, senão à esperança dela, que era o medo: "Por medo do povo". A ousadia é ametade da vitória, e quem temeu ao inimigo já vai vencido. Ouçamos a um dos mais bem disciplinados soldados e mais experimentados capitães que houve no mundo: "Ouvi, Deus, a minha oração quando rogo" (Sl 63,1). Ouvi, Senhor — diz Davi — a minha oração ou a minha deprecação, que é propriamente quando pedimos a Deus que nos livre de algum mal. — E de que pedia Davi que o livrasse Deus? Do temor do inimigo: Do temor do inimigo livrai a minha alma". — Não diz que o livre do poder, das armas e das astúcias do inimigo, senão do seu temor, isto é, de que ele, Davi, o temesse. Como se dissera: Se eu temer ao meu inimigo, ainda que o meu poder seja maior, ele me vencerá a mim; mas se eu o não temer, ainda que seja maior o seu, eu o vencerei a ele. Por isso, Senhor, vos peço, não que me livreis dos seus exércitos, nem das suas forças iguais ou superiores, senão de que o meu coração o tema: "Do temor do inimigo livrai a minha alma". — Falava Davi como quem sabia por experiência a ordem com que Deus, como Senhor dos exércitos, os dispõe quando quer dar ou tirar a vitória. Quando Deus quer dar a vitória, ainda que o poder seja pouco e desigual, põe na vanguarda o medo; e tanto que o medo investe os inimigos, por muitos e fortes que sejam, logo os obriga a voltar as costas, e ficam os muitos vencidos dos poucos, e os poucos vencedores dos muitos. Assim o fez Deus muitas vezes, e o prometeu expressamente no capítulo vinte e três do Êxodo, segurando aos israelitas que, quando entrassem na conquista da Terra de Promissão, mandaria diante dos seus exércitos o seu medo, o qual logo poria em fugida a todos os inimigos: "Eu enviarei o meu terror adiante de ti, e exterminarei todo o povo em cujas terras entrardes, e farei que à tua vista voltem as costas todos os teus inimigos" (Ex 23,27). — E como Nicodemos, contra o seu nome de vencedor, era tão tocado ou penetrado do medo, que pelo que tinha aos judeus se não atrevia a buscar a Cristo de dia, para o Senhor o curar deste achaque, que na guerra é a mais perigosa doença e a peste total das vitórias, e para de medroso e covarde o fazer ousado e animoso, que antídoto ou remédio lhe aplicaria? O remédio foi o que sobre todos os da natureza e da razão tem a maior eficácia e virtude para tirar o temor, que é o da Santa Cruz, em que o triunfador da morte e do inferno foi exaltado: "Como Moisés no deserto levantou a serpente, assim importa que seja levantado o Filho do homem" (Jo 3,14). — É a segunda parte do nosso tema, o qual entrou mais tarde do que eu quisera; mas, com dizer muito em pouco, suprirá a brevidade o tempo.

A todos os que me ouvem, não só suponho animosos, senão animosíssimos; mas para que o sejam mais que superlativamente, ouçam qual é a virtude da Santa Cruz para tirar o temor. Determinou Jesabel tirar a vida a Elias; tanto que ele o soube, temeroso da morte, como homem enfim, e não se dando por seguro na corte nem em outro lugar povoado, meteu-se por um deserto, fugindo a toda a pressa, sem saber por onde: "Elias teve medo e levantando-se saiu para qualquer lugar que a vontade o levasse"[7]. — Passados quarenta dias de caminho, que em menos distância não se deu por seguro o profeta de uma mulher, rainha e irada, lançou-se ao pé de uma árvore, e ali, trocado subitamente de pensamentos, começou a chamar pela morte: "Pediu à sua alma morrer" (3Rs 19,4). — Repara muito nesta súbita mudança S. João Crisóstomo, e pergunta: "Como quer agora a morte da qual antes fugia?"[8]. Se Elias vem fugindo da morte, como agora chama por ela? Se há pouco a temia tanto, como agora a desafia? Porventura era Elias daqueles valentes de longe, que fora da ocasião brasonam e quando ela chega viram as costas? Não, por certo. Pois, se tanto temia e fugia da morte, quem lhe tirou esse temor? O mesmo S. Crisóstomo, e outros santos, dizem que o deserto. Tinha andado tantos dias por aquele deserto despovoado e ermo, e não é muito que a morte que temia cortesão a desafiasse anacoreta. Boa moralidade, se em si mesma não tivera a réplica, porque Elias não só temeu a morte quando fugiu da corte, senão também quando caminhou tantos dias pelo deserto. Qual foi, logo, a causa desta tão notável mudança? Não foi a virtude do deserto, senão a da árvore, diz excelentemente Ruperto: "Refugiou-se no lenho vivificante da cruz e ali desafiou a morte"[9]. — Aquela árvore, a cujo tronco se arrimou Elias, era figura da árvore da Cruz; e tanto que fugiu para ela, logo não temeu a morte de que fugia, antes a desafiou. É certo que a sombra das árvores também têm virtude, ou nociva, ou saudável, de que traz os exemplos Plínio; e a virtude da sombra da Cruz é desassombrar os ânimos e lançar deles todo o temor. Por isso o profeta, temeroso e fugitivo, tanto que se pôs à sombra daquela sagrada árvore, logo ficou tão animoso e intrépido que, voltando o rosto para a mesma morte de que ia fugindo, a provocou e chamou por ela: "Pediu à sua alma morrer".

Mas, para que é pedir testemunhos à sombra, se na realidade da mesma cruz os temos mais evidentes? Chega Cristo, nosso Redentor, ao Horto e, representando-se-lhe vivamente a afrontosíssima morte e os tormentos excessivos que na última batalha daquela noite e dia lhe estavam aparelhados para padecer, não só os evangelistas confessam que temeu pavorosamente: "Começou a sentir pavor e tédio" (Mc 14,33) — mas o mesmo Senhor, com instâncias três vezes repetidas, pediu e tornou a pedir ao Pai que por qualquer modo possível o livrasse de beber aquele Cálix: "Pai, se é possível, passe de mim este cálix" (Mt 26,39). — Tanta era a repugnância e horror com que naturalmente, como homem, lhe tinha penetrado o coração, quase prostradas todas as forças do ânimo à imaginação somente daquele terrível combate. Chegado, porém à hora em que, passando do Horto ao Calvário, e pregado o mesmo Senhor na cruz, bebeu efetivamente, não outro, senão o mesmo cálix que tanto tinha temido e repugnado, vendo que já se esgotava de todo, protestou em alta voz que tinha sede de mais: "Tenho sede" (Jo 19,28). — E de que mais era esta sede? Do mesmo licor amargoso e mortal de que vira cheio no Horto o mesmo cálix. De mais crueldades, de mais penas, de mais afrontas, de mais tormentos. S. Lourenço Justiniano: "Certamente tem sede e saturado de amargura ainda deseja mais sofrimentos". — Como se dissera — continua o mesmo Santo: — "Se estes sofrimentos parecem poucos, acrescentai flagelo ao flagelo, ferimentos aos ferimentos, dilacerações, queimai, traspassai, batei, matai: tudo isso e ainda maiores desejo ardentemente"[10].

Mas aqui entra a dúvida ou admiração de S. Bernardo, falando com o mesmo Cristo. "Mas o que acontece? Antes de provares, ó bom Jesus, pedes que o cálice seja totalmente retirado, e depois de o teres bebido, tendes ainda sede?"[11] Que mudança é esta tão súbita, ó bom Jesus? Antes de beber o cálix temíeis tanto chegar a bebê-lo, que pedistes uma e três vezes ao Pai que por todos os meios possíveis vos livrasse dele; e agora, que o tendes já bebido, e quase esgotado, tendes sede de mais? — Onde estão aquelas repugnâncias, aquelas agonias, aqueles temores e horrores tão apertados, que vos obrigaram a o reclamar com tantas instâncias? — Estão e ficaram no Horto, e em toda a parte onde não havia cruz; porém, no Calvário, onde o mesmo Cristo foi pregado e levantado nela, a virtude da mesma cruz, ou por eficácia e efeito ou por doutrina e exemplo, lhe infundiu ao mesmo Senhor tal ânimo, tal valor, tal fortaleza, que os mesmos tormentos que imaginados repugnava e temia, padecidos lhe causavam sede e ardentíssimos desejos de padecer muito mais. Disse por efeito ou por exemplo, porque esta virtude de infundir ânimo e valor parece que Cristo era o que a podia comunicar à cruz, e não a cruz a Cristo. Mas lembremo-nos que quando Deus lutou com Jacó, os braços de Deus comunicavam aos braços de Jacó o valor, e o mesmo valor recebido nos braços de Jacó tornava depois em resistências aos braços de Deus. Da mesma maneira, os braços de Cristo pregados nos braços da Cruz: os de Cristo comunicavam aos da Cruz o valor, e o mesmo valor reciprocamente se podia outra vez receber nos de Cristo, tão capaz agora de receber a fortaleza como no Horto o fora de admitir o temor. Mas quando não fosse por eficácia e efeito, para que entendêssemos e soubéssemos, os que somos membros do mesmo Cristo, que o remédio e o antídoto mais eficaz de todos os temores é a virtude da sua Cruz.

Sendo, pois, tão poderosa e eficaz a virtude da Santa Cruz para tirar temores e dar ânimo e valor, vendo Cristo a Nicodemos tão tímido e desanimado, que até em matérias que tocava à fé não ousava a se declarar intrepidamente, traz-lhe à memória o milagre da serpente de Moisés e o mistério e figura da cruz: "Como Moisés no deserto levantou a serpente, assim importa que seja levantado o Filho do homem" — para com este sagrado sinal animar sua fraqueza e fortalecer sua pusilanimidade. Assim foi e se viu com admirável experiência, tanto no mesmo Nicodemos como em seu companheiro *José de Arimateia*, ambos discípulos do mesmo Senhor, mas ocultos por medo dos judeus. De ambos notam e ponderam os evangelistas uma diferença digna de suma admiração. De José diz o evangelista S. Marcos que "ousadamente entrou a Pilatos, e lhe pediu o corpo do Senhor" (Mc 15,43) — e diz ousadamente, porque dantes com medo do povo, nem para dar indícios de que era seu discípulo tinha ousadia. De Nicodemos diz o evangelista S. João que trouxera grande cópia de espécies aromáticas para ungir o mesmo corpo defunto, e que este era aquele Nicodemos que dantes buscava ao Senhor de noite: "Que viera a tratar com Jesus de noite" (Jo 19,39). E nota que dantes "vinha de noite" — porque agora, sem o medo que também tinha do povo, veio de dia, antecipando-se à noite do Parasceves, em que não era lícito sepultar. Lembra-me a este propósito que na morte de S. Paulo, primeiro ermitão, vendo-se Santo Antão Abade sem remédio de lhe dar sepultura, saíram do deserto dois leões, os quais com as unhas lhe cavaram e abriram uma cova capaz do santo corpo. Tais se mostraram nesta ocasião José e Nicodemos: ambos eram ovelhas de Cristo, mas ovelhas fracas e pusilânimes, e que por isso fugiam e se escondiam com medo dos lobos: "porque tinha medo do povo" — porém, agora como dois leões bravos e animosos, sem medo nem respeito dos príncipes dos sacerdotes, nem de toda Jerusalém, nem de toda Judeia, publicamente e à vista de todos, não só trataram de dar sepultura a seu Mestre e Senhor, mas de que fosse a mais decente e honorífica com que naquele tempo se costumavam embalsamar os defuntos de maior autoridade e veneração. Pois, se dantes eram ovelhas fracas e tímidas, quem os fez agora leões tão animosos e intrépidos? Se dantes não tinham atrevimento para se confessar por discípulos de Cristo quando estava vivo e livre, como agora não temem, quando tantos maiores motivos tinham de temer, depois de condenado e morto em uma cruz? Por isso mesmo. Porque dantes não havia Cruz de Cristo, e depois de crucificado sim. Divinamente Teofilato, dizendo do nosso Nicodemos o que igualmente mereceram ambos: "Veio a tratar com Jesus de noite porque tinha medo do povo, mas depois da cruz dedicou-lhe muitos cuidados e generosidade"[12]. — Notai muito a palavra "mas depois da cruz". Quereis saber por que dantes temia tanto Nicodemos, e agora nada teme? É porque antes de Cristo ser crucificado não havia cruz: "depois da cruz". Antes da cruz, era tímido e covarde; depois da cruz já é valente, animoso e intrépido, porque essa é a virtude mais que humana, esses são os efeitos prodigiosos e admiráveis daquele sagrado troféu de nossa redenção: dar ânimo, dar brio, dar valor contra os inimigos, contra os perigos, contra a mesma morte, e contra tudo o que na vida e depois dela pode causar temor.

§ VII

𝓔sta só qualidade, quarta e última, era a que faltava a Nicodemos para ser Nicodemos, isto é, para fazer verdadeiro o nome que tinha de vencedor: "Vencedor do povo". Assim que, senhores meus, e soldados de Cristo, se naquele sagrado lenho, se naquele gloriosíssimo instrumento de suas vitórias tem depositado o Senhor dos exércitos a fortaleza cristã, e vinculado o triunfador do mundo o valor católico, armem-se todos os que querem vencer, armem-se todos os que têm obrigação de pelejar com o sinal sagrado da Santa Cruz, e em fé de tão invencíveis armas bem nos podemos prometer segura a vitória. Quando o mesmo Filho de Deus, armado só da humanidade de que se vestira, veio restaurar o mundo e restituir à sua obediência o gênero humano que debaixo da tirania do demônio se lhe tinha rebelado, o bando que mandou lançar, para que se alistassem os que quisessem debaixo das suas bandeiras, dizia assim: "Todo o que me quiser acompanhar nesta guerra, tome ao ombro a sua cruz, e siga-me". — "Vede" — diz S. João Antioqueno — "as armas com que o Rei do céu arma os seus soldados". "Não os arma com escudos nos braços, nem com murriões na cabeça, nem com peitos fortes sobre o coração; mas arma-os com uma arma mais firme, mais forte e mais invencível que todas, que é a cruz, na qual levam juntamente a defensa para a guerra e o sinal da vitória": "A defesa pela cruz e símbolo da vitória"[13]. — Com estas armas, pois, se armem, e nestas armas ponham toda a confiança os nossos valorosos soldados; e se se fiarem também das que são próprias do braço português, fiem-se mais das cruzes que dos fios da espada. De um soldado português disse um poeta também nosso, que levava

"Nos fios da espada que meneia
A vida própria, e a morte alheia"[14].

Mas isto, por quê? Porque as cruzes estão perto dos punhos.

Tenham logo por certo e certíssimo todos os que assim armados, ou entrarem nas batalhas, ou assaltarem os muros, ou assediarem as cidades, que não haverá nem soldados tão valentes, nem cabos tão experimentados, nem fortalezas tão inexpugnáveis, nem inimigos, enfim, tão obstinados, que se lhes não rendam. A praça mais forte e mais bem presidiada que nunca houve nem haverá foi o paraíso terreal, depois de lançado dele Adão, porque estava guarnecida de querubins, soldados imortais, todos com armas de fogo, que foram as primeiras que houve no mundo; e haverá quem se atreva a investir e possa entrar por força esta praça? Sim. E quem? Um homem. E com que exércitos? Só. E com que armas? Despido. Pois um homem, só, e despido, há de entrar e render o paraíso defendido de querubins com armas de fogo? Sim, outra vez, se a cruz lhe der o valor e desde a cruz fizer a investida. Divinamente S. Crisóstomo, falando do Bom Ladrão: "Acometeu o ladrão desde a sua cruz e entrou no paraíso cingido com uma lança de fogo". Acometeu o ladrão desde a sua cruz e, fazendo dela escada, assaltou as muralhas do paraíso, e por mais que estavam defendidas de querubins e espadas de fogo, os querubins, as espadas e o fogo, nada lhe pôde resistir, e foi o primeiro que vitorioso e triunfante restaurou a famosíssima e felicíssima praça que Adão com tanta fraqueza perdera. Não sei nem posso dizer mais. E se uma Cruz nas costas dá tanto valor e fortaleza, onde tantos trazem a cruz nos peitos, e todos a podem levar no coração, quem haverá na empresa presente que possa desesperar da vitória? Assim como antigamente, mostrando Deus a Constantino o sinal da Cruz no céu, lhe disse: "Neste sinal vencerás" — o mesmo está dizendo ao invicto general das nossas armas. Este sinal do céu seja o farol que sigam as armadas no mar, e este o estandarte real que levem diante dos olhos os exércitos na terra, para que, vencedores em um e outro elemento, os vivos levantem os troféus neste mundo, e os mortos — que não há vencer sem morrer — logrem os triunfos da constância no outro, exaltados todos pela virtude da Santa Cruz, como o mesmo Redentor foi exaltado nela: "Como Moisés no deserto levantou a serpente, assim importa que seja levantado o Filho do homem" (Jo 3,14).

SERMÃO DE
Santa Iria

Em Santarém.

∽

"Mas cinco dentre elas eram loucas, e cinco prudentes."
(Mt 25,2)

O nome da cidade de Santarém, em Portugal, teria derivado de Iria (Irene): Santa Irene: Santarém. Vieira faz o panegírico de Santa Iria, exaltando-lhe a honra e a glória devida e mostrando-nos os exemplos de virtudes. Assim, para glória da Santa e para exemplo de Santarém caminha o sermão. Para glória: ela é formosa, cultiva uma virtude heroica e, infamada, não se conformou; só Santa Iria soube desafrontar as afrontas e afamar as infâmias. Para exemplo: a formosura é enganosa e vã; a calúnia é causadora de angústias e aflições; a força e o poder da infâmia: o ódio e a vingança, em Britaldo ou Remígio. Em contrapartida, o poder da honra. Todos os filhos de Santarém são filhos do ventre puro e esquartejado de Santa Iria.

§ I

Assim como segurar a vida da eternidade é maior prudência, assim perdê-la ou arriscá-la é a mais rematada loucura. Só aquele que se soube salvar, posto que em tudo o mais obrasse como néscio, foi prudente, e só aquele que não sabe segurar este ponto, ainda que em tudo pareça prudente, é louco. Isto é o que nos ensinou o divino Mestre, e isto o que hoje nos repete o Evangelho na tão sabida parábola das dez virgens. Cinco delas, diz Cristo, eram loucas, e cinco prudentes: "Mas cinco dentre elas eram loucas, e cinco prudentes" (Mt 25,2). E em que consistiu a prudência das prudentes e a loucura das loucas? Consistiu em que depois da prevenção de umas, e não de outras, as prudentes, com as suas alâmpadas acesas, entraram em companhia do Esposo às bodas do céu, e as loucas, com as alâmpadas apagadas, acharam a porta cerrada, e ficaram de fora. Ó Iria, virgem entre todas e em tudo singularíssima! Singular na vida, singular na morte, singular na sepultura, e com singularidade nem antes nem depois de vós comunicada a outrem, verdadeiramente única! A cada uma das outras virgens, cuja santidade e glória celebra a Igreja, o louvor que particularmente lhe canta é haver sido uma do número das prudentes: "Esta é a virgem sábia e uma do número das prudentes". — Eu, porém, o que singularmente admiro na nossa santa, é que não só foi virgem do número das prudentes, senão também do número das loucas. As prudentes achou-as a morte com as alâmpadas acesas, as loucas com as alâmpadas apagadas, e Santa Iria como a achou? Não há dúvida que com a alâmpada apagada, como logo veremos. Mas nisto mesmo consistiu aquela excelência, que a fez singular e única entre todas e sobre todas. As outras virgens entraram no céu com as alâmpadas acesas, Iria com a alâmpada apagada; as outras com aplausos de virgens prudentes, Iria com suposições de virgem louca; e porque na opinião do mundo foi uma do número das loucas, por isso excedeu singular e unicamente a todas as prudentes. Esta será a matéria do meu discurso, tanto para glória de Santa Iria como para exemplo de Santarém. E porque vejo que a novidade do assunto vos parece dificultosa, seja essa também nova razão de me ajudardes a pedir mais que a ordinária graça. *Ave Maria*.

§ II

Sentença é divina, tão infalível na verdade como provada na experiência, que aquela graça da natureza, a que os olhos chamam formosura, não é mais que uma aparência da mesma vista enganosa e vã. Comecemos por aqui, pois este foi o princípio fatal daquela horrenda tragédia, que depois de convertida em glória, tirou e deu nome a esta antiquíssima e nobilíssima república. É a graça e formosura enganosa e vã: "A graça é enganadora, e a formosura é vã" (Pr 31,30) — diz o Espírito Santo por boca de Salomão, o mais experimentado neste engano e o mais desenganado desta vaidade. Nem era necessário o testemunho de tão soberanas autoridades divina e humana para persuadir esta fé à vista. Até os poetas, que tanto se empregam em disfarçar e encobrir a falsidade desta aparência, e com nomes de diamantes, rubis e safiras procuram fazer sólida a sua vaidade, não puderam deixar de confessar quão frágil é e de pouca dura: "A aparência é um bem frágil" — disse Ovídio[1] — e Sêneca[2]: "A aparência é fugaz". — Os filósofos, que mais professam o verdadeiro, concedendo-lhe os poderes, não lhe puderam negar a fraqueza e falsidade. Sócrates chamou à "formosura tirania, mas de breve tempo"[3]. — Teofrasto chamou-lhe "engano mudo"[4] — porque sem falar engana. E que direi dos santos padres? S. Jerônimo diz que a formosura é um "esquecimento do uso da razão"[5] — e onde falta o lume da razão, quais serão as cegueiras dos sentidos? S. Basílio, S. Bernardo, S. Efrém, Santo Isidoro Pelusiota, e outros santos, para descobrir o mesmo engano, sem chegar aos horrores da sepultura, consideram as fealdades interiores que este especioso véu oculta ainda em vida e, correndo a cortina ao ídolo tão adorado da formosura, não só a demonstram feia, mas asquerosa e medonha. Porém, não são estes ainda os assombros da nossa tragédia.

S. João Crisóstomo e S. Gregório Nazianzeno, parando mais benignamente só na superfície, em que consiste a formosura, supõem, sem mais aparato, que é uma pintura de duas cores, branco e vermelho. Assim a descreveu no seu amado aquela pastora tão bem entendida como Salomão: "O meu amado é claro e rosado" (Ct 5,10). — A formosura, pois, em toda a sua esfera, ou é natural, ou artificial, ou moral. O branco e vermelho da artificial é o que se vai comprar às boticas, onde estão venais toda a semana as caras com que se há de aparecer ao domingo. O da formosura moral celebra Nazianzeno na santa virgem Gorgônia, da qual diz que o branco de que usava no rosto era o que causa o jejum, e o vermelho, com que tingia as faces, o que tira a elas o pejo: "Somente um rubor agradava a ela, o que é causado pelo pudor, e somente um branco, o que é causado pela abstinência". — Finalmente, S. Crisóstomo, definindo a formosura natural fisicamente, diz que não é outra coisa que uma mistura de fleuma e sangue: "Uma mistura de fleuma e sangue" — a fleuma faz o branco, o sangue o vermelho. Mas o que eu noto digno de particular advertência nestes dois humores é que a composição deles causa formosura, e a descomposição as enfermidades. Sendo, porém, as enfermidades as armas naturais da morte, muito mais mortes têm causado a fleuma e o sangue, enquanto origem da formosura que enquanto instrumento da mesma morte. Em Dina matou a formosura a Siquém, em Dalila matou a Sansão, em Judite matou a Holofernes, em Helena a toda a Troia, em Lucrécia a toda a Roma, em Florinda a toda a Espanha, e na nossa santa, que é mais, não a outrem, senão a ela mesma. Outros adoeceram da sua formosura, mas a quem matou a mesma formosura foi à mesma Iria.

§ III

Entre as façanhas trágicas que executou o amor cego guiado por este engano da vista, nenhum caso foi tão semelhante em seus efeitos ao de Iria como o de Bersabé, posto que de nenhum modo igual. Era Davi rei e santo, quando viu — que não devera — a Bersabé; e ambas estas colunas derrubou de um tiro aquela vista, triunfando do profano no rei e do sagrado no profeta a sua formosura. Tal a formosura de Iria, que, segundo a descrevem as histórias e a encarecem as tradições, ainda por seu mal ou seu bem, era maior que a que cegou Davi. Viu-a uma vez Britaldo, filho do senhor de Nabância, e no mesmo ponto adoeceu com tão perigoso acidente, que sem dúvida morrera da ferida se a mesma causa dela, com ânimo varonil, o não visitara. Sarou-o milagrosamente com o sinal da cruz, acompanhado de razões santas, debaixo da promessa, porém, que no caso de aceitar esposo humano, não seria outro senão a ele. Até aqui o que facilmente se podia crer. O que agora se segue nem imaginar-se podia. Com posto e emendado o primeiro amor juvenil e profano, dois anos gastou o demônio em conquistar outros anos mais maduros e render também e profanar o sagrado. Era Remígio monge, e por suas cãs e virtudes mestre de Iria, em cujo peito a continuação da mesma vida acendeu tal fogo que, trocado o afeto paternal em amor libidinoso, em vez de a animar e louvar depois da primeira batalha, como tão gloriosamente vencedora, determinou de a render a seu furioso apetite e triunfar nela da mesma vitória. Declarou-se sem reverência de Deus nem pejo de si mesmo, e como a santa discípula, com os mesmos documentos santíssimos que dele tinha recebido, lhe estranhasse a fealdade de tão sacrílego e abominável intento, que faria a hipocrisia daquelas tão verdes cãs, vendo-as assim confundidas e afrontadas? Não há vício que uma vez precipitado se não despenhe em outros maiores. Resolve-se a vingar uma afronta com outra, e o velho mau e infame a infamar a constante honestidade da castíssima donzela. Não das ervas de que se sustentava como Ermitão, mas de outras esquisitas e venenosas, temperou por arte mágica uma bebida, a qual, sem saber a inocente o que tomava, lhe causou uma tal inchação no ventre que, não podendo encobrir as roupas o que cobriam, davam manifestos sinais de ter concebido e não estar longe do parto. O primeiro que chorou com públicas lágrimas a desgraça e caída de sua filha espiritual foi o mesmo maquinador daquele engano, e não só Britaldo — do qual diremos depois — mas todo o povo que dantes venerava a Iria como santa, carregando-a agora de nomes feios e vis, a publicava por mulher leviana, ficta, escandalosa e torpe, infiel aos homens, traidora à sua profissão e adúltera ao mesmo Deus. Neste abismo de confusão e miséria passou Iria os dias que lhe restavam de vida, desprezada e infamada nos olhos e bocas do mundo; em si mesma, porém, e para com seu divino Esposo, tão fiel, tão constante e tão pura como os puros espíritos. E porque — temos chegado ao nosso ponto — e porque Iria, sendo na realidade virgem prudente e prudentíssima, na opinião do mundo era louca e, quando as outras saíram a receber o Esposo com as alâmpadas acesas, ela saiu com a sua escurecida e apagada, esta notável diferença foi a excelência singular que a fez mais ilustre e gloriosa que todas. Isto é o que prometi e o que digo: vede agora se tenho razão.

Acabou Santa Iria a vida com opinião de louca, e esta foi a maior excelência e a maior prova de sua heroica virtude: conservar-se virgem prudente na realidade, sendo louca na opinião. Se não fora heroicamente prudente, quando se viu infamada e reputada por louca havia de perder totalmente o juízo e enlouquecer verdadeiramente. Não me atrevera a dizer tanto, se não fora sentença expressa do mesmo Deus no texto original: "A calúnia e o falso testemunho faz endoidecer o sábio" (Ecl 7,8). — E os Setenta intérpretes, declarando esta doidice, ou o modo deste endoidecer, dizem que é "circunferendo" [dando-lhe volta ao juízo]. Mas o nosso parece que está duvidoso em crer um tamanho excesso, porque o contradiz a experiência. É certo que há muitas calúnias e muitos falsos testemunhos; e, contudo, não vemos endoidecer os caluniados. Se assim fora, todo o mundo estivera na casa dos loucos. Pois, se há tantos caluniados, por que há tão poucos doidos? Porque há poucos sisudos. A Escritura não diz que a calúnia faz endoidecer a todos, senão aos sábios: "A calúnia e o falso testemunho faz endoidecer o sábio". Caluniado e infamado, só perde o juízo quem o tem. Nesta circunstância consistiu o heroico da virtude da nossa santa. Sendo Virgem prudente, ver-se reputada por louca, e não enlouquecer. As virgens néscias bem me rio eu que endoidecessem, porque não tinham juízo para tanto. E para que vejais se tinha bastante razão Iria para lhe dar o juízo uma volta, vede quantas voltas deu o seu caso a todos os juízos da terra onde vivia. Todos dantes a reputavam por Virgem puríssima e, tanto que foi caluniada, todos a reputaram por má mulher, trocando o conceito e juízo que da sua virtude faziam. E se aquele caso foi bastante para voltar os juízos de todos, quanto mais poderoso seria para dar uma volta ao juízo da mesma a quem tocava, e na parte mais viva e mais delicada da honra, qual é a honestidade de uma donzela nobre? Sem dúvida endoideceria, sendo tão sábia e tão prudente, se a sua sabedoria e prudência não fora excelentemente heroica.

Por excelentemente heroica louvam todos os santos a constância de Susana, caluniada e infamada; mas as circunstâncias do seu caso nenhuma comparação tem com o de Santa Iria. Diz Santo Ambrósio que, acusada, Susana calava, porque tinha contra si o número e a idade dos seus acusadores: "O número e a idade dos sacerdotes calavam a jovem"[6]. — Todos se compadeciam de Susana e todos defendiam sua inocência, e ela, contudo, não se defendia, mas calava, porque os acusadores eram dois e ela uma, os acusadores velhos e ela moça. Vede agora quanto vai de caso a caso. Susana tinha dois contra si, e Iria não só dois contra si, nem só duzentos, senão universalmente todos e a uma voz, não havendo quem ao menos pusesse em dúvida a sua culpa, mas reconhecendo-a todos por verdadeira, supondo-a todos por certa e condenando-a todos como provada. Susana tinha contra si uma só idade e uma só condição de homens, e Iria tinha contra si todas as idades, e todas as condições, e todos os estados: os velhos e os moços, os grandes e os pequenos, os eclesiásticos e os leigos, os nobres e os plebeus, os homens e as mulheres, sem haver algum ou alguma que não acrescentasse à sua infâmia algum novo nome e novo gênero de afronta. Finalmente, com circunstância de desamparo e contrariedade inaudita e não imaginável, nem a si mesma se tinha Iria por si senão contra si, porque, ainda que no peito tinha a consciência e a virtude, pouco abaixo do mesmo peito tinha o corpo do delito e a evidência da prova. A razão, a inocência, a verdade, a consciência, tudo ali estava oprimido da sem-razão, da calúnia, da mentira, da injustiça, do ódio, da vingança; e posto que a consciência diante de Deus vale mil testemunhas, diante dos homens tinha Iria contra si uma só, que valia para com eles mais que muitas mil, qual é a dos olhos. Que importa que a defendesse a consciência, que se não vê, quando testemunhava contra ela a vista de todos? E que comparação tem com esta aflição as angústias a que se viu reduzida Susana: "Por todas as partes me cercam as angústias" (Dn 13,22)?

A bebida que deu a Iria Remígio pôde-lhe causar a falsa inchação, mas da mesma inchação vista e crida parece que não podia deixar de subir à cabeça da santa uma tal perturbação que lhe não tirasse o juízo. Os grandes trabalhos, aflições e angústias chamam-se na Sagrada Escritura cálix. Bastem por todos os exemplos os do texto de Jeremias: "Toma da minha mão o cálix do vinho deste furor, e darás a beber dele a todas as gentes às quais eu te enviarei. E eles beberão, e ficarão turbados, e sairão fora de si" (Jr 25,15). — E noutra parte: "Na mão do Senhor é Babilônia um copo de ouro que embriaga toda a terra" (Jr 51,7). — E por que razão os grandes trabalhos e aflições se chamam cálix? Os mesmos textos o dizem. Porque assim como o vinho demasiadamente bebido tira o juízo: "O cálice na mão do Senhor embriaga" — assim os trabalhos, angústias e aflições, se são grandes, têm os mesmos efeitos em quem os padece, e os fazem endoidecer: "E beberão, e ficarão turbados, e sairão fora de si". — Tal foi o efeito daquela terrível tempestade, em que diz Davi que as ondas "subiam até o céu e desciam até os abismos" (Sl 106,26). — Como se a tempestade não fora de água, e os pilotos a tiveram bebido toda, assim os descreve o profeta areados, com o juízo perdido, e não se podendo ter em pé: "A sua alma com os males se consumia. Ficaram perturbados, e moviam-se como ébrios" (Sl 106,26s). — Os homens não tinham naufragado, mas o juízo e o entendimento, e toda a ciência náutica já estava soçobrada, afogada e perdida: "Todo o seu saber esvaiu-se" (Sl 106,27). — Nada foi menor que esta a tempestade em que se viu correr fortuna — deixai-me chamar-lhe assim — a nau Santa Iria. Verdadeiramente subiram as ondas ao céu: "Sobem até os céus" — porque chegaram a bater o celeste e quebrar no estrelado de suas virtudes; e desceram até os abismos: "E desceram até os abismos" — porque até o mais profundo da desonra e da infâmia chegou o abatimento das suas afrontas. Todos os ventos e elementos se conjuraram para o seu naufrágio, ajudando o horror dele o escuro da noite, o inchado das velas e o apagado do farol. O escuro da noite, porque nenhuma claridade aparecia que pudesse descobrir o engano; o inchado das velas, porque todo o artifício mágico consistiu na inchação, que não diminuía ou amainava, antes crescia; e o apagado do farol porque, sendo Iria virgem prudente o mesmo vento lhe apagou a alâmpada, ficando tão escurecida como as das loucas. Que se seguia, pois, neste estado, senão arear, enlouquecer e perder o juízo? Mas como o lastro era a consciência, o bojo a largueza de ânimo, o leme a prudência, e o piloto o juízo de Iria, tão fora esteve de arear ou se perder, que sempre esteve firme, constante e superior a todos os mares. Só se pareceu com Susana no admirável silêncio, tanto em si, quando devera estar fora de si, que tudo sofria, calava e comia consigo. E comia consigo, torno a dizer.

Sobre a sentença que alegamos do Espírito Santo, em que diz que a calúnia faz endoidecer os sábios, acrescenta logo o mesmo texto que, para maior perdição do juízo, faz também a calúnia "perder a fortaleza do coração" (Ecl 7,8). — Mas o que neste aditamento merece não vulgar reparo, é a versão siríaca, a qual em lugar da fortaleza do coração traslada: "perder o coração dos dentes". — Quem viu nunca nem ouviu tal anatomia do coração? Porventura o coração tem dentes? Direi. O coração dos que a calúnia endoidece, não; mas o dos que não perdem nela o juízo, sim. A calúnia, o falso testemunho, e a afronta e infâmia que dela resulta, têm muitas durezas que quebrar, que mastigar, que moer e remoer, e isto só o faz um coração tão generoso, tão grande e tão forte como o de Santa Iria. Outro coração que em tal estado se achasse com dentes, morder-se-ia de raiva, comer-se-ia de desesperação ou se enviaria como um leão furioso a despedaçar vivo o enganoso autor de tão estranha maldade; porém, o coração heroico de Iria, nunca mais em si que quando tantas razões tinha para sair fora de si, tudo sofria, tudo calava, tudo comia consigo. Ó mulher mais que mulher, em que só a prudência pode digerir o que tragou a inocência! A inocência tragou a bebida, a prudência digeriu a infâmia. Na opinião como louca, e não virgem, na realidade como virgem prudentíssima, e não das cinco, mas superior a todas: "Mas cinco dentre elas eram prudentes" (Mt 25,2).

§ IV

Muito foi não enlouquecer Santa Iria na opinião de louca, mas muito mais foi ainda não se conformar com a mesma opinião e, vendo-se infamada, não cooperar com a mesma infâmia. É tal a força e poder da infâmia — notem muito isto os que tão facilmente infamam as honras alheias — é tal a força e poder da infâmia que, sendo a calúnia testemunho falso, a mesma infâmia fará que a inocência infamada o faça verdadeiro. Houve um homem rico — diz Cristo — o qual encomendou o governo de suas herdades a um criado com nome de administrador delas. "E sendo este infamado como dissipador das rendas que cobrava" (Lc 16,1) — chamou-o o amo e mandou-lhe que desse contas, porque não havia de exercitar mais o ofício: "Dá conta da tua administração, porque já não poderás ser meu feitor" (Lc 16,2). O que é ou o que deve ter toda a parábola é ser verossímil; e esta última resolução parece que o não foi, por duas razões. Primeira, porque a culpa do delatado mais mostra ser fundada em suspeita que em verdadeira prova: isso quer dizer aquele "como": "como dissipador das rendas que cobrava". Segunda, por que foi privado do ofício antes de se lhe tomar conta, nem se ver se a dava boa ou má: "Dá conta da tua administração, porque já não poderás ser meu feitor". — Pois, se a parábola foi composta por Cristo, e o amo procedeu racional e justificadamente, como tira o ofício ao criado antes de lhe tomar conta, e por prova ao parecer duvidosa? Porque o homem estava já infamado: "E sendo este infamado" — e em homem infamado, ainda que não houvesse culpa para se lhe tirar o ofício, havia causa para se lho não fiar. De sorte que o amo não privou ao criado do ofício pela prova das culpas passadas, senão pela probabilidade das futuras, porque é tal a força e poder da infâmia que, se a calúnia infamou o inocente, a mesma infâmia o fará culpado. Tanta é a conexão que tem a infâmia com a culpa. Ainda no mais inocente, ou a supõe ou a causa, porque a calúnia, antes de infamar, é testemunho do que não foi, mas depois de ter infamado é profecia do que há de ser. No mesmo caso o temos. Que fez o criado quando se viu infamado com o amo? Porventura tratou de se purgar da infâmia e tirar a limpo a sua honra? Antes, tudo pelo contrário. O que fez foi falsificar escrituras, mudar números, tempos e firmas, e com roubos manifestos e certos ratificar a infâmia dos duvidosos. Está ele infamado? Pois ele perderá a inocência, se a não tem perdido, e fará as mesmas e piores infâmias, se as não tem feito.

E para que apertemos bem esta consequência, ainda em comparação da nossa santa, ponhamo-la também em sujeito santo. Uma das notáveis petições que fez Davi a Deus foi esta: "Peço-vos, Senhor, que me livreis das calúnias e falsos testemunhos dos homens para que eu guarde vossos mandamentos" (Sl 118,134). — Quem haverá que se não admire deste para quê? A guarda dos mandamentos de Deus só depende do alvedrio próprio, e não há poder algum criado, ou humano, ou angélico, ou diabólico que possa impedir ao mais fraco homem a observância da lei divina. Como pede logo Davi a Deus que o livre das calúnias dos homens, para que guarde os seus mandamentos? Porque, ainda que as calúnias e falsos testemunhos não tiram ao homem o alvedrio, tiram-lhe a fama, e um homem infamado está no maior risco e na maior tentação de não fazer caso da lei de Deus, e de se precipitar às mesmas baixezas e cometer os mesmos delitos de que se vê infamado. S. Agostinho diz que a todo o homem é necessária a consciência e mais a fama: "a consciência para si, a fama para os outros"[7]. — Disse bem o grande doutor, mas não disse tudo: a consciência é necessária para nós, e a fama para os outros, mas não só para os outros, senão também para nós, porque, se perdermos a fama, também perderemos a consciência. Este é o verdadeiro sentido e a fortíssima consequência das palavras de Davi, nas quais se deve notar que não só diz a Deus que o livre das calúnias, senão propriamente que o resgate delas: "Livrai-me das calúnias dos homens". — Se um homem se visse cativo nas masmorras de Argel, não teria muita razão de dizer a Deus: Senhor, resgatai-me deste cativeiro, para que não chegue a risco de renegar? — Pois do mesmo modo diz Davi a Deus que o resgate das calúnias dos homens para que guarde seus mandamentos, porque, sendo tão santo Davi, não fiava da sua virtude nem da sua constância, que, caluniado e infamado, em vez de perseverar firme na observância da lei divina, a mesma infâmia o não precipitaria aos vícios de que se via caluniado.

Agora entendereis a verdadeira razão e astúcia por que Remígio, vendo-se resistido de Santa Iria, se resolveu a buscar um meio de a infamar publicamente. Bem podia ser ódio e vingança, como dizíamos, mas não foi senão um novo e último artifício de a render, entendendo que, se enquanto conservava a honra e boa opinião resistiu com tanta fortaleza, depois de afrontada com uma infâmia tão pública, não tendo já que perder, se renderia facilmente. A razão natural, certa e experimentada desta moral filosófica é a grande dependência que tem a virtude da honra. A honra é o segundo anjo da guarda da virtude, e mais poderoso para conosco que todos os anjos, porque é anjo que se vê. Quando os filhos de Israel saíram do Egito e caminharam para a Terra de Promissão, cada um tinha o seu anjo da guarda, o qual os guardava, como a nós o nosso invisivelmente; mas, além destes anjos invisíveis, diante de todos ia outro anjo visível e manifesto aos olhos, e este era o que os guiava e ao qual seguiam. Mostrava-se este anjo em duas colunas, uma de nuvem, com que de dia os defendia do sol, e outra de fogo, com que de noite os alumiava: "Durante o dia numa coluna de nuvem, durante a noite numa coluna de fogo" (Ex 13,21). — Tal é o anjo da guarda da virtude, a que chamei segundo, e lhe pudera dar o nome de primeiro. Toda a virtude e mais a da honestidade, de que falamos, tem suas sustentações de dia e de noite, e em ambas nos guia e nos defende o anjo da guarda da honra. De dia contra o calor do apetite, como nuvem que refrigera: "Durante o dia numa coluna de nuvem" — e de noite contra as confianças da escuridade, como fogo que alumia: "Durante a noite numa coluna de fogo".

São a honra e a virtude entre si como os bons pais em respeito dos filhos, e os bons filhos em respeito dos pais que lhes deram o ser. A virtude gera a boa fama, e a boa fama defende a virtude. Sansão e seus pais todos caminhavam pela mesma estrada; mas quem os defendeu do leão que saiu do bosque? Não os pais ao filho, senão o filho aos pais. A virtude é a que dá o ser à honra e à fama, mas a honra e a fama são as que defendem a virtude. Daqui se entenderá uma notável providência com que Deus permitiu que se introduzisse no mundo uma grande injustiça.

E que injustiça é esta? É que, sendo os pecados contra a honestidade igualmente graves para com Deus nas mulheres e nos homens, nas mulheres, ainda que sejam veniais, tiram a honra, e nos homens, ainda que sejam mortais, não. E por que permitiu a providência divina no mundo uma tão grande injustiça? Porque, defendendo a honra ao menos de uma das partes a castidade, tivesse resistência o vício da torpeza e não abrasasse totalmente o mesmo mundo, diz S. Efrém. Tanto mais poderosa é na natureza humana, ainda depois de corrupta, a estimação da honra que a tentação do apetite! Por que viviam castamente os atletas, e todos os que haviam de correr nos jogos olímpicos, sendo gentios? Assim o afirma S. Paulo: "Não sabeis que os que correm no estádio (1Cor 9,20) de tudo se abstêm?" (Ibid. 25). — E o motivo, posto que vão, desta sua abstinência, era, diz o mesmo apóstolo, porque com a estimação da honra e fama venciam e mortificavam o apetite. Não se pode negar que a conservação da virtude tem o seu trabalho, mas não é necessário ser bom para sofrer o trabalhoso dela por conseguir o honroso. Não hei de provar este ponto com autoridades de santos, mas com o exemplo dos homens mais maus, mais vis e mais mofinos do mundo. A gente pior e mais mofina do mundo são os hipócritas, e também as hipócritas: por quê? Porque padecem o trabalhoso da virtude, e perdem o meritório. Mas nisso mesmo nos provam e nos ensinam quão poderoso é mais que tudo na natureza humana, ainda depravada, o amor da opinião e da honra. Nos seus jejuns, nas suas penitências e nas suas largas orações ou superstições, são mártires do diabo; e contudo se dão por bem pagos de suportar todo o trabalhoso da virtude só por conseguir o honroso dela.

E como a honra — cuja ambição natural nasceu com o homem — não só é o incitamento e prêmio da virtude, senão a única guarda e defensora dela, esta foi a singularíssima glória de Santa Iria, que, infamada e perdida totalmente a honra, desarmada e sem defensa... Que digo: desarmada e sem defensa? Só, desamparada e combatida de todas as partes, não por um inimigo nem por muitos, senão por todos os que a conheciam; não com um só gênero de afrontas, senão com todas as máquinas que o ódio, a astúcia e a maldade podem inventar; nem por um dia ou muitos dias, senão por toda a vida; se conservasse contudo a virtude tão constante, firme, inteira, e sem a menor lesão nem abalo, como se estivera cercada de muros de bronze e torres de diamante! A fortificação das cidades mais inexpugnáveis, segundo a arquitetura militar antiga, consistia em um muro e antemural: o muro que cingia e defendia a cidade, o antemural que cingia e defendia o muro. Assim o canta o profeta Isaías da cidade de Jerusalém, a que chama fortíssima: "Em Sião, cidade da nossa fortaleza, será posto um muro e um antemural" (Is 26,1)[8]. — Sitiada, porém, e batida uma destas cidades, que sucedia? O que Jeremias chora da mesma Jerusalém: "Caiu o antemural, e juntamente caiu logo o muro" (Lm 2,8); e o antemural, e o muro, e a cidade, tudo ficou por terra. A mística e espiritual Jerusalém é a alma ornada de todas as perfeições: "Formosa como Jerusalém" — o muro é a virtude, o antemural que o defende é a honra; e, tanto que caiu e se perdeu a honra, logo caiu e se perdeu também a virtude. É o que acontece também hoje, falando em frase militar moderna. Tanto que se perderam as fortificações exteriores, logo as muralhas são picadas, minadas e voadas, e a praça se entregou aos inimigos. O mesmo sucede à virtude. Perdida a honra e a fama, entra no seu lugar a afronta e a infâmia, e por estas não só brechas, mas portas abertas, se franqueia o passo livre a todas as maldades. Assim como dissemos que a honra era o anjo da guarda para a virtude, assim diz S. Paulo que a afronta é o laço do demônio para os vícios: "Importa outrossim que também ele tenha bom testemunho, para que não caia no opróbrio e no laço do diabo" (1Tm 3,7). — De maneira que é tão necessária a honra e boa fama para conservar a virtude, e tão poderosa a desonra e a má fama para a destruir, que o mesmo é cair em infâmia que cair no laço do demônio: "Não caia no opróbrio e no laço do diabo".

Estas são as regras e perigos gerais da virtude afrontada e infamada, nas quais também havia de ser compreendida a nossa santa, se com virtude singularissimamente heroica não fora a exceção de todas elas. Só Santa Iria soube desafrontar as afrontas e afamar as infâmias. De Judite diz a Sagrada Escritura que era "famosíssima entre todas as mulheres" (Jt 8,8). — E, dando a razão deste superlativo de famosa, acrescenta o texto: "Porque era muito temente a Deus, e não havia pessoa alguma que dela dissesse mal". Vede agora quanto vai de fama a fama e de Judite a Iria. Judite era temente a Deus, e Iria era temente a Deus; de Judite não havia quem dissesse mal, de Iria não havia quem não dissesse os maiores males; e se a virtude de Judite era famosíssima com boa fama, julgai se a virtude de Iria, no meio de tantas infâmias, era mais que famosíssima? S. Paulo deu por empresa à virtude heroica aquela famosa disjuntiva: "Ou por boa fama, ou por infâmia" (1Cor 6,8). — Judite e Iria partiram entre si esta sentença: a Judite tocou o "por boa fama", e a Iria "por infâmia". Mas a esta parte deu o apóstolo o primeiro lugar, porque o mais heroico da virtude não consiste em ser famosíssima com boa fama, senão em ser famosíssima na infâmia. Maior virtude é a infamada que a famosa, porque a famosa pode ter por fim a glória própria, e a infamada não tem outra glória nem outro fim senão a Deus. Tal foi o mais que heroico resplendor da nossa gloriosíssima virgem. Para com Deus com a alâmpada acesa e resplandecente, como virgem prudente, e para com os homens com a mesma alâmpada apagada e escurecida, como virgem louca: "Mas cinco dentre elas eram loucas, e cinco prudentes".

§ V

Até agora não falamos em Britaldo, segunda e funestíssima parte desta cruel tragédia. Esquecido Britaldo do milagre com que Iria lhe dera a saúde, mas muito lembrado da promessa condicional que lhe tinha feito, seguindo a falsa mas aparente opinião de todos, e julgando a inocente e castíssima virgem por tão infiel a Deus como a si mesmo, com aquele ódio em que o amor desprezado e a dignidade da pessoa lesa se converte em furor, irado, vingativo e poderoso, que faria? Soube o lugar em que Iria, nas ribeiras do rio Nabão, passava o silêncio das noites em familiaríssima conversação com Deus, não queixando-se das suas infâmias, mas dando-lhe infinitas graças por elas, e ali mandou a seus soldados que lhe tirassem a vida. Executaram a detestável sentença os ímpios ministros, e tão enganados e cegos como quem os mandava, fazendo a morte mais cruel com esquisitas tiranias, aberto o sagrado corpo em feridas, e envolto em seu sangue, o lançaram na corrente do rio, que assim o dispunha também a fera sentença. Já agora estará satisfeito o cego amor de Remígio, já estará satisfeito o ódio também cego de

Britaldo, mas muito mais satisfeita está a alma de Iria, a quem estas duas cegueiras abriram os olhos da mortalidade para que eternamente começassem a ver a Deus, e gozar, como estão gozando, os aplausos do céu, onde não chegam as infâmias da terra.

Mas porque na mesma terra não bastou o sangue de Iria nem as águas do Nabão para lavar a sua infâmia, ainda contumaz nos juízos e línguas dos homens, justo será que nós ponhamos em questão, e resolvamos séria e sinceramente qual dos dois foi mais cruel com Iria nesta lastimosa tragédia, se Remígio ou Britaldo, ambos cativos de sua formosura, e ambos vingadores do seu constante e santo desamor? Que fez Britaldo, e que fez Remígio? Remígio tirou-lhe a fama, Britaldo tirou-lhe a vida, e não há dúvida que mais a ofendeu e martirizou Remígio que Britaldo. Parece que se apostou o Espírito Santo a advogar por esta causa, provando com textos expressos a verdade da minha resolução. No capítulo 26 do Eclesiástico diz assim o texto sagrado: "A acusação de uma cidade, e o ajuntamento de um povo, e uma calúnia falsa e mentirosa, todas estas coisas são mais graves e mais dificultosas de sofrer que a morte" (Ecl 26,6s). — Vede se tive eu razão para dizer que este texto foi ditado pelo Espírito Santo, e escrito nos Cânones do Eclesiástico em prova expressa do nosso caso, por todas suas circunstâncias. Santa Iria foi acusada por toda a cidade de Nabância: "A acusação de uma cidade" — foi aprovado o seu delito por todo o ajuntamento do povo, porque ninguém houve em todo ele que defendesse nem acudisse por sua inocência, nem ainda o imaginasse: "O ajuntamento de um povo" — e tudo isto fundado em uma calúnia falsa e mentirosa, e tanto mais enganosa quanto com maiores aparências: "E uma calúnia falsa e mentirosa" — e se cada uma destas coisas, por decisão canônica do mesmo tribunal divino, é mais grave e intolerável de sofrer que a mesma morte: "Todas estas coisas são mais graves do que a morte" — quanto mais todas juntas? Logo, não há dúvida que a calúnia e engano de Remígio, que ocasionou a acusação de toda a cidade, e conspiração de todo o povo unido no mesmo conceito e na mesma voz, com que todos criam e abominavam a Iria, foi mais grave e mais cruel que a morte que lhe deu Britaldo.

Britaldo valeu-se do seu poder, mas poder humano; Remígio, não lhe bastando o humano, socorreu-se do mágico e diabólico, e tanto mais poderoso foi este quanto mais penetrantes as suas armas. Britaldo ofendeu a Iria com armas de ferro, Remígio com setas de carvão e de carvões tirados do fogo do inferno. Mas quem nos provará esta diferença não esperada? Davi, que entendia muito bem de armas, diz que as mais poderosas de todas são as setas que levam na ponta carvões: "Setas de valoroso agudas, com carvões desoladores" (Sl 119,4). — E por que são mais poderosas as setas com carvões que as armas de ferro? Porque as armas de ferro ferem, as armas de carvão tisnam; e as armas de ferro, que ferem, podem tirar a vida, as de carvão, que tisnam, tiram e infamam a honra. Tais foram as setas de Remígio, tiradas de longe e à falsa fé, comparadas com as de Britaldo, executadas de perto. As de Britaldo tiraram-lhe a vida, mas vestiram-na de púrpura com o sangue; as de Remígio deixaram-na viva, mas tisnaram-lhe a honra com o carvão da infâmia. Seja juiz nesta causa o mesmo Cristo. Os inimigos de Cristo não só lhe quiseram tirar a vida, senão a honra: para lhe tirarem a vida, pregaram-no em uma cruz; para lhe tirarem a honra, puseram-no entre dois ladrões. E qual destas duas circunstâncias sentiu mais o Senhor: a companhia dos ladrões ou os cravos da cruz? É certo que a companhia dos ladrões, como ele mesmo declarou quando o prenderam para o crucificarem: "Vós viestes para me prender como se eu fora um ladrão" (Mt 26,55). — E a razão manifesta é porque o ferro dos cravos tirou-lhe a vida, a companhia dos ladrões infamava-lhe a honra. Por isso profetizou Jeremias que morreria "farto de afrontas" (Lm 3,30) — sendo que na mesma cruz teve sede de mais tormentos, como declarou quando disse: "Tenho sede" (Jo 19,28). E tudo foi. Morreu sequioso de tormentos, porque ainda desejava mais o seu amor; de afrontas, porém, farto, porque não teve mais que desejar a sua paciência.

Isto mesmo se deve julgar sobre a morte da nossa santa, comparada com as suas infâmias. E se me perguntardes por que foi mais cruel o martírio de quem lhe infamou a honra que de quem lhe tirou a vida, o mesmo Espírito Santo, que defende esta causa, deu a razão: "O número dos dias de uma boa vida, como o bom nome permanecerá para sempre" (Eclo 41,16). A vida é um bem que morre: a honra e a fama é bem imortal; a vida, por larga que seja, tem os dias contados: a fama, por mais que conte anos e séculos, nunca lhe há de achar conto nem fim, porque os seus são eternos; a vida conserva-se em um só corpo, que é o próprio, o qual, por mais forte e robusto que seja, por fim se há de resolver em poucas cinzas: a fama vive nas almas, nos olhos e na boca de todos, lembrada nas memórias, falada nas línguas, escrita nos anais, esculpida nos mármores e repetida sonoramente sempre nos ecos e trombetas da mesma fama. Em suma, a morte mata ou apressa o fim do que necessariamente há de morrer: a infâmia afronta, afeia, escurece e faz abominável um ser imortal, menos cruel e mais piedosa seria se o pudera matar. E como a morte ofende a mortalidade da vida, e a infâmia a imortalidade da honra, muito mais cruel e desumano foi Remígio com Iria infamando-a que Britaldo mandando-lhe tirar a vida.

E se considerarmos o bárbaro e injustíssimo motivo da caluniosa infâmia que foi a honradíssima resistência e constantíssima castidade da puríssima virgem, ainda foi mais clara e manifesta a cega e sacrílega ousadia de querer matar Remígio, não só na pessoa mortal, mas na mesma virtude imortal a sua natural imortalidade. Um principal atributo da virtude da castidade, como virtude verdadeiramente angélica, é ser imortal. Outra vez o mesmo Espírito Santo no cap. 4 da Sabedoria, exclamando assim: "Ó quão formosa é a geração casta com claridade, porque a sua memória é imortal para com Deus e para com os homens" (Sb 4,1). — Com razão reparam os intérpretes aqui na palavra "geração", porque a castidade das virgens, da qual a entende a Igreja, tão fora está de ter geração, que antes em a renunciar para sempre consiste a sua essência e excelência. Pois, se este supremo grau da castidade consiste em renunciar para sempre a geração, que geração é esta, que nela tanto louva e engrandece o Espírito Santo? Direi. O fruto da geração é a perpetuidade dos homens, os quais, como morrem e hão de morrer em si, perpetuam-se nos filhos. Mas esta perpetuidade é mortal, porque os filhos, assim como seus pais, também são mortais; porém a geração casta e virginal, em vez de filhos mortais, gera outra sucessão mais nobre e imortal, porque dela nascem duas imortalidades, uma para com Deus e outra para com os homens: para com os homens a da memória imortal, e para com Deus a da glória também imortal: "A sua memória é imortal para com Deus e para com os homens".

Agora quero eu falar com Remígio. Vem cá, monge sacrílego e infame, tu não lias este mesmo texto em todas as solenidades das virgens? Pois, como te atreveste, e muito mais depois que experimentaste a constância virginal de Iria, a querê-la despojar da imortalidade da sua virtude? Não creio que foi erro do mau monge contra a fé destas palavras, mas que foi a agudeza do seu entendimento furioso, com que as quis interpretar ao seu infernal intento. Todos estes louvores da castidade virginal não os dá a Escritura só à geração casta, senão à geração casta com claridade: "Ó quão formosa é a geração casta com claridade". — Pois, já que eu, diz Remígio, lhe não pude render a castidade, quero-lhe escurecer a claridade; e como a claridade ficar escurecida com a infâmia, seja embora imortal na memória dos homens: "Porque a sua memória é imortal" — porque será imortal a memória da sua desonra, e não a da sua virtude. Assim foi vivendo e morrendo Iria infamada na opinião dos presentes, e com a mesma afronta havia de continuar depois da morte infamada na memória dos vindouros de sorte que esta mesma virgem, que hoje celebramos como única entre as virgens prudentes, a havíamos de desprezar e aborrecer como uma das loucas. Mas nesta mesma oposição e contrariedade consistiu a sua maior glória, clara e escura juntamente: "Para com Deus e para com os homens" — na terra escura para com os homens, e no céu clara para com Deus. Diga-se pois das outras virgens: "Ó quão formosa é a geração casta com claridade!" — elas formosas com a claridade, porém Iria mais formosa que todas, porque formosa com claridade e sem claridade: com claridade, porque clara para com Deus na virtude; e sem claridade, porque escura para com os homens na infâmia. E se duvidais e quereis saber como deste claro e escuro se podia compor uma perfeita formosura, digo que como a da lua: "Formosa como a lua"

(Ct 6,9). A lua no último ponto ou paroxismo do seu minguante, para a parte de dentro e do céu está clara, e para a parte de fora e da terra, toda escura. Assim também a nossa santa: para a parte de fora, onde ficaram as virgens loucas com a alâmpada apagada, escureciam com elas nos olhos dos homens: "Mas cinco dentre elas eram loucas" (Mt 25,2) — mas para a parte de dentro, onde entraram as prudentes com a alâmpada acesa e resplandecente, como virgem prudentíssima aos olhos de Deus: "E cinco prudentes" (Ibid.).

§ VI

Mas esperai um pouco, que assim como a lua totalmente escurecida se restitui outra vez à sua natural luz e formosura, e não só resplandece em si, mas alumia o mundo, assim, triunfando a virtude contra a malícia, a verdade contra a mentira, e a justiça divina contra a astúcia e temeridade humana, as afrontas de Iria se converteram em honras, as infâmias em louvores, os desprezos em aplausos, e as injúrias em glórias. E que fez Deus para isso? Caso maravilhoso! Trocou a ordem universal de sua providência e, para acudir pela honra de Iria, antecipou o dia do Juízo. Morreu a inocentíssima virgem, mais ferida das calúnias que das feridas que lhe deram a morte; e como se o fim de sua vida fosse o fim do mundo, no mesmo dia sentenciou Deus a sua causa e lhe deu a gloriosa vitória de seus caluniadores. Davi, como dissemos, pedia a Deus que o remisse das calúnias dos homens: "Redime-me das injúrias dos homens" (Sl 118,134) — e Deus promete que assim o fará a todos os caluniados: mas quando, ou para quando? Para o dia do Juízo? Isto significam expressa e literalmente aquelas palavras que o mesmo Senhor então dirá: "Olhai, e levantai as vossas cabeças, porque está perto a vossa Redenção" (Lc 21,28). Então se publicará naquele imenso teatro, em que nos havemos de achar todos, a inocência dos justos e o engano e malícia dos que falsamente os caluniaram. Até S. Paulo, das calúnias que contra ele levantaram seus êmulos, se consolava com a certeza desta esperança, e com a mesma nos exorta a que não queiramos julgar antes de tempo: "Não julgueis antes do tempo, até que venha o Senhor, o qual porá às claras o que se acha escondido nas mais profundas trevas, e então cada um receberá de Deus o louvor" (1Cor 4,5). — Pois, se Deus tem assinalado aquele último dia para julgar as causas dos inocentes, e se então se há de alumiar tudo o que agora está escuro e manifestar-se tudo o que agora está encoberto, e se então, com testemunho e autoridade irrefragável, serão louvados de Deus os que agora são caluniados dos homens: "E então cada um receberá de Deus o louvor" — sendo já passados antes do dia do Juízo e depois do caso de Santa Iria mais de mil anos, por que não esperou Deus por aquele "Então", e o antecipou tanto tempo antes — "antes do tempo"? Porque teve Santa Iria paciência para sofrer, e não Deus para esperar. Que fez Iria no meio de tantas calúnias, afrontada, infamada e condenada de todos? Não se queixou, não se defendeu, não acusou a traição do falso amigo, e antes quis que o seu crédito fosse o réu do que não tinha cometido que descobrir o autor de tão horrenda maldade. E agradou-se Deus tanto daquele silêncio, daquela modéstia e daquela paciência, que não teve o mesmo Deus para esperar as tardanças do tempo e, dispensando ou quebrando todas as leis ordinárias de sua providência, à que o mundo reputava por mulher louca declarou por Virgem prudentíssima, e a que todos infamavam de pecadora canonizou por santa, sendo os selos pendentes das bulas da sua canonização, como lhe chamam os sagrados cânones, os muitos e prodigiosos milagres com que então publicou e provou o céu a inocência e santidade de Iria.

Dois elementos concorreram para os tormentos que na vida e na morte padeceu a santa, que foram a terra e a água. A terra, na vila de Nabância, a água no rio Nabão: a terra por Remígio, o autor que maquinou o engano a que se seguiu a infâmia em todo o povo; a água por Britaldo, o tirano que a sentenciou ao martírio, a que se seguiu a crueldade de seus soldados, que, mortalmente ferida, a lançaram por seu mandado na corrente do rio. E para que os mesmos elementos em maiores e melhores teatros concorressem para a honra da mesma santa infamada e morta, a Nabão sucedeu o Tejo e a Nabância Santarém: o Tejo, príncipe de todos os rios de Espanha, e Santarém, antiquíssima corte dos reis de Portugal. O Tejo, levantando no fundo de suas areias de ouro e lavrando de finíssimos mármores o mausoléu do seu sepulcro, e Santarém com o epitáfio, gravando nas pedras de suas torres, e magníficos e sagrados edifícios o nome de Iria, com sobrenome ou antenome de santa. E porque para a infâmia no elemento da terra tinha concorrido o inferno, assim foi também gloriosa e justa correspondência que para o sepulcro, no elemento da água, concorresse o céu: o inferno, com as confeições da arte mágica, temperadas por astúcia dos demônios; e o céu, com os primores da arquitetura fabricados por mãos de anjos. Assim vingou Deus e honrou a Moisés em um e outro elemento as injúrias do rio Nilo e as da terra do Egito, com os triunfos do Mar Vermelho e Terra da Promissão. E se o sepulcro de Moisés o escondeu Deus aos olhos dos homens, para que eles o não idolatrassem em injúria do mesmo Deus, também depois de uma vez visto o sepulcro de Iria o escondeu Deus aos olhos dos homens, em castigo e restituição da ofensa que tinham feito ao mesmo Deus nas injúrias da sua santa. Onde está hoje o sepulcro de Santa Iria? Nem no fundo do Tejo o penetram os olhos nem o acham as âncoras: todos o creem, e ninguém o vê. Por quê? Porque assim como Deus no céu premia a virtude da fé com a vista, assim na terra quis satisfazer com a fé dos presentes o delito da vista dos passados, para que glorifique tanto à mesma santa fé dos presentes com a verdade do que não vê, como a ofenderam os olhos dos passados com a mentira do que viram.

Ó ditosa e bem-aventurada Iria, não menos nas suas mesmas ofensas que nas suas glórias! Se a ofensa de Deus em Adão, pelos grandes bens que dela ocasionalmente se seguiram, se chama, com razão, feliz, sem encarecimento se pode dizer o mesmo do afrontoso testemunho levantado contra a virginal pureza de Santa Iria. A aparência do ventre foi fantástica e suposta, mas o parto do mesmo ventre foi verdadeiro e admirável. Se assim não houvera sucedido, esta ilustríssima república, tão fecunda de milagres, não seria Santarém, nem os filhos de Santarém filhos de Santa Iria. Todos os filhos de Santarém são o parto daquele ventre. Cristo, Senhor nosso, não teve pecado próprio; mas porque morreu por pecado que não cometera, diz o profeta Isaías que duraria sem fim a posteridade de seus filhos: "Se ele tiver dado a sua alma pelo pecado, verá a sua descendência perdurável" (Is 53,10). — Mais de mil e seiscentos anos há que dura a posteridade dos filhos de Cristo, e mais de mil que dura e continua a dos filhos de Santa Iria. A virgindade é virtude estéril, mas em Santa Iria foi fecundíssima: "Até que a estéril teve muitos filhos" (1Rs 2,5). — Tantos filhos, como vemos, e todos para maior maravilha filhos de mãe virgem. Vistes já ou imaginastes um grande monte de trigo murado de lírios? Pois tal é o ventre da minha santa Esposa, diz o divino Salomão, Cristo: "O teu ventre é como um monte de trigo cercado de lírios" (Ct 7,2). — Ventre murado de lírios pela pureza virginal de Iria, com que naquela falsa e mágica inchação se defendeu constantissimamente de todos os golpes da calúnia, da infâmia e da mesma morte; e monte de trigo inumerável, pela multidão dos filhos sem-número que por tantas idades e séculos lhe nasceram, e em tantos morgados de religiosíssimas famílias se continuam e multiplicam. Filhos de mãe e virgem, digo outra vez, e com privilégio que nem na mesma Mãe de Deus teve tal singularidade de maravilhoso. Que diz o profeta, falando do parto da Mãe de Deus? "Conceberá uma Virgem, e dará à luz um filho" (Is 7,14). — Foi parto de virgem, mas parto a que precedeu conceição. O dos filhos de Santa Iria também são partos de virgem, mas parto sem conceição, porque o tumor do ventre foi falso, e os filhos da mesma Virgem são verdadeiros.

Agora se seguia exortar eu aos mesmos filhos a que imitem a mãe; mas só lhes digo, por cautela muito importante, que se lembrem do que a mesma mãe padeceu pelo engano dos olhos duas vezes enganados: uma vez enganados em Remígio e Britaldo por amarem o que viram, e outra vez enganados em todos os mais, por crerem o que viam. Se amarem o que virem serão loucos, se não crerem nem ao que virem serão prudentes; e com estas duas advertências serão verdadeiros filhos de uma Virgem que com opinião de louca soube ser prudentíssima: "Mas cinco dentre elas eram loucas, e cinco prudentes".

SERMÃO DA

Visitação de Nossa Senhora

No Hospital da Misericórdia da Bahia, 1640.
Na ocasião em que chegou àquela cidade
o Marquês de Montalvão, Vice-Rei do Brasil.

~

"Quando a voz da tua saudação chegou aos meus ouvidos,
o menino saltou de alegria em meu seio."
(Lc 1,44)

A ocasião é dada por Vieira: quando chegou àquela cidade o Marquês de Montalvão, Vice-Rei do Brasil. O recebimento por parte da população não foi entusiasta: os desastres sucessivos eram motivos de desconfiança dos salvadores que a metrópole mandava. Vieira, pelo contrário, acolhe-o com brados de alegria, prognostica-lhe governo glorioso. Dá escusas da recepção modesta, de que ele poderia magoar-se. Mostra-lhe a dificuldade da tarefa nas condições em que o país se encontra. Descreve o que tinha sido a direção das campanhas: quatro generais seguidamente comandaram desde a perda de Pernambuco e nenhum governou a guerra que a não entregasse a seu sucessor em pior estado. Faz ver a parte importante que tiveram nesses anos os irmãos, os pobres e os doentes do Hospital. Entretanto, não faltara quem na Corte alegasse serviços e requeresse as mercês correspondentes. Indigna-se de não receberem castigos os culpados dos desastres. Justiça punitiva que castiga os maus, justiça distributiva que premia os bons, eis o que ele pede. Da falta delas é que o Brasil padece. Tudo o que der a Bahia para a Bahia há de ser; tudo o que se tirar do Brasil, com o Brasil se há de gastar. Toda essa parte do sermão é para ser transcrita como sátira veemente do que era no tempo a administração da colônia.

§ I

Viu o profeta Malaquias em espírito aquela felicíssima jornada que havia de fazer do céu à terra o Redentor e restaurador do mundo, e dando as boas novas a todos os homens, como a enfermos pelo pecado de Adão, diz assim: "Para vós nascerá o sol da justiça, e estará a salvação nas suas asas" (Ml 4,2). Alegra-te, enfermo gênero humano, alegra-te, e começa a esperar melhor de teus males, porque virá o sol de justiça, e te trará a saúde nas asas.

Cumprida temos hoje esta tão esperada profecia, e cumprida, se eu me não engano, em dois sentidos. Tanto que o divino sol de justiça, Cristo, se vestiu da nuvem branca de nossa humanidade, tanto que tomou carne o Filho de Deus nas entranhas puríssimas da Virgem Maria, como ele era a inteligência soberana que movia aquele céu animado, no mesmo ponto diz o evangelista S. Lucas que "partiu a Senhora para as montanhas de Judeia" (Lc 1,39) — e acrescenta — "com passos mui apressados", porque nem à delicadeza da donzela se lhe fizeram ásperas as montanhas, nem à grandeza da Mãe de Deus lhe pareceram desautorizadas as pressas. Que errado que anda o mundo, e mais o nosso, em julgar e introduzir que os passos vagarosos sejam os mais autorizados! Se por vagares se perde o mundo todo, como pode consistir a autoridade dele nos mesmos meios de sua perdição? Na fábrica deste universo que vemos criou Deus o sol e a lua ao quarto dia, e não ao primeiro, diz S. Severiano, porque, como ainda então não havia criaturas que influir, nem hemisfério que alumiar, estiveram-se os planetas ociosos e parados, em grave descrédito de seus resplendores, que a quem Deus fez para sol não o fez para estar quieto. Foram formadas aquelas duas tochas do céu, para com alternado império governarem o dia e a noite: "Um luzeiro maior, que presidisse ao dia, outro menor que presidisse à noite" (Gn 1,16). — E como nasceram para todos, andam sem descansar em perpétua roda, que é gloriosa pensão do bem universal correr e nunca estar parado. Por isso Cristo hoje, assim como sol material, tanto que recebeu a investidura dos raios, no mesmo instante partiu de carreira e começou a fazer velocissimamente seu curso, assim o divino sol de justiça, tanto que se vestiu de nossa humanidade nas entranhas da Virgem Mãe, no mesmo ponto arrebatou aquela celestial esfera e a levou às montanhas com tanta pressa, com tão arrebatado curso — "com passos mui apressados" — que para o explicar Malaquias na terra houve de fingir um monstro no céu: "Para vós nascerá o sol da justiça, e estará a salvação nas suas asas". — Sol com asas! Quem negará que é uma resplandecente monstruosidade? E acrescenta com muita propriedade o profeta que levará o sol nas asas a saúde, porque a dar saúde, e não a outro fim, parte hoje o Redentor com tanta pressa.

Estava a casa de Zacarias nesta ocasião — para que falemos com frase de hospital — feita uma enfermaria de diversos males. O velho Zacarias havia seis meses que emudecera; Santa Isabel, sobre os da velhice, padecia os achaques de pejada; e, mais mortal que todos, o menino Batista jazia enfermo do pecado original, relíquias daquele antigo veneno que, dentro em uma maçã proibida, deu a serpente a nossos primeiros pais. Se por uma maçã tomada contra a vontade de seu dono se perdeu o mundo todo, que muito que se perca tanta parte dele em tempo que se toma tanto! Enfim, chegou a Senhora, que nunca tarda a quem a há mister, e aos primeiros abraços que deu a Santa Isabel, às primeiras palavras de cortesia com que a saudou, ouviu-as o menino enfermo, e logo ficou são: "Quando a voz da tua saudação chegou aos meus ouvidos, o menino saltou de alegria em meu seio". — Oh! como quisera que entenderam daqui as pessoas soberanas que com abraços e com boas palavras podem dar vida! Se muitas vezes, pela impossibilidade dos tempos, é força que estejam as mãos fechadas, por que não estarão os braços abertos? E que avareza pode ser mais cruel que negar a vida a um homem quem lha pode dar com palavras? Tão alentado, tão alegre ficou o menino Batista com as da soberana Princesa, que a saltos de prazer começou a inquietar o silêncio das entranhas maternas, e quase a sair de si com alegria: "O menino saltou de alegria". — Montanhesa cortesia parece receber a saltos uma majestade tão soberana, mas acomodou-se o menino à estreiteza do lugar, e não fez pouco porque fez o que pôde.

Este foi o principal efeito que causou a entrada de Cristo em casa de Zacarias, e semelhante a este é, Excelentíssimo Senhor, o estado em que se acha a Bahia, hoje alentada com a boa vinda, e alegre com a tão desejada presença de V. Excelência. Solenizou-a esta cidade com menos alegrias suntuosas, com menos festas públicas do que costuma, mas bem desculpa Santa Isabel a falta destes aplausos exteriores, que o prazer de S. João todo foi por dentro, e a alegria verdadeira toda é de entranhas: "O menino saltou de alegria em meu seio". — Como levantaria arcos triunfais a cabeça de uma província vencida, assolada, queimada, e por tantas vezes e de tantas maneiras consumida? Prudente se portou em suas alegrias esta cidade, por não desmentir seu estado; acomodou-se, como S. João, à estreiteza do tempo, e reservou os triunfos para o dia das vitórias que espera.

Quanto mais, Senhor, que nunca ninguém entrou por arcos triunfais mais gloriosos que quem foi recebido nos corações de todos.

Alegra-se, pois, o enfermo Brasil — e será o segundo sentido das palavras — porque vê também cumprida em si aquela profecia, que havia de vir um Sol de justiça a restaurá-lo, que traria a saúde nas asas. Que maior alegria para um enfermo aflito que luz e saúde? A nenhum lhe importa mais uma e outra que ao Brasil, porque não sei qual o tem posto sempre em maior perigo, se a enfermidade, se as trevas. As trevas cederão ao sol, a enfermidade obedecerá à saúde, e como todo este bem nos vem com asas, certa será a melhoria. Curará a diligência o que danou a remissão, e recuperará a pressa o que os vagares perderam. Muitas ocasiões há tido o Brasil de se restaurar, muitas vezes tivemos o remédio quase entre as mãos, mas nunca o alcançamos, porque chegamos sempre um dia depois. Como havia de aproveitar a ocasião a quem a tomou pela calva sempre? E, como estamos tão lastimados das tardanças, o primeiro bom anúncio que temos, Senhor, é sabermos que nos vem a saúde nas asas, e que voando mais que correndo, partiu V. Excelência a restaurar este Estado, sem reparar nos novos inconvenientes que da última fortuna sobrevieram, nem em quão descaído está o Brasil das forças e do poder com que V. Excelência aceitou a restauração dele. — Aconteceu-lhe a V. Excelência com o Brasil o que a Cristo com Lázaro. Chamaram-no para curar um enfermo: "Eis aí está enfermo aquele que tu amas" (Jo 11,3) — e quando chegou foi-lhe necessário ressuscitar um morto. Morto está o Brasil, e ainda mal, porque tão morto e sepultado; fumeando estão ainda, e cobertas de suas cinzas estas campanhas. É verdade que nunca se viu esta província tão autorizada como agora, mas podem-lhe servir os títulos de epitáfios, que pois a vemos levantada a Vice-Reino entre as mortalhas, bem se pode dizer por ela também que depois de ser morta foi rainha. Mas assim como S. João à voz da Senhora, assim como Lázaro à voz de Cristo, assim ressuscitará também o Brasil à voz e ao império de V. Excelência, podendo dizer vitorioso dentro em pouco tempo o que disse Paulo Fábio orando no Senado: "Restaurei a Macedônia, reduzindo-a à sujeição do Império romano" — diz o grande Fábio — "e acabei felizmente em poucos dias aquela guerra que tinham governado quatro cônsules antes de mim, entregando-a sempre cada um a seu sucessor em pior estado"[1]. — Quatro generais têm governado a guerra do Brasil, depois de ocupado Pernambuco. Grande conjectura de ser a enfermidade mortal mudarmos tantas vezes a cabeceira. Todos foram capitães famosos, todos se portaram com grande valor e prudência militar; mas é desgraça levar o leme no tempo da tempestade, e quando o castigo é do céu, como o hão de resistir braços humanos? Passou-se a fortuna à Holanda, nós a retirar, nós a descair, nós a perder, de sorte que, de quatro generais valorosos, nenhum governou a guerra que a não entregasse a seu sucessor em pior estado do que a recebera. Mas, assim como a restauração de Macedônia estava reservada para o grande Fábio, assim espera a sua o Brasil do valorosíssimo braço de V. Excelência, tantas vezes armado e tantas vitorioso, contra inimigos da fé.

Para que se logrem melhor os felizes auspícios desta tão desejada saúde, representarei eu hoje a V. Excelência neste sermão o estado do nosso enfermo Brasil, as causas de sua enfermidade e, do modo que souber, o remédio dela. E por que nos não saiamos do Evangelho — ainda que os casos grandes escusam qualquer divertimento — irão as enfermidades do Brasil retratadas na doença de S. João, a quem a Virgem Maria hoje foi visitar e dar saúde. Todos sabem que esta saúde foi de graça. Peçamo-la ao divino Espírito por intercessão da mesma Senhora. *Ave Maria.*

§ II

"Quando a voz da tua saudação chegou aos meus ouvidos, o menino saltou de alegria em meu seio" (Lc 1,44).

Comecemos por esta última palavra. Bem sabem os que sabem a língua latina que esta palavra *infans* [infante], quer dizer o que não fala. Neste estado estava o menino Batista quando a Senhora o visitou, e neste esteve o Brasil muitos anos, que foi, a meu ver, a maior ocasião de seus males. Como o doente não pode falar, toda a outra conjectura dificulta muito a medicina. Por isso Cristo nenhum enfermo curou com mais dificuldade, e em nenhum milagre gastou mais tempo que em curar um endemoninhado mudo: "Estava lançando um demônio, e era ele mudo" (Lc 11,14). — O pior acidente que teve o Brasil em sua enfermidade foi o tolher-se-lhe a fala: muitas vezes se quis queixar justamente, muitas vezes quis pedir o remédio de seus males, mas sempre lhe afogou as palavras na garganta ou o respeito, ou a violência, e se alguma vez chegou algum gemido aos ouvidos de quem o devera remediar, chegaram também as vozes do poder e venceram os clamores da razão. Por esta causa serei eu hoje o intérprete do nosso enfermo, já que a mim me coube em sorte, que também S. João não falou por si, senão por boca de Santa Isabel. Na primeira informação da enfermidade consiste o acerto do remédio, e assim procurarei que seja muito verdadeira e muito desinteressada: falaremos, já que nos é lícito, para que se não diga do Brasil o que se disse da cidade de Amidas, que a perdeu o silêncio: "O silêncio perdeu Amidas". — E como a causa é geral, falarei também geralmente, que não é razão nem condição minha que se procure o bem universal com ofensas particulares.

§ III

A enfermidade do Brasil, Senhor é, como a do menino Batista, pecado original. — Santo Tomás e os teólogos definem o pecado original com aquelas palavras tomadas de Santo Anselmo: "É uma privação de devida justiça", uma privação, uma falta de devida justiça². — Bem sei de que justiça falam os teólogos e o sentido em que entendem as palavras, mas a nós, que só buscamos a semelhança, servem-nos assim como soam. É pois a doença do Brasil "uma privação de devida justiça". Falta da devida justiça, assim da justiça punitiva, que castiga maus, como da justiça distributiva, que premia bons. Prêmio e castigo são os dois polos em que se revolve e sustenta a conservação de qualquer monarquia, e porque ambos estes faltaram sempre ao Brasil, por isso se arruinou e caiu. Sem justiça não há reino, nem província, nem cidade, nem ainda companhia de ladrões que possa conservar-se. Assim o prova S. Agostinho, com autoridade de Cipião Africano, e o ensinam conformemente Túlio, Aristóteles, Platão, e todos os que escreveram de república. Enquanto os romanos guardaram igualdade, ainda que neles não era verdadeira virtude, floresceu seu império, e foram senhores do mundo; porém, tanto que a inteireza da justiça se foi corrompendo pouco a pouco, ao mesmo passo enfraqueceram as forças, desmaiaram os brios e vieram a pagar tributo os que o recebiam de todas as gentes. Isto estão clamando todos os reinos com suas mudanças, todos os impérios com suas ruínas, o dos persas, o dos gregos, o dos assírios. Mas, para que é cansar-me eu com repetir exemplos, se prego a auditório católico e temos autoridade de fé? "Um reino é transferido de uma nação para outra, por causa das injustiças" (Eclo 10,8) — diz o Espírito Santo no capítulo décimo do Eclesiástico: que a causa por que os reinos e as monarquias se não conservam debaixo do mesmo Senhor, a causa por que andam passando inconstantemente de umas nações a outras, como vemos, é "por injustiças". As injustiças da terra são as que abrem a porta à justiça do céu. E como as nações estranhas são a vara da ira divina: "Assur é a vara do meu furor" (Is 10,5) — com elas nos castiga, com elas nos desterra, com elas nos priva da pátria, que é mui antiga razão de estado da providência de Deus, quando se não guarda justiça na sua vinha, dá-la a outros lavradores: "Arrendará a sua vinha a outros lavradores" (Mt 21,41). — Pois, se por injustiças se perdem os estados do mundo, se por injustiças os entrega Deus a nações estrangeiras, como poderíamos nós conservar o nosso, ou como o poderemos restaurar depois de perdido, senão fazendo justiça? O contrário seria resistir a Deus e porfiar contra a mesma fé.

Sem justiça se começou esta guerra, sem justiça se continuou, e por falta de justiça chegou ao miserável estado em que a vemos. Houve roubos, houve homicídios, houve desobediências, houve outros delitos muitos e enormes, que não sei se chegaram a tocar na religião, mas nunca houve castigo, nunca houve um rigor que fizesse exemplo. Muitos bandos se lançaram muito justos, muitas ordens se deram muito acertadas mas, como disse

Aristóteles, as leis não são boas porque bem se mandam, senão porque bem se guardam. Que importa que fossem justos os bandos, se não se guardavam mais que se se mandara o que se proibia? Que importa que fossem acertadas as ordens, se nunca foi castigado quem as quebrou, e pode ser que nem repreendido? Baste por todo encarecimento nesta matéria que em onze anos de guerra contínua e infeliz, onde houve tantas rotas, tantas retiradas, tantas praças perdidas, nunca vimos um capitão, nem ainda um soldado que com a vida o pagasse. Oh! aprendamos, aprendamos sequer de nossos inimigos, que nesta última fortuna tão grande que tiveram, quando com um poder tão desigual nos derrotaram a maior armada que passou a Linha, a dois capitães sabemos que degolaram no Recife, e a outros inabilitaram com suplícios menos honrosos, só porque andaram remissos em acudir à sua obrigação. Pois, se o inimigo quando ganha dá mortes de barato, se quando consegue o intento, se quando se vê vitorioso sabe cortar cabeças, nós, que sempre perdemos, e nem sempre por falta de poder, por que não atalharemos a novas perdas com castigo exemplar de quem for a causa? Porque há de ser consequência na guerra do Brasil: se me renderem passarei à Espanha, e despachar-me-ei? Há resolução mais indigna de espanhóis? Há razão mais indigna de católicos?

Toda esta falta de castigo, toda esta remissão de culpas nasceu de uma razão de estado que cá se praticou quase sempre: que se não hão de matar os homens em tempo que os havemos tanto mister; que não é nem que se perca em uma hora um soldado que se não faz senão em muitos anos; que justiçar um homem porque matou outro é curar uma chaga com outra chaga e que se não remedeiam bem as perdas acrescentando-as; que a primeira máxima do governo é saber permitir, e que se há de dissimular um dano, por não o evitar, com outro maior, como se não fora maior dano a destruição de toda a república que a morte de um particular, como se não fora grande expediente resgatar com uma vida as vidas de todos: "Convém que morra um homem, para que não pereça toda a nação" (Jo 11,50). — Ah! triste e miserável Brasil, que porque esta razão de estado se praticou em ti, por isso és triste e miserável! Não é miserável a república onde há delitos, senão onde falta o castigo deles, que os reinos e os impérios não os arruínam os pecados por cometidos, senão por dissimulados. Dissimular com os maus é mandar-lhes que o sejam, disse Sêneca, e mais era gentio: "Quem, podendo, não impede o pecado, ordena-o"[3]. — A conquistar dilatadíssimas províncias caminhava Moisés, general dos israelitas, e não duvidou degolar de uma vez vinte e quatro mil homens, como se lê na Escritura, porque entendia, como experimentado capitão, que mais importava no seu exército a observância da justiça que o número dos soldados. Quem pelejou nunca no mundo com número mais desigual que Judas Macabeu? E, contudo, nem os exércitos de Apolônio, nem os ardis de Seron, nem os elefantes de Antíoco o puderam jamais vencer, antes ele saiu sempre carregado de despojos e de vitórias. Por quê? Porque primeiro tirava a espada contra os seus, e depois contra os inimigos. Pelejava com poucos soldados, e mais vencia, porque poucos com justiça é grande exército. Alagou Deus o mundo com o dilúvio universal, e para restauração dele não guardou mais que Noé com três filhos seus em uma arca. Pois, Senhor, parece que pudéramos replicar, quereis restaurar o mundo, quereis-lo restituir a seu antigo estado, e para uma facção tão grande não guardais mais que quatro homens em um navio? Sim, que depois de um castigo tão grande, depois de uma justiça tão exemplar, quatro homens e um só navio bastam para restaurar um mundo inteiro. Vede se nos sobejaram sempre soldados para restaurar o Brasil, não se nos faltara a justiça.

§ IV

E não só é necessária ao nosso enfermo esta justiça punitiva, que castiga malfeitores, senão a outra parte da justiça distributiva, que premie liberalmente aos beneméritos. Assim como a medicina, diz Filo Hebreu, não só atende a purgar os humores nocivos, senão a alentar e alimentar o sujeito debilitado, assim a um exército ou república não lhe basta aquela parte da justiça que com o rigor do castigo alimpa dos vícios, como de perniciosos humores, senão que é também necessária a outra parte que, com prêmios proporcionados ao merecimento, esforce, sustente e anime a esperança dos homens. Por isso os romanos, tão entendidos na paz e na guerra, inventaram para os soldados as coroas cívicas e murais, as ovações, os triunfos, e outros prêmios militares, porque como o amor da vida é tão natural, quem se atreverá a arriscá-la intrepidamente, senão alentado com a esperança do prêmio? Quando Davi quis sair a pelejar com o gigante, perguntou primeiro: "Que se há de dar ao homem que matar este filisteu?" (1Rs 17,26). — Já naquele tempo se não arriscava a vida senão por seu justo preço; já então não havia no mundo quem quisesse ser valente de graça. — Necessário é logo que haja prêmios para que haja soldados, e que aos prêmios se entre pela porta do merecimento: deem-se ao sangue derramado, e não ao herdado somente; deem-se ao valor, e não à valia, que, depois que no mundo se introduziu, venderam-se as honras militares, converteu-se a milícia em latrocínio, e vão os soldados à guerra a tirar dinheiro com que comprar, e não a obrar façanhas com que requerer. Se se guardar esta igualdade, entrará em esperanças o mosqueteiro e soldado de fortuna, que também para ele se fizeram os grandes postos, se os merecer; e animados com este pensamento os de que hoje se não faz caso, serão leões e farão maravilhas, que muitas vezes debaixo da espada ferrugenta está escondido o valor, como talvez debaixo dos talis bordados anda dourada a cobardia. Assim que é necessário que haja Sauis liberais para que se levantem Davis animosos, e muito mais necessário que os prêmios se deem a quem disparar a funda e derrubar o gigante, e não a quem ficar olhando desde os arraiais. Nenhuns serviços paga Sua majestade hoje com mais liberal mão que os do Brasil, e contudo a guerra enfraquece, e a reputação das armas cada vez em pior estado, porque acontece nos despachos o de que ordinariamente se queixa o mundo: que os valorosos levam as feridas e os venturosos os prêmios. Na Filosofia bem ordenada, primeiro é a potência e o ato, depois o hábito; cá, se olharmos para os peitos dos homens, acharemos muitos hábitos e mui pensionados, onde nunca houve ato, nem ainda potência. Desta desigualdade se segue que o efeito dos prêmios militares vem a ser contrário a si mesmo, porque em vez de com eles se animarem os soldados, antes se desanimam e desalentam. Como se animará o soldado a buscar a honra por meio das bombardas e dos mosquetes, se vê em um peito o sangue das balas e noutro a púrpura das cruzes? Como se alentará a padecer os trabalhos e perigos de uma campanha, se vê premiado a Jacó, que ficou em casa, e sem prêmio a Esaú, que correu os montes? Se às peles de Jacó se dá o morgado, e às setas de Esaú se nega a bênção, se alcança mais este com o seu engano que o outro com a sua verdade, quem haverá que trabalhe? Quem haverá que se arrisque? Quem haverá que peleje? Não há dúvida que, à vista de semelhantes mercês, dirão os valorosos que vão errados, terão contrição do que deveram ter complacência, arrepender-se-ão de seus brios, condenarão suas passadas finezas, e se chegarem a pelejas valentemente, será por desesperação, que não há coisa que assim desespere os beneméritos como ver os indignos premiados.

Mas muitas graças sejam dadas a Deus que, para remédio deste grande mal, não só temos justiça na terra, senão justiça de sol, como diz Malaquias: "Para vós nascerá o sol da justiça" (Ml 4,2). — Sol para alumiar, para conhecer, para distinguir; justiça para premiar com igualdade. Por isso eu já dizia que não sei qual lhe fez sempre maior mal ao Brasil, se a enfermidade, se as trevas. Muitas vezes prevaleceu o engano contra a verdade nesta guerra, muitas vezes luziu o que não era ouro, e foi tão injusta a fama que trocou os nomes às coisas e às pessoas, e soaram pelo mundo erradamente. O maior escândalo que tenho contra a natureza é um que cada hora experimentamos na artilharia. Por que razão há de fazer tanto estrondo uma peça que perdeu o pelouro como outra que empregou o tiro? Há maior injustiça, há maior deformidade da natureza? A peça que acertou, soe muito embora, atroe o mundo, estremeça a terra com seu estampido; mas a peça que errou, a peça que não fez nada, a peça que não fez mais que empobrecer os armazéns de el-rei sem proveito, por que há de soar, por que há de ser ouvida? Ainda tenho advertido mais nesta matéria. Quando aqui estivemos sitiados no ano de trinta e oito, tirava o inimigo muitas balas ao baluarte de Santo Antônio: os pelouros que acertavam ficavam enterrados na trincheira; os que erravam voavam por cima, vinham rompendo os ares com grande ruído; e os que andavam por estas ruas, aqui se abaixava um, acolá se abaixava outro, e muita gente lhes fazia cortesias demasiadas. De sorte que o pelouro que errou, esse fazia os estrondos, a esse se faziam as reverências, e o outro, que acertou, o outro que fez a sua obrigação, esse fica enterrado. Ah! quantos exemplos destes se acharam na guerra do Brasil! Quantos foram mais venturosos com seus erros que outros com seus acertos? Algum, que sempre errou, que nunca fez coisa boa, nomeado, aplaudido, premiado; e o que acertou, o que trabalhou, o que subiu a trincheira, o que derramou o sangue, enterrado, esquecido, posto a um canto. Importa, pois, que não roube a negociação o que se deve ao merecimento, que se desenterrem os talentos escondidos que sepultou a fortuna ou a sem-razão, que não haja benemérito que não seja bem-afortunado; que se corte a língua à fama, se for injusta, que se qualifiquem papéis, que se examinem certidões, que nem todas são verdadeiras. Se foram verdadeiras todas as certidões dos soldados do Brasil, se aquelas rumas de façanhas em papel foram conformes a seus originais, que mais queríamos nós? Já não houvera Holanda, nem França, nem Turquia: todo o mundo fora nosso.

§ V

Não pretendo dizer com isto que não merecem muito os soldados desta guerra, porque antes tenho para mim, como é opinião de todos, que não há soldados no mundo, nem que mais valentes sejam, nem que mais sirvam, nem que mais trabalhem, nem que mais mereçam. Já outra vez tive este pensamento, e agora me torno a confirmar mais nele, que para se despacharem os soldados do Brasil, principalmente os que andam em campanha, não têm necessidade de mais certidão que tomar o capítulo onze da segunda Epístola de S. Paulo aos Coríntios, firmada e jurada por seus generais, que bem o puderam fazer sem nenhum escrúpulo. Faz ali o apóstolo uma ladainha mui comprida de seus serviços e trabalhos, e diz assim: "Em muitíssimos trabalhos, em cárceres muito mais, em açoites sem medida, em perigos de morte muitas vezes etc.". Demo-lo por lido, e vamos aplicando. "Em muitíssimos trabalhos": que soldados padecem no mundo maiores trabalhos que os do Brasil? "Em cárceres muito mais": também muitas vezes são prisioneiros, e nas prisões nenhuns mais cruelmente tratados que eles. "Em açoites sem medida": quantas sejam as feridas que recebem, e quão contínuas, bem o dizem esses hospitais, bem o dizem essas campanhas, e também os peitos vivos o podem dizer, que apenas se achará algum que não ande feito um crivo. "Em perigos de morte muitas vezes": frequentemente mortos, porque não há guerra no mundo onde se morra tão frequentemente como na do Brasil, de dia e de noite, no inverno e no verão, na trincheira e na campanha, nas nossas terras e nas do inimigo, e agora, nesta jornada última e milagrosa, onde se não deu quartel, o mesmo foi ser ferido que morto, deixando-os amigos aos amigos e os irmãos aos irmãos, por mais não poderem, ficando os miseráveis feridos nesses matos, nessas estradas, sem cura, sem remédio, sem companhia, para serem mortos a sangue frio, e cruelmente despedaçados dos alfanjes holandeses, pelo rei, pela pátria, pela honra, pela religião, pela fé. Ó valorosos soldados, que de boa vontade me detivera eu agora convosco, pregando vossas gloriosas exéquias, mas vou depressa seguindo aos que vos deixam; perdoai-me. "Em jornadas muitas vezes": quem andou nunca, nem ainda correu com a imaginação os caminhos que fazem estes soldados? Daqui a Pernambuco, daqui à Paraíba, daqui ao Rio Grande, e mais abaixo, por sertões de trezentas e quatrocentas léguas, levando sempre as munições às costas, e os mantimentos nos ferros dos chuços e nas bocas dos arcabuzes. "Em perigos de rios": atravessando rios tantos e tão caudalosos, sem barca, sem ponte, mais que os braços e a indústria para os passar. "Em perigos de ladrões": saindo-lhes os ladrões a cada passo. "Em perigos dos da minha nação": sendo espanhóis, a quem os holandeses têm mortal ódio. "Em perigos dos gentios": arriscados a mil emboscadas do gentio rebelde. "Em perigos na cidade": com perigos na cidade, como o que tiveram nesta, quando a preço de tantas vidas a defenderam valorosamente. "Em perigos no deserto": com perigos no deserto, porque são vastíssimos os despovoados que passam, sem casa, sem gente, e muitas vezes sem rasto de fera nem de animal, mais que céu e terra. "Em perigos no mar: com perigos no mar, que ainda que até agora não os havia, bem se sabe quão grandes foram os que padeceram na armada, e ainda não se sabe tudo. "Em perigos entre falsos irmãos": com perigos de falsos irmãos, porque nem com os nossos portugueses estão seguros na campanha, que o temor da morte os obriga a descobrir muitas vezes o que não deveram. "Em rio e desnudez": nus, despidos, descalços, ao sol, ao frio, à chuva, às inclemências dos ares deste clima, que são os mais agudos que se sabem. "Com fome e sede, em muitos jejuns": jejuando e padecendo as mais extraordinárias fomes e sedes que nunca suportaram corpos mortais, sustentando a triste e animosa vida com as ervas do campo, com as raízes das árvores, com os bichos do mato, com as frutas agrestes e venenosas, e tendo-se por mui regalados se chegavam a alcançar para comer meia libra de carne de cavalo. Há mais invencível paciência? Há mais dura e pertinaz constância? Se isto sabeis, holandeses, em que fundais vossas esperanças, como não desistis da empresa, como não desmaiais, como não vos ides? Tendo os soldados de Júlio César sitiada a cidade de Dirráquio, chegaram a comer não sei que pão feito de ervas, mas pão enfim, o qual, como visse Pompeu, que era o capitão sitiado, primeiramente disse que ele pelejava com feras e não com homens, e logo mandou que aquele pão não aparecesse porque, se o vissem os seus soldados, sem dúvida desmaiariam, e não se atreveriam a resistir a gente de tanta constância e pertinácia. "Para que a visão da paciência e da pertinácia do inimigo não quebrasse os ânimos dos seus" — diz Suetônio[4]. Bem digo eu logo, holandeses, se vedes o pão com que se sustentam os nossos soldados, de cujo veneno morreram em uma noite mais de vinte, se vedes esta paciência, esta constância, esta pertinácia, como vos atreveis a pelejar com tal gente, como se vos não quebram os ânimos, como não desistis da empresa? Mas agora o fareis, agora o veremos, com o favor divino, que já é chegado o tempo.

Por tudo isto dizia S. Paulo: "que trabalhou mais que todos" os apóstolos (1Cor 15,10). — e pela mesma razão digo eu dos soldados do Brasil: "que trabalharam e trabalham mais que todos" os soldados do mundo e, se mais que todos trabalham, bem merecem ser premiados mais que todos. Mas, dizia Hércules: "Ó fortuna, sempre invejosa aos varões fortes!"[5]. — Bem experimentam nossos soldados que se ajuntam poucas vezes valor a fortuna, porque, assim como são valentes mais que todos, assim são mais que todos desgraçados. Não há infantaria no mundo nem mais mal paga, nem mais mal assistida; é possível que há de andar descalços e despidos uns corpos tão ricos de valor! Descalços e despidos os soldados do rei das Espanhas, do mais poderoso monarca do mundo! Bem sabemos a quanta estreiteza está reduzida a fazenda real no tempo presente; mas quando El-Rei neste estado não tivera outra coisa, a camisa — como dizem — havia de tirar para vestir tais soldados. Nenhum monarca no mundo chegou nunca a tanta pobreza como Cristo, Redentor nosso, na cruz, e contudo, tanto que se viu com o título de rei sobre a cabeça: "Rei dos Judeus" — não só os vestidos exteriores, senão a túnica interior deu aos soldados, e não a soldados que defendiam a fé, senão a soldados que crucificavam a Cristo: "Porém os soldados, depois de haverem crucificado a Jesus, tomaram as suas vestiduras e a túnica" (Jo 19,23). — E que fizeram esses soldados logo? Tomaram os vestidos do Senhor, e puseram-se a jogá-los. Pois, se o verdadeiro rei se despe para que os soldados tenham que jogar, quanto mais se deve despir para que tenham que vestir? E mais quando eles são tão valentes e tão briosos que, andando rotos e tão despidos, que puderam ter esquecido o vestir, nem por isso se esquecem do investir. É certo, Senhores, para que digamos e confessemos tudo, não haveria muito de que nos espantar quando assim o fizeram. Quando Deus perguntou a Adão por que se escondera no bosque do paraíso, respondeu ele: "Temi porque estava nu e me escondi" (Gn 3,10): "Senhor, olhei para mim, vi-me despido: por isso temi e me escondi". — O mesmo puderam fazer os soldados desta guerra: temerem e esconderem-se na ocasião, e quando lhes perguntassem por que, responder: "Temi porque estava nu e me escondi". Escondi-me em um mato, temi a morte, não quis pelejar com os holandeses, porque, quando olho para mim, vejo-me despido, e não quero dar o sangue por quem me não dá de vestir. — Isto puderam fazer os nossos soldados como filhos de Adão, mas como filhos e descendentes daqueles portugueses famosos, pelejam, trabalham, cansam, morrem, e quando olham para si, como andam despidos, veem-se a si, e fazem como quem são. Há maior fineza? Há maior constância? Há maior fidelidade? Portuguesa, enfim. Lá Jacó, um dia que se viu mui favorecido de Deus, saiu com um voto, e disse desta maneira: "Se Deus me der pão para comer e roupa para vestir, eu faço voto à sua divina Majestade de o servir como a meu Senhor" (Gn 28,20). — Vós passais pelo descanso da condição, pela valentia da promessa? Pois este era aquele famoso Jacó a quem se lançavam escadas do céu à terra, a quem o mesmo Deus vigiava o sono. Para que conheça Espanha, para que conheça nosso grande Monarca quanto mais deve aos fidelíssimos soldados desta guerra, pois, com as obras e com o sangue prometeram sempre a vozes que haviam de servir a seu Rei, e morrer por ele, ainda que nunca lhes desse de comer nem de vestir.

E se sem vestir e sem comer obraram até aqui tão valorosamente, agora, que a cuidadosa providência do Marquês Vice-Rei, que Deus guarde, de nenhuma coisa mais tratou que de trazer com que vestir e sustentar esta infantaria, que farão, ou que não farão? Que não farão agradecidos, se tanto fizeram descontentes? Que não merecerão trabalhando os que tanto trabalharam sem merecer? Não há dúvida que, alentados os bons, que serão os mais, com o prêmio, e refreados os maus, que serão os menos, com o castigo, entre as resistências do temor e os impulsos da esperança, tornará o Brasil em si, e debaixo das asas de uma e outra justiça, recobrará a perfeita saúde, que tanto lhe desejamos.

§ VI

Mas como a experiência ensina que, para a saúde ser segura e firme, não basta sobressarar a enfermidade, se não se arrancam as raízes e se cortam as causas dela, é necessário vermos ultimamente quais são e quais foram as causas desta enfermidade do Brasil. A causa da enfermidade do Brasil, bem examinada, é a mesma que a do pecado original. Pôs Deus no Paraíso Terreal a nosso pai Adão, mandando-lhe "que o guardasse e trabalhasse" (Gn 2,15) — e ele, parecendo-lhe melhor o guardar que o trabalhar, lançou mão à árvore vedada, tomou o pomo que não era seu e perdeu a justiça em que vivia, para si e para o gênero humano. Esta foi a origem do pecado original e esta é a causa original das doenças do Brasil: tomar o alheio, cobiças, interesses, ganhos e conveniências particulares, por onde a justiça se não guarda, e o Estado se perde. Perde-se o Brasil, Senhor — digamo-lo em uma palavra — porque alguns ministros de S. Majestade não vêm cá buscar nosso bem, vêm cá buscar nossos bens. Assim como dissemos que se perdeu o mundo porque Adão fez só a metade do que Deus lhe mandou, em sentido averso, guardar sim, trabalhar não, assim podemos dizer que se perde também o Brasil porque alguns de seus ministros não fazem mais que ametade do que El-Rei lhes manda. El-Rei manda-os tomar Pernambuco, e eles contentam-se com o tomar. Se um só homem que tomou perdeu o mundo, tantos homens a tomar, como não hão de perder um estado? Este tomar o alheio, ou seja o do rei, ou o dos povos, é a origem da doença; e as várias artes e modos e instrumentos de tomar são os sintomas que, sendo de sua natureza mui perigosa, a fazem por momentos mais mortal. E se não, pergunto para que as causas dos sintomas se conheçam melhor: Toma nesta terra o ministro da Justiça? Sim, toma. Toma o ministro da Fazenda? Sim, toma. Toma o Ministro da República? Sim, toma. Toma o Ministro da Milícia? Sim, toma. Toma o Ministro do Estado? Sim, toma. E como tantos sintomas lhe sobrevêm ao pobre enfermo, e todos acometem à cabeça e ao coração, que são as partes mais vitais, e todos são atrativos e contrativos do dinheiro, que é o nervo dos exércitos e das repúblicas, fica tomado todo o corpo e tolhido de pés e mãos, sem haver mão esquerda que castigue, nem mão direita que premie e, faltando a justiça punitiva para expelir os humores nocivos e a distributiva para alentar e alimentar o sujeito, sangrando-o por outra parte os tributos em todas as veias, milagre é que não tenha expirado.

Como se havia de restaurar o Brasil — não falo de hoje, nem de ontem, que a enfermidade é muito antiga, ainda mal — como se havia de restaurar o Brasil, se ia o capitão levantar uma companhia pelos lugares de fora e, por lhe não fugirem os soldados, trazia-os na algibeira? E como após este ia logo outro do mesmo humor, que os trazia igualmente arrecadados, houve pobre homem nestes arredores que, sem sair da Bahia, como se quatro vezes fora a Argel, quatro vezes se resgatou com o seu dinheiro. Como se havia de restaurar o Brasil, se os mantimentos se abarcavam com a mão de el-rei, e talvez os vendiam seus ministros, ou os ministros de seus ministros — que não há Adão que não tenha sua Eva — pondo os preços às coisas a cobiça de quem vendia e a necessidade de quem comprava? Como se havia de restaurar o Brasil, se os navios, que sustentam o comércio e enriquecem a terra, haviam de comprar o descarregar, e o dar querena, e o carregar, e o partir, e não sei se também os ventos? Como se havia de restaurar o Brasil, se o capitão de infantaria, por comer as praças aos soldados, os absolvia das guardas e das outras obrigações militares, envilecendo-se em ofícios mecânicos os ânimos que hão de ser nobres e generosos? Como se havia de restaurar o Brasil, se o capitão-de-mar-e-guerra fazia cruel guerra ao seu navio, vendendo os mantimentos, as munições, as enxarcias, as velas, as antenas e, se não vendeu o casco do galeão, foi porque não achou quem lho comprasse? E como mais ou menos por nossos pecados sempre houve no Brasil alguns ministros destas qualidades, que importava que os generais ilustríssimos fossem tão puros como o sol, e tão incorruptíveis como os orbes celestes? Digo isto porque sei que o vulgo é monstro de muitas cabeças, que não se governa por verdade nem por razão, e se atreve a pôr a boca no mesmo céu, sem perdoar nem guardar decoro ainda ao maior planeta. O certo é que muitas coisas se dizem que não são, e há sucessores de Pilatos no mundo que, por se lavarem as mãos a si, lançam as culpas à cabeça. Que haviam as cabeças de executar, meneando-se com tais mãos e obrando com tais instrumentos? Desfazia-se o povo em tributos e mais tributos, em imposições e mais imposições, em donativos e mais donativos, em esmolas e mais esmolas — que até à humildade deste nome se sujeitava a necessidade ou se abatia a cobiça — e no cabo nada aproveitava, nada luzia, nada aparecia. Por quê? Porque o dinheiro não passava das mãos por onde passava. Muito deu em seu tempo Pernambuco, muito deu e dá hoje a Bahia, e nada se logra, porque o que se tira do Brasil tira-se do Brasil: o Brasil dá, Portugal o leva.

§ VII

Com terem tão pouco do céu os ministros que isto fazem, temo-los retratados nas nuvens. Aparece uma nuvem no meio daquela baía, lança uma manga ao mar, vai sorvendo por oculto segredo da natureza grande quantidade de água e, depois que está bem cheia, depois que está bem carregada, dá-lhe o vento e vai chover daqui a trinta, daqui a cinquenta léguas. Pois, nuvem ingrata, nuvem injusta, se na baía tomaste essa água, se na baía te encheste, por que não choves também na Bahia? Se a tiraste de nós, por que a não despendes conosco? Se a roubaste a nossos mares, porque a não restituis a nossos campos? Tais como isto são muitas vezes os ministros que vêm ao Brasil, e é fortuna geral das partes ultramarinas. Partem de Portugal estas nuvens, passam as calmas da Linha, onde diz que também reservem as consciências, e em chegado, por exemplo, a esta baía, não fazem mais que chupar, adquirir, ajuntar, encher-se — por meios ocultos, mas sabidos — e ao cabo de três ou quatro anos, em vez de fertilizarem a nossa terra com a água que era nossa, abrem as asas ao vento e vão chover a Lisboa, esperdiçar a Madrid. Por isso nada lhe luz ao Brasil por mais que dê, nada lhe monta e nada lhe aproveita por mais que

faça, por mais que se desfaça. E o mal mais para sentir de todos é que a água que por lá chovem e esperdiçam as nuvens não é tirada da abundância do mar, como noutro tempo, senão das lágrimas do miserável e dos suores do pobre, que não sei como atura já tanto a constância e fidelidade destes vassalos. Tenho reparado muito que em nenhum tormento da Paixão desceu anjo do céu a confortar a Cristo, senão quando suou no Horto. Pois, por que mais nos suores do Horto, que nos açoites da coluna, nos tormentos da cruz, ou noutro daqueles transes rigorosíssimos? Os porquês de Deus são só a ele manifestos. Mas o que ele nos revelou daquele caso é que suou pela saúde, pela vida e pela glorificação dos homens. E que hajam de viver outros à custa do meu suor! Que haja de suar eu para que outros vivam! Que haja de suar eu para que outros triunfem, é um ponto tão rigoroso, considerado humanamente — como Cristo então o considerava — é um ponto tão rigoroso, é um transe tão apertado, que até o coração de um homem-Deus parece que há mister que venha um anjo do céu a o confortar, que não há forças na natureza nem cabedal para tanto! Muitos transes destes tens padecido, desgraciado Brasil, muitos te desfizeram para se fazerem, muitos edificam palácios com os pedaços de tuas ruínas; muitos comem o seu pão ou o pão não seu com o suor do teu rosto; eles ricos, tu pobre; eles salvos, tu em perigo; eles por ti vivendo em prosperidade, tu por eles a risco de expirar. Mas agora alegra-te, anima-te, torna em ti e dá graças a Deus, que já por mercê sua estamos em tempo que, se concorrermos com o nosso suor, há de ser para nossa saúde. Pelo que, Senhores, vós, os que governais a república, não atenteis só para a fraqueza do enfermo, que bem vemos quão pouca substância tem e quão debilitado está; mas olhai muito para o bem da saúde e para a importância do remédio. O doente que quer sarar, levado do amor da vida, nada põe por diante, em nada repara; por ásperos que sejam os medicamentos, a tudo fecha os olhos. Bem sei que se hão de ouvir ais, bem sei que se hão de ouvir gemidos, e muito justos, mas compadecer e cortar — como seja com a igualdade e moderação devida — que ser nesta parte cruel é a maior piedade. Anime-se, pois, a fidelidade e liberalidade deste povo a se socorrer e ajudar nesta causa tão justa e tão sua, estando mui certo e seguro que, se der o suor, se der o sangue, não há de ser para que outros vivam e triunfem, senão para que nós vivamos e triunfemos de nossos inimigos. Tudo o que der a Bahia para a Bahia há de ser; tudo o que se tirar do Brasil, com o Brasil se há de gastar.

§ VIII

E porque sei de certo que assim o havemos de ver, como digo, quero acabar este sermão com uma profecia alegre, fundada na mesma verdade, e é que desta vez se há de restaurar o Brasil. Deem-me licença para que pondere um lugar, que hoje tudo foram palavras, mas foi necessário dizer muito; outro dia pregaremos pensamentos. "Todo o mundo foi conquistado pelo Sacramento da Eucaristia" — diz Santo Elígio na homilia onze, e é autoridade mui recebida de toda a Igreja, que com o Santíssimo Sacramento da Eucaristia sujeitou Cristo e restaurou o mundo[6]. Na cruz alcançou a primeira vitória; mas com o Sacramento do seu corpo e sangue foi restaurando e restituindo a seu império quanto o demônio lhe tinha tiranizado. Ora, examinemos e saibamos por que mais com o Sacramento da Eucaristia que com outro mistério. Cristo nascido, Cristo morto, Cristo ressuscitado não pudera restaurar o mundo? Pois, por que mais Cristo sacramentado? Por que se tomou por instrumento desta restauração o mistério sagrado da Eucaristia? Lavremos um diamante com outro diamante, e expliquemos um santo com outro santo. Santo Tomás, falando do Santíssimo Sacramento do Altar, nota uma coisa muito digna de ponderação, e é que neste soberano mistério, quanto Cristo recebeu de nós, tudo despende conosco: "E o que é mais, ele nos devolveu para nossa salvação tudo aquilo que assumiu de nós"[7]. — Que recebeu Cristo de nós na Encarnação? Recebeu a carne e recebeu o sangue. E que nos dá Cristo na Eucaristia? Dá-nos essa mesma carne na hóstia, dá-nos esse mesmo sangue no Cálix. E este soberano príncipe é tão justo e tão desinteressado, que quanto recebe de nós tudo despende conosco, e quanto toma dos homens tudo gasta com os homens, para sua sustentação e proveito: "ele nos devolveu para nossa salvação tudo aquilo que assumiu de nós". — Logo, com muito fundamento, ao mistério em que exercita esta grande ação, mais que a nenhum outro, se deve e se atribui a restauração do mundo: "Todo o mundo foi conquistado pelo Sacramento da Eucaristia" — que em despendendo com os homens tudo o que se recebe dos homens, em se gastando em benefício do povo tudo o que do povo se tira — como daqui por diante se há de fazer — logo a restauração está certa e a vitória segura.

Tenho provada a minha profecia? Pois ainda a confirmo com outra razão, e vai por conta dos enfermos deste hospital, os quais me pediram desse as graças ao Senhor Marquês da piedade tão cristã e zelo verdadeiramente de pai de soldados com que a primeira ação que S. Excelência fez em saltando em terra, foi mandar chamar o provedor e irmãos desta Santa Casa, e, sendo informado do aperto em que estavam os doentes e as misérias que padeciam, ordenar que se fizesse novo hospital, e que com toda a caridade e liberalidade se acudisse à saúde e regalo destes pobres enfermos. Desta ação infiro eu e confirmo que é chegada a restauração do Brasil, e vede se o provo. Mandou S. João Batista uma embaixada a Cristo por dois discípulos de sua escola, em que dizia assim: "Sois vós, Senhor, o que haveis de vir restaurar-nos, ou havemos de esperar ainda por outro?" (Mt 11,3). — Não puderam perguntar mais a propósito se nós ditáramos a pergunta. Nenhuma coisa lhes respondeu Cristo de palavra: manda buscar pela terra os cegos, os surdos, os mancos, os leprosos, enfim quantos enfermos se puderam achar e, depois de os curar a todos, virou-se então para os embaixadores, e disse: "Ide, dizei a João o que ouvistes e vistes" (Ibid. 4). — Pois, Senhor, com licença vossa, esta resposta parece que não diz com a pergunta. Perguntam-vos se sois o Messias esperado, perguntam-vos se sois vós o que haveis de restaurar o mundo, e por resposta pondes-vos a curar enfermos? — Sim, com muita razão, diz S. Cirilo: "Para que voltassem até aquele que os enviou persuadidos pelo testemunho conveniente de Jesus[8]. — Pôs-se Cristo a curar enfermos diante dos embaixadores do Batista, para que desta ação, que lhe viam fazer, cressem e inferissem por boa razão que ele era o restaurador do mundo por quem perguntavam. — Este Senhor trata de curar enfermos: "Os cegos veem, os coxos andam e os leprosos limpam-se"? Logo este é o que há de restaurar o mundo: "Sois vós, Senhor, o que haveis de vir" — porque não há conjectura mais verdadeira nem consequência mais formal de ser restaurador que ter grande cuidado dos enfermos, e tratar destas obras de misericórdia.

E se não, diga-nos o nosso Evangelho qual foi a primeira ação que fez no mundo o Redentor e Restaurador dele? A primeira ação que Cristo fez em pondo o pé em terra foi partir-se para as montanhas de Judeia, a curar, como dissemos, um menino enfermo. Não é frase minha, senão do Cardeal de Toledo, que fecha e confirma todo este discurso: "Esta visita de Cristo e sua Mãe Santíssima foi como visita de médico soberano, que curou a enfermidade de S. João e lhe trouxe a medicina do pecado"[9]. — Tão próprio é de quem há de restaurar mundos consagrar a primeira ação à cura e ao remédio dos enfermos. Mas, como não são menos de Deus os fins que os princípios, e nas profecias e prognósticos humanos nos ensina a fé a dizer Deus sobre tudo, peçamos à divina Majestade seja servido prosperar-nos estas tão bem fundadas esperanças, e ouvir os suspiros e gemidos já cansados deste enfermo e aflito Brasil. E para que mais eficazmente alcancemos o desejado despacho desta tão justa petição, tomemos por valedora a Virgem Mãe do mesmo Deus, por quem hoje se começou a dispensar a primeira graça, para que nos alcance esta, oferecendo-lhe três Aves-Marias.

SERMÃO DA

Segunda-Feira depois da Segunda Dominga da Quaresma

*Em Torres Vedras, andando
o autor em Missão, ano de 1652.*

∽

"Eu vou, e vós me buscareis,
e morrereis no vosso pecado."
(Jo 8,21)

Por muitos e variados motivos, Vieira se prepara para voltar ao Maranhão. Como missionário, vai a Torres Vedras com o padre João de Souto Maior. A doutrina cristã e as práticas penitenciais são os dois polos de sua ação pastoral. Neste sermão, os três ais do Apocalipse e as três cláusulas do evangelho de João são: a primeira: *Eu vou*. Se Deus que me deu o ser e dele depende quanto sou, quanto posso e quanto tenho, se ele se apartar de mim, que há de ser de mim? Deixou aqueles que, sendo seus, não o receberam; a segunda: *E me buscareis*. Aqueles que o buscaram primeiro, ele não os deixa; porém, os que o buscaram depois, ainda que o busquem, não o hão de achar; é isto que declara a terceira cláusula: *E morrereis no vosso pecado*. Quando e que tempo é este? A verdadeira revelação da boa morte é a boa vida. E que pecado é este em que hão de morrer os ameaçados? É errar na fé. Assim, erraram e continuam errando os judeus.

§ I

Entre as famosas e escuras visões do Apocalipse, é notável a de uma águia, a qual, diz o texto que, voando pelo meio do céu, repetiu três vezes a grandes vozes esta, não sei se diga pequena, se grande palavra: "E olhei, e ouvi a voz de uma águia, que voava pelo meio do céu, a qual dizia em alta voz: Ai, ai, ai!" (Ap 8,13). — *Vae* quer dizer ai, e repetir a águia três vezes *vae, vae, vae* foi dizer outras tantas vezes ai, ai, ai. Mas se a águia "voava pelo meio do céu", e no céu não pode haver dor nem tristeza, que ais são estes que se ouvem no céu? A mesma águia declarou que a causa dos ais não estava no céu, senão na terra "Ai, ai, ai sobre os habitadores da terra"! — De sorte que os males que davam motivo aos ais, ou fossem males padecidos ou ameaçados, não pertenciam aos moradores do céu, senão aos da terra. Esta declaração, porém, não tira a dúvida, porque os ais são sinal de dor e tristeza, e no céu, como se diz no mesmo Apocalipse, não pode haver tristeza nem dor: "Nem haverá mais choros, nem mais gritos, nem mais dor, porque as primeiras coisas são passadas" (Ap 21,4). — Que ais eram logo estes, e tão repetidos no céu? Responde literalmente Aretas que os ais não eram de própria e verdadeira dor ou tristeza, de que não é capaz a glória, mas de compaixão e piedade, condoendo-se os bem-aventurados, quanto lhes é possível, e lamentando as desgraças e misérias a que estamos sujeitos os homens enquanto vivemos neste mundo: "Estes ais dos bem-aventurados condoendo-se por nós e por isso triplicados, assinalam a grandíssima lamentação que nós recebemos, como seus companheiros, e assim acontece que são afetados pela tristeza que os atingem"[1]. — Até aqui Aretas, que escreveu há novecentos anos, um dos mais doutos e graves comentadores do Apocalipse, cujas palavras ainda são mais apertadas e encarecidas do que eu referi no sentido delas.

E porque o juízo que os bem-aventurados fazem das que nós chamamos desgraças e misérias é muito diferente do nosso, com muita razão se me pode perguntar que desgraça e miséria humana será principalmente aquela que obrigue aos bem-aventurados, na segurança do céu, a se condoer tanto de nós, e lamentar com tão repetidos ais o perigo dos que vivemos na terra? Confiadamente respondo que não é nem pode ser outra, senão o descuido contínuo da salvação com que vivem os pecadores, e a impenitência final com que acabam a vida e morrem em seu pecado. Provo. É verdade de fé, afirmada por boca do mesmo Cristo, que quando um pecador se converte com verdadeira penitência de seus pecados, se fazem maiores festas no céu do que lá se festeja e celebra a inocência de noventa e nove justos que não têm necessidade de penitência: "Haverá mais alegria no céu por um pecador penitente, do que por noventa e nove justos que não necessitam da penitência" (Lc 15,7). — Logo, se a penitência de um pecador verdadeiramente arrependido se celebra no céu com tantas demonstrações de festa e alegria, que outro motivo igual pode haver que cause lamentações e tão repetidos ais no mesmo céu, senão a vida habitualmente depravada dos pecadores, e a impenitência última e final com que, morrendo como vivem, se perdem para sempre e se condenam? Assim se deve crer e assim o torno a afirmar: nem quero outra maior ou melhor confirmação do que digo que a autoridade do mesmo S. João, nem outras palavras suas, senão as que tomei por tema: "Eu vou, e vós me buscareis, e morrereis no vosso pecado" (Jo 8,21).

Perguntam os expositores do Apocalipse quem era ou significava aquela águia que bradava a grandes vozes "Ai, ai, ai"? E resolvem Lirano, Aurélio, e outros, que era o mesmo S. João, ao qual entre os quatro evangelistas, representados nos quatro animais do carro de Ezequiel, pertence a águia. De maneira que o mesmo S. João era a águia que viu e a águia que foi vista no Apocalipse. E se aquela águia disse "Ai, ai, ai", segue-se que o mesmo S. João, que a viu e ouviu, disse também o que ela disse. Mas quando? Verdadeiramente que não pode haver correspondência nem mais igual nem mais própria. S. João primeiro escreveu o Apocalipse e depois o Evangelho. E assim como no capítulo oitavo do seu Apocalipse viu a águia e ouviu o que dizia, assim hoje, no capítulo também oitavo do seu Evangelho, disse o que ouviu, para que nós o ouçamos. Lá falou a águia com três ais: "Ai, ai, ai" — e cá explica S. João aqueles três ais com outros três, que são as três cláusulas do nosso tema: "Eu vou" — o primeiro ai; "e me buscareis" — o segundo; "e morrereis no vosso pecado" — o terceiro. As palavras que disse a águia do Apocalipse não foram suas, senão de Deus, o qual lhas pôs na boca, para que com sobrenatural instinto as desarticulasse; e do mesmo modo estas palavras que refere S. João no Evangelho não são suas, senão de Cristo, o qual as tinha denunciado em Jerusalém antes que ele as escrevesse. Não queriam aqueles homens obstinados crer que era Filho de Deus e o verdadeiro e esperado redentor de Israel; e como a todos os argumentos de sua divindade cerrassem ouvidos, e a todas as evidências de sua onipotência os olhos — Já que assim é — conclui o Senhor — eu me irei deste mundo e vos deixarei; mas virá tempo em que me busqueis, e não me acheis, e todos morrereis em vosso pecado: "Eu vou, e vós me buscareis, e morrereis no vosso pecado".

Esta sentença profética se cumpriu pontualmente nos judeus e se vai cumprindo ainda nos que, obstinados e impenitentes, vivem e morrem na mesma cegueira. Mas porque não basta só a fé a impedir a mesma desgraça, e que se não estenda a muitos cristãos, para que estes ouçam, conheçam e temam a tempo o seu perigo, ajuntaremos aos três ais de S. João as três partes da sentença de Cristo, que ele refere, e verá cada um claramente se caem ou podem cair estes ais sobre a sua vida e morte. "Ai": ai de vós aqueles que fordes deixados de Deus: "Eu vou"! — "Ai": ai de vós aqueles que o haveis de buscar debalde: "e me buscareis"! — "Ai": ai de vós aqueles que morrerdes no vosso pecado: "E morrereis no vosso pecado"! — Da temerosa consideração destes três ais se comporão os três pontos do nosso discurso, bastante cada um deles a fazer tremer o mundo, a quebrar as pedras e derreter os bronzes. Mas porque sem a graça de Deus ainda há corações mais duros, peçamo-la ao Espírito Santo, por intercessão da cheia de graça: *Ave Maria*.

§ II

Ao primeiro "Ai" da águia e ao primeiro ai de S. João responde a primeira cláusula da sentença de Cristo, em que diz o mesmo Senhor que há de deixar aquele ingrato e obstinado povo, com quem falava, e se há de ir: "Eu vou" — Oh! que terrível ameaça! Oh! que lastimosa despedida! Agora se cumpriu o que o mesmo Cristo, enquanto Deus, por boca de Oseias, tinha profetizado ao mesmo povo, e com o mesmo ai: "Ai deles, quando eu me apartar deles!" (Os

9,12). — Só quem pudesse compreender aquele "eu" entenderia bastantemente o que encerra em si este "Ai". O "Ai" é o "eu" trocado, e assim como "eu" significa o sumo bem[2], assim o "Ai" é uma suma abreviada de todos os males. Nem convosco há mal que para mim seja mal, nem sem vós pode haver bem que para mim seja bem, dizia a Deus Santo Agostinho. Se Deus, que me deu o ser, e de quem depende quanto sou, quanto posso e quanto tenho, se apartar de mim, que há de ser de mim? Quem não penetra o fundo desta verdade, nem tem fé nem entendimento. Vede que bem a entendeu Davi, e também seus inimigos.

Considerando-se Davi nos últimos anos da velhice, compôs o salmo setenta, em que fez esta oração a Deus: "Peço-vos, Senhor, que no tempo da velhice, quando me faltarem as forças, não me lanceis de vós, nem me deixeis. Porque meus inimigos se uniram, e fizeram conselho contra mim, no qual disseram: Deus deixou a Davi; agora é tempo de o perseguirmos e lhe tirarmos a vida, porque não tem quem o livre nem defenda. Pelo que vos peço, Senhor, que não vos aparteis de mim" (Sl 70,9.10ss). — Duas grandes ponderações se encerram nestas palavras. A primeira, o fundamento que tomam os inimigos de Davi no seu conselho, para o destruírem a seu salvo; a segunda, o socorro que Davi pede a Deus, para se defender e prevalecer contra eles. O fundamento do conselho dos inimigos é que "Deus deixou a Davi" — e o socorro que Davi pede a Deus é que o não deixe "nem se aparte dele". — De sorte que em Deus se apartar ou não apartar de Davi, assim no seu juízo como no de seus inimigos, consistia ou a sua vida ou a sua morte, ou a sua destruição ou a sua felicidade, ou todo seu bem ou todo seu mal. Bem pudera o conselho dos inimigos de Davi discorrer e dizer prudentemente: Agora é a ocasião de prevalecermos contra ele, por que aquele valor e brio, com que vencia e matava os gigantes, carregado com o peso dos anos e cansado com os trabalhos da vida, já está enfraquecido e frio; agora é a ocasião, porque, pretendendo por uma parte Adonias e por outra Salomão, suceder-lhe na coroa, não só está dividido o reino, mas vacilante a fé dos vassalos entre duas parcialidades; agora é a ocasião, porque, estando criminoso Joab pelas duas mortes de Abner e Amasa, e tendo o governo das armas, antes se quererá defender com elas que expor-se desarmado ao castigo. Mas nem destas nem de nenhuma outra consideração política fizeram caso, e toda a resolução do seu conselho se fundou em Deus ter deixado a Davi, como supunham: "Deus deixou Davi, e não tem quem o livre nem defenda" — e do mesmo modo Davi nem pediu a Deus a fidelidade dos vassalos, nem a concórdia das parcialidades, nem o acerto da sucessão, nem a obediência do general e sujeição do exército, senão, uma e outra vez, que Deus o não deixasse nem se apartasse dele: "Não me abandones, nem se afastes de mim" — porque, se Deus o não deixasse nem se apartasse dele, em qualquer estado e perigo das coisas humanas estava seguro; e, pelo contrário, deixado e apartado de Deus, nem todo o mundo, ainda que o tivesse por si, o poderia defender nem livrar: "E não tem quem o livre nem defenda".

E se queremos ver a verdade deste discurso de Davi e seus inimigos reduzida à prática e canonizada na experiência, ponhamos diante dos olhos a famosíssima história de Sansão, na primeira e segunda parte de sua vida, ou enquanto conservou inteiros os seus cabelos, ou depois que os teve cortados. É caso que parece fabuloso, se não fora da Escritura Sagrada. Enquanto conservou os cabelos era tão valente Sansão que, com as mãos nuas metidas dentro das bocas dos leões, lhes partia os queixos e os lançava mortos aos pés; era tão valente que, cerrando as portas da cidade de Gaza, os filisteus para o prenderem dentro, ele também, sem outro instrumento que as mãos, quebrou os ferrolhos, e tomando as mesmas portas aos ombros, lhas foi pôr sobre um monte à vista; era tão valente que, cercado de um grande exército dos mesmos filisteus, com a queixada que ali achou de um jumento, matou não menos que mil deles; era tão valente que, dormindo e atado com sete cordas, uma vez de linho nunca usadas, outra vez de nervos crus, outra cravadas fortemente na terra, só com o movimento de espertar rompeu tão facilmente aquelas ataduras, que puderam ter mão em sete elefantes, como se foram teias de aranha. Pode haver maior maravilha, maior assombro, maior prodígio de forças? Nem se pode imaginar maior, nem jamais o houve semelhante. Assim era aquele só homem o terror e o medo universal das cidades e dos exércitos da mais forte e belicosa nação daquele tempo. Voltemos agora a folha à mesma história, e veremos outro assombro maior. Vedes levar preso e manietado um miserável homem, com o rosto derribado para a terra e com a cabeça escalvada e sem cabelo? Pois aquele é o mesmo Sansão, porque uma mulher o entregou a seus inimigos, e ele o seu segredo a uma mulher. Lá o levam a um cárcere, cujas cadeias ele não pode quebrar e cujas portas não pode abrir; lá lhe arrancam ambos os olhos, com que de novo lhe atam as mãos, que já não temiam; de lá o tiram para moer em uma atafona como jumento, ou esquecidos ou lembrados da queixada do outro; e para maior escárnio e afronta do que tantas vezes os afrontou, nos dias de festa pública o mandavam bailar nos seus banquetes; e aquele mesmo Sansão, ao som de cujo nome emudeciam as trombetas dos exércitos dos filisteus, agora baila adiante deles ao som das suas guitarras!

Oh! mudança estupenda e inaudita! E mais estupenda ainda pela causa que pelo efeito! Em Sansão não houve outra mudança que conservar ou não conservar os cabelos. E é possível que só porque perdeu os cabelos perdesse o valor, as forças e a virtude com que obrava tantas maravilhas? E que a fama e glória que com elas tinha ganhado se convertesse em tal extremo de miséria e infâmia? Sim e não, porque debaixo desta causa exterior, que se via, havia outra principal e oculta, que era haver-se Deus apartado e deixado a Sansão. O mesmo texto sagrado o diz expressamente. Depois que Dalila lhe tinha cortado os cabelos, sem o mesmo Sansão o sentir porque estava dormindo, ao brado de que os filisteus vinham sobre ele, espertou sem nenhum temor, cuidando que se livraria das suas mãos tão facilmente como as outras vezes; mas não sabia, diz o texto, que Deus se tinha apartado dele: "Não sabendo que Deus se tinha apartado dele" (Jz 16,20). — Estai agora no caso e na verdadeira causa daquela tão notável mudança. Sansão era de religião e profissão nazareno, cujo instituto principalmente consistia em conservar e nunca cortar os cabelos. Assim o declarou ele a Dalila, quando lhe descobriu o segredo: "Sobre a minha cabeça nunca se pôs ferro, porque sou nazareno, isto é, consagrado a Deus desde o ventre de minha mãe" (Jz 16,17). — E como naquela cerimônia e protestação exterior consistia a observância do seu instituto, enquanto conservou os cabelos assistiu-o Deus, tanto que se sujeitou a que lhos cortassem, apartou-se dele. De sorte que a fortaleza dos braços de

Sansão e as maravilhas que com ela obrava, não era virtude natural que os seus cabelos tivessem, mas concurso e influxo particular de Deus, com que, pela observância de sua profissão, sobrenaturalmente o assistia. Assistido Sansão de Deus, era o terror de seus inimigos, a fama, o assombro e o milagre da valentia; e, pelo contrário, deixado de Deus, era o ludíbrio e escárnio dos mesmos inimigos, e não só o exemplo mais raro da mudança, mas o despojo mais vil da fraqueza, do desprezo e da miséria. Assim levanta Deus a quem assiste, assim fica quem ele deixa, e assim ficou o ingrato e infeliz povo, a quem hoje disse que havia de deixar: "Eu vou".

§ III

Com muita razão — quando não houvera outra — deixou Cristo, aqueles que, sendo seus, como diz S. João, o não receberam: "Veio para o que era seu, e os seus não o receberam" (Jo 1,11). — E se perguntarmos quando se cumpriu a palavra "eu vou", e quando teve seu efeito esta partida e despedida do Senhor, deixando, não as pedras de Jerusalém, senão os seus habitadores, mais duros que elas, segundo a história de Josefo se pode reduzir ao tempo do cerco e destruição da mesma cidade por Tito e Vespasiano, porque então se ouviu claramente sair do Templo uma voz que dizia: "vamo-nos daqui"[3] — para que constasse aos de dentro e aos de fora que Deus deixava e desamparava aquela casa, que em todo o mundo era conhecida por sua. Assim disse fingida mas racionavelmente o poeta, que antes de se abrasar Tróia, a deixaram e se saíram dela os deuses tutelares da mesma cidade: "Os deuses, nos quais se firmava este império, abandonaram seus altares e templos"[4].

Mas o certo é que o tempo em que Deus deixou aquele ingratíssimo povo foi o mesmo em que eles o puseram em uma cruz, e o mesmo Senhor que da sua carne e do seu sangue tinha tomado o corpo mortal, deu a vida também por eles. Ouvi e ouçam os mesmos a clareza com que o tinha profetizado o seu profeta Jeremias: "Deixei a minha casa, abandonei a minha herança; dei a minha alma em mãos de meus inimigos" (Jr 12,7). — Jerusalém e Judeia era a que antigamente se chamava a casa e a herdade de Deus, e diz agora o mesmo Deus que não só deixou a sua casa, e renunciou e abriu mão de sua herdade, senão que a sua própria vida entregou nas mãos de seus inimigos, porque tudo sucedeu juntamente e no mesmo dia. No dia em que Deus se entregou nas mãos de seus inimigos e morreu pregado por eles em uma cruz, nesse mesmo dia deixaram de ser casa sua e herdade sua, porque nesse mesmo dia os deixou e os lançou de si. E para que se veja o extremo de dor com que Cristo na mesma cruz e no mesmo dia sentiu ver deixado por Deus e lançado de sua proteção um povo a que tanto amava e pelo qual tanto tinha padecido, ponderemos umas palavras do mesmo Senhor ditas naquela ocasião, variamente interpretadas, e no sentido que quero dizer, própria e verdadeiramente entendidas.

A quarta palavra de Cristo na cruz foi: "Deus meu, Deus meu, por que me deixastes?" (Mt 27,46). — E como deixou Deus, ou pôde deixar a Cristo? Quanto à divindade não, porque a união da pessoa divina com a natureza humana é indissolúvel e eterna; quanto à graça também não, porque a mesma graça e glória que recebeu na Encarnação, e tem hoje no céu, teve e conservou na cruz. Nem se diz coerentemente que foi Cristo deixado de Deus porque o não livrou das dores e afrontas daquele tormentoso suplício, porque ele as aceitou e se ofereceu a elas voluntariamente: "Foi oferecido porque ele mesmo quis" (Is 53,7). — E, se quisera que o Pai o livrara e defendera de todo o poder de seus inimigos, bastando para isso um anjo, lhe daria mais de doze legiões, como disse o mesmo Senhor a S. Pedro: "Acaso cuidas que eu não posso rogar a meu pai, e que ele me não porá aqui logo prontas mais de doze legiões de anjos?" (Mt 26,53). — Pois, se Cristo não foi deixado de Deus, nem pela desunião da divindade nem pela subtração da graça, nem pela negação do auxílio e socorro exterior, e muito menos pelo interior da virtude, da constância e da paciência, por que se lamenta o animosíssimo e fortíssimo Redentor de Deus o ter deixado: "Por que me deixastes?". — A razão foi porque estas palavras disse-as Cristo quase à hora nona, em que expirou, como nota S. Mateus: "E perto da hora nona deu Jesus um grande brado, dizendo: Deus meu, por que me deixastes?" (Mt 27,46). — E naquela mesma hora deixou Deus, repudiou e lançou de si a nação hebreia, e passou a sua fé, o seu culto e a sua Igreja do povo judaico para o gentílico. Assim o significou na mesma hora o véu do Templo, que cobria o *Sancta Sanctorum* [O Santo dos Santos], rasgando-se, e assim o ensinam S. Jerônimo, S. Ambrósio, Orígenes, Teofilato, Eutímio, e o confirma, com autoridade pontifícia, S. Leão Papa: "Pela cisão do véu do Templo devíeis, ó judeus, reconhecer o vosso repúdio e a perda de todo o direito do sacerdócio, assim como a translação da lei para o Evangelho, da Sinagoga para a Igreja, dos vários sacrifícios para a única hóstia, que é Deus"[5].

E porque Cristo era da nação hebreia, e Deus naquela hora deixava e lançava de si a mesma ação, por isso na mesma hora se lamentou que Deus o deixava a ele. Quando Saulo perseguia a Igreja, não lhe disse Cristo: "Saulo, Saulo, por que me persegues?" (At 9,4). — Pois, assim como Saulo perseguia a Cristo, porque perseguia o seu corpo místico, que é a Igreja, assim Deus deixava a Cristo, porque deixava aquele corpo natural e político, de que ele tomara a carne e sangue, que era a nação hebreia. "Por que me deixastes? Quer dizer: Minha nação, meu povo judeu, que segundo a carne são meus parentes"[6] — disse com singular pensamento Teofilato. E por que esta razão, que eu tenho pela mais própria, natural e genuína do texto, não fique só no testemunho de um autor, posto que tão qualificado, eu a confirmo com outros dois, e da maior autoridade de toda a Igreja. Os evangelistas que relataram este caso foram S. Mateus e S. Marcos, e ambos, com outra singularidade maior, escreveram as palavras de Cristo na língua que naquele tempo era a vulgar dos hebreus, em que o Senhor as disse: "*Eli, Eli, lama sabacthani*" [Deus meu, Deus meu, por que me deixastes] (Mt 27,46; Mc 15,34). — Leiam-se todos os evangelistas e todas as sentenças que eles referem de Cristo, e nenhuma se achará escrita na língua hebraica, senão esta, em que o Senhor se lamentava de Deus o ter deixado. Qual é logo o mistério por que só esta se escreveu naquela língua, e não só por um dos evangelistas, senão por ambos os que referem o caso? Sem dúvida para que entendêssemos que Cristo se queixou ou manifestou aquele seu sentimento, não enquanto representava na cruz a todo o gênero humano, senão enquanto fazia as partes do povo judaico. Cristo na cruz, como segundo Adão e pagador das suas dívidas, representava a todo o gênero humano, o qual então se dividia em dois povos, o gentílico e o judaico. E como Deus então lançava de si o povo judaico, e passava a sua Igreja ao gentílico, por isso com tão singular novidade quiseram declarar os evangelistas que quando assim se queixou o Senhor não falava em nome de todo o gênero humano, senão do povo judaico somente, como quem atualmente estava vertendo o sangue que dele tinha tomado.

Oh! que admiravelmente concorda com esta lamentação de Cristo, enquanto homem, aquele vae do mesmo Cristo enquanto Deus, por boca do profeta Amós, que no princípio referimos: Onde a nossa Vulgata diz: "Ai deles, quando eu me apartar deles". — a versão hebraica tem: "Ai deles, quando eu tomar a carne deles". — Assim tresladam os Setenta, aos quais seguem todos os padres, principalmente gregos. Pois, por que Deus se havia de unir tanto com os hebreus, que havia de tomar carne deles, por isso diz ai deles, e que se há de apartar deles: "Ai deles, quando eu me apartar deles"? — Sim. Assim como foi a maior felicidade do gênero humano fazer-se Deus homem, assim foi a maior desgraça dos hebreus fazer-se Deus homem da sua nação. Porque, antes de Deus se fazer homem, muitas vezes quis deixar e lançar de si aos hebreus, pelas grandes ocasiões que para isso lhe deram com as suas ingratidões, mas sempre lhes perdoou. Porém, depois que se fez homem da sua nação, e eles foram tão proterva e obstinadamente ímpios que, tomando deles o corpo e sangue, o corpo o pregaram em uma cruz, e o sangue o derramaram, então se fizeram indignos de todo o perdão. Ouvi quão descoberta e sentidamente lho declarou o mesmo Senhor: "Ah! Jerusalém, Jerusalém, que matas e apedrejas os profetas, por meio dos quais te chamou Deus e te quis unir a si!" (Mt 23,37). "Quantas vezes quis eu reunir os teus filhos, como a galinha reúne os pintinhos debaixo de suas asas, e não quiseste?" E quantas vezes quis eu fazer o mesmo, chamando os teus filhos, como a ave mais amorosa chama os seus para os abraçar consigo e os meter debaixo das asas, e tu não quiseste? — Mas pois tu me não quiseste a mim, também eu te deixarei a ti: "Eis aí vos ficara deserta a vossa casa" (Mt 23,38). — Porque depois deste dia me não verá mais Jerusalém, senão quando eu fizer nela a última entrada, que será também a última despedida: "Porque eu vos declaro que desde agora não me tornareis a ver, até que digais: Bendito seja o que vem em nome do Senhor". (Mt 23,39). — Então o viram para nunca mais o verem, porque entrou em Jerusalém para morrer, e morreu para a deixar e se ir: "Eu vou".

§ IV

Miserável foi Jerusalém, e, sobre toda a miséria, miserável quando Deus a lançou de si e a deixou. E acabou-se então aquela miséria? Não. Porque na mesma Jerusalém, que acabou, era significada a alma, que não acaba — à qual tantas vezes na Sagrada Escritura se dá o mesmo nome de Jerusalém — e não é menor nem menos lastimosa, mas digna de ser lamentada com maiores ais a miséria de qualquer alma, quando Deus se aparta dela e quando verdadeiramente se pode chamar alma deixada de Deus. Que sucede ao corpo quando dele se aparta a alma? Tem olhos e não vê, tem ouvidos e não ouve, tem língua e não fala, tem pés e não anda, tem mãos e não obra, tem coração e não vive; e isto mesmo é o que acontece ao homem de quem se aparta Deus, que é a alma da nossa alma. Cego para não ver o que lhe convém; surdo para não ouvir os ditames da verdade; mudo para não confessar seus pecados, ou só por cerimônia e sem emenda; paralítico e tolhido de mãos e pés para não fazer ação nem dar passo que não seja para sua perdição. Perdido nos pensamentos, perdido nas palavras, perdido nas obras, e dentro e fora de si, todo e em tudo perdido. Considerai-me um homem sem uso de razão e um cristão sem lume de fé, e tal é o que Deus deixou e lançou de si. Cavalo no precipício sem freio, navio na tempestade sem leme, enfermo na doença mortal sem médico. Enquanto a mão de Deus o deteve, não caiu; enquanto as suas inspirações o guiaram, não se afogou; enquanto os seus auxílios o socorreram, não morreu; mas logo o vereis precipitado, afogado e morto sem remédio, porque Deus abriu mão dele e o deixou.

Oh! quantos deixados de Deus enchem hoje o mundo, e quão cegos são eles, se não se veem, e nós também, se os não conhecemos! Quem é aquele poderoso, que de dia e de noite não cuida nem imagina senão como há de fartar a cobiça, inventando novas traças de adquirir e roubar o alheio, sem escrúpulo nem pensamento de o restituir? E quem é aquele pródigo no pedir, insensível no dever e insaciável no gastar, sem conta, sem peso, sem medida, como se a culpa de não pagar, devendo, não fora estar sempre roubando, e assim vive, por que assim há de morrer? É um deixado de Deus. Quem é aquele soberbo que, por fartar sua ambição, reconhecendo em si a falta que tem de merecimento, não repara em derribar por meios caluniosos e traidores os que quer fazer degraus para ele subir? E quem é aquele que, com subornos, com adulações, com hipocrisias e enganos, apesar da natureza, da fortuna, da justiça e da opinião, chega a conseguir e ser o que elas lhe negaram, e não teme que há de pagar na outra vida o que nesta não hão de lograr seus descendentes? É um deixado de Deus. Quem é aquele sensual que, por fartar seu apetite, com tanta publicidade nos vícios como se foram virtudes, sem reverência de Deus, nem respeito do mundo, nem pejo de si mesmo, nos anos mais que da mocidade desbaratou a fazenda, a saúde, a honra e a vida? E quem é aquele que, não tendo já mais que os ossos que mandar à sepultura, pelos não descarnar de todo, ainda à vista da morte os leva a queimar no mesmo cemitério, e por dar aquela lenha seca ao fogo, que se acende e apaga em um momento, não faz caso — como se não tivera fé de ir arder para sempre no do inferno? É um deixado de Deus.

Estas são as três estradas gerais por onde são deixados de Deus os que ele deixa; mas os modos por que em cada uma delas são deixados não têm conto. Uma das coisas que muito tenho notado em Davi é a grande frequência com que pede a Deus que o não deixe, e os muitos e vários modos com que repete e insta nesta mesma petição. Nos salmos vinte e um e trinta e sete: "Meu Deus, não te retires de mim" (Sl 21,12; 37,22); — no salmo vinte e seis: "Não apartes de mim a tua face, nem me desprezes, e não te retires do teu servo" (Sl 26,9); — no salmo trinta e quatro: "Não te apartes de mim" (Sl 34,22; 37,22); — no salmo cinquenta: "Não me arremesses" (Sl 50,13); — no salmo setenta: "Não te apartes de mim" (Sl 70,12); — no salmo cento e dezoito: "Não me deixes sair" (Sl 118,10) — nos salmos vinte e seis, trinta e sete, setenta, cento e dezoito e cento e trinta e nove, cinco vezes pelas mesmas palavras: "Não me abandones, não me abandones, não me abandones, não me abandones, não me abandones" (Sl 26,9; 37,22; Sl 70,9; Sl 118,8; Sl 139,9). — Pois, se Deus por um pecado de Davi uma só vez o deixou e depois o restituiu à sua graça com tanta certeza e firmeza, como pede tantas vezes e por tantos modos a Deus que o não deixe? É certo que o profeta não multiplicaria tantos modos de pedir se Deus não tivesse muitos modos de deixar. Mas por que razão? Tão própria da sua misericórdia, como da nossa miséria. A razão é porque Deus não deixa ao homem, senão depois de o homem o deixar a ele; e porque nós temos tantos modos de deixar a Deus, também Deus tem muitos modos de nos deixar a nós. Assim o escreveu o mesmo Deus por lei expressa no capítulo trinta e um do Deuteronômio: "Ali me abandonará, e eu o abandonarei" (Dt 31,16s) — e assim o tirou por consequência no segundo do Paralipômenos: "Por que abandonastes vós o Senhor para ele vos abandonar?" (2Par 24,20). Por que deixastes a Deus, para que ele vos deixasse? — De sorte que o deixar e o ser deixado entre Deus e homem é condição recíproca. Se Deus deixa o homem, o deixado é o homem; se o homem deixa a Deus, o deixado é Deus; mas sempre Deus o primeiro deixado. Se Deus, pelo contrário, houvera de ser o primeiro que nos deixasse, nunca nos deixaria; mas porque nós somos os primeiros em deixar, por isso tantas vezes e por tantos modos somos os deixados de Deus.

E se me perguntardes, entre estes modos de ser deixado, qual é o mais temeroso e lamentável, e sobre o qual cai mais em cheio aquele ai: *vae eis* — digo que é quando Deus deixa a alma e se aparta dela para sempre, assim como hoje deixou e se apartou de Jerusalém, quando disse: *"Ego vado"*. — Chama-se este modo de deixar, em frase do mesmo texto de Davi, deixação final, ou deixação total: deixação final: "Não nos desampares para sempre" (Sl 43,23) — e deixação total: "Não me abandones jamais" (Sl 118,8).

— Depois que o médico receitou e aplicou todos os remédios da arte sem nenhum efeito ou proveito, antes vê que a enfermidade vai sempre de mal em pior, posto que deixa o enfermo muito contra sua vontade, deixa-o enfim, porque é incapaz de cura. E isto mesmo é o que faz Deus: "Curamos a Babilônia, não sarou, porque não quis sarar: deixemo-la" (Jr 51,9). — Oh! que terrível palavra: "Deixemo-la, e para sempre!". — Em quantas ocasiões, ó alma, deixando-me tu tantas vezes, mereceste que eu te deixasse por uma vez? Quantas vezes te quis trazer a mim, quantas vezes te quis curar, e tu não quiseste: "Quantas vezes quis e não quiseste" (Mt 23,37)? — Apliquei-te primeiro os remédios brandos e lenitivos, vim por amor de ti à terra, prometi-te o céu, ensinei-te o caminho da vida e da verdade e fiz-me eu o mesmo caminho: "Eu sou o caminho, a verdade e a vida" (Jo 14,6); — temporalmente dei-te os que tu chamas bens da fortuna, e são meus; espiritualmente enchi-te dos verdadeiros bens, que são os da minha graça, a qual tu perdeste, e eu te tornei a restituir muitas vezes; cheguei a te dar minha própria carne e sangue por alimento e medicamento; e tu, surda aos meus conselhos, rebelde às minhas inspirações, dura e ingrata a tanto amor. A tudo resististe e me voltaste sempre as costas, fugindo como de inimigo de quem tanto te amava e tão deveras procurava teu bem. Não aproveitando os meios e remédios brandos, passei aos ásperos e sensitivos. Dei-te doenças com que te mortifiquei a saúde, dei-te perdas com que te diminuí a fazenda, dei-te descréditos e desares com que te magoei a honra; pus-te à vista ainda maiores trabalhos e desgostos que outros padeceram, e as causas deles, para que com o exemplo das suas chagas curasses e emendasses as tuas; cheguei-te uma e outra vez às portas da morte com as do inferno abertas, que tantas vezes me tinhas merecido; cuidei que com uma eternidade de fogo aquecesse a tua frieza, e a tua dureza se abrandasse; mas porque nada disto bastou a te reduzir, e nem no céu, nem no inferno, nem em mim, nem fora de mim tenho já que te aplicar, posto que o meu amor e a minha misericórdia te não quisera deixar, é força — pois assim o quer o teu depravado e obstinado alvedrio — é força que eu te deixe. Fica-te, e fica-te para sempre, que eu me vou: "Eu vou".

Parece-vos, cristãos, que ouvindo esta despedida uma alma, ainda que fosse de pedra, não se derreteria em lágrimas de dor e arrependimento? Pois, sabei que quando Deus assim deixa estas miseráveis almas, então ficam elas mais contentes e satisfeitas, porque, como não tratam mais que do presente, sem memória do passado nem temor do futuro, e como Deus, que as pretendia sarar, já nenhum remédio lhes aplica e nenhum apetite lhes veda, deixadas à natureza, vivem à sua vontade. Assim o diz o mesmo Deus: "Abandonei-os segundo os desejos do seu coração; eles irão caminhando atrás das invenções da sua fantasia" (Sl 80,13). — Quando me apartei totalmente, e deixei para sempre os que me deixaram, dei-lhes liberdade e largueza para que vivessem ao sabor dos seus desejos, com que esse pouco caminho que lhes resta, o andam todos e cada um segundo as invenções de sua própria fantasia. Não se pode passar em silêncio o conceito de Hugo Cardeal neste passo: "Irão: ir diz movimento, e busca um término; e o fim do movimento e do caminho dos pecados é o inferno. Por isso diz bem o seguinte: Irão para o inferno nas suas invenções, como em alguns veículos que os conduzirão para o inferno"[7]. Diz o texto que "irão" — e, se vão, para onde vão? Para o inferno. Diz mais que irão "nas suas invenções" — e que invenções são estas? São como as que os homens inventaram para andar mais descansados: "Como em alguns veículos". — Os da Europa andam em liteiras e carroças, os da Ásia em palanquins, os da América em serpentinas; e estas duas invenções são para ir mais fácil e mais descansadamente ao inferno. Os da Europa vão assentados, os da Ásia e da América deitados e jazendo; os da Europa tirados por animais, os da Ásia e da América levados em ombros de homens; e estes são os que, carregados dos seus cativeiros, violências e opressões, os levam mais fácil e merecidamente ao inferno, para onde caminham.

Quando tornam para a pátria — sempre mais ricos do que foram — todos invejam a sua boa fortuna, e eles recebem os parabéns como favorecidos de Deus, mas não é por favorecidos, é por deixados. E se não, vede o que fazem. Caim, depois do sucesso de seu irmão, conheceu muito bem que era deixado de Deus, e assim o confessou: "Eis que me lanças da face da terra, e eu me esconderei da tua face" (Gn 4,14). — E que fez Caim depois que ouviu que a terra e o sangue que tinha derramado pediam ao céu justiça contra ele? É caso verdadeiramente digno de pasmo! Diz o texto sagrado que se pôs a edificar uma cidade — que foi a primeira do mundo — e lhe deu o nome de seu primogênito Henoc, e se chamou Henóquia: "E edificou uma cidade, e a chamou com o nome de seu filho, Henoc (Gn 4,17). Quem esperara de tal homem, e em tal estado, tais pensamentos e tais cuidados! De maneira que, condenado por Deus, e vivo por particular indulgência de sua misericórdia, em vez de te meteres em uma cova a fazer penitência do teu pecado, e ver se podes aplacar a justiça divina, te pões a fundar jurisdições e edificar palácios ao teu morgado? Mas isto é o que fazem os deixados de Deus, como Caim e seus imitadores. Estão as terras bradando ao céu, está o sangue, ou derramado, ou chupado violentamente, pedindo justiça a Deus, e eles, em vez de arrependidos tornarem a repor os cabedais que adquiriram por força ou por más artes, e os despenderem nas devidas restituições, o que fazem, e o que sempre desejaram e pretenderam por meio de tantos perigos da vida e alma, é empregar o assim adquirido em morgados para os filhos, e em edifícios vãos que, levantados, hão de ser a ruína das mesmas casas. Ó ambição! Ó cegueira! Ó falta de fé e de juízo! Mas estas são as consciências e as consequências dos deixados de Deus: "Abandonei-os segundo os desejos do seu coração; eles irão atrás das suas invenções". Ai deles!

§ V

Ouvido o primeiro "ai" da águia, e o primeiro ai da sentença de Cristo: "Eu vou" — passemos a ouvir o segundo: "E me buscareis". Diz Cristo, Senhor nosso, que depois de deixar aquele ingrato e obstinado povo, eles o hão de buscar; e esta segunda cláusula da sua sentença parece que se encontra com a primeira e com a terceira. Com a primeira, porque é promessa da palavra divina que Deus não deixa a quem o busca: "Senhor, não desamparaste aos que te buscam" (Sl 9,11). — Pois, se Deus não deixa aos que o buscam, como diz que o hão de buscar aqueles mesmos que ele deixou: "Eu vou e me buscareis"? — Não implica, porque mui diferente coisa é não deixar Deus aos que o buscaram primeiro, ou buscarem-no depois aqueles a quem ele primeiro deixou. Os que o buscaram primeiro não os deixa, porque o acham; porém, os que o buscaram depois, ainda que o busquem, não o hão de achar, e isto é o que declara a terceira e última parte da mesma sentença: "Buscar-me-eis, e morrereis em vosso pecado". — De maneira que haverem de buscar a Deus os deixados de Deus, e não o haverem de achar, este é o segundo "ai" e segundo ai de S. João, ainda mais terrível e mais admirável que o primeiro. Mais terrível, porque confirma a deixação total e final, sem nenhum remédio; e mais admirável, porque estreita e reduz a um ponto toda a imensidade da misericórdia divina, reclamando contra esta estreiteza e contra este ponto, em próprios termos, todas as vozes e exemplos da Escritura Sagrada. Ora vede.

Primeiramente, já no Testamento Velho tinha Deus prometido que todos os que o buscassem o achariam; assim o diz pelo profeta Jeremias: "Vós me buscareis, e vós me achareis" (Jr 29,13). — E para maior confirmação, o mesmo que acabava de dizer pela ativa o torna a repetir pela passiva: — Achar-me-eis, "e eu serei achado de vós" (Jr 29,14). — No Evangelho, não só nos aconselha e exorta Cristo a que o busquemos — que de si e de Deus fala principalmente — mas também nos promete e dá sua palavra, em que não pode haver dúvida, que o acharemos: "Buscai, e achareis" (Lc 11.9). — E por que não cuidasse alguém que a esta diligência de buscar poderia faltar a ventura de achar pela dignidade ou indignidade da pessoa, confirma o Senhor a mesma promessa com uma proposição universal que a ninguém exclui: "Porque todo aquele que me busca, me acha, seja quem for". — Pois, se é certo que todos os que buscam a Cristo o acham, como diz o mesmo Cristo que aqueles de quem ele se apartou "o hão de buscar" — porém, que nem na vida nem na morte o hão de achar: "E morrereis no vosso pecado"?

Mais. Ainda que o Senhor não afirmara que o haviam de buscar, e ainda que totalmente o não buscassem, nem daí se seguia ou podia inferir que o não achariam. Porque não só é próprio da misericórdia e bondade de Deus acharem-no os que o buscam, senão também os que o não buscam. Assim se gloria o mesmo Deus, e com muita razão, por Isaías: "Acharam-me os que me não buscaram" (Is 65,1). — A Madalena buscou a Cristo, e achou-o; porém a Samaritana achou-o sem o buscar: ia buscar água e achou a Cristo. Uma e outra coisa nos ensinou o mesmo Senhor em duas parábolas. — Um homem — diz — indo seu caminho, achou um tesouro no campo, e foi logo vender quanto tinha e comprou o campo para lograr o tesouro. E um mercador, que andava buscando pérolas, achou uma muito preciosa, e para a comprar, deu por ela todo o cabedal que tinha. De sorte que o caminhante achou o tesouro sem o buscar, e o mercante achou a pérola buscando-a, e ambos deram tudo pelo tesouro e pela pérola, porque na pérola e no tesouro era significado o que só vale mais que tudo, que é Cristo. No mercante foi cuidado e diligência achar a pérola, porque buscava pérolas; no caminhante foi caso e ventura achar o tesouro, porque não buscava tesouros; e em um e outro nos ensinou o mesmo Senhor que não só o acham os que o buscam, senão também os que o não buscam. Pois, se também os que não buscam a Cristo o acham, como diz o mesmo Cristo, e anuncia aos de Jerusalém, que o não hão de achar, ainda que o busquem, supondo e afirmando que "o hão de buscar"?

Mais ainda. Não só acham a Cristo os que o buscam e os que o não buscam, senão também aqueles que nem o buscam nem o podem buscar. Havia um pastor, — diz o divino Mestre — o qual tinha cem ovelhas, e como se lhe perdesse uma, deixou as noventa e nove no deserto e foi buscar a perdida. Achou-a, e tomando-a aos ombros, a trouxe muito contente para o rebanho. Havia assim mesmo uma mulher, a qual tinha dez dracmas, que eram certa moeda daquele tempo, e como perdesse uma, acendeu a candeia e varreu a casa para a achar. Achou-a também, e convocou as vizinhas para que lhe dessem o parabém de ter achado a sua dracma perdida. Aquele pastor e esta mulher significam em um e outro sexo o amor e a diligência com que Cristo busca aos homens, por mais perdidos que sejam. A ovelha e a moeda são as almas, marcadas ambas, a moeda com a sua cruz, e a ovelha com o seu sangue. Agora pergunto: a ovelha ou a moeda podiam buscar a Cristo? A ovelha não, porque não tinha entendimento; e a moeda muito menos, porque nem voz tinha para balar. E contudo, assim a ovelha como a moeda foram buscadas e achadas, para nos ensinar o mesmo Cristo que é tão diligente o seu amor e tão amorosa a sua diligência em buscar as almas, por mais perdidas que sejam, que não só busca e acha as que o não buscam, senão também as que o não podem buscar. Ajuntemos agora todas estas demonstrações, e tiremos e apartemos a consequência, que não pode ser nem mais admirável nem mais temerosa. É possível que busca Cristo e acha aos que o buscam, e busca e acha aos que o não buscam, e busca e acha até os que o não podem buscar, e que ameace e profetize ao povo hebreu duas coisas tão encontradas com estas Escrituras e estes exemplos: a primeira, que "o hão de buscar"; e a segunda, que o não hão de achar nem ser achados dele, mas perecer em sua própria perdição: "E morrereis no vosso pecado"?

§ VI

A resposta desta tão fundada e apertada dúvida quanto ao povo hebreu é tão expressa na Escritura como manifesta na experiência. Sabes, povo ingrato e cego, porque há tantos anos que buscas e esperas com tantas ânsias o teu verdadeiro Messias, e não o achas, nem ele a ti? É porque o buscas indo para diante, sendo que o havias de buscar tornando atrás. Se um piloto, para achar a terra que lhe demora ao norte, a buscasse pelo rumo do sul, e para o mesmo sul navegasse sempre, claro está que não só não havia de achar o porto que buscava, mas que quanto mais navegasse tanto mais se havia de apartar e estar mais longe dele. Isto mesmo é o que sucede aos judeus com o seu Messias. Como o Messias há mil e seiscentos anos que veio e lhe fica ao tempo passado, e eles há outros tantos que o esperam e buscam sempre no futuro, dizendo que não veio, senão que há de vir, esta é a razão por que não só o não acham, por mais que o buscam, antes quanto mais o buscam indo para diante, tanto mais se apartam dele e se impossibilitam de o achar. Donde se segue que para os judeus acharem o Messias é necessário que o busquem tornando atrás, e que quando assim o fizerem, como farão quando se converterem no fim do mundo, então o acharão. Tudo quanto digo é por boca do profeta Oseias, no mais claro e expressivo texto que se pode desejar nem fingir.

Diz assim este, que foi o primeiro entre todos os profetas, no capítulo terceiro: "Muitos dias estarão os filhos de Israel sem rei, sem príncipe, sem sacrifício, sem altar, sem éfode e sem terafins" (Os 3,4). — Oseias profetizou oitocentos e cinquenta anos antes da vinda de Cristo; e depois que os judeus o sacrificaram e lhe tiraram a vida, há mil e seiscentos anos que tudo se está cumprindo pontualmente, como veem os olhos de todo o mundo e os mesmos judeus não podem negar. Diz que muitos tempos estarão sem rei, como tiveram em Saul e seus sucessores — "sem rei"; e onde está este rei dos judeus? Diz que do mesmo modo estarão sem príncipe, como tiveram no tempo dos Macabeus; e também estão "sem príncipe". — Diz que estarão sem altar, sem ornamentos sacerdotais, o principal dos quais era o chamado "éfode", e totalmente sem sacerdócio — sem sacrifício, sem altar, sem éfode"; e tudo isto se perdeu e acabou com a perda e assolação de Jerusalém, como o mesmo Cristo lhes tinha profetizado e se vê experimentalmente por todo o mundo em todas as sinagogas dos judeus, onde não há mais que um arquivo ou encerramento de madeira onde está fechada a lei escrita em pergaminhos, e donde a tiram e mostram a seus tempos, sem sacerdote nem vestes sacerdotais, nem memória ou figura de altar ou sacrifício.

E qual é a razão por que estes que o profeta chama "Muitos dias", sendo já passados mais de mil e seiscentos anos, ainda continuam, sem os judeus acharem nem descobrirem o Messias, que desde então buscam e esperam? A razão é, como dizia, porque o buscam indo para diante, sendo que o haviam de buscar voltando atrás. Admiravelmente o mesmo profeta Oseias, continuando a sua profecia imediatamente: "E depois disso tornarão os filhos de Israel e procurarão o Senhor seu Deus e o seu rei Davi; e cheios de temor irão ao Senhor e aos bens do Senhor, no fim dos dias" (Os 3,5). — A luz do sol não é tão clara como a deste texto: "E depois disso"; e depois de tudo o que tenho dito, isto é, depois de os filhos de Israel estarem tantos tempos sem rei nem príncipe, sem sacerdócio nem sacrifício, tornarão atrás buscando o seu Deus, e o seu rei Messias, descendente de Davi: "tornarão os filhos de Israel e procurarão o Senhor seu Deus e o seu rei Davi" — e, quando o acharem, ficarão atônitos e pasmados do bem que tinham perdido: "e cheios de temor irão ao Senhor e aos bens do Senhor" — mas isto não será senão "no fim dos dias". — Diz que isto será no fim dos dias, quando os judeus se hão de converter universalmente, como consta de todas as Escrituras — posto que em particular antes desse tempo se possam converter e convertam muitos. — Mas notai que não diz o profeta que "se converterão", senão que "tornarão atrás", porque todo o seu erro e engano de não acharem o Messias é porque o buscam no futuro, havendo-o de buscar no passado; é porque o buscam indo para diante, havendo-o de buscar tornando atrás: "e tornarão atrás". A Igreja Católica, naqueles dias em que a misericórdia divina, banhada no sangue que da sua humanidade lhe derramaram os judeus, em vez de estar mais irada, está mais propícia, exorta a Jerusalém, chamando-a repetidamente a que se converta: Jerusalém, Jerusalém, converte-se ao Senhor teu Deus". — E para que vejamos a harmonia com que falam desta mesma conversão as Escrituras no capítulo sexto dos Cânticos, em que Salomão descreve os sucessos também últimos da Igreja, o que diz a mesma Jerusalém, com dobrada repetição, são estas palavras: "Torna atrás, Jerusalém, torna atrás; torna atrás, torna atrás para que te vejamos" (Ct 6,12). — Mas se esta exortação tão repetida é para que Jerusalém se converta, por que não lhe diz Salomão "converta-se", senão "torna atrás"; por que não lhe diz que se converta, senão que torne atrás? Porque não só lhe persuade a conversão, mas juntamente lhe ensina o modo dela, que é o que mais ignora, e uma e outra coisa profetiza, como se dissera: "Torna atrás": sinagoga cega. "Torna atrás": que vais errada. "Torna atrás": porque não hás de achar o Messias que buscas enquanto caminhas para diante. "Torna atrás": por-que só quando tornares atrás o hás de achar: "E se tornarão ao Senhor Deus seu".

Agora tornemos nós também atrás, e ouçamos a ocasião que teve Oseias para profetizar o que dissemos. É caso singular em toda a história sagrada. Mandou Deus a este profeta que se casasse com uma mulher adúltera, como entendem muitos e graves intérpretes, e quando menos, que a levasse para sua casa e a sustentasse nela, e a guardasse, com tal condição que nem havia de ter comunicação como adúltero nem como marido, e que deste modo, assim apartados, haviam de continuar muito tempo, esperando sempre o marido reconciliar-se com ela, e ela esperando também reconciliar-se com o marido. Assim o assentou o profeta com a adúltera, ou como marido, ou como quem o representava, e como tal lhe disse: "Muitos dias esperarás por mim, sem marido nem adúltero, e eu também esperarei por ti" (Os 3,3). — Esta foi a história e o caso sobre que se fundou a profecia que temos declarado, da qual a mesma história foi admirável parábola e figura. A mulher casada e adúltera representava a sinagoga e nação hebreia, com a qual se desposou Deus, e sempre lhe chamou esposa, e ela sempre lhe foi infiel e adúltera, deixando continuamente a Deus pelos ídolos, como consta de todo o Testamento Velho, desde o livro do Êxodo até o dos Macabeus. Porém, depois da vinda de Cristo é muito diferente o estilo que observa a mesma nação, porque vive apartada do adúltero e apartada também do Esposo: do adúltero, porque já não tem ídolos, e do Esposo, porque não guarda fé a Deus, negando-lhe a divindade depois que se fez homem. Isso quer dizer e diz admiravelmente o profeta, naquelas duas palavras: "Não te prostituirás e não serás de nenhum homem". "Não te prostituirás" — porque está apartada dos ídolos, em que consistia o adultério; "E não serás de nenhum homem" — porque está apartada de Deus, que era o verdadeiro Esposo. E que se segue ou seguiu daqui? Um efeito sobre toda a admiração estupendo, mas visto com os olhos. O mesmo Esposo o declarou à que já não tinha uso de adúltera nem de esposa, e assim o diz o mesmo Deus à nação hebreia, que hoje nem é idólatra nem fiel: "Muitos tempos esperarás por mim" — "mas eu no mesmo tempo também esperarei por ti". — Não é isto o que todo o mundo está vendo, e só o Judaísmo cego não vê? De maneira que não são só os judeus os que esperam, senão também o Messias: os judeus esperam pelo Mestre: "esperarás por mim" — e o Messias também espera por eles: "Mas eu também esperarei por ti". — E tão longa é uma esperança como a outra, porque aquele "Muitos dias" pertence igualmente a ambas: "Muitos dias esperarás por mim" — há mil e seiscentos anos que os judeus estão esperando pelo Messias: "Mas eu também esperarei por ti" — e em todo este tempo está também o Messias esperando por eles. Eles esperando pelo Messias, porque cuidam que ainda há de vir, e o Messias esperando por eles, porque há outros tantos anos, ou outros tantos séculos, que já veio. Mas o seu erro e engano está em que o buscam caminhando para diante, sendo que só o hão de achar voltando atrás: "Tornarão e buscarão o Senhor Deus seu".

§ VII

Não há dúvida que bem digna é a miserável Jerusalém daquele segundo "ai" ou segundo ai, pela cegueira culpável e obstinada com que há tantos centos de anos que busca e espera, alongando-se cada dia mais do que busca e não há de achar, e do que espera e não há de vir. Mas, como na mesma Jerusalém é significada a alma de qualquer cristão, tão maravilhosa como tremenda coisa é que também em nós se possa verificar que busquemos a Cristo, em quem cremos com verdadeira e firme fé, e contudo o não achemos. Cristã era e fiel aquela alma, a qual confessa de si que buscou ao mesmo Cristo, e o não achou: "Busquei aquele a quem ama a minha alma; busquei-o, e não o achei" (Ct 3,1). — E o profeta Isaías, que mais que todos foi profeta da lei da graça, diz que "Busquemos a Cristo enquanto o podemos achar" (Is 55,6), logo, supõe que há tempo em que o não poderemos achar, ainda que o busquemos: "Buscais-me?".

Somos entrados no ponto mais apertado e terrível da matéria presente. Se há e pode haver tempo em que não possamos achar a Deus, ainda que o busquemos, quando e que tempo é este? O apóstolo S. Paulo, falando deste quando e deste tempo, diz: "Agora é o tempo de achar a Deus, e este é o dia da salvação" (2Cor 6,2). — Se é agora — "Eis agora" — não será depois; e se é no dia de hoje — "Eis agora o dia" — não será no de amanhã. Até um gentio, e da má vida, como era Marcial, o entendeu e aconselhou assim: "Se queres viver bem, começa e vive hoje, que amanhã já é tarde"[8]. — Todos os homens prometem a Deus o dia de amanhã, e quase todos dão ao demônio o dia de hoje. Este é o contrato tácito ou expresso que têm feito com o inferno: "Nós fizemos um pacto com o inferno" (Is 28,15). — E que faz o demônio? Quando chega o dia de amanhã, se o homem diz: este dia é para Deus — replica o demônio: não é senão para mim, porque este dia de ontem era dia de amanhã; porém hoje, depois que amanheceu, já não é dia de amanhã, senão de hoje: e assim é meu, e não de Deus. Por este modo, de manhã em manhã e de dia em dia, leva o demônio todos os dias, e também leva os que lhos dão. Eles mesmos confessam que o dia de amanhã há de ser como o de hoje, e ainda pior: "E será como hoje, assim também amanhã, e ainda muito mais" (Is 56,12). — Isto diziam os que, tendo obrigação de governar espiritual e temporalmente o povo de Deus e lhe dar bom exemplo, só tratavam, não de fazer, senão de levar boa vida. Hoje, diziam, fartaremos nossos apetites, "e amanhã muito mais". Por isso, como notou e muitas vezes repete Santo Agostinho, a palavra *cras* [amanhã] é voz do corvo, e o corvo uma vez que saiu da arca não tornou mais a ela.

Esta é, em suma, a razão por que disse Isaías que buscássemos a Deus enquanto o podíamos achar. Mas ouçamo-la de sua própria boca: "Buscai a Deus enquanto se pode achar, e chamai por ele enquanto está perto" (Is 55,6). — Deus, estando em toda a parte, está perto de uns e longe de outros. Vedes dois homens juntos, diz Santo Agostinho, e se perguntardes se são amigos, responderá quem os conhece que estão muito longe disso: pela presença ambos juntos, pela amizade muito longe um do outro. Tal é a semelhança de que usa o profeta. Cada pecado grave aparta a Deus de nós, e se os pecados são muitos e continuados por muitos dias, a cada dia e a cada pecado se vai Deus sempre apartando mais e mais. Faça agora cômputo o pecador, que não há dias nem meses, senão anos e muitos anos que continua a estar fora da graça de Deus, e conte quantos são os dias e quantos os pecados — que ao menos de pensamentos sempre são muitos mais que os dias — e dali conjecturará de algum modo quanto longe estará de Deus, e Deus dele. E quando conhecer quão longe está de Deus,

então entenderá também se poderá ser ouvido quando o invocar de tão longe. Deus longe, e a salvação longe, e não pelo não buscarmos, pois ele diz que o havemos de buscar: "Buscais-me?" — mas pelo não buscarmos no tempo em que se pode achar. — "A salvação está muito longe dos pecadores" — diz Davi. — E por quê? "Porque não buscaram os meios de a conseguir" (Sl 118,155). — Notai que não diz porque não buscam, ou porque não hão de buscar, senão "porque não buscaram". — Para achar a Deus e a salvação não basta buscá-la ou havê-la de buscar; é necessário tê-la buscado, porque o tempo que já passou, esse era o tempo de a achar: "Enquanto se pode achar".

E se esta desgraça sucede aos que buscam a Deus na vida e na saúde, que sucederá aos que reservam esta diligência para a enfermidade e para a morte, que é o nosso caso: "E morrereis no vosso pecado"? Eu não quero desconfiar nem meter em desesperação a nenhum pecador, por grande que seja e por mais que se ache cercado de todos os pecados de sua vida, ainda na última desconfiança e perigo dela e já a braços com a mesma morte. O profeta diz que busque o pecador a Deus "enquanto o pode achar" — e eu lhe darei o meio com que o possa achar a qualquer tempo. Diz mais que chame por Deus "enquanto está perto" — e eu lhe darei o meio com que Deus o ouça, ainda que esteja muito longe. E que meio ou meios são estes, maiores que toda a esperança e que toda a desesperação? É um só, mas muito certo e infalível. E qual é? Que busque a Deus e o chame com todo o coração. Se buscar a Deus com todo o coração, ainda que seja com a candeia na mão, achá-lo-á, e não o lançará de si: "De todo o meu coração te busquei; não me rejeites" (Sl 118,10). — Se chamar por Deus com todo o coração, ainda que seja com a última boqueada, por muito longe que esteja, Deus o ouvirá: "Clamei de todo o meu coração: ouve-me, Senhor" (Ibid. 145). — Uma e outra coisa supõe o Real profeta nas palavras que citei; e posto que bastava ser sua a suposição, acrescentou, para maior firmeza, que é promessa infalível do mesmo Deus, e condição expressa, em que nos promete que sem dúvida nos ouvirá e o acharemos se o chamarmos e buscarmos, contanto que seja com todo o coração. No capítulo quarto do Deuteronômio: "Quando buscardes a Deus, achá-lo-eis, com condição, porém, que o busqueis com todo o coração" (Dt 4,29). — E no capítulo vinte e nove de Jeremias, compreendendo ambos os termos de chamar e buscar: "Chamar-me-eis, e eu vos ouvirei; buscar-me-eis, e vós me achareis, contanto que me chameis e me busqueis com todo o vosso coração" (Jr 29,12s). — Assim que todo aquele que de todo seu coração chamar e buscar a Deus em qualquer dia, em qualquer hora e em qualquer instante, ainda que seja o último e mais apertado da vida, sem dúvida será ouvido dele, e o achará. Mas que se segue daqui? Este é o ponto de que depende tudo.

§ VIII

Parece que se segue daqui que não haverá cristão algum tão perdido, se também não tem perdido a fé e o juízo, que se não salve. Porque, como pode haver nem imaginar-se criatura racional tão inimiga de si mesma que, vendo-se às portas da morte e do inferno, e conhecendo que só em Deus pode ter remédio, não deseje tornar-se a ele e invocar sua misericórdia de todo coração? Tudo isto assim é — porque não quero falar dos casos em que o súbito da morte, ou dos acidentes mortais, se antecipam a estes mesmos desejos, e as miseráveis almas, que se guardaram para aquela hora, se condenam sem remédio. Mas, concedendo outra vez que todo aquele que na mesma hora invocar a Deus de todo o coração se salvará, e concedendo também que nenhum haverá que na mesma hora não deseje invocar a Deus e converter-se a ele de todo o coração, digo contudo, e concluo resolutamente, que raro ou nenhum destes se salva. Por quê? Porque, como fica dito por tão repetida condicional e exceção do mesmo Deus, nenhum se pode salvar senão convertendo-se a ele de todo o coração, e é certo que naquela hora raríssimos são os que se convertem ou podem converter a Deus de todo coração.

Toda a verdade desta última e temerosa conclusão se funda na probabilidade ou certeza com que digo que raro ou nenhum naquela hora se converte a Deus de todo o seu coração. E esta sentença, que é comum na doutrina dos santos padres, se prova por dois princípios, um da parte de Deus, outro da parte do mesmo homem. Começando pelo homem, a razão manifesta é porque, para o homem buscar a Deus com todo o seu coração, é necessário que o coração do homem seja todo seu, e naquela hora nem é seu, nem é todo. Quando é o coração todo e quando é nosso? É nosso quando o não domina outro afeto, e é todo quando o não diverte outro cuidado: "Só se pede de todo o coração, quando não se pensa em outras coisas" — diz Santo Agostinho[9]. Considerai-me agora um homem nas últimas angústias da enfermidade, e quase lutando já com a morte, e vereis, não só com o discurso, mas com os olhos, quão dividido tem o coração para que não possa ser todo, e quão divertido e senhoreado de diferentes cuidados para que não possa ser seu.

Os que se guardam para aquela hora, no princípio da enfermidade, ou lisonjeados dos médicos, e dos que os assistem, ou enganados do amor da vida, só tratam da saúde do corpo, e quando esta se desconfia totalmente e se começa a dizer entre dentes que morre o enfermo, então lembra e se acode à alma e aos remédios da salvação: 41. "Multiplicaram-se as enfermidades deles, depois correram aceleradamente" (Sl 16,4 – Vulgata). — Então se chama o confessor à pressa, então vem o notário para o testamento, então cresce a febre e as dores, então se aplicam os medicamentos extremos e os martírios mais fortes: e qual estará o coração do miserável enfermo nesta angústia? Vede qual será a confissão dos pecados de toda a vida? Vede quais serão as cláusulas e declarações do testamento, em quem sempre viveu com pouca conta, e com pouco ou nenhum escrúpulo? A memória perdida, o entendimento sem juízo, a vontade atônita e pasmada, os sentidos todos só vivos para a dor e para o mais já quase mortos; a alma na garganta e a respiração agonizante. Oh! que transe tão apertado! Ajuntai ao interior destas aflições as lágrimas da mulher, o amparo ou desamparo dos filhos, a satisfação dos criados, a paga das dívidas, a instância dos acredores, as restituições do mal adquirido, as negociações dos interessados na herança do que se deixa por força; e sobretudo o temor da conta, também forçado, e não por verdadeiro arrependimento, ouvindo-se a invocação do nome de Jesus na boca do religioso que assiste à cabeceira, e não saindo do coração de quem nunca o amou, e só agora o teme, porque mais não pode. Oh! valha-me Deus, quão longe estará de ouvir estas vozes sem alma o mesmo Deus, que está tão longe! E nesta perturbação, nesta confusão, neste labirinto de cuidados e afetos — tão implicados os deste mundo com os do outro — como poderá dar todo o coração a Deus, nem oferecer-lho como seu quem, por dividido e alienado totalmente, já não é senhor de si, nem possui dele a mínima parte? Aqui se cumpre o que disse o profeta Oseias: "Dividiu-se o seu coração: agora perecerão" (Os 10,2). Ai dos que assim têm dividido o coração, que neste estado, e neste instante, lhes chegou a hora de perecerem.

Eu não nego que por algum impulso interior, ou pelas exortações de fora, chamarão com a voz por Deus e quererão chegar-se a ele; mas naquela multidão e confusão de cuidados, e naquela bataria de perturbações e temores, é igualmente certo que o não poderão conseguir. Texto e decreto de Deus expresso no salmo trinta e um: "Pela remissão dos pecados rogarão a Deus no tempo oportuno todos os que se hão de salvar, mas no dilúvio das muitas águas, ainda que se queiram chegar a Deus, não o alcançarão" (Sl 31,6). — E que dilúvio de muitas águas é este? É a multidão de aflições e angústias que naquela hora, como um dilúvio, afogam o coração dos que se guardaram para ela. De sorte que, assim como na tempestade do dilúvio muitos se quiseram valer da arca, e soçobrados da imensidade das águas e do concurso e contrariedade das ondas umas sobre outras, se afogaram e pereceram nelas, assim diz Davi que naquele tropel e tumulto de cuidados, de afetos, de dores, de penas, de temores, de irresoluções, de assombros, e naquele verdadeiramente dilúvio de ânsias e angústias mortais, oprimido e afogado o homem dentro e fora de si mesmo, nenhum haverá que tenha forças ou tino para nadar à arca da salvação, e nenhum que se possa chegar a Deus, ainda que quisesse: "No dilúvio das muitas águas, não o alcançarão".

Esta é a razão natural e evidente pela qual o homem, reduzido àquele último conflito, não pode invocar a Deus de todo seu coração, porque já nem é todo nem seu. E sobre esta, que tanto devemos temer, se acrescenta da parte de Deus outra muito mais temerosa, porque não é fundada na nossa fraqueza, senão na sua justiça. Naquele estado tão estreito, e em qualquer extremo da última desesperação, poderosa é a misericórdia e graça divina para livrar e pôr em salvo ao maior pecador, mas justissimamente não quer Deus usar com ele da eficácia destes seus poderes na morte, porque também ele se não quis converter a Deus enquanto pôde na vida. Ou o pecador naquele apertadíssimo transe se quis converter a Deus ou não chegou a querer: e de qualquer modo o castiga com exatíssima igualdade a divina justiça. Porque, se quis, justamente é condenado a que não possa quando quer, por que não quis quando podia: "O ímpio, quando quer, não pode, porque quando podia não quis" — diz Santo Isidoro Pelusiota[10]. E se não chegou a querer, também foi justamente condenado a lhe faltar a sua própria vontade, porque bem merecedor é de que se esqueça de si na morte quem se não lembrou de Deus na vida, diz Santo Agostinho: "O pecador é punido por esta advertência: quem se esqueceu de Deus na vida, esqueça-se de si na morte"[11]. — Isto mesmo dizem com os outros padres gregos S. Crisóstomo, e com os outros latinos Santo Ambrósio. Mas porque a matéria é tão oculta aos vivos, que só passa entre Deus e as almas dos que morrem, ouçamos da boca do mesmo Deus esta sentença e regra geral do seu tremendo e retíssimo juízo.

No primeiro capítulo dos Provérbios fala Deus, não com um, senão com muitos, porque aqueles a quem sucede esta desgraça não são poucos, e diz assim: "Chamei-vos com as vozes, e não me quisestes ouvir; chamei-vos com as mãos e com os braços abertos, e não quisestes vir a mim" (Pr 1,24). — "Aconselhei-vos, e desprezastes todos os meus conselhos; repreendi-vos, e não fizestes caso de minhas repreensões" (Ibid. 25). E eu, que farei? "E quando vier a morte, e com ela tudo o mais que vós temíeis ou devíeis temer, eu também zombarei e me rirei de vós" (Ibid. 26). — Todos os santos e expositores declaram este temeroso riso de Deus com as maiores expressões de castigo, de ira e de vingança naquela hora. Mas nós continuemos a ouvir a sentença da mesma justiça divina, na qual se reduzem todas por seu próprio nome às duas do nosso discurso: "Quando a última calamidade da vida, que é a morte, vier sobre vós como uma tempestade súbita e repentina" — porque a não esperáveis — "e quando vos virdes afogados de aflições e angústias" (Ibid. 27); "Então recorrereis a mim; mas assim como quando eu chamei por vós não me quisestes ouvir, assim eu vos não ouvirei quando me chamardes" (Ibid. 28) — e assim como quando vos eu busquei vos não achei, "assim vós me buscareis pela manhã e não me achareis". Deixados, pois, de mim na morte como eles me deixaram na vida — diz Deus — lá irão "onde comam os frutos das suas obras, e se fartem dos seus conselhos" (Ibid. 31). — Vede se cairá bem o segundo ai de S. João sobre esta fartura de penas, que será insaciável por toda a eternidade, acabando naquela hora os que se guardaram para ela, e não achando a Deus, posto que o busquem, nem sendo ouvidos dele, posto que o chamem. Ai de vós, infelizes almas, e para sempre infelizes!

Grande parte deste mundo, e não a menor dos grandes dele, acaba desta sorte. E deixam tão enganados os mortos aos vivos, que não só creem estes e celebram que morreram pia e cristãmente, mas não faltam espíritos ilusos ou lisonjeiros que com fingidas ou sonhadas revelações afirmam que brevemente os viram sair do purgatório, onde foram ditosíssimos se tivessem entrado. A verdadeira revelação da boa morte é a boa vida. E para que acabem de se desenganar os que debaixo desta vã confiança assegura o demônio para que vivam e morram do mesmo modo, ouçam a Santo Agostinho: "Se algum, obrigado da última necessidade da doença, nos pede o Sacramento da Penitência, confesso-vos que os bispos e sacerdotes lhes não negamos o que pede, mas nem por isso presumimos que sai bem desta vida"[12]. — E Santo Ambrósio, apertando o mesmo ponto: Se cuidas que os que deixam o arrependimento de seus pecados para a enfermidade da morte vão seguros de sua salvação, eu vos protesto que não afirmo, nem prometo, nem digo tal coisa, porque o não presumo assim, nem vos quero enganar. — Notai o peso das palavras com que diz e repete este desengano o eloquentíssimo doutor: "Não presumo, não proponho, não digo, não vos engano, não vos prometo"[13]. — E o que Santo Agostinho e Santo Ambrósio não se atrevem a presumir, e protestam que vos não se atrevem a presumir, e protestam que vos não engane, isso credes vós e celebrais, porque também fazeis conta de vos salvar ou perder na mesma tábua.

A causa deste engano e falsa apreensão dos que cá ficam são aqueles atos exteriores, com que parece morrem contritos os que viveram impenitentes; mas vai muito do medo à contrição e da penitência aparente à verdadeira. E para prova sólida e irrefragável no mesmo caso, ouvi outra revelação, não como as vossas, senão divina e de fé, escrita no livro dos Macabeus. Antíoco Epifanes, rei da Grécia, foi o mais capital inimigo da fé e lei de Deus e da gente hebreia, em a qual naquele tempo estava a verdadeira Igreja. Resoluto pois, este tirano de destruir totalmente, extinguir e tirar do mundo o nome e nação dos judeus, marchava com formidável exército contra Jerusalém a grandes jornadas, quando subitamente se achou oprimido de uma gravíssima e mortal enfermidade, a qual obrou nele aqueles efeitos que costuma causar nos mais obstinados ânimos a vizinhança da morte, quando se não esperava. Foi tal a mudança em tudo o que se via e ouvia em Antíoco, que não parecia o mesmo. Era soberbíssimo, e já não só conhecia, mas confessava publicamente a fraqueza e miséria de todo o poder humano; era gentio, e não só prometeu de receber a fé do verdadeiro Deus, mas de a estender e pregar por todo o mundo; ia determinado a destruir e extinguir os judeus, e não só lhes pediu perdão dos danos recebidos, mas lhes ofereceu satisfação, com vantagens iguais aos seus mais nobres e estimados vassalos; levava no pensamento a destruição de Jerusalém e do Templo, e sobre os votos de o enriquecer com novos tesouros e ornamentos, ele tomou por sua conta as despesas de todos os sacrifícios, sacerdotes e culto divino. De todas estas promessas fez Antíoco escrituras autênticas, formadas de sua própria mão, e encarregada a execução delas depois de sua morte a seu filho e sucessor, com as maiores demonstrações de benignidade e encarecido afeto. Enfim, morreu daquela enfermidade e naquele estado Antíoco, e pergunto se se salvaria? Este homem, e senhor de tantos homens, com tantas e tão manifestas demonstrações de arrependimento, salvar-se-ia naquela hora? Bem creio que dirão que sim os que com menos milagres e muito diferentes exemplos beatificam e canonizam outras mortes. Mas que diz a revelação divina, expressa na Escritura Sagrada? Diz que pesando mais diante do tribunal divino os pecados da vida passada que as demonstrações da emenda presente, por mais que o miserável Antíoco orou a Deus, não foi ouvido dele: "Este malvado orava ao Senhor, de quem não havia de alcançar misericórdia" (2Mc 9,13).

Oh! quanto vai dos juízos dos homens, que não passam do exterior, ao juízo e conhecimento de Deus, que vê e penetra os corações! "Esta penitência não foi verdadeira porque não foi feita em razão da ofensa de Deus, mas por medo do castigo temporal e assim não conseguiu a misericórdia quanto à remissão da culpa e da pena"[14] — diz com a voz comum dos intérpretes, Lirano. Todo aquele aparato de promessas e arrependimento não foi bastante para livrar a Antíoco da culpa, nem da pena eterna, porque era nascido de medo e desejo de escapar do perigo em que se via, e não de pesar de haver ofendido a Deus, nem de verdadeira contrição. Pois, se a doença era verdadeira, e as dores que padecia verdadeiras, e o perigo com a morte diante dos olhos verdadeiro, e sobretudo verdadeiro o conhecimento de que Deus o castigava por seus pecados, e a confissão deles verdadeira, por que não foi também verdadeira a contrição? Ou porque não quis, ou porque não pôde; e como o querer e o poder, uma e outra coisa dependia do auxílio eficaz da graça de Deus — "Que dá o querer e o perfazer" (Fl 2,13) — no descuido e obstinação com que Antíoco se não quis emendar, como pudera, na vida, já se tinha condenado a não querer nem poder arrepender-se na morte. Notai as palavras do texto: "Orava ao Senhor, de quem não havia de alcançar misericórdia". — Não diz que não alcançou a misericórdia que pediu a Deus, senão que pediu a Deus a misericórdia que não havia de alcançar. Nos outros casos o desengano de não alcançar é depois de pedir mas neste caso, antes de pedir; já estava fulminado o decreto de não alcançar: porque então decretou Deus que não pudesse alcançar o arrependimento na morte, ainda que quisesse, quando se não quis arrepender nem emendar na vida, como podia.

Por certo tenho que, se Antíoco escapasse na doença com vida, e se visse outra vez inteiramente convalecido, com as mesmas trombetas que lhe festejassem a saúde havia de mandar marchar o exército contra Jerusalém e pôr em execução quanto dantes pretendia. E se não ponhamos os olhos na experiência, em homens de menos má vida e de mais antiga fé que a de Antíoco. Quantos vimos que, chegados àquele extremo perigo, abraçados com um Cristo, se empenharam com suas chagas de nunca mais o ofender, prometendo e multiplicando votos de emendar a vida e ser santos, se escapassem? Escaparam por mercê do mesmo Senhor, e que fizeram? Depois que se puseram em pé, a primeira jornada foi ir dar graças a Deus à Penha de França, e a segunda romaria a reconciliar-se com o ídolo a quem dantes adoravam. Pois estes eram os votos? Estes os arrependimentos? Estas as contrições? Ou estas as traições? Sim. E vi eu algum que depois de assim escapar com a saúde do corpo e recair com a da alma, lhe sobreveio subitamente um tal acidente que logo lhe tirou a fala e pouco depois a vida, para que no mesmo que não tinha cumprido as suas promessas se cumprisse a de Cristo: "E morrereis no vosso pecado".

§ IX

Somos chegados ao terceiro e último ai, que será eterno no inferno, e a mim me falta o tempo para o ponderar dignamente. Abreviando, pois, esta grande matéria, saibamos que pecado é este em que diz Cristo que hão de morrer os ameaçados e propriamente se chama pecado seu: "No vosso pecado"? Aqueles com quem o Senhor imediatamente falava, quando pronunciou esta sentença, era o povo de Jerusalém; e assim como todas as nações tem os seus vícios particulares, a que naturalmente são inclinadas e sujeitas, assim o vício e pecado da nação hebreia, e que propriissimamente merece o nome de seu, é o errar na fé. Não são nossos os livros nem nossos os autores que testemunham a uma voz esta verdade; serão os mesmos livros e Escrituras Sagradas de todo o Testamento Velho, em que eles e nós cremos. E de nenhum modo podem negar os hebreus haver sido sempre este o seu vício e o seu pecado.

As doze tribos de Israel, como filhos nasceram na Mesopotâmia, e como povo no Egito. Na Mesopotâmia como filhos, na casa e família de Jacó; e no Egito como povo, porque ali engrossaram, cresceram e se multiplicaram em grande número. Mas, passando depois de livres a cativos, devendo, como filhos, conservar a fé de seus pais, seguiram como escravos a idolatria de seus senhores. Os egípcios adoravam a Osíris em figura de touro, e esta foi a origem do bezerro que os hebreus depois de libertados adoraram no deserto, atribuindo-lhe sobre tantos milagres, não só ímpia, mas descaradamente a mesma liberdade. Moisés lhes deu a beber o bezerro desfeito em cinzas, mas eles de tal modo beberam nelas o errar na fé, que, pelos erros que cometeram nos quarenta anos do mesmo deserto, mereceram da boca de Deus ser chamados os que erram sempre: "Quarenta anos estive próximo desta geração, e disse: 'Estes sempre erram de coração'" (Sl 94,10). — Sempre, disse a censura divina, e foi profecia do que sempre haviam de ser, como verdadeiramente têm sido. Entrados na terra de Promissão, logo deixando a Deus, que os metera de posse dela, adoraram os ídolos dos cananeus, Baal e Astarot. No tempo em que foram governados pelos juízes, nove vezes os castigou Deus com muitos anos de cativeiro, debaixo do jugo de diferentes nações bárbaras, pelo pecado da idolatria, e sempre sem nenhuma emenda tornaram a idolatrar, cada vez mais obstinados na cegueira deste seu vício hereditário, como nota a Escritura: "Reincidiam, e cometiam muito piores coisas do que tinham feito seus pais, seguindo os deuses estranhos, e adorando-os" (Jz 2,19). — Depois que o governo se passou aos reis, quão raros foram os que não fossem idólatras, sendo o primeiro de todos o mais sábio de todos, Salomão? Porque, dividida a monarquia por este pecado em duas partes, uma que se chamou reino de Israel, outra reino de Judá, em ambas, ou se professava publicamente a idolatria, ou se por algum breve tempo cessava o público culto dos ídolos, nem por isso deixavam de ser adorados secretamente. Estes eram os brados, estes os clamores, estas as invectivas, estas as abominações que, com o nome de adultério contra Deus, se leem em todos os profetas, seguindo-se ao pecado as ameaças e às ameaças os castigos.

No reino de Israel, que constava de dez tribos, levantou el-rei Jeroboão um templo ou fano, em que colocou dois bezerros de ouro, que ele e todos os reis seus sucessores, sem exceção, adoravam, e em pena desta devassidão sua, e de todas as dez tribos, todos foram levados cativos aos assírios, donde há mais de dois mil anos desapareceram, e não se sabe deles. No reino de Judá, cuja corte era Jerusalém, estava o templo da verdadeira divindade; mas nem em sua própria casa se defendeu Deus de que dela o não viesse a lançar, com destruição do mesmo Templo, o culto dos falsos deuses; excetos neste reino alguns poucos reis, todos os outros foram idólatras, e idólatras com eles o mesmo reino e povo; pelo que, conquistados, presos e transmigrados a Babilônia, lá pagaram com o cativeiro de setenta anos, e com a vida, a obstinação do seu pecado. Com as relíquias que escaparam daquele desterro ressuscitou Esdras o Templo e a verdadeira fé, mas também ressuscitou com ela a idolatria, como vício imortal desta nação. E por mais que o zelo e valor dos Macabeus trabalhava em restaurar as ruínas da verdadeira religião, no mesmo tempo chegaram os judeus a mandar embaixadores aos reis gentios, para que lhes fosse lícito adorar os seus deuses, abrindo em Jerusalém escolas públicas dos ritos com que eram venerados, colocada e adorada no mesmo lugar do Templo, onde se adorava o verdadeiro Deus, a estátua de Júpiter. Tudo isto, que em suma tenho referido, é o que se lê em todos os livros do Testamento Velho, desde o Êxodo até o segundo dos Macabeus, que é o último. E porque este vício e pertinácia de errar sempre na fé é o pecado seu e próprio da nação hebreia, assim viviam e assim morriam, e assim morrem e hão de morrer no seu pecado: "E morrereis no vosso pecado".

Sobre esta demonstração — que só pode negar o judeu que negar as suas mesmas Escrituras — podem contudo, dizer que Cristo, quando lhes disse que morreriam em seu pecado, não falou do tempo passado, senão do futuro; e é certo que os judeus, desde o tempo de Cristo a esta parte, já não adoravam ídolos, e só reconhecem e confessam o Deus verdadeiro que criou o céu e a terra, e nós também confessamos. Logo, ou não morrem hoje em pecado, ou o pecado em que morrem não é o da idolatria. Respondo que tanto se enganam e erram agora na fé como dantes erraram; e tão idólatras são no tempo presente como foram no passado. E se não, digam-me eles, e diga-me todo o mundo que coisa é ídolo? Ídolo não é outra coisa senão um deus falso, ou uma coisa fingida e vã que, não sendo Deus, se chama Deus e se adora como Deus. Logo, a fé que hoje professam os judeus é verdadeira e própria idolatria, porque o Deus que creem e adoram, verdadeira e propriamente é Deus falso. Provo com a sua mesma fé e por dois princípios evidentes. Os judeus confessam a unidade de Deus e negam a Trindade: logo, o Deus em que creem e adoram é Deus falso, porque Deus que não seja um e juntamente trino é falso, e não há tal Deus. Mais. Os judeus confessam em Deus a divindade, e negam-lhe a humanidade, porque negam que Deus se fizesse homem; logo, esse Deus que creem e adoram é outra vez Deus falso, porque, tendo-se o verdadeiro Deus feito homem, qualquer chamado Deus que juntamente não seja homem, não é Deus. Daqui se segue, com segunda e admirável demonstração, por uma parte de inconstância, e por outra de pertinácia, quão própria e natural inclinação, e quão próprio e natural vício é da gente hebreia o errar sempre na fé. Notai muito. Quando Deus era totalmente invisível, queriam Deus que pudessem ver com os olhos, e por isso frequentavam e adoravam os ídolos; e depois que Deus, vestindo-se da humanidade, se fez visível e foi visto, como diz Baruc: "Depois de tais coisas, foi visto sobre a terra e conversou com os homens" (Br 3,38) — logo então mudaram de vontade e de fé, e não quiseram senão Deus invisível. Do mesmo modo, enquanto Deus somente era espírito, queriam Deus que tivesse corpo, olhos, orelhas, boca, pés e mãos, como diz Davi, e por isso fabricavam e adoravam as estátuas; porém, depois que Deus feito homem teve corpo com essa mesma figura e esses mesmos sentidos, logo não quiseram Deus senão que fosse todo espírito. Maior energia, e ainda galantaria tem esta mudança sobre a queixa que Deus fazia deles: "Chegaram recentemente deuses novos, e abandonaste o Deus que te gerou" (Dt 32,17s). Vieram os deuses novos, que são os ídolos, e o meu povo, a quem eu criei, deixou-me, porque era Deus velho; mas por mais que Deus quis remediar a antiguidade da sua velhice, não lhe aproveitou, porque depois que o mesmo Deus, pela novidade do mistério da Encarnação, se fez Deus novo: "O Senhor criou uma coisa nova sobre a terra: Uma mulher cortejará um varão" (Jr 31,22) — logo se tornaram outra vez ao Deus velho, e não quiseram o novo. De sorte que é tão própria condição ou natureza da nação hebreia o errar sempre na fé, que basta que ela o seja para logo a trocarem; e ainda quando quiseram deixar a idolatria, se fizeram dobradamente idólatras.

E por que não cuidem que esta censura é minha, leiam e entendam as Escrituras, e verão que é divina e definida pelo mesmo Deus. Não há coisa mais repetida e decantada nos profetas que a conversão e restituição do povo hebreu lá para o fim do mundo. O que mais largamente a descreve é o profeta Ezequiel em muitos capítulos, e no trinta e seis da sua profecia, que é desta matéria o primeiro, depois de protestar Deus que lhe há de fazer aquela mercê, não por merecimento deles, senão por sua mera bondade, diz assim: "Porque eu vos ajuntarei de todas as terras por onde andais desterrados, e vos trarei à vossa; e derramarei sobre vós uma água limpa e pura, com que ficareis purificados de todos vossos pecados, e com que eu vos purificarei de todas vossas idolatrias" (Ez 36,24s). — Aqui está o ponto: "eu vos purificarei de todas vossas idolatrias". — Pois, se há mil e seiscentos anos que os judeus andam desterrados, depois da destruição de Jerusalém pelos romanos, e em todo este tempo é certo que não adoram ídolos de ouro ou prata, nem de pau ou pedra, como dantes adoravam, por que não só diz Deus que por meio daquela água pura, que derramará sobre eles — que é a do Batismo — os há de purificar de todos seus pecados e maldades, senão também nomeadamente de todos seus ídolos: "de todas vossas idolatrias"? Deem eles a solução, ou dê-a alguém, se a sabe. Sinal é logo evidente que ainda agora supõe Deus que os judeus são idólatras e tem ídolos, e estes ídolos não são nem podem ser outros, senão os que eles fabricam, não de pedra, ou de metal, senão da mesma divindade do verdadeiro Deus, negando à sua unidade a trindade das Pessoas, e à sua natureza divina a união que tem com a humana. E como este é o vício nacional, e o pecado em que antes de Cristo e depois de Cristo sempre caíram e obstinadamente perseveram os judeus, que o não receberam nem conheceram, este é o pecado em que vivem, e este o pecado em que morrem, e este o pecado seu, em que Cristo lhes profetizou que haviam de morrer: E morrereis no vosso pecado".

§ X

O que acabo de dizer é o pecado e a morte sobre que cai na obstinação final do judeu o "ai" ou ai de S. João, tão justa como lastimosamente. E porque também tem lugar, com maior lástima ainda, na fé morta e impenitência do cristão, saibamos finalmente qual é o pecado em que ele morre, ou há de morrer, e se chama com a mesma propriedade pecado seu: "No vosso pecado". Não tem espécie particular este pecado, mas pode ser de qualquer espécie. É pois aquele vício a que a inclinação de cada um mais o arrasta e sujeita, o qual, começando em ato, passa a ser hábito, e continuando em hábito, chega a ser natureza, como diz Santo Agostinho; e como a natureza não se muda até a morte, também ele não tem emenda na morte, se a não teve na vida.

No salmo *Miserere* [Tende piedade], em que Davi pede perdão a Deus e chora o adultério cometido com Bersabé, cinco vezes chama seu aquele pecado: "Apaga a minha maldade. Lava-me mais e mais da minha iniquidade, e purifica-me de meu pecado. Porque a minha maldade eu a conheço, e o meu pecado diante de mim está sempre" (Sl 50,3ss). — E quanto durou Davi naquele pecado? Muito, mas não chegou a um ano. E se a um pecado emendado e chorado, e que não chegou a um ano, lhe chama Davi tantas vezes seu, o pecado de tantos anos e de toda a vida, o pecado que nasceu, cresceu, envelheceu e viveu sempre convosco, por que não será vosso: "Em vosso pecado"? — Vosso, por que o comprastes com a fazenda, com a honra, com a saúde e com tantos perigos da vida; vosso, porque destes por ele a consciência, a alma, a graça de Deus e o mesmo Deus; vosso, porque vos vendestes ao demônio para o adquirir e possuir, sem vos poder arrancar desta continuada e escandalosa posse nem o respeito da justiça eclesiástica, nem as ameaças da divina, nem o amor do céu, nem o temor do inferno; vosso enfim porque nem na morte o deixastes, nem a morte, que tudo acaba, pode acabar que o não levásseis convosco: "E morrereis no vosso pecado".

Ora eu, suposto que falei em Davi, não do seu pecado, mas da sua penitência, quero arguir e convencer que haveis de morrer no vosso. Foi coisa mui notável em Davi, e não pouco estranhada por Deus, que depois da morte de Urias — não executada com essa tenção — trocando o adultério em matrimônio, se casou com a mesma Bersabé: "E a fez trazer para o palácio, e tomou-a por sua mulher; mas o que Davi fizera foi desagradável aos olhos do Senhor" (2Rs 11,27). — Pois, se Davi se arrependeu, detestou e chorou tanto aquele adultério, por que se casou com a mesma ocasião e causa dele, e não apartou de si a Bersabé até a morte, antes por seu filho Salomão, o fez herdeiro do reino? Porque tal é a força e veemência do afeto humano quando é grande. Pode deixar o pecado, mas não pode deixar o amor. O pecado durou menos de um ano, o amor perseverou até a morte. Toda a prudência e ventura de Davi esteve em saber e poder apartar o pecado do amor por meio do matrimônio, porque, se ele não apartara o pecado do amor, assim como morreu com o amor, assim havia de morrer com o pecado. Isto é o que acontece a todos os homens que não fazem o mesmo, e em todos os pecados, nos quais se não pode fazer. Não há melhor exemplo nem mais própria semelhança para explicar o inseparável perigo de morrer em pecado que o casamento. O casamento é um contrato que de sua natureza dura até a morte, nem antes dela pode haver separação dos que o contraem. Tal é o jugo inseparável a que estão sujeitos os que vivem casados com o seu pecado. Ainda que se queiram apartar, tanto pelo costume inveterado, que se tem convertido em necessidade, quanto pelo justo juízo e castigo de Deus, que assim o permite, nem o pecado habitual se aparta do pecador, nem o pecador do pecado senão mediante a morte, e por isso todos morrem geralmente no seu pecado: "E morrereis no vosso pecado".

"Ai": Ai de ti, miserável homem, que se apartou Deus de ti; "Eu vou! Ai": ai de ti, infeliz homem, que não achaste a Deus, ainda que o buscaste; "E me procurareis! Ai"; ai de ti, mofino e maldito homem, que porque não trataste da salvação na vida, a perderás para todas as eternidades na morte: "E morrereis no vosso pecado!". Homens, se temos uso de razão; cristãos, se ainda não está apagado de todo em nós o lume da fé, reparemos bem, e consideremos nestas três cláusulas tremendas da sentença de Cristo. E se queremos segurar a vida e saúde eterna, não guardemos o arrependimento para a morte, nem a emenda para a enfermidade. Mas se uma e outra coisa fizermos de todo coração na vida e na saúde, a enfermidade e a morte, como conclui Santo Ambrósio, nos acharão seguros: Faze penitência enquanto estás com saúde, porque se fazes penitência enquanto estás são, e assim te encontrar o último dia, estás seguro"[15].

SERMÃO DA
Ressurreição de Cristo S. N.

❧

"No primeiro dia da semana, ainda muito cedo,
chegaram ao sepulcro quando o sol já era nascido."
(Mc 16,2)

Vieira resume o conteúdo do sermão nestas palavras: Quem mais ama mais madruga. O amor, como o fogo, não sabe aquietar. Madalena foi a primeira a amar. E primeiro fez esse dia o Senhor, do que o fizesse o sol. Assim, o dia de Páscoa teve dois princípios, duas madrugadas, duas manhãs e dois sóis que o fizeram. As interpretações das profecias referentes aos dias e às noites da Paixão e ressurreição de Cristo mostram quanto o Senhor madrugou nesta manhã por amor de nós. E nós também devemos madrugar, e quando, para não faltar à memória de tanto amor. O exemplo de Davi. Deus compete com o homem em se antecipar sempre ao homem. As madrugadas das aves, das flores etc. Veja o homem o que madruga e o que não madruga. Cantou o galo e Pedro se lembrou do que o Senhor lhe tinha dito. Assim havemos nós de fazer.

§ I

Quem mais ama, mais madruga. Assim o fez nesta manhã o divino amante, Cristo, continuando os desvelos do seu amor; e assim o devemos nós fazer todos os dias, para não faltar às correspondências do nosso. Nestas duas palavras tenho proposto tudo o que hei de dizer. E porque não hei de dizer graças, peçamos a graça. *Ave Maria*.

§ II

Quem mais ama, mais madruga. O amor nasce nos olhos, e quem o pintou com os olhos tapados devia de ser cego. Esse amor, quando muito, será o pintado; o amor vivo e o verdadeiro sempre está com os olhos abertos, porque sempre vela. Quem tirou o véu ao amor, esse lhe descobriu a cara, porque o mostrou desvelado. Não me estranheis o equívoco, que em manhã tão alegre e tão festiva, até os evangelistas o usaram, como logo vereis. Torno a dizer que é grande madrugador o amor, porque quem tem cuidados não dorme. A filosofia deste porquê não é menos que de Platão, a quem chamaram o divino: O amor é uma coisa inquieta: amas pouco, se muito repousas"[1]. O amor é um espírito sempre inquieto, e quem aquieta muito, sinal é que ama pouco. — Vistes alguma hora quieta, ou ardendo na cera, ou em outra matéria menos branda, uma labareda de fogo? Jamais. Sempre está inquieta, sempre sem sossegar, sempre tremendo, e não de frio. E porque o amor não sabe aquietar, por isso não pode dormir. Talvez adormecerão os sentidos; mas o amor sempre vela, porque sempre lhe faz sentinela o coração: "Durmo, e o meu coração vela" (Ct 5,2). — Um dos mais insignes amadores do mundo foi Jacó. E que dizia este famoso amador? Dizia que "fugia dos seus olhos o sono" (Gn 31,40). — A campanha em que o amor e o sono se dão as batalhas são os olhos, e nos olhos de Jacó estava tão costumado o amor a ser vencedor e o sono a ser vencido, que não se atrevia o sono a lhe acometer os olhos, antes fugia deles: "Fugia de seus olhos o sono". — E como o maior despertador dos sentidos e dos cuidados é o amor, cujas asas, e as do desejo, voam mais que as do tempo, daqui vem que para quem espera pela manhã as estrelas são vagarosas, os galos mudos, as horas eternas, a noite não acaba de acabar e, por isso, como dizia, quem mais ama mais madruga.

Madrugaram hoje todas as Marias a ungir na sepultura o sagrado corpo: e qual madrugou mais? Para mim é consequência certa que a Madalena. A Madalena amava mais que todas; logo a Madalena madrugou mais que todas. E donde tiraremos a prova? Porventura por que todos os evangelistas nomeiam a Madalena em primeiro lugar, e S. João só a ela? Seja embora conjectura provável. Porventura por que só da Madalena se diz que chorou: "Estava fora, junto do monumento, chorando" (Jo 20,11)? — Melhor razão, porque o madrugar e o chorar é próprio da aurora, e nem o nome de aurora perderia na Madalena a formosura, nem as suas pérolas o preço. Porventura por que tornando-se as outras Marias, quando não acharam no sepulcro o corpo que iam ungir, só a Madalena, sem se apartar daquele sagrado lugar, perseverou nele? Muito melhor argumento, porque quem só perseverou depois de todos, é sinal que antes desejou e se desvelou mais que todos. Mas a prova para mim mais evidente é ser a Madalena a primeira a quem o Senhor apareceu. "Apareceu primeiro a Maria Madalena" (Mc 16,9). — Passemos das Marias aos apóstolos. Aos outros apóstolos apareceu o Senhor no mesmo dia de hoje, e só a S. Tomé daqui a oito dias: "Depois de oito dias". — E por quê? Porque S. Tomé tardou oito dias em vir; e assim como Cristo tarda mais para quem mais tarda, assim madruga mais para quem mais madruga. Antecipou-se Cristo a buscar primeiro que todos a Madalena, porque a Madalena se antecipou e madrugou mais que todos em buscar a Cristo; ela foi a primeira em amar, porque só dela faz menção o amado, e porque só ela chorou sem lhe enxugar as lágrimas a vista dos anjos; e porque só ela perseverou firme, sem se apartar do sepulcro; e porque foi a primeira em amar, também foi a primeira em madrugar, provando, como aurora do sol de justiça, que quem mais ama mais madruga. Mas vamos ao nosso tema, onde os embargos que tem o mesmo sol nos darão a melhor prova.

§ III

"No primeiro dia da semana, ainda muito cedo, chegaram ao sepulcro quando o sol já era nascido". Diz o texto que as Marias foram ao sepulcro muito de madrugada, sendo já o sol saído. "Pois, se era o sol saído, como era muito de madrugada?" Se a Madalena, e as outras donas da sua companhia, foram como as senhoras da nossa corte que, atroando com as rodas das carroças as ruas, desempedrando as calçadas e acordando a vizinhança, se recolhem a casa à meia-noite, não é muito que ao outro dia, quando o sol já anda pelos vales, e os maridos menos diligentes estão despachando nos tribunais, seja ainda para as horas do seu descanso "muito de madrugada". Os outros evangelistas ainda apertam mais a dúvida do texto, porque dizem expressamente: "que ainda duravam as trevas e escuridade da noite" (Jo 20,1). Pois, se a noite estava ainda em seu ser, e o escuro tão cerrado, que não só merecia nome de sombras, senão de trevas, como "era já nascido o sol"? Aqui jogou do vocábulo o evangelista, e usou o equívoco que eu dizia. O sol a que aludiu não era o que ainda não tinha aparecido no oriente, mas o que já tinha ressuscitado do sepulcro. Como se dissera: vieram as Marias ao sepulcro tão de madrugada, que ainda perseveravam ou prevaleciam as trevas, se bem "o sol já era nascido" — porque Cristo já era ressuscitado. O pensamento não é meu, mas nosso. Assim entendeu que se podia entender o texto literalmente o doutíssimo comentador da Concórdia Evangélica, o venerável Padre Barradas. Mas antes que eu o confirme, quero tirar aos críticos o escrúpulo do equívoco, e não em outra ocasião, nem em outro dia, senão no mesmo da Ressurreição de Cristo.

Aquelas famosas palavras do salmo terceiro: "Dormi, e estive sepultado no sono, e levantei-me" (Sl 3,6) — todos os santos e expositores as entendem, sem discrepância, da morte e Ressurreição de Cristo. O dormir foi o morrer, o acordar foi o ressuscitar, e diz o Senhor que ele dormiu e ele acordou porque o morrer e o ressuscitar tudo foi por sua vontade e tudo estava na sua mão, como em vida e muito antes o tinha já dito: "Eu de mim mesmo tenho poder de pôr a minha alma, e tenho poder de a reassumir" (Jo 10,1). — Até aqui não houve equívoco, senão metáfora mui usada na Escritura, em que o dormir significa a morte, e o acordar a ressurreição. Vai por diante o mesmo Senhor, e diz assim falando com Deus: Enfim venci e triunfei de meus inimigos, "porque a todos os que me perseguiam sem causa, vós lhes quebrastes os dentes" (Sl 3,8). — Notável e extraordinária frase! E por que não diz: vós castigastes, vós confundistes, vós destruístes — senão: vós quebrastes os dentes a todos os que me perseguiam sem causa? Aqui está o jogo do vocábulo e o equívoco discretíssimo. A palavra "sem causa" na língua hebreia, em que falou o profeta, tem duas significações: quer dizer sem causa e quer dizer com a queixada: "os que me perseguiam sem causa, os que me perseguiam com a maxila". E como os inimigos de Cristo na sua paixão, gritando: "Crucifica-o, crucifica-o" (Lc 23,21) — o perseguiram sem causa, como inocente, e o morderam com as queixadas, como cães: "Rodearam-me muitos cães" (Sl 21,17) — por isso, usando o profeta galantemente do equívoco, diz aos mesmos inimigos: — Se vós o mordestes com as queixadas, "ele vos quebrou os dentes". — E se a frase parecer menos autorizada, e o equívoco menos grave para a harpa de Davi, como era dia da Ressurreição, tudo o galante e festivo cabia nela. Mas não está aqui o reparo. Todas estas palavras, não as pronunciou ou cantou Davi como suas, senão que as pôs na boca do mesmo Cristo: "Eu dormi, e estive sepultado no sono, e levantei-me" — notai o "eu" — "Feriste todos os que me perseguiam sem causa" — notai o "me" — "quebraste os dentes dos pecadores". — Pois, o mesmo Cristo com toda a sua sinceridade e majestade usa daquele equívoco? Sim, e outra vez sim. Porque era o dia e a festa da sua Ressurreição. Tudo naquele alegre dia foram equívocos. No caminho de Emaús, para alegrar a tristeza dos dois discípulos, equivocou-se o Senhor em peregrino; junto ao seu mesmo Sepulcro, para enxugar as lágrimas da Madalena, equivocou-se em hortelão; e quem nos disfarces daquele formoso dia equivocou duas vezes a pessoa, que muito é que na profecia de Davi equivocasse uma vez as palavras? Equivocou o profeta, equivocou o mesmo Cristo, e o nosso evangelista também equivocou, e porventura mais altamente que o mesmo Senhor, porque o equivocou com o sol: "quando o sol já era nascido".

Agora entra a minha confirmação do mesmo equívoco do evangelista. Diz que indo as Marias ao sepulcro era muito de madrugada, e que o sol já era nascido, entendendo por sol nascido a Cristo ressuscitado; e falou não só muito discretamente, mas com grande propriedade, porque o dia de Páscoa teve dois princípios, duas madrugadas, duas manhãs e dois sóis que o fizeram. Provo com as vozes de toda a Igreja hoje: "Este é o dia que fez o Senhor" (Sl 117,24). — Os dias todos não os faz o sol natural? Sim. Mas este dia não só o fez o sol natural, senão também o Senhor do mesmo sol. Enquanto fez este dia o sol, começou mais tarde; enquanto fez o Senhor, começou mais cedo. E esta só diferença é a que desata o nó que tanto apertava a dúvida. Como o dia que fez o sol começou mais tarde, quando as Marias vieram ao sepulcro, "era muito de madrugada" — mas como o mesmo dia que fez o Senhor começou mais cedo, quando as mesmas Marias vieram "era já o sol nascido". "Nascido já o sol, isto é, Cristo" — diz a glossa Interlineal. E para que conste quando e quanto começou mais cedo o dia que fez o Senhor, o mesmo autor que disse: "Este é o dia que o Senhor fez" — seja o comentador do seu texto. Exorta neste mesmo dia o profeta rei, ou pede instantemente a Cristo que ressuscite, dizendo: "Levanta-te, glória minha, levanta-te, saltério e cítara" (Sl 56,9) — e respondeu o Senhor: "Ressuscitarei de madrugada". — De madrugada? Logo, quando o sol saiu no oriente, já o Senhor tinha saído do seu ocaso, porque o sol nunca madruga: quando sai, já é dia; logo, primeiro fez este dia o Senhor, do que o fizesse o sol.

Mas porque não pareça sutileza, e todos vejam quanto primeiro e quanto mais cedo foi, recorramos à letra original. Onde a versão latina diz: "Ressuscitarei de madrugada" — o original hebreu tem: "Despertarei a aurora". — E que quer dizer despertarei a aurora? Não se pudera melhor declarar nem mais profética ou mais poeticamente. Os poetas dizem que a aurora é a despertadora do sol, e Davi diz que o Senhor hoje foi o despertador da aurora. De sorte que madrugou Cristo hoje tanto antes da madrugada que, quando já era ressuscitado, ainda a aurora dormia, e ele foi o que a despertou, para que ela se levantasse e fosse correr as cortinas ao sol: "Despertarei a aurora".

Ponde-me agora no mesmo dia, ou na mesma madrugada dois sóis, um dormindo outro acordado; "um envolto ainda nas sombras da noite — e outro saindo da sepultura, e tirando também dela a sua Mãe — que ele foi o saltério e ela a cítara, e ambos glória de Davi, como pai de ambos": "Levanta-te, glória minha, levanta-te, saltério e cítara"; — respondendo em tudo a antiga figura: "Levanta-te, Senhor, entra no teu repouso tu e a arca da tua santificação" (Sl 131,8). — E com estes dois sóis, um já descoberto à fé, outro ainda oculto à vista, vereis não só três, senão quatro Marias: três à porta do sepulcro "muito de madrugada" — e uma muito longe do mesmo sepulcro, com o sol que dela nasceu nascido outra vez nos braços: "Nascido já o sol". E se perguntarmos às mesmas Marias por que madrugou o sol mais que elas, claro está que não podem deixar de responder que porque quem mais madruga mais ama. Elas amaram muito, pois, fugindo os apóstolos, não fugiram, antes acompanharam a seu mestre no Calvário, constantes e fiéis até a morte; mas como ele morreu de amor, e elas ainda ficaram vivas, elas, como menos amantes, madrugaram menos, e ele, como mais amoroso, madrugou mais: "Nascido já o sol".

§ IV

A empresa de Cristo na sua Ressurreição foi uma aurora não coroada já de rosas, mas vestida ainda de sombras, e a letra a mesma com que o evangelista começou a narração do seu amor: "Antes do dia" (Jo 13,1). — E para que vejamos praticamente com os olhos o que até agora ouvimos ao discurso, façamos também nossa romaria ao sepulcro, e veremos o divino e humano sol tão madrugador quando sepultado no seu ocaso como quando renascido no seu oriente. O sol que, como coração do céu, ainda quando todos dormem sempre vigia, naquele mesmo momento em que desaparece a nossos olhos de nenhum modo para, mas, continuando com a mesma velocidade a sua carreira, vai visitar e alumiar os antípodas; assim, escondido o corpo de Cristo debaixo da terra, desceu a sua alma gloriosa ao limbo dos santos padres, que havia muitos séculos, e ainda milhares de anos, esperavam às escuras aquela ditosa hora, e nela os alumiou e alegrou, não só com sua vista, mas com a da divindade, a que estava unida a mesma alma, os fez bem-aventurados desde aquele instante para toda a eternidade. E da maneira que o mesmo sol natural, depois de dar volta ao hemisfério oposto, torna a renascer neste nosso, claro, resplandecente e coroado de raios, enxugando as lágrimas da aurora, restituindo a cor e formosura aos campos, despertando as músicas das aves, dourando os céus e alegrando a terra, assim também o Senhor neste formoso dia. Anoitecera no ocidente do seu sepulcro amortalhado em nuvens funestas, deixando todo o mundo às escuras na tristeza de sua Paixão; voltando, porém, a esta hora vivo e formosíssimo, amanheceu outra vez no oriente do seu mesmo ocaso, e enchendo o céu e a terra de nova luz e resplendores de glória, primeiro que tudo enxugou as lágrimas daquela aurora divina que, trespassada da espada de Simeão, como morta o acompanhava, e como viva o chorava na sepultura; logo, restituiu a cor e a formosura à sua Igreja, mudando os lutos de que estava coberta em cores e galas de festa; trocou as lamentações em músicas alegres, e os "ais" saudosos e sentidos em aleluias; dourou e esclareceu os céus, que por isso apareceram os anjos vestidos de neve e ouro; renovou e transfigurou a terra, convertendo as endoenças em páscoas, o silêncio mudo em repiques, os rosmaninhos em flores, as trevas e eclipses em luzes, a tristeza, enfim, e melancolia destes dias nos parabéns e alegria desta manhã.

Mas porque a manhã e o dia pudera não ser este, antes parece que tinha obrigação de o não ser, lancemos-lhe bem as contas, e veremos, hora por hora, quanto madrugou o nosso sol e quanto o desvelou o seu amor. Falando Cristo, Senhor nosso, de sua morte, sepultura e ressurreição, diz que assim como Jonas esteve três dias e três noites no ventre da baleia, assim ele havia de estar três dias e três noites morto debaixo da terra: "Assim como Jonas esteve no ventre da baleia três dias e três noites, assim estará o Filho do homem três dias e três noites no coração da terra" (Mt 12,40). — Lancemos agora a conta ao tempo em que Cristo esteve na sepultura, e busquemos estes três dias e estas três noites. A hora em que o Senhor foi sepultado foi sexta-feira às cinco da tarde; e para estar três dias e três noites debaixo da terra, não havia de ressuscitar nem sair da sepultura nesta manhã nem neste dia de domingo, senão amanhã, segunda-feira, às cinco horas também da tarde. Pois, se não esteve na sepultura o dia de hoje, nem o dia de amanhã, nem a noite entre um e outro dia, como esteve três dias e três noites debaixo da terra: "Três dias e três noites no coração da terra"? — Eutímio, padre muito antigo e grave, discípulo de S. João Crisóstomo, diz que esta profecia de Cristo não foi absoluta, senão condicional, e que assim como Deus mandou profetizar a el-rei Ezequias que havia de morrer ao outro dia e depois lhe alargou o tempo da vida, assim Cristo profetizou que havia de estar três dias e três noites sepultado, e depois estreitou, por amor de si e de nós, o tempo da sepultura; como se dissera o Senhor: — Eu tenho determinado de estar na sepultura três dias e três noites; mas se o meu amor não se atrever a esperar tanto, então abreviarei esse tempo[2]. — E, posto que esta opinião — ou este pensamento — não seja recebido dos teólogos, na mesma história deste dia temos um notável exemplo, que parece a confirma não pouco. Quando o anjo apareceu às Marias no sepulcro, disse-lhes que levassem as novas da Ressurreição aos discípulos, e que lhes fizessem saber que o Senhor iria esperar por eles à Galileia, e que lá o veriam: "Dizei a seus discípulos, e a Pedro, que ele ressuscitou e vos precederá na Galileia: lá o vereis" (Mt 28,7; Mc 16,7). — Até aqui são palavras de S. Mateus e S. Marcos, às quais S. Mateus acrescenta: "Eu vo-lo disse antes" (Mt 28,7). — e S. Marcos: "Como ele vos disse" (Mc 16,7). — De sorte que estas mesmas palavras contêm duas predições ou duas profecias: uma do anjo, às Marias naquela hora: "Eu vo-lo disse antes" — e outra de Cristo aos apóstolos muito antes: "Como ele vos disse".

— Esta profecia de Cristo foi quando na mesma noite da Paixão lhes declarou o Senhor que todos o haviam de desamparar na morte, mas que depois de ressuscitado iria esperar por eles à Galileia: "Porém, depois que eu ressurgir, preceder-vos-ei na Galileia" (Mt 26,32). — Isto é o que então predisse Cristo: "Como ele vos disse" — e isto o que hoje predisse o anjo: "Eu vo-lo disse antes". — E que é o que neste mesmo dia sucedeu depois destas duas predições? O que sucedeu foi que Cristo não passou à Galileia, mas ficou na mesma Jerusalém, e ali apareceu ressuscitado aos apóstolos, os quais o viram no Cenáculo, onde estavam escondidos. Pois, se o Senhor por si mesmo e por um anjo tinha dito que iria diante à Galileia, e que lá o veriam os apóstolos, como não foi a Galileia, mas ficou em Jerusalém, e em Jerusalém o viram? A razão é, respondem literalmente todos os expositores, porque assim como estava predito e profetizado, assim tinha Cristo determinado que fosse; porém, os apóstolos, pelo mesmo temor com que estavam escondidos, não se atreveram a sair do Cenáculo e passar à Galileia. E porque este temor não fosse causa de os tristes e temerosos discípulos carecerem da vista de seu mestre ressuscitado, acomodou-se o benigníssimo Senhor à fraqueza do seu amor e não foi à Galileia porque eles não foram, e ficou em Jerusalém porque eles ficaram, e dispensou que o vissem em Jerusalém por que não esperassem para o ver em Galileia. Logo, se o temor dos apóstolos foi bastante causa para o Senhor se deter em Jerusalém e antecipar o tempo da sua vista, por que não seria causa também bastante o seu amor para se não deter na sepultura e antecipar o tempo da sua Ressurreição? Assim como tinha predito que estaria na sepultura três dias e três noites, assim tinha predito que iria diante à Galileia, e que lá o veriam Pedro e os demais: logo, se foi suficiente motivo para antecipar o tempo e lugar da sua vista o acudir à frieza do temor dos discípulos, muito maior razão, e muito mais urgente, parece que era para antecipar os dias e noites de sua sepultura acudir às ânsias do seu amor. Digamos, pois, que madrugou o nosso sol, não só antes do princípio do dia, senão também antes do fim: antes do fim do dia, antecipando os crepúsculos da tarde, para entrar, como entrou, pelo Cenáculo com as portas cerradas; e antes do princípio do dia para sair, como saiu, da sepultura, também não esperando que as portas se abrissem em uma e outra madrugada: "Estando fechadas as portas" (Jo 20,19).

Mas, posto que a paridade em um e outro caso pareça ter igual, nem por isso é admitida a consequência, porque, como grave e solidamente responde o doutíssimo Maldonado, quem faz mais do que promete não falta à verdade; quem faz menos, sim[3]. — Manifestar-se Cristo aos apóstolos em Jerusalém, tendo prometido e profetizado que o faria em Galileia, como depois fez, não foi faltar à verdade da profecia e da promessa, senão fazer mais do que tinha profetizado e prometido. Porém, tendo profetizado e prometido que havia de estar debaixo da terra três dias e três noites, se não estivesse três dias e três noites na sepultura faltaria à sua palavra, à verdade da profecia e à verdade da promessa, o que de nenhum modo podia ser. Mas, se de nenhum modo podia ser, de que modo foi? De que modo se verifica que estivesse Cristo na sepultura três dias e três noites? Aqui consiste o ponto da dificuldade, que agora declararei. Dai-me atenção, e vereis como neste caso parece que contenderam no coração de Cristo a verdade e o amor, e a ambos satisfez exatamente na sua vigilantíssima madrugada. Já vimos que

Cristo foi sepultado às cinco horas da sexta-feira à tarde, e ressuscitou às quatro, pouco mais ou menos, da manhã do domingo; e, contando-se neste tempo apenas trinta e seis horas, de tal modo e com tal arte as repartiu o amor que couberam nelas verdadeiramente três dias e três noites. Era o equinócio de março, em que o sol se põe às seis horas; e assim como das cinco horas de sexta-feira até se pôr o sol temos o primeiro dia, assim do sol posto até a meia-noite da mesma sexta-feira temos a primeira noite. Seguem-se vinte e quatro horas da meia-noite da sexta-feira até à meia-noite do sábado, e temos um dia inteiro de doze horas, e uma noite também inteira de outras doze, que é o segundo dia e a segunda noite; da meia-noite do sábado até as quatro horas do domingo, enquanto duravam as trevas e o escuro, temos a terceira noite; e, tanto começou a assomar a primeira claridade ou crepúsculo da luz, que já pertencia ao dia seguinte, temos o terceiro dia. Aqui parece que está mais confuso o dia com a noite, mas dividiu-os o Senhor pela sutileza dos seus olhos, e não pela grosseria dos nossos. No princípio do mundo, diz a Escritura Sagrada que tanto que Deus criou a primeira luz, "dividiu a luz das trevas, e que à luz chamou dia, e às trevas noites" (Gn 1,4s). — E o mesmo estilo guardou Cristo com o primeiro crepúsculo deste dia, andando tão escrupuloso com a sua verdade como liberal com o seu amor. O primeiro crepúsculo de dia é um composto de claro e escuro, mas o escuro muito, e o claro pouco; e a esse muito escuro, enquanto propriamente foram trevas, contou o Senhor por noite, e ao pouco claro, como já era luz, posto que muito escassa, contou-o por dia: "À luz chamou dia, e às trevas noites". — Assim madrugou para abreviar sua ausência o divino e humaníssimo amante de nossas almas e, concordando de tal maneira a verdade de sua promessa com as ânsias do seu amor que, para verificar em trinta e seis horas de sepultura três dias e três noites, as três noites fê-las uma de doze horas, outra de seis, outra de quatro; e os três dias um de doze horas, outro de uma hora, e outro de menos de meia, que isso foi nascer o sol no primeiro crepúsculo da manhã: "Ainda muito cedo, chegaram ao sepulcro quando o sol já era nascido".

E se houver algum incrédulo que se não contente com este modo de contar, e cuide que, para se verificarem os três dias e as três noites da profecia, os dias haviam de ser inteiros e as noites também inteiras, e não parte de dias e parte de noites, aonde remeterei eu esta incredulidade, senão ao Credo? Credes que Cristo foi sepultado? Sim. E contudo, o sepultado não foi todo Cristo quanto à humanidade, senão uma parte de Cristo, que é o corpo. Credes que Cristo desceu aos infernos? Sim. E contudo o que desceu aos infernos do mesmo modo não foi todo Cristo, senão uma parte de Cristo, que é a alma. Logo também, para que o Senhor estivesse três dias e três noites na sepultura, não foi necessário que os dias fossem inteiros e as noites inteiras, mas bastou que fossem parte dos três dias e parte das três noites. Esta figura em que se toma a parte pelo todo chama-se sinédoque, tão frequente nos autores sagrados como nos profanos. E para que o tempo de Cristo na sepultura responda ao exemplo da humanidade do mesmo Cristo, segundo uma parte no sepulcro e segundo outra no inferno, assim se verificaram os três dias e as três noites pontualmente em ametade do tempo, como se haviam de verificar em todo, se os dias e noites foram inteiras; porque três dias inteiros e três noites inteiras fazem setenta e duas horas, e os dias e noites da sepultura do Senhor foram trinta e seis, que é ametade de setenta e duas: "Da tarde da sepultura até a manhã da ressurreição trinta e seis horas" — diz com a mesma conta Santo Agostinho[4]. Finalmente, para a conclusão de todo o cômputo, ouçamos a S. Leão Papa e a S. Anselmo. S. Leão diz assim: "Para que uma longa espera não ferisse os ânimos perturbados dos discípulos, ele abreviou a anunciada demora de três dias com uma admirável presteza, e assim ao inteiro segundo dia concorreram a última parte do primeiro dia e a primeira parte do terceiro dia, e se algum pequeno espaço de tempo passou nada faltou ao número dos dias"[5]. — E S. Anselmo, pelos mesmos termos: "Enumera-se o primeiro dia pela última parte e o terceiro dia pela primeira parte. Assim, tomando a parte do dia com a parte da noite pela noite e pelo dia, temos três dias e três noites"[6].

§ V

Parece-me que tem satisfeito o meu discurso à primeira parte do que prometeu, mostrando quanto o Senhor ressuscitado madrugou nesta manhã por amor de nós. Agora resta satisfazer à segunda, e ver como nós também devemos madrugar, e quando, para não faltar à memória e boa correspondência de tanto amor. Se as Marias madrugaram com tanta diligência, supondo ao mesmo Senhor dormindo no sepulcro, e não sabendo que tinha madrugado nem crendo que houvesse de acordar, que deve fazer a nossa fé e qual deve ser o cuidado do nosso agradecimento?

Assim como o evangelista declarou a madrugada de Cristo com o equívoco do sol: "Quando o sol já era nascido". — Assim me parece que o mesmo Senhor muito antes significou a das Marias com o equívoco das estrelas. Falando Deus com Jó, quando ainda dormia ou jazia na sepultura do não ser, e arguindo aos que depois da fé e memória desta madrugada ainda esperam pelos raios do sol que os esperte, diz assim: "Quando as estrelas da madrugada me louvavam, e juntamente me festejavam alegres os filhos de Deus, onde estavas tu?" (Jó 37,4-7). — Que os chamados filhos de Deus sejam os anjos, ninguém o duvida; mas não carece de grande dúvida quais sejam as que o mesmo Senhor chama "estrelas da madrugada". Só quem pode dormir madruga. As estrelas toda a noite vigiam e toda a noite estão louvando a Deus, sem poderem dormir jamais, como diz o mesmo Jó: "Quem fará cessar a harmonia do céu?" (Jó 38,37). — Os anjos também não dormem, que por isso em Daniel se chamam vigias, e não só de dia, mas de noite louvam também a Deus sem cessar. Mais. Os anjos estão no céu empíreo, as estrelas no firmamento ou no oitavo céu, que é uma distância imensa. Como logo estas estrelas da madrugada louvavam a Deus juntamente com os anjos — "juntamente"? Eu bem tomara que tivesse dito outrem o que agora direi; mas também entendo que em toda a Escritura Sagrada se não acharão outras que se possam chamar estrelas da madrugada, e nas quais se concordem todas as dificuldades que acabamos de propor, senão nas Marias que, como estrelas, e antes do sol, madrugaram hoje ao sepulcro de Cristo. Assim o persuadem a companhia, o tempo, o lugar, o nome e o apelido. A companhia, porque só elas concorreram juntamente com os anjos, os quais só elas viram e só com elas falaram, não aparecendo nem falando aos apóstolos; o tempo, porque, se elas madrugaram, também madrugaram os anjos, que tiraram a grande pedra da sepultura e se assentaram nela, mostrando bem nas galas e resplendores o júbilo com que festejavam aquela hora; o lugar, porque em nenhum outro apareceram os anjos, senão no sepulcro, onde eles se mostraram e falaram com as Marias, e as mandaram aos discípulos por embaixadores da Ressurreição do Senhor; o nome, porque o de Maria quer dizer estrela, nem desdiz delas a propriedade que se lhes acrescenta, do mar, pois eram moradoras das praias do Tiberíades. E, finalmente, o apelido de matutinas, ou estrelas da madrugada, não só declara a diligência com que nesta hora madrugaram, senão o parentesco que tinham por sangue com a primeira e soberana Maria, que por antonomásia se chama "Estrela da manhã". E quando as Marias, sendo mulheres, sem temor da noite nem dos soldados, madrugaram tão vigilantes e diligentes para adorar e servir a Cristo morto, nós, que o cremos ressuscitado, sem outro impedimento mais que o do sono, negligência, ingratidão e esquecimento, que podemos responder ao mesmo Senhor, quando a esta mesma hora nos arguir, dizendo a cada um: "Quando as estrelas da madrugada me louvavam, onde estavas tu?".

E se o exemplo das Marias na madrugada desta manhã basta para nos arguir e envergonhar, quanto mais o da madrugada do Senhor, que elas já não acharam no sepulcro, o qual não só madrugou para nos dar o exemplo, senão também para ser nosso exemplar nesta vigilância? Perguntam os teólogos se Cristo ressuscitando foi exemplar da nossa ressurreição, e respondem com Santo Tomás que sim. Nosso exemplar na vida, nosso exemplar na morte, e também na ressurreição nosso exemplar. Na vida, porque devemos viver para ele; na morte, porque devemos morrer por ele; e na ressurreição, porque havemos de ressuscitar como ele.

Este como estendi eu na minha proposta, não só à imortalidade da outra vida, senão à imitação desta. Ele chamou a sua morte dormir, e à sua ressurreição acordar; e nós devemos acordar como ele ressuscitou. Ressuscitou de madrugada: e para quê? Para que o desvelo e fineza do seu amor empenhasse a correspondência e agradecimento do nosso a que, em honra e memória desta madrugada, lhe sacrifiquemos todas. Assim o fazia com espírito profético Davi, muitos séculos antes desta manhã, já então agradecido a ela, porque é propriedade e virtude do exemplar poder causar e influir seus efeitos antes de existir. "Os meus olhos" — dizia este bom rei a Deus — sempre se preveniam e antecipavam muito de madrugada a meditar em vós e no que me tendes revelado" (Sl 118,148). — Faz menção dos olhos, porque neles consiste o sacrifício de vencer e resistir ao sono naquela hora. E a razão de escolher Davi entre todas as horas, não só do dia, senão da noite, mais esta da madrugada que outra, comenta Hugo Cardeal que era porque esta da madrugada foi a hora em que Cristo ressuscitou: "Os meus olhos se preveniam muito de madrugada, na hora em que Cristo ressurgiu"[7]. — Viu o grande profeta, posto que de tão longe, as amorosas impaciências — digamo-lo assim — com que a ausência e saudades dos homens, morto o Senhor e insensível, o não deixavam aquietar na sepultura; viu o artifício admiravelmente engenhoso com que, para concordar a verdade de sua palavra com as ânsias do seu amor, de vinte e duas horas de trevas fez três noites, e de quatorze de luz três dias; e como era aquele generoso coração, que sempre desejava pagar de algum modo a Deus o que dele recebia: "Que darei eu em retribuição ao Senhor, por todos os benefícios que me tem feito?" (Sl 115,12) — para corresponder quanto lhe era possível aos extremos e finezas desta madrugada, dedicou à meditação, à honra e ao agradecimento dela todas as suas. Por isso repetia tantas vezes o mesmo oferecimento. Uma vez: "Nas madrugadas meditarei em ti" (Sl 62,7); — outra vez: "Pela manhã se anteciparã diante de ti a minha oração" (Sl 87,14); — outra: "Na manhã me porei na tua presença" (Sl 5,5); — outra: "Na manhã ouvirás a minha voz" (Ibid. 4); — outra: "Para publicar pela manhã a tua misericórdia" (Sl 91,3); — outra, finalmente, e nela todas com a repetição do sacrifício dos seus olhos: "Adiantaram-se às vigílias os meus olhos" (Sl 76,5).

Mas se as finezas do amor de Cristo, assim na vida como na morte, foram tantas e tão extremadas ou extremosas, com razão me perguntareis que fundamento e motivo teve Davi — e devemos nós ter — para antepor a desta madrugada da ressurreição a todas as outras? Respondo que obrou o juízo de Davi nesta eleição como tão sábio e tão santo. Porque, comparada esta fineza do amor de Cristo na sua Ressurreição com todas as finezas da sua vida e da sua morte, só esta propriissimamente foi e se deve chamar fineza. Cristo Redentor nosso, em quanto fez e padeceu na vida e na morte, mereceu para si e para nós: para nós mereceu a graça e a glória — que para si não mereceu, porque era sua — e para si mereceu a honra e a exaltação de seu nome, como diz S. Paulo: "Feito obediente até à morte, e morte de cruz. Pelo que Deus também o exaltou, e lhe deu um nome que é sobre todo o nome" (Fl 2,8s). — E depois que o mesmo Cristo expirou na cruz mereceu mais alguma coisa? Nem mereceu, nem pôde merecer, nem para si, nem para outrem, porque na morte se acaba o tempo e o prazo que Deus tem definido e determinado para o merecimento. E como

amor tanto mais tem de fino quanto menos pretende interesse ou prêmio, por isso o amor de Cristo ressuscitado foi mais fino, e só se pode chamar fineza. No amor da vida e da morte, posto que tão grande, amou o Senhor merecendo; no amor da Ressurreição, ainda que não fosse maior amor, amou sem merecer; e como foi maior a fineza, também pede, sem a pedir, maior correspondência. De sorte que o mesmo Redentor, depois que com a sua morte remiu o mundo, porque ressuscitado não mereceu nada para si, ficou mais merecedor em si; e porque, ressuscitando, não mereceu nada para nós, mereceu muito mais de nós. Reconhecendo, pois, Davi a fineza deste desmerecimento, o desinteresse deste amor e o desvelo deste ressuscitar, para responder também fino a tanta fineza, amoroso a tão grande amor e desvelado a tão vigilante desvelo, que fez? Sendo a hora da Ressurreição uma só hora, e a madrugada daquela hora uma só madrugada, a esta hora dedicou todas as horas, e a esta madrugada todas as madrugadas de todos os dias de sua vida: "Nas madrugadas meditarei em ti, na hora em que Cristo ressuscitou".

Verdadeiramente que para responder a um dia parece que bastava outro dia, e se a hora fosse ainda tão escura que se pudesse chamar noite, também para responder a uma parece que bastava outra: "Um dia diz uma palavra a outro dia, e uma noite mostra sabedoria a outra noite" (Sl 18,3) — mas responder a uma hora com todas as horas e a um dia com todos os dias, só a generosidade de quem inventou esta correspondência a pode confirmar. Ouçamos o mesmo Davi neste mesmo dia da Ressurreição, e nesta mesma hora em que, ressuscitando o Senhor, tanto madrugou a sair da sepultura. O argumento do salmo sessenta e sete é todo da Ressurreição de Cristo. Começa profeticamente: "Levante-se Deus, e sejam dispersos os seus inimigos" (Sl 67,2) — as quais palavras comenta Santo Agostinho com estas: "Já aconteceu: Cristo ressurgiu, ele que é Deus sobre todas as coisas, bendito nos séculos, e os seus inimigos entre todas as nações foram dispersos: os Judeus foram derrotados naquele mesmo lugar em que exerceram suas inimizades e daí dispersos para todos os lugares"[8]. Diz o profeta: Ressuscite Deus, e sejam dissipados seus inimigos — e uma e outra coisa está já cumprida, porque Cristo, como Deus que é, ressuscitou, e seus inimigos, que são os judeus, sendo debelados na mesma Jerusalém, onde executaram o seu ódio, daí foram dissipados, como hoje estão, por todo o mundo. — E depois de descrever o profeta como o soberano libertador tirou do cárcere do limbo os santos padres, que lá estavam cativos: "Tira os presos com fortaleza" (Ibid. 7) — e o triunfo com que subiu acompanhado de tantos milhares de almas: "O carro de Deus vai rodeado com muitas dezenas de milhares, milhares são os que se alegram" (Ibid. 18) — porque os mesmos judeus diziam a Cristo na cruz que, "salvando aos outros, não se podia salvar a si" (Mt 27,42) — chegado, finalmente, ao sepulcro, exclama com admirável energia e alusão: "O nosso Deus é o Deus que tem a virtude de nos fazer salvos, e do Senhor, que é o Senhor, é a saída da morte" (Sl 67,21). Agora vereis, ó judeus, se o nosso Deus, que vós não quereis reconhecer por vosso, é Deus que pode fazer salvos não só a outros, senão a si: "O nosso Deus é o Deus que tem a virtude de nos fazer salvos". — E se não, vede-o sair vivo da sepultura e do poder da morte, da qual é não só uma senão duas vezes Senhor: "E do Senhor, que é o Senhor, é a saída da morte". — Esta é — diz Hugo — a ênfase daquele "Do Senhor do Senhor" duas vezes repetido. Como se dissera: Senhor da morte duas vezes, ambas a vosso pesar: Senhor da morte, porque morreu quando quis, e Senhor da morte, porque ressuscitou quando vós não queríeis. Pusestes guardas na sepultura, porque não queríeis que saísse dela; mas ele, como Senhor das entradas e saídas da morte, para abreviar os três dias da sepultura escolheu a tarde do primeiro para entrar e a madrugada do terceiro para sair: "E do Senhor, que é o Senhor, é a saída da morte". — Assim canta Davi as maravilhas do poder de Cristo na madrugada deste dia, todas obradas por nosso amor; e a ação de graças que por todas lhe oferece, breve no que diz, mas grandíssima no que promete, é esta: "Neste dia seja Deus bendito todos os dias" (Sl 67,20). — Notável dito, e por isso impropriamente interpretado de muitos! *Die* é um dia; *quotidie* são todos os dias[9]; pois, como pode Deus ser bendito em um dia todos os dias? Porque o dia — um é o da Ressurreição de Cristo, e os dias — todos são os da vida de Davi. Tão agradecido o santo profeta às finezas deste dia, às madrugadas deste amor e aos desvelos desta madrugada, que não se contentou com menos a sua devoção e a sua memória que com sacrificar o sono ou vigilância dos seus olhos por todos os dias da sua vida a este dia, e por todas as manhãs dos mesmos dias a esta hora: "Na hora em que Cristo ressurgiu, seja bendito o Senhor neste dia todos os dias".

§ VI

Isto é o que fazia Davi antes de Cristo ressuscitar, e isto é o que, depois de ressuscitado, deve fazer todo o cristão, se não queremos ser ingratos. Não é novidade ou conselho meu, senão doutrina do maior pregador da Igreja, há mais de mil e duzentos anos: "Desde o início do dia, Davi dava a Deus as primícias porque para agradecer a Deus é necessário antecipar-se ao sol" (Sb 16,28)[10]. Davi, logo ao primeiro romper da alva, dava a Deus as primícias do dia, porque é necessário, para agradecer a Deus os seus benefícios, madrugar antes do sol. — Depois que Deus deu leis aos homens, nenhuma coisa mais vezes lhes encomenda e mais apertadamente lhes encarrega nelas que a obrigação de lhe oferecerem e consagrarem as primícias de tudo quanto recebem de sua liberal mão. Não fazer esta oferta a Deus, não só é ingratidão, mas roubo, porque é reputar as coisas que possuímos, e ele nos dá, como nossas e não como suas. Por isso, de tudo o que produz a terra manda que lhe ofereçamos os primeiros frutos, de tudo o que nasce dos animais as primeiras crias, e até dos próprios filhos os primogênitos. E se de tudo devemos dar a Deus as primícias, quanto mais as dos dias da vida, sem os quais tudo o que só com ele se pode gozar é nada? E acrescenta o grande Crisóstomo que, para serem gratas a Deus estas primícias dos dias, não basta oferecer-lhas depois do sol saído, mas é necessário madrugar antes do sol: "Para agradecer a Deus é necessário antecipar-se ao sol". — Na primeira lei, em que Deus mandou que se lhe oferecessem as primícias, que é no capítulo vinte e dois do Êxodo, diz assim: "As vossas primícias não tardeis em as pagar" (Ex 22,29). — E quanto bastará para esta tardança nas primícias do dia? A glosa que acabo de referir o diz: "É necessário antecipar-se ao sol". Se não madrugastes antes do sol, e esperastes que o sol saísse, tardastes.

A razão desta diligência tão antecipada não parece fácil. Mas no nosso caso da madrugada da Ressurreição é evidente. Porque, se Cristo neste dia madrugou antes do sol por amor de nós, muito tarde seria o agradecimento deste amor, se nós esperássemos depois do sol para lhe dar as graças. É texto expresso de Malaquias, de muitas maneiras trazido a outros intentos e só feito naturalmente para este: "Nascerá para vós, os que temeis meu nome, o sol de justiça, o qual trará a saúde nas asas" (Ml 4,2). — Este sol, literalmente e sem controvérsia, é Cristo. Mas quando nasceu este sol com asas, e asas cujas penas tiveram virtude de sarar enfermos? Muitos dizem que quando nasceu em Belém da Virgem Maria. Mas então "não teve braços nem pés, quanto mais asas". — Mais ainda: que então como Filho da Mãe de misericórdia foi sol de misericórdia, e não de justiça, como nasceu aqui: "Nascerá para vós o sol da justiça" — que nascimento do mesmo sol foi logo este, tão diferente no nome, na figura e nos efeitos? No nome sol de justiça, na figura sol com asas, nos efeitos sol que sara com elas? Santo Agostinho diz que foi Cristo na sua Ressurreição: Aquele que tomou suas penas na ressurreição, já não sente pesado o corpo"[11]. — Este é logo o nascimento do sol de que hoje disse o evangelista: "Quando o sol já era nascido". E porque Santo Agostinho não declarou o texto, eu o declararei, e de todas as cláusulas dele se verá manifestamente ser este o seu verdadeiro sentido.

Diz que "nascerá", porque Cristo, assim como teve duas vidas, teve também dois nascimentos: um mortal com que nasceu da Virgem, outro imortal com que nasceu da sepultura. É metáfora e elegância não menos que da Igreja neste mesmo mistério: "Que, tendo nascido de uma Virgem, agora tornas a nascer do sepulcro". — E para quem nascerá neste segundo nascimento? "Para vós que temeis o nome de Deus". — Não diz que nascerá para todos, senão só nomeadamente para os que creem em Deus e o temem. E assim foi, porque bem pudera o Senhor ressuscitado aparecer vivo e glorioso nas ruas e praças de Jerusalém a Anás, a Caifás, a Pilatos, a Herodes, e aos outros seus inimigos, mas não se quis manifestar, senão aos que o criam e amavam, como foram as Marias, os apóstolos e os discípulos. E por isso com grande propriedade e energia, lhe chama o profeta: "sol de justiça", e não de misericórdia. Assim o declarou o mesmo Cristo, com o exemplo deste sol, que nasce para todos, bons e maus: "Sede misericordiosos, como também vosso Pai é misericordioso, o qual faz nascer o seu sol sobre bons e maus" (Lc 6,36; Mt 5,45) — e a justiça não mede aos bons e aos maus com a mesma regra, mas por isso é justiça, porque nega aos maus o favor que faz aos bons, como o Senhor fez hoje: "O qual trará a saúde nas asas". — E chama-lhe o profeta, ou pinta o sol com asas, pela diligência e velocidade com que neste dia madrugou e se antecipou o seu nascimento ao do sol natural. Ainda o sol natural dormia, e a aurora lhe não tinha corrido as cortinas encarnadas, quando o nosso já era nascido: "Ainda muito cedo, quando o sol já era nascido". — Os poetas, para encarecer a velocidade com que corre o sol, puseram-no em carroça de quatro cavalos — note a nossa corte de caminho, que carroça a seis, nem ao sol a permitem as fábulas: "Os cavalos do sol, Pírois, Éous, Éton, e o quarto, Flégon"[12] — e se esse sol corre sobre rodas, o nosso voou com asas: "O qual trará a saúde nas asas". — E diz que nas mesmas asas leva a saúde para sarar enfermos, porque assim os sarou hoje, voando a diversos lugares: aos apóstolos sarou-os do temor e da incredulidade; aos discípulos de Emaús sarou-os da cegueira e desesperação; às duas Marias, da tristeza e do assombramento; e à Madalena, que era a mais enferma de todos, sarou-a do amor e das saudades.

Agora pergunto: e que primor seria o nosso, se aos desvelos do amor de Cristo na manhã da sua Ressurreição respondêssemos nós dormindo e, madrugando ele tanto antes de sair o sol, nós, para lhe dar as graças, esperamos a que seja alto dia? Vede quanto se acautelava e temia deste desprimor o mesmo Davi, que, à imitação e meditação desta madrugada, dedicou as de todos os dias da sua vida. "Temerei o alto dia" (Sl 55,4). — Este é um dos ditos mais notáveis deste grande profeta nos seus salmos, que se temera muito do alto dia. E que mal tem o alto dia para se temer tanto dele, quem tão pouco sabia temer, como Davi? Dionísio Cartusiano, grande mestre da oração e contemplação, diz que se temia Davi do alto dia, não como soldado, mas como contemplativo, porque na madrugada está a nossa alma mais hábil para a oração e devoção; no alto dia mais pesada e inepta: "O homem está mais disposto para a devoção pela manhã e mais indisposto no alto dia". — E como o devotíssimo profeta, em memória da hora em que Cristo saiu da sepultura, neste dia se tinha dedicado a o louvar em todas as dos seus dias: "Seja bendito o Senhor neste dia todos os dias". — por isso com razão se temia do alto dia, porque era coisa mui alheia do primor e devoção do seu oferecimento que, devendo corresponder cada um dos seus dias àquele dia, quando o Senhor se tinha desvelado e madrugado tanto, ele, em vez de o contemplar e louvar também de madrugada, o não fizesse senão alto dia.

E para que nós vejamos quanto também nos devemos "Temer do alto dia" — ouçamos o maior prodígio deste temor e razão dele, não declarado menos que pelo mesmo Deus. O maná não chovia do céu senão de madrugada; e se acaso ao sair do sol estava algum ainda no campo, em lhe tocando o primeiro raio do sol, logo se desfazia. Até aqui podia ser sem milagre; mas nota e pondera muito o texto que o mesmo maná que, tocado dos raios do sol, se derretia, posto no fogo de nenhum modo se podia desfazer nem derreter, antes ficava sólido e duro: "Porque o que pelo fogo não podia ser devorado, aquecido por um escasso raio do sol, imediatamente se desfazia" (Sb 16,27). — Isto é certo que não podia ser naturalmente, porque tudo o que derrete o sol também o derrete o fogo, e tudo o que endurece o fogo também o endurece o sol. O sol derrete a cera, e o fogo também a derrete; o fogo endurece o barro, e o sol também o endurece. Por que trocava logo Deus no maná estes efeitos naturais do sol e do fogo que, não o podendo derreter o fogo, em o tocando qualquer raio do sol, no mesmo ponto se derretia: "Aquecido por um escasso raio do sol, imediatamente se desfazia"? — Se o mistério deste tão notável milagre o deixara Deus à consideração e exposições dos doutores, que coisas diriam tão diversas e tão alheias da mente de Deus? Mas, como só o mesmo Deus, autor do milagre, conhecia o verdadeiro mistério e significação para que o tinha feito, ele mesmo o declarou no capítulo 16 da Sapiência, e é, como lhe chamei, tão prodigioso em si, como admirável ao intento. As palavras divinas são estas: "Para que a todos fosse notório que importa prevenir o nascer do sol para te bendizer e adorar-te desde o raiar da manhã" (Ibid. 28). — Ordenou Deus, com tão grande milagre, que o maná, que se não derretia ao fogo, se derretesse ao primeiro raio do sol, para que entendessem e soubessem todos os homens que todo aquele que houver de orar, adorar e louvar a Deus — combinai o "Para te bendizer" com o "Seja bendito o Senhor" — se deve antecipar para isso ao nascimento do sol e, levantando-se de madrugada ao primeiro romper da luz, prostrar-se logo diante do divino acatamento, e então o adorar e orar: "E adorar-te desde o raiar da manhã". — De maneira que o orar, contemplar e louvar a Deus é como o maná, o qual por isso descia do céu, e se chama pão dos anjos, porque o manjar de que se sustentam os anjos no céu não é outro mais que a contemplação e louvores do mesmo Deus; e assim como o maná se derretia em o tocando os raios do sol, assim se desfaz e perde o valor e aceitação diante do acatamento divino a oração dos que não madrugam antes do mesmo sol a lhe dar as devidas graças, porque — conclui a mesma Sabedoria — os que para pagar a Deus este tributo de cada dia esperam a que primeiro nasça e os esperte o sol, é sinal certo de ser ingratos: "Porque a esperança do ingrato fundirá como o gelo do inverno, e se perderá" (Ibid. 29).

§ VII

Quem chegou a ouvir da boca do mesmo Deus esta tão clara e formidável sentença, nenhuma outra razão ou autoridade o poderá persuadir; contudo, para louvor dos que assim madrugam e confusão dos ingratos e preguiçosos, que o não fazem, quero referir o que de uns e outros dizem os dois grandes lumes da Igreja grega e latina, Santo Atanásio e Santo Agostinho. Santo Atanásio diz assim: "Ó grande e decoroso desafio, escolhido pelo mesmo Deus, manter-se a si mesmo e antecipar-se ao sol na ação de graças"[13]. Oh! que honrada e generosa competência competir o homem com o sol a qual há de amanhecer primeiro: ou o sol a dar luz ao mundo, ou o homem a dar graças a Deus! — A mais bizarra e famosa competência que viu a memória dos homens foi o desafio de Davi com o gigante; mas que comparação tem desafiar um gigante da terra ou o gigante do céu? O gigante do céu é o sol, como diz o mesmo Davi: "Deu saltos como gigante para correr o caminho. A sua saída é desde uma extremidade do céu, e corre até à outra extremidade dele" (Sl 18,6s). A grandeza e estatura de golias era de seis côvados e um palmo; a estatura e grandeza do sol é cento e sessenta vezes tão vasta como toda a redondeza deste globo inferior, que se compõe de todo o mar e de toda a terra. Os passos com que anda ou corre o sol são tão dilatados, que em cada hora caminha mais de trezentas mil léguas. Vede agora se é grande e admirável competência competir o homem com o sol sobre qual se há de adiantar um ao outro; ou o sol a alumiar o homem, ou o homem a louvar a Deus? "Antecipar-se ao sol na ação de graças, ó grande e decoroso desafio."

O sol tem duas balizas, o oriente e o ocaso; e não só na primeira, quando nasce, senão também na segunda, quando se põe, quer S. Paulo que, como nas duas colunas de Hércules, ponha o homem um *non plus ultra*[14], antecipando-se sempre e adiantando-se ao sol: "Que o sol não se ponha sobre a vossa ira" (Ef 4,26). Se acaso tivesses ocasião de ira contra vosso próximo, adverti — diz o Apóstolo — que não se ponha o sol, sem que primeiro vos reconcilieis e ponhais em graça com ele. — De sorte que o nosso amor de Deus e do próximo há de competir de tal modo em se adiantar sempre ao sol, que nem o sol amanheça no oriente antes de nós darmos graças a Deus, nem o mesmo sol se ponha no ocaso antes de nós nos pormos em graça com o próximo. Na história deste mesmo dia temos duas figuras que com grande propriedade nos representam dobrada antecipação desta competência. Quando a Madalena não achou a Cristo no sepulcro, veio dar conta a S. Pedro e a S. João, e diz o texto sagrado que ambos correram logo a certificar-se do que ouviam; porém S. João correu mais que S. Pedro, e chegou primeiro: "Ora eles corriam ambos juntos, mas aquele outro discípulo, a quem Jesus amava, correu mais do que Pedro, e, levando-lhe a dianteira, chegou primeiro ao sepulcro" (Jo 20,2.4). — S. Gregório Papa diz que S. João neste caso fazia a figura da Sinagoga, e S. Pedro a da Igreja. Mas, se nos chegarmos mais ao texto, na palavra "O discípulo a quem Jesus amava", por que não diremos que S. João fazia a figura do amor, e na competência com que ambos corriam: "Corriam ambos juntos" — que S. Pedro fazia a do sol? É S. Pedro figura do sol, porque tem as chaves do céu: "Eu te darei as chaves do reino dos céus" (Mt 16,19) — e, assim como S. Pedro tem os poderes de abrir e fechar o céu, assim o sol abre o mesmo céu, quando aparece no oriente, e o fecha quando desaparece no ocaso. E S. João é figura do amor, assim de Deus como do próximo, porque de Cristo foi o mais amado: "O discípulo a quem Jesus amava" — e dos próximos o maior amante: "Filhinhos, amai-vos uns aos outros" (1Jo 3,23). — E que quer dizer que, correndo Pedro, e correndo juntamente João, João corra mais que Pedro, e que chegue João primeiro que ele? Quer dizer o que imos dizendo, que sempre o amor de Deus e do próximo se há de antecipar e adiantar ao curso e carreira do sol, por mais que ele corra. O amor de Deus há de correr mais que o sol, dando graças a Deus antes que o sol apareça no oriente: "Antecipar-se ao sol na ação de graças" — e o amor do próximo há de correr também mais que o sol, pondo-se em graça com o próximo antes que o sol se esconda no ocaso: "Que o sol não se ponha sobre a vossa ira".

E para que entendamos quanto Deus se agrada desta competência, reparemos em uma coisa muito notável, e é que, assim como o homem pode competir com o sol em se antecipar sempre ao sol, assim Deus compete com o homem em se antecipar sempre ao homem. Dizia Davi a Deus: "De madrugada a minha oração se antecipará a vós" (Sl 87,14). Eu, Senhor, hei de madrugar todas as manhãs, com tanta diligência, que a minha oração se antecipe a vós. — Esta é a mesma devoção que até agora imos louvando. Mas como lhe sucedeu a Davi com estes seus bons propósitos? Ele mesmo o disse: "A vossa misericórdia se antecipou a mim" (Sl 58,11). Eu cuidava, Senhor, que a minha oração "Vos havia de prevenir a vós" — e o que achei e experimentei é que "A vossa misericórdia foi a que me preveniu a mim". — Não há duas coisas mais recíprocas entre Deus e o homem, que a nossa oração e a sua misericórdia. Por isso dizia o mesmo profeta: "Bendito seja Deus, que não apartou de mim nem a minha oração nem a sua misericórdia" (Sl 65,20) — porque o meio de alcançar a sua misericórdia é a nossa oração, e à nossa oração não pode faltar a correspondência da sua misericórdia. Mas quando Davi cuidou que se havia de antecipar a Deus com a sua oração: "A minha oração se antecipará a vós" — o que experimentou foi que Deus era o que se havia de antecipar a ele com a sua misericórdia: "Deus meu, a vossa misericórdia se antecipou a mim". E por quê? A razão teológica é porque sem graça proveniente de Deus não podia Davi executar o que prometia. Se Davi havia de alcançar a misericórdia por meio da oração, primeiro havia de orar; e se a misericórdia se não antecipasse à oração de Davi, prevenindo-o com sua graça para que orasse, não poderia ele orar. Logo, se a misericórdia não se antecipara à sua oração, nem ele podia orar nem alcançar a misericórdia: "Que não apartou de mim nem a minha oração nem a sua misericórdia". — É verdade que a oração de Davi madrugou: "De madrugada a oração se antecipará a vós" — mas Deus tinha madrugado mais que Davi, e a misericórdia divina mais que a sua oração.

Muito madrugaram as Marias, mas Cristo madrugou mais que elas. E isto de madrugar sempre mais é prerrogativa que compete ao benigníssimo Senhor enquanto Deus e enquanto homem: enquanto Deus, porque a trouxe das entranhas de seu Pai por geração; e enquanto homem, porque a trouxe das entranhas de sua Mãe por nascimento. Dizei-me: como foi gerado Cristo enquanto Deus, e como nasceu enquanto homem? Enquanto Deus diz o Eterno Pai: "Eu, Filho meu, vos gerei de minhas entranhas antes do luzeiro" (Sl 109,3). — E por que não diz antes do sol, ou antes da aurora, senão antes do luzeiro? Para mostrar que, por natureza e por geração, madrugou Cristo enquanto Deus antes de tudo o que mais madruga no céu. No céu a aurora madruga antes do sol, o luzeiro madruga antes da aurora, e o Verbo madrugou antes do luzeiro: "Eu vos gerei antes do luzeiro". — Da sua geração enquanto Deus passemos ao seu nascimento enquanto homem. E quando nasceu Cristo enquanto homem? "Quando tudo repousava num profundo silêncio, e a noite estava no meio do seu curso, a tua palavra onipotente desceu do céu, do teu trono real" (Sb 18,14). — Nasceu enquanto homem pontualmente à meia-noite, para que nos desenganemos os homens que ninguém pode madrugar mais que ele. Se nascesse às cinco horas da manhã, madrugaria mais quem viesse às quatro; se nascesse às quatro, madrugaria mais quem viesse às três; se nascesse às três, ou às duas, madrugaria mais quem viesse à uma; mas como nasceu à meia-noite em ponto, ninguém pode madrugar tanto que ele não tenha madrugado ou amanhecido primeiro. Excelentemente S. Bernardo: "Velas tu, ele também vela. Levantas-te de noite no início das vigílias, apressas-te quanto quiseres, antecipas também as mesmas vigílias, o encontrarás e não o prevenirás. Se temerariamente te atribuis nesta matéria algo a mais ou anterior, é ele que te ama mais e anteriormente"[15].

Não vos pergunto, Senhor, por que madrugais tanto, mas só me admiro por que assim madrugais e vos desvelais, sendo tão grande Senhor. Com razão notou e nos manda notar a Sabedoria divina, nesta ocasião, que sois rei todo-poderoso: "A tua palavra onipotente desce dos céus pelos tronos dos reis" — porque vós sois aquele soberano e supremo Senhor que de ninguém nem de coisa alguma tem necessidade: "Tu és o meu Deus, porque não tens necessidade dos meus bens" (Sl 15,2). — Se a necessidade é o mais diligente despertador de quem a tem para que madrugue, vós, que de nada necessitais, para que madrugais tanto, e nós, que para tudo necessitamos de vós, por que não madrugaremos? Depois que este mesmo Senhor romper o silêncio em que agora o consideramos, nos ensinará que só quem necessita madruga, e quem madruga mais é porque necessita mais. "Saiu" — diz — "muito de madrugada um pai de família a alugar e concertar com os jornaleiros para que fossem trabalhar à sua vinha" (Mt 20,1). — O pai de famílias era nobre e senhor, os jornaleiros eram uns homens de baixa condição, que viviam do trabalho das suas mãos e do suor do seu rosto; e, contudo, o pai de famílias madrugou a os chamar e se concertar com eles, porque tinha necessidade deles. Agora o que eu muito noto e reparo é que, quando o pai de famílias chegou à praça, já os jornaleiros ali estavam esperando por quem os alugasse. E por que madrugaram mais os jornaleiros que o pai de famílias? Porque necessitavam mais. O pai de famílias necessitava dos jornaleiros para a vinha, os jornaleiros necessitavam do pai de famílias para a vida. Ao pai de famílias despertou-o a providência da sua herdade, aos jornaleiros a força da sua necessidade. E se só quem necessita madruga, e quem necessita mais tem obrigação de madrugar mais, nós, que sempre e em tudo necessitamos de Deus, por que não madrugaremos por amor de um Deus, que, sem ter necessidade de nós, madruga tanto por amor de nós?

§ VIII

Mas ouçamos já a Santo Agostinho, para que nos envergonhemos deste nosso descuido: "Torpe coisa é para o cristão" — diz o grande doutor da Igreja. E noutro lugar: "Torpe coisa é e verdadeiramente vergonhosa para um Cristão se o primeiro raio do sol o achar na cama"[16], e não prostrado aos pés de Cristo, seu Criador e Redentor. — As primeiras criaturas que com suas vozes nos injuriam e envergonham, entre aquelas que o mesmo Senhor criou, mas não remiu, são as aves. Que avezinha há, ou tão pintada, como o pintassilgo, ou tão mal vestida, como o rouxinol, que não rompa o silêncio da noite, com dar ou cantar as graças a seu Criador, festejando a boa vinda da primeira luz ou chamando por ela? As flores, que anoiteceram secas e murchas, porque carecem de vozes, posto que lhes não falte melodia para louvar a quem as fez tão formosas, ao descante mudo dos cravos e das violas, como são as Madalenas do prado, também declaram os seus afetos com lágrimas. As nuvens, bordadas de encarnado e ouro, os mares, com as ondas crespas em azul e prata, as árvores, com as folhas voltadas ao céu e com a variedade do seu verde natural então mais vivo, as fontes, com os passos de garganta mais cheios e a cadência mais sonora, as ovelhinhas, saindo do aprisco, e os outros gados mansos à liberdade do campo, os lobos e as feras silvestres recolhendo-se aos bosques e as serpentes metendo-se nas suas covas, todos, ou temendo a luz, ou alegrando-se com sua vista, como à primeira obra de Deus, lhe tributam naquela hora os primeiros aplausos. E que maior confusão e afronta do homem, criatura racional, que, quando todas as outras, ou brutas, ou insensíveis, reconhecem do modo que podem a bondade e providência daquele supremo Senhor que lhes deu o ser, antecipando-se ao sol para lhe oferecer as primícias do dia, ele, sem memória, sem entendimento, sem vontade e sem sentidos, naquela voluntária sepultura do sono e do descuido, só confesse dormindo e roncando que é o mais ingrato?

Desperta, ó homem indigno, aos brados de todas as criaturas; abre os olhos, e vê a que madrugas e a que não madrugas. Deixadas as madrugadas mecânicas, como as do oficial vigilante, que madruga para bater e malhar o ferro, obrigando também a madrugar o ar e o fogo, os que professam vida e ações mais nobres, para que madrugam? Madruga o matemático, para observar as estrelas, antes que lhas esconda o sol; madruga o soldado, para vigiar o seu quarto, ou na muralha, ou na campanha, ou no bordo da nau; madruga o estudante sobre o livro, que tantas madrugadas custou ao seu autor quantas são as letras, muitas vezes riscadas, de que está composto; madruga o requerente, madruga o caminhante, madruga cercado de galgos o caçador, e, sobre todos, com mais estrondosas madrugadas, os príncipes, devendo madrugar, não para montear desertos e matar feras, mas, como fazia el-rei Davi, para alimpar os povoados de vícios e matar os que os cometem: "Pela manhã entregava à morte todos os pecadores da terra" (Sl 100,8). — E que apetite menos digno de tão alto e soberano nome que despertarem ao som de trombetas, e muitas horas antes do sol, para correr uma lebre, ou dar uma lançada no javali amalhado, aqueles que sem este despertador depois da quarta parte do dia, tendo tanto que ver e prover, ainda não têm abertos os olhos? Oh! que diferentemente havia de madrugar, para agradecer a Deus este descanso, se advertiram e disseram com o pastor agradecido: "Um deus nos concedeu este descanso!"[17].

E se estas madrugadas, por outra parte lícitas e honestas, o descuido de se empregarem na adoração do Senhor: "Que fabricou a aurora e o sol" (Sl 73,16) — bastara para as fazer ociosas e menos cristãs, que censura merecem aquelas que, em lugar de se dedicarem e consagrarem ao verdadeiro Deus, se sacrificam aos ídolos? Fundido por Arão o ídolo de ouro, e sinalado para a celebridade e dedicação da infame imagem o dia seguinte: "Amanhã é a solenidade do Senhor" (Ex 32,5) — o que fizeram todos foi levantarem-se muito de manhã a oferecer-lhe sacrifícios: "E, levantando-se pela manhã, ofereceram holocaustos" (Ibid. 6) — e aos sacrifícios se seguiram banquetes, brindes e jogos: "E o povo se assentou a comer e beber, e depois se levantaram a brincar" (Ibid.). — Foi boa madrugada esta? E quantas são debaixo do falso nome de cristandade as que se parecem com ela? Os nossos ídolos são as nossas paixões e os nossos apetites, e raro é o cristão de sono e juízo tão repousado que o deixe dormir e não desvele a sua idolatria. Quanto corta pelo sono o adúltero? Quanto corta pelo sono o vingativo? Quanto corta pelo sono o ladrão? Quanto corta pelo sono o taful? Quanto corta pelo sono o invejoso, o ambicioso e, mais vigilante que todos, o avarento e cobiçoso? Os judeus adoram o bezerro de ouro, os cristãos adoram o ouro, ainda que não pese tanto como o bezerro. Do ouro tomou o nome a aurora, e esta é a despertadora que os não deixa dormir e faz vigiar, maquinando sutilezas, traças, enganos, traições, e sacrificando ao torpe, vergonhoso e brutal ídolo do interesse o descanso, a razão, a vida, a honra, a consciência, a alma. Quão justamente arguiu Cristo o sono e negligência dos que não puderam vigiar uma hora com ele, à vista do contrário exemplo e vigilância infame de Judas! "Não vedes como Judas não dorme e apressa-se em me entregar aos Judeus? Basta que a cobiça de Judas, para me vender e me entregar não dorme, e o meu amor e a vossa obrigação não pode acabar convosco a que corteis pelo sono, e vigieis uma hora comigo?

Este é o meu ponto, e esta a hora em que estamos, na qual tanto madrugou Cristo por amor de nós. E para maior confusão dos que, em vez de madrugar nela para o louvar, madrugam para o ofender, tornemos à história do ídolo, e ponhamo-nos dois passos atrás. A hora em que Deus afogou os exércitos de Faraó no Mar Vermelho foi muito de madrugada: "Mas quando já era chegada a vigília da manhã, eis que, olhando o Senhor para o campo dos egípcios por entre a coluna de fogo e de nuvem, destruiu todo o seu exército" (Ex 14,24). — De sorte que na madrugada daquele dia se consumou a liberdade dos filhos de Israel, e então acabaram de ficar totalmente livres do cativeiro dos egípcios. E quando aqueles homens, se não foram ingratíssimos, haviam de dedicar as madrugadas de toda a vida à memória e agradecimento de tão estupendo e milagroso benefício, o para que madrugaram tão diligentes foi para negarem a honra e glória dele a Deus, e a darem ao ídolo: "Estes são, ó Israel, os teus deuses, que te tiraram da terra do Egito (Ex 32,8). — Bem creio que não haverá quem não pasme e se assombre de uma tão forte e vergonhosa ingratidão. E que seria se eu dissesse que ainda a nossa é mais vergonhosa e mais torpe? Santo Agostinho, falando geralmente da negligência do cristão, a quem o primeiro raio do sol acha dormindo, chamou-lhe torpe e vergonhosa: torpe: "Torpe é para o cristão" — vergonhosa: "Vergonhoso é para o cristão". Que diria, porém, se falasse da mesma negligência e ingratidão, comparada com a vigilância e amorosos desvelos de Cristo nesta madrugada? Diria com muito maior razão o que eu agora hei de dizer. Aquela madrugada em que Deus acabou de libertar os hebreus do cativeiro do Egito, afogando seus inimigos no Mar Vermelho, foi figura desta mesma madrugada, em que o Senhor acabou de consumar nossa redenção. Assim o canta a Igreja: "E o mar dividido se afasta/e os inimigos submergem nas ondas"[18] — onde se deve muito notar uma particular e sutilíssima energia do texto sagrado. Não só sinalou o tempo e hora, que foi a da madrugada: "E já chegara a vigília matutina" (Ex 14,24 – Vulgata) — mas nos mesmos olhos e olhar de Deus significou o modo de ver, que é o de quem madruga. Isso quer dizer: "Olhando através da coluna de fogo e de nuvens" (Ibid.). — Estava o Senhor acordado, e não dormindo, porque via: "olhando" — e via por entre o claro do fogo e o escuro da nuvem: "Através da coluna de fogo e de nuvens" (Ibid.) — que é o modo de ver de quem olha pelos crepúsculos da madrugada. Não é interpretação minha, senão semelhança de que usou o mesmo Deus no Livro de Jó, comparando o afogueado e negro dos olhos de leviatão ao claro e escuro do crepúsculo matutino: "Os seus olhos são como as pálpebras da aurora" (Jó 41,9). — E quando Deus madruga para me libertar, que não madrugue eu para o louvar! Mais, e pior ainda. Quando Deus não dorme, e se desvela para me defender de meus inimigos, que eu não durma e me desvele para o ofender! Isto é o que fizeram os judeus, torpe, vergonhosa e impiamente ingratos no triunfo daquela gloriosa madrugada, em que Deus tanto se empenhou em vigiar por eles. E o mesmo faríamos nós, com circunstâncias de ingratidão tanto maiores quanto maior foi o benefício, o amor, a glória e o triunfo com que Cristo nos acabou de libertar e remir nesta hora: "O qual morrendo destruiu-nos a morte, e ressuscitando restaurou-nos a vida" — se em louvor, honra e veneração da madrugada da sua Ressurreição não lhe oferecermos e consagrarmos todas as da nossa vida, para que veja em nós o sol natural, todas as vezes que nascer, que quando ele nesta manhã nasceu já o nosso sol era nascido: "Muito de manhã, quando já era nascido o sol".

§ IX

Até aqui se tem cansado o meu discurso — e cansado também aos ouvintes, que o não esperavam tão largo nesta hora — em satisfazer ao que prometi. Mas, como aproveita pouco o semear sem colher, assim é inútil o dizer sem persuadir. Por este receio e justa desconfiança que tenho de mim, quisera que me acabara o sermão outro pregador. Considerando, pois, que pregador escolheria para este socorro, resolvi-me a que fosse o que maior e mais declarado fruto fez nesta Semana Santa. E quem é? Aquele que converteu a S. Pedro e, cantando, o fez chorar: "Cantou o galo, Pedro se lembrou, e chorou amargamente" (Mt 26,74s). — Não desprezeis o pregador, porque para perorar e persuadir o que tenho dito nenhum tem melhor talento nem melhor eficácia. É tão douto, que não se preza menos a Sabedoria divina da ciência que pôs no homem que da inteligência que deu ao galo: "Quem pôs a sabedoria no coração do homem? Ou quem deu inteligência ao galo?" (Jó 38,36). Prega com a voz e com o exemplo, porque faz o que diz. Se desperta e acorda aos outros, primeiro se desperta e acorda a si; e não abre a boca sem bater as asas, que é acompanhar a voz com as ações. O assunto da sua pregação é o próprio do meu discurso, para que aos homens, por desacautelados, quando nasce o sol, os não ache dormindo. Assim o notou Plínio: "Eles" — os galos — "não toleram que o sol nos venha surpreender desacautelados"[19]. — E para que não pareça coisa indigna que o sermão de um pregador com fé o acabe um animal sem uso de razão, lembrai-vos que, tendo Deus falado muitas vezes ao profeta Balaão por si mesmo, no fim o convenceu pela língua de um bruto. Do mesmo modo o faz agora aos cristãos por meio das vozes ou brados daquele despertador irracional: "O galo argui os que jazem na cama e reprende os sonolentos". Sabeis — diz a Igreja Católica — o que fazem dentro da vossa família as vozes daquela ave tão vigilante? Arguem os que jazem na cama e não se levantam, e reprendem os que se deixam vencer do sono, e não madrugam. E se me perguntais por que repete o galo a mesma voz uma, duas e três vezes em cada noite, digo que são três admoestações canônicas com que Deus avisa a todo o homem cristão que o há de excomungar e separar da comunicação dos verdadeiros fiéis, se for tão descuidado e negligente que não faça o que fazem as aves aos primeiros raios ou bocejos da luz, saindo todas dos seus ninhos a louvar e dar a alvorada a seu Criador.

Ouçam, pois, todos os que me ouviram o valente perorador do meu sermão. O que querem dizer aquelas vozes confusas são estas palavras dearticuladas: "Tu que dormes, desperta e alumiar-te-á Cristo" (Ef 5,14). Tu descuidado, tu negligente, tu preguiçoso, que dormes na hora em que teu Senhor te busca tão desvelado, acorda, desperta, levanta-te, e alumiar-te-á Cristo. — Coisa mui notável é, e grande confirmação do que tenho pregado que, sendo tão frequentes no Velho e Novo Testamento as visões sobrenaturais e aparições "em sonhos", e madrugando o Senhor neste dia tanto antemanhã, e manifestando-se a tantos, a ninguém aparecesse nem alumiasse quando dormia. Alumiou a Madalena, quando não só estava com os olhos abertos, mas feitos duas fontes; alumiou as Marias, quando corriam a levar a nova da Ressurreição aos apóstolos; alumiou aos dois discípulos, quando caminhavam para Emaús; alumiou aos demais quando pela tarde estavam juntos no Cenáculo: a todos vigiando e a nenhum dormindo. Até os santos, que ressuscitaram na mesma madrugada da Ressurreição, primeiro que o Senhor os alumiasse com sua vista, se levantaram eles da sepultura, onde dormiam o sono da morte: "E muitos corpos de santos, que eram mortos, ressurgiram" (Mt 27,52). Assim foi e assim havia de ser, porque assim o tinha prometido o mesmo Cristo, não só antes de ressuscitar, senão antes de nascer. "Os que vigiam de manhã e me buscam, achar-me-ão" (Pr 8,17). — No dia ou na noite do nascimento os pastores acharam a Cristo, mas vigiavam e não dormiam: "Que vigiavam as vigílias da noite" (Lc 2,8); os reis também o acharam, e também vigiavam, que, se não vigiassem, não veriam a estrela: "Vimos a sua estrela" (Mt 2,2). — No dia da Ressurreição sucedeu o mesmo, mas com diferença, porque a houve no vigiar. Às Marias apareceu-lhes o Senhor, ou às portas do sepulcro, ou no caminho quando tornavam; a S. Pedro e a S. João nem à ida nem à vinda lhes apareceu. Por quê? Porque elas foram muito cedo, eles vieram depois; elas madrugaram e vigiaram, e eles não. O que viram no sepulcro os dois apóstolos foi o lençol e o sudário em que o sagrado corpo fora amortalhado: "Viu" João, "E viu" Pedro "os lençóis postos e o sudário" (Jo 20,6s). — A sua vista reservou-a o Senhor para as que vigiaram, o lençol para os que dormiram. E como o vigiar é ação de vida, e o dormir semelhança da morte, com razão às que vigiaram apareceu o Senhor ressuscitado e vivo, e aos que dormiram deixou as mortalhas, que são os despojos de morto. É o que repete e brada com S. Paulo o meu perorador: "Tu que dormes, ressurge dos mortos, e alumiar-te-á Cristo". Tu que dormes, acorda; tu que jazes na sepultura do sono, pois estás morto, ressuscita, e verás a diferença dos que vigiam aos que dormem: aos que dormem, alumiá-los-á o sol; a ti, que vigias, alumiar-te-á Cristo, que por isso madrugou este soberano sol antes do sol: "Muito de manhã, quando o sol já era nascido".

E para que acabemos de entender que aos desvelos do amor de Cristo nesta madrugada não satisfará a nossa correspondência com menos que com as madrugadas de toda a vida, ouçamos ao mesmo Senhor. Tinha dito que todos os que madrugassem por seu amor o achariam: "Os que vigiam de manhã e me buscam, achar-me-ão" — e logo, explicando-se mais, e declarando quantas hão de ser estas madrugadas, diz: "Bem-aventurado o homem que me ouve, e vigia às minhas portas todos os dias". — Notai que não diz um dia, nem muitos dias, senão todos: "todos os dias". E notai mais que, antes de dizer "o que vigia", diz "o que me ouve". De sorte que os que madrugam por amor de Cristo todos os dias são os que ouvem ao mesmo Cristo todos os dias. E que vozes são estas que nós ouvimos, e com as quais o Senhor nos acorda e desperta todos os dias, para que madruguemos? Cristo não só fala por si mesmo, senão também pelos seus pregadores: "O que a vós ouve a mim ouve" (Lc 10,16) — mas estas vozes que nós ouvimos, e com que ele nos acorda todos os dias, nem podem ser as minhas, nem as de outro pregador, porque nenhum prega esta doutrina todos os dias, nem ainda nesta mesma manhã, em que eles vêm a dizer e vós a ouvir graças. Que pregador é logo este?

É o que eu escolhi para meu perorador, o qual todos os dias, e não uma só vez, senão três vezes vos desperta para que acordeis e vos recordeis. Na noite da Paixão estava tão esquecido S. Pedro de si mesmo, que nem se lembrava do que tinha prometido a seu mestre, nem do que ele lhe tinha profetizado: "Cantou o galo" — diz o evangelista — "e Pedro se recordou da palavra que Jesus dissera" (Mt 26,74s). — Assim havemos nós de fazer. Quando ouvirmos cantar o galo, naquela voz havemos de ouvir a Cristo, e lembrarmo-nos de que ele nos disse que "Amo a quem me ama, e o que madruga para me buscar, esse me achará" (Pr 8,17). — E que "é bem-aventurado o homem que me ouve e que vigia todos os dias em minhas portas" (Ibid. 34). — Estes foram os maravilhosos efeitos que obrou aquela voz em S. Pedro, o qual todos os dias de sua vida, quando ouvia a voz do seu e nosso despertador, se levantava e prostrava diante de Cristo, chorando a fraqueza do seu pecado, dando-lhe graças pela vigilância e amor com que, cercado de tantas angústias, lhe pusera os olhos e, dedicando-se a o amar e servir, não só naquele dia, senão em todos os de sua vida, até a dar por ele. E se assim o fizermos todos os dias, e de todo o coração, e nesta hora, e em memória dela, sem dúvida conseguiremos o que o Senhor promete aos que nela madrugarem: "Aquele que me achar achará a vida, e haverá do Senhor a salvação" (Pr 8,35) — alumiados da luz do divino sol, que, antes do sol nascer, era já nascido. "Ainda muito de manhã, quando o sol já era nascido".

EXORTAÇÃO EM

Véspera do Espírito Santo

Na Capela interior do Colégio.

∼

"Apareceram repartidas umas como línguas de fogo,
que repousaram sobre cada um deles."
(At 2,3)

---

*Vieira explica as razões pelas quais torna públicas estas duas exortações: "Pela nova obrigação que acresceu ao Autor com a Superintendência das Missões da Província do Brasil, fez no Colégio da Bahia as duas exortações domésticas que se seguem, **uma em Véspera do Espírito Santo, e na Capela interior do Colégio**, outra em Véspera da Visitação, na Capela do Noviciado, dia em que ali se faz a renovação dos votos. Dedica uma e outra aos Irmãos Noviços e Estudantes da Companhia de Jesus, zelosos, como todos devem ser, de empregar e sacrificar a vida à conversão e salvação dos gentios nas Missões das nossas Conquistas".*
Nesta exortação Vieira tem como público os jesuítas Estudantes e os Padres da comunidade do Colégio. Lembra o dia de Pentecostes, o dia do nascimento da Igreja, em contraste com a confusão das línguas em Babel. Daí infere a importância e a necessidade da ciência e inteligência das línguas para os que se ocupam das almas. Funda-se na experiência de Santo Inácio e na realidade brasileira: as cinco línguas que falam no Brasil. O exemplo de Jeremias e de São Paulo: o verdadeiro missionário é todo para todos e para todos tudo. Ou de Xavier: as obras de caridade é a língua que todos entendem. Uma é a ciência das letras e outra a ciência da salvação. E também há a idolatria das letras, e tantos anos de estudos sem ação missionária? Vinde, Espírito Santo!

§ I

Apareceram sobre os apóstolos línguas de fogo partidas, as quais se assentaram sobre cada um deles. Este foi o sinal visível com que o Espírito Santo desceu sobre o Colégio Apostólico, e esta a traça maravilhosa com que a misericórdia divina, sobre as ruínas de uma fábrica que sua mesma justiça tinha derrubado, levantou e edificou a maior obra que nunca intentaram os homens. A maior obra que intentou a ambição e vaidade humana foi aquela que depois se chamou Torre de Babel, tão alta nos seus pensamentos que chegasse até o céu: "Façamos para nós uma torre, cujo cume chegue até o céu" (Gn 11,4). — E Deus, que nunca sofreu altivezas muito menores, que meio tomaria para desfabricar aquela máquina, para desbaratar aqueles intentos e para fazer que antes de ser torre fosse ruína? "Vinde, confundamos a sua língua" (Ibid. 7). — Aqueles homens, que eram quantos então havia no mundo, todos falavam uma só língua, e esta língua confundiu Deus de tal maneira que de repente se começaram a falar e ouvir em toda aquela multidão de trabalhadores tantas línguas quantos eram os mesmos homens. Todos depois disto falavam, e todos ouviam, mas, como bem notou Filo Hebreu, todos no mesmo tempo ficaram surdos e mudos. Surdos, porque, falando, nenhum percebia o que diziam.

Tal foi o delito e tal o castigo antigamente; mas hoje estamos na véspera de um dia em que, trocada a justiça em misericórdia, querendo Deus edificar outra torre própria sua, do mesmo delito tomou a traça e do mesmo castigo os instrumentos. O delito daqueles homens foi quererem edificar uma torre que chegasse até o céu, e Deus, seguindo a mesma traça e o mesmo desenho, não se contentou com menos que com edificar outra torre, que não só chegasse ao céu, mas levasse e metesse no céu os mesmos autores daquele pensamento. Esta torre é a Igreja Católica, a qual desceu a fundar o Espírito Santo por sua mesma pessoa, e na qual se verifica propriissimamente o "cujo cume chegue até o céu" — porque, sendo militante na terra, é juntamente triunfante no céu. E para que a segunda circunstância fosse tão maravilhosa como a primeira, assim como do delito tomou Deus a traça da sua obra, assim do castigo tomou os instrumentos dela, fundando e levantando uma torre com os mesmos instrumentos com que tinha abatido a outra. Quais foram os instrumentos com que Deus abateu e confundiu a Torre de Babel? Foram as novas e várias línguas em que dividiu e multiplicou aquela língua universal e única que todos falavam. Pois, por isso desceu o Espírito Santo sobre os apóstolos em forma também de línguas, muitas e repartidas: "Apareceram repartidas umas como línguas" (At 2,3) — para que por este modo, assim como, confundindo as línguas nos edificadores da torre, impediu a obra que eles intentavam, assim, infundindo as línguas nos apóstolos e pregadores da fé, fundasse, estabelecesse e propagasse a sua, que era a Igreja.

Qual fosse o número das línguas cuja notícia receberam os apóstolos não se pode definir ao certo. Só se sabe que foram tantas, nem mais nem menos, quantas originalmente tiveram seu princípio na Torre de Babel. Na Torre de Babel nasceram, dali se dividiram em várias nações, depois se estenderam por todo o mundo, e ultimamente se tornaram a ajuntar no Cenáculo de Jerusalém, sendo tão milagrosa esta última união como tinha sido milagrosa sua primeira origem. E se alguém perguntar como, sendo estas e aquelas línguas em tudo as mesmas, tiveram tão diversos e contrários efeitos, que umas impediram e fizeram parar a obra, e outras a adiantaram e fizeram crescer tanto, a razão é manifesta. As línguas dos edificadores da torre eram línguas que os homens ignoravam e não entendiam, e essas mesmas línguas no Cenáculo de Jerusalém eram línguas que os apóstolos entendiam e de que tiveram inteira e perfeita ciência, e essa é a grande diferença que há em obrar com ciência das línguas ou com ignorância delas. Todos os homens quantos havia no mundo, com ignorância das línguas, não puderam acrescentar à torre uma pedra sobre outra pedra; e doze homens no Cenáculo, com ciência das línguas, puderam fundar a Igreja e estendê-la por todo o mundo: "O Espírito do Senhor encheu a terra e, contendo o universo, tem ciência de cada voz" (Sb 1,7). — Note-se muito o "tem ciência de cada voz". Dá o texto a razão e modo com que o Espírito Santo encheu o mundo. "Contendo o universo" — é o mundo, que contém e abraça todas as coisas; e porque o mundo teve a ciência das vozes, que foi quando os apóstolos receberam o dom das línguas, esse foi o modo e o meio com que eles encheram o mundo do Espírito Santo, ou o Espírito Santo por eles encheu o mundo: "O Espírito do Senhor encheu a terra".

§ II

De todo este discurso se convence quão importante coisa é, e quão totalmente necessária a todos os que imitam o espírito apostólico, e se ocupam na conversão das almas, a ciência e inteligência das línguas. Mas se o dom das línguas se acabou com a primitiva Igreja e passou com os fundadores dela, que faremos nós, empenhados na mesma obrigação, sem esta ajuda de custo e mandados trabalhar na mesma obra, sem Deus nos dar os mesmos instrumentos? Santo Agostinho dizia a Deus: "Dai vós, Senhor, o que podeis, e mandai o que quiserdes"[1]. — Mas Deus a nós manda-nos o que quer e não nos dá o que pode, porque nos não dá o que deu aos apóstolos. Respondo que sim, dá, porque se aos apóstolos deu as línguas de fogo, aos que têm espírito apostólico dá o fogo das línguas. No mesmo texto o temos, coisa muito digna de se advertir: Apareceram sobre os apóstolos línguas de fogo, o qual fogo se assentou sobre eles" (At 2,3). — De maneira que não foram as línguas as que se assentaram, senão o fogo. E por quê? Porque as línguas vieram de passagem, e passaram com a primitiva Igreja; porém o fogo das mesmas línguas, esse não passou, mas permaneceu e ficou de assento: "Assentou-se". E que fogo de línguas é este? É o zelo e fervor ardente que têm e sempre tiveram os herdeiros do espírito apostólico de saber, estudar e aprender as línguas estranhas, para com elas pregar o Evangelho, propagar a fé e amplificar a Igreja.

E se não, vejamos quando se acendeu este fogo das línguas naquele grande homem ou gigante do fogo, por isso chamado Inácio. Tinham-se descoberto em seu tempo no mundo dois novos mundos, um oriental, na Ásia, outro ocidental, na América; tinham aparecido novos homens e novas nações, tão diferentes nas línguas como nas cores; tinha-se ouvido a fama de novas gentilidades, não conhecidas nem nomeadas nos tempos dos apóstolos: e que faria o fogo que ardia naquele vastíssimo peito para abraçar e abrasar a todas? O que fez Santo Inácio foi fundar e levantar outra terceira torre, também fornecida e armada de todas as línguas, para que, instruídos repartidamente seus filhos em todas, pudessem ensinar e converter com elas todas as mesmas nações. A primeira torre foi de Nembrot, em que se confundiram as línguas; a segunda torre foi do Espírito Santo, em que se infundiram; a terceira torre é a de Santo Inácio, em que não se confundem nem se infundem. Não se confundem, porque se aprendem distinta e ordenadamente; nem se infundem, porque não são graça *gratis data*², como o dom das línguas, mas adquirida e comprada a preço de muito estudo e grande trabalho, e por isso com muitos e grandes merecimentos.

Ouçamos ao fundador da mesma torre. Nossa vocação — diz Santo Inácio no princípio de seu instituto — é para discorrer e fazer vida em qualquer parte do mundo onde se espera maior serviço de Deus e ajuda das almas. — E para ajudar essas almas, que meios ou que instrumentos nos deu e nos ensinou a providência do mesmo santo e sapientíssimo patriarca? A sua regra o diz: — Para maior ajuda dos naturais da terra em que residem, todos aprendam a língua dela. — Reparemos bem naquelas duas cláusulas universais: todos e em qualquer parte. E que parte ou partes do mundo, e que terra ou terras são estas onde residem? O Japão, a China, o Malabar, o Mogor, o México, o Peru, o Brasil, o Maranhão e, se se descobrir a terra incógnita, também essa. E quem são os que hão de aprender as línguas? Todos, diz, sem exceção de pessoa. Pudera dizer que aprendessem a língua alguns, ou a maior parte, mas não diz senão todos. Os estudantes e os professores, os irmãos e os padres, os discípulos e os mestres, os moços e os velhos, os súditos e os superiores, sem que haja ofício ou ocupação alguma tão importante que os excetue desta, porque ela é a maior, a mais importante e a de que depende o fim de toda a companhia. Olhemos para o Cenáculo dos apóstolos. Havia no Cenáculo dos apóstolos algum o qual, além da língua própria e natural, não estivesse habilitado com a ciência das estranhas? Nenhum. "Sobre cada um deles". — Todos e cada um sabiam as línguas, todos e cada um, falando a nosso modo, eram línguas. Língua S. Pedro, que era o prelado, e línguas os outros, que eram os súditos; língua S. André, que era o mais antigo, e língua S. Matias, que era o mais moderno; língua S. João, que era o maior teólogo, e língua S. Filipe, que era o menos douto; língua S. Mateus, exercitado no telônio, língua S. Bartolomeu — que era Natanael — versado nas escolas; e línguas os demais, tirados da barca e do remo: enfim todos, porque todos haviam de ser pescadores de almas.

§ III

Tal era o Cenáculo dos apóstolos em Jerusalém, e tal quer Santo Inácio que seja em qualquer parte do mundo todo o Colégio da Companhia de Jesus. O título que o mesmo Jesus teve na cruz estava escrito nas três línguas que só então se não chamavam bárbaras: a hebreia, a grega e a latina, e estas três são as que se professam nas universidades de Europa e nas quais é tão eminente a Companhia, como se vê na estampa de seus escritos. Porém, depois que o Calvário se estendeu a todo o mundo, e nele se arvorou o estandarte do crucificado, o título da cruz já é composto de todas as línguas, por bárbaras e incógnitas que sejam. Quão praticada fosse a do Brasil nesta nossa província bem o testifica a primeira arte ou gramática dela, de que foi autor e inventor o grande Anchieta, e com razão se pode estimar por um dos seus milagres. Bem o testificam as outras que depois saíram, mais abreviadas, e os vocabulários tão copiosos, e o catecismo tão exato em todos os mistérios da fé e tão singular entre quantos se têm escrito nas línguas políticas, que mais parece ordenado para fazer de cristãos teólogos que de gentios cristãos. Sobretudo o testifica o mesmo uso, de que nos lembramos os velhos, em que a nativa língua portuguesa não era mais geral entre nós que a brasílica. Isto é o que alcancei, mas não é isto o que vejo hoje, não sei se com maior sentimento ou maior admiração. Deu-nos Deus um rei — que ele guarde — tão herdeiro de seus gloriosos progenitores, e de ânimo tão pio e verdadeiramente apostólico, que entre a grandeza e multidão de seus cuidados, o maior de todos é a propagação da fé, fiando-a toda neste Estado, e muito mais no do Maranhão, ao zelo e doutrina da Companhia. Deu-nos Deus no mesmo tempo por universal pai e geral dela ao mais insigne missionário deste século em Espanha, cujo espírito, não atado a Roma, como o de S. Paulo, se nos faz presente por suas cartas, em todas as quais, com o fogo de Santo Inácio, mais nos acende que exorta às Missões. E que direi eu ao Colégio da Bahia, ou que me dirá ele a mim, quando nesta grande comunidade é já tão pouco geral a língua chamada geral do Brasil, que são mui contados aqueles em que se acha? Direi porventura, ou por grande desgraça, que emudeceram ou se diminuíram as línguas porque se apagou ou esfriou o fogo?

Se assim tivesse sucedido não seria maravilha, que tão fortes são os poderes do tempo, ainda contra as coisas mais santas. Quando o povo de Israel foi desterrado para a Pérsia, retiraram os sacerdotes o fogo santo que ardia no Templo, e o esconderam na cova de um vale secreto, onde ficasse guardado. E diz o texto que daí a muitos anos — "Ora, tendo-se passado muitos anos" (2Mc 1,20) — indo os descendentes dos mesmos sacerdotes a buscar aquele sagrado depósito, "Não acharam fogo, senão uma pouca de água grossa" (2Mc 1,20). — De sorte o que dantes tinha sido fogo ardente agora era água fria e grossa: fria, porque se tinha apagado o calor, e grossa, porque se tinha perdido a fineza. Eu bem conheço que uma das maiores finezas que se podem oferecer a Deus, abaixo de dar a vida, é aplicá-la ao martírio ou ao dificultosíssimo estudo das línguas bárbaras, que tão trabalhosamente se chegam a entender e falar. Assim o arguiu o mesmo Deus e quase lançou em rosto ao profeta Ezequiel, quando, porque mostrava temer a missão a que o tinha destinado, lhe disse: "Porque tu não és enviado a nenhum povo de profunda linguagem nem de língua desconhecida" (Ez 3,5). — Diremos, pois, que se têm engrossado as antigas finezas ou se têm apagado e, quando menos, esfriado este fogo das línguas na nossa Província, por se ver menos cultivada hoje nela a língua geral do Brasil? Não digo, nem se pode dizer tal coisa, pois é certo que à diminuição de uma língua têm sucedido cinco: a portuguesa, com que por tantos meios se insiste na reformação dos portugueses; a etiópica, com que só nesta cidade se doutrinam e catequizam vinte e cinco mil negros, não falando no infinito número dos de fora; as duas de tapuias, com que no mais interior dos sertões ainda remotíssimos se têm levantado as seis novas cristandades dos paiaiás e quiriris, nem, finalmente, a própria brasílica e geral, com que nas doze residências mais vizinhas ao mar, em quatrocentas léguas de costa, doutrina a Companhia e conserva as relíquias dos índios deste nome, que já estariam acabados, se ela os não conservara.

§ IV

Tudo isto não se pode negar que é fogo de línguas. E se esta última se diminuiu, também confesso que nessa mesma diminuição se não faltou à regra de Santo Inácio, a qual, onde manda que se aprenda a língua dos naturais, acrescenta: Salvo se lhes servisse mais a sua própria. — E como no Brasil se foi diminuindo o número dos índios e crescendo o dos portugueses, com prudência não alheia de nosso instituto se limitou o estudo da língua da terra, para que as idades, em que ela mais facilmente se aprende, se aplicassem desde logo ao estudo da Retórica, Filosofia e Teologia, e mais depressa se formassem os operários que necessitam de maiores letras. Porém, na ocasião presente, em que às obrigações desta Província se tem acrescentado a conquista universal do novo mundo do Maranhão e grande mar do Rio das Almazonas, não há dúvida que a língua geral do Brasil, como porta por onde só se pode entrar ao conhecimento das outras, nos faz a grande falta e aperto em que nos vemos. Esta é a razão por que novamente ordenou nosso Reverendo Padre que nesta Província se torne a observar o estilo antigo, e que o estudo da língua preceda a todos os outros, sem que a eles possa passar algum da Companhia, sem primeiro ser rigorosamente examinado e aprovado nela. Mas quando se começarão a lograr os efeitos deste tão acertado decreto? As enfermidades presentes não se curam bem com remédios futuros, e mais em matéria de salvação de almas, em que se não devem perder instantes. Tão de repente no dia de amanhã acudiu às almas S. Pedro, como tinha descido de repente o Espírito Santo. O Espírito Santo desceu à hora de Terça, e à mesma hora, como o mesmo S. Pedro advertiu: "Sendo a hora terceira do dia" (At 2,15) — já ele estava convertendo almas, e não menos que três mil.

Suposto, pois, que o remédio há de ser proposto, e sem perder momento, onde o acharemos nós para a presente necessidade? Os apóstolos no Cenáculo já estavam ordenados e habilitados de sacerdotes, mas ainda não estavam perfeitos ou inteiros missionários, porque lhes faltavam as línguas, as quais apareceram de repente onde as não havia: "Apareceram repartidas umas como línguas". E que grande mercê seria do Espírito Santo, se neste mesmo lugar sagrado onde estamos aparecessem agora as línguas, e com elas nos achássemos de repente com o socorro de missionários que havemos mister, não dilatado, mas pronto; não futuro, mas presente? Padres reverendos e irmãos caríssimos, se olho para os padres sós, eu não acho este socorro; se olho para os irmãos sós, também o não vejo; mas se considero os padres acompanhados dos irmãos, não me parece impossível, senão muito fácil. Se entre os padres não achamos línguas, entre os irmãos temos as que bastam, e de um padre acompanhado de um irmão bem se pode formar um perfeito missionário, não só por invenção humana, mas por traça divina. Uma das maiores missões e mais dificultosas que houve no mundo foi a de Moisés, quando Deus o mandou libertar o seu povo do cativeiro do Egito. Escusou-se Moisés com a falta da língua: "Acho-me mais impedido e mais tardo de língua" (Ex 4,10). — E que lhe respondeu Deus? "Eu sei que Arão, teu irmão, filho de Levi, é eloquente: ele falará por ti" (Ibid. 14,16). Arão vosso irmão tem boa língua; ele falará por vós. — Quem tal resposta esperara da boca do Onipotente, em um negócio em que tão empenhado estava! Não pudera Deus dar a língua a Moisés tão facilmente como a deu aos apóstolos? Claro está: pois, por que lha não deu? Não lhe quis dar a ele a língua para nos dar a nós o exemplo, para que entendêssemos que de um Moisés sem língua e de um seu irmão com língua se pode fazer um perfeito missionário. Moisés suprirá o que falta a Arão, e Arão o que falta a Moisés. Quando o padre Trigáucio[3] andou pela China, viu que uns homens levavam outros aos ombros, e advertiu que os levados aos ombros eram mancos, e os que os levavam cegos. De sorte que o manco, porque tinha olhos, emprestava os olhos ao cego, e o cego, porque tinha pés, emprestava os pés ao manco; e deste modo inventou a necessidade fazer de dois homens defeituosos um homem inteiro. Assim o devemos nós fazer, obrigados da mesma necessidade. O sacerdote suprirá o que falta ao irmão, e o irmão o que falta ao sacerdote: o sacerdote, sem língua, administrando os sacramentos, e o irmão, com língua, instruindo e ensinando os que os hão de receber.

§ V

Nem os irmãos se devem escusar quando assim o ordenar a obediência. Escolheu Deus e avisou Jeremias para uma Missão muito semelhante às nossas, porque era "para derrubar e edificar" (Jr 1,10). — assim como nós imos derrubar a gentilidade e edificar a cristandade — e era "para arrancar e plantar" (Ibid.). — assim como nós imos arrancar a superstição e ignorância, e plantar a fé. Ficou assombrado Jeremias, que ainda não chegava a dezesseis anos, vendo-se escolhido para tamanha empresa, e escusou-se dizendo que era moço e não tinha língua: "Ah! Ah! Ah! Senhor Deus, não sei falar, porque eu sou um menino" (Ibid. 6). — Fundava-se esta escusa em duas razões, cada uma delas bastante, ao que parece, para ser aceita. Cresça primeiro Jeremias, e aprenda a falar, e como tiver idade e língua, então se lhe encarregará uma missão e comissão de tanta importância. Mas Deus, contudo, de nenhum modo lhe aceitou a escusa, nem julgou por suficientes as razões dela: "Não digas: Sou um menino — porquanto a tudo o que te enviar, irás" (Ibid. 7). — E se Deus não escusou a Jeremias, nem por moço nem por falta de língua, muito menos se devem escusar os que não podem alegar a falta da língua, e só os pode desconfiar a da idade, que cada dia cresce e se emenda.

Notem agora muito os moços a resposta de Deus, e verão quanto pode a virtude da obediência e a graça de missionário. "Eu te enviarei": eis aqui Jeremias feito missionário. "Não digas: Sou um menino" — ei-lo aqui missionário, e moço. E, posto que moço, prestará para alguma coisa? Para mais que alguma. E prestará para muito? Para mais ainda. E para quê? E para quanto? "Para tudo". Prestará para tudo, e tudo fará indo à missão: "A tudo o que te enviar, irás". — Oh! que grande e que divina palavra: "Para tudo"! Este "Para tudo". é e deve ser a empresa e o timbre de todo o verdadeiro missionário, como o foi de S. Paulo: "Fiz-me tudo para todos, para salvar a todos" (1Cor 9,22). — Todo para todos, e para todos tudo. Não só para os catequizar gentios, nem só para os batizar catecúmenos, nem só para os doutrinar cristãos, mas para os sustentar famintos, para os vestir nus, para os curar enfermos, para os resgatar cativos, para os sepultar mortos; como mestres, como pais, como pastores, como tutores, como médicos, como enfermeiros, e como servos e escravos seus em tudo, para viver perpetuamente e morrer com eles e por eles, e também às mãos deles, como algumas vezes tem acontecido. Tudo isto significa aquele "Para tudo", e tudo isto pode e deve fazer todo o missionário, ainda o que for falto da língua, como tão santa como discretamente disse S. Francisco Xavier. Estava na Ilha de Moro e, escrevendo a

Goa, dizia assim: Acho-me nesta ilha, onde não sei a língua dos naturais, mas nem por isso estou ocioso, porque batizo os inocentes, que não hão mister língua, e aos demais procuro ajudar e servir com obras de caridade, que é língua que todos entendem.

§ VI

Só nos resta falar com os que não estudaram a língua da terra, por se aplicarem às ciências, que parecem maiores. A maior gula da natureza racional é o desejo de saber. Esta foi a que matou a Eva, e a tantos a mata e entisica na Companhia, lançando pela boca aquele sangue, que fora mais bem empregado nas postilas ou memoriais de que estão cheios os arquivos de Roma. E que memoriais são estes? São os contínuos requerimentos e as cartas, não escritas com tinta, senão com o próprio sangue, em que de todas as províncias da Europa se pedem de joelhos ao supremo governo da Companhia as missões ultramarinas mais arriscadas e perigosas. De melhor cor são estas borlas que as azuis de mestres em artes, e as brancas de doutores em Teologia, e os graus a que por estes tão duros degraus, dentro e fora da religião se costuma subir. Desejoso, contudo, nosso Reverendo Padre de favorecer muito as letras e muito mais as missões — podendo dizer com S. Paulo em um e outro favor: "Honrarei o meu ministério (Rm 11,13). — para ganhar instantes e evitar dilações, em que se perdem muitas almas, tem novamente concedido aos que não acabaram seus estudos que os possam ir acabar ao Maranhão, ainda com dispensação cotidiana de lições e anual de tempo. Assim que os nossos teólogos do primeiro, do segundo e do terceiro ano, sem dispêndio do curso das ciências, nem da diferença do grau, podem logo partir para aquela gloriosa conquista. A viagem é de poucos dias, sem calmas de Guiné nem tormentas do Cabo de Boa Esperança, a cujos trabalhos e perigos não deixam por isso de se expor todos os anos — e hoje vão navegando pelos mares fronteiros a estes nossos — tantos filhos da Companhia, estudantes e alunos daqueles dois famosos seminários de apóstolos e mártires, os dois colégios reais de Coimbra e Évora.

E espero eu dos que saírem deste nosso, também real, teólogos, filósofos e humanistas, que, quando chegarem ao Grão-Pará e Rio das Almazonas, e se virem naquela imensa universidade de almas, espero, digo, do seu espírito, e ainda do seu juízo que, esquecidos das ciências, que cá deixam, se apliquem todos à da conversão. Quando o Filho de Deus fez a sua missão a este mundo, a que ciência entre todas e sobre todas aplicou a sua sabedoria infinita? "Para se dar ao seu povo o conhecimento da salvação" (Lc 1,77), à ciência somente da salvação, e essa ensinada, não aos grandes do mundo, senão à plebe, aos mais baixos, aos mais desprezados, aos mais pobres, aos mais miseráveis, quais são aquelas desamparadas gentes. E à vista deste exemplo verdadeiramente formidável, quem haverá que queira ser graduado em outra ciência? Sendo o lugar das línguas a boca, não pode carecer de grande mistério que as línguas de amanhã aparecessem sobre as cabeças dos apóstolos. E por que razão sobre as cabeças? "Para os autorizar como doutores da terra" — diz Amônio Alexandrino[4]. Pôs o Espírito Santo as línguas nas cabeças dos apóstolos para com aquelas como borlas os graduar de doutores do mundo. É grau não menos que de S. Paulo: "Doutor das gentes" (1Tm 2,7). — E este grau e esta borla não se dá na Bahia, nem em Coimbra, nem em Salamanca, senão nas aldeias de palha, nos desertos dos sertões, nos bosques da gentilidade.

§ VII

Dirá porventura, ou por desgraça, algum daqueles que mais enfeitiça o desejo imoderado das ciências — ou da opinião delas, que é o maior feitiço: — O servo do Evangelho que enterrou o talento foi condenado; e eu, por que hei de enterrar os talentos que Deus me deu entre bárbaros, se posso seguir os estudos, continuar as cadeiras e ser um grande letrado? Primeiramente, ou sim ou não, que muitos correm no estádio, e ao cabo acham-se cansados e não coroados. Mas ouçam estes idólatras das letras a Davi, em quem a habilidade, o engenho e os talentos não só igualavam, mas excediam os mais presumidos, e vejamos o grau que deixou e o que escolheu: "Porque não conheci a literatura, me internarei nas obras do poder do Senhor" (Sl 70,15). — Não diz porque me não apliquei às letras, senão porque não fiz caso das letras ou das letradices: "Porque não conheci a literatura". — E que alcançou Davi com esta desatenção ou desprezo de não querer ser letrado? "Me internarei nas obras do poder do Senhor". — Sem os cadilhos da borla, serei admitido a entrar nas potências de Deus. — E quais são por antonomásia as potências de Deus? Criar mundos? Não. Ressuscitar mortos? Não. Obedecer a seus acenos e tremerem deles as jerarquias? Não. Pois quais são? Converter e salvar almas. Por isso S. Dionísio Areopagita[5], dando um superlativo à divindade, lhe chama: "Obra de Deus diviníssima": obra de Deus, não só divina, mas diviníssima. — E que maior honra — já que tão pegados estamos a essas honrinhas — que maior honra que entrar eu com Deus à parte na maior obra de sua onipotência? Quem converteu este gentio? Deus e eu: Deus com a sua graça, e eu com a minha doutrina; Deus nesta obra entrou com a sua parte, e eu com a minha: "Me internarei nas obras do poder do Senhor". — Aqui não há senão cruzar as mãos, pôr o dedo na boca e confessar, ou a nossa ignorância ou a nossa pouca fé.

Mas, deixados estes argumentos tão altos, argumente-se cada um a si consigo mesmo. Quando eu estava no mundo, não deixei o mundo do mundo por salvar a minha alma? Pois, agora que sou religioso, por que não deixarei o mundo da religião por salvar muitas almas? Qual é o mundo da religião? São as retóricas, são as filosofias, são as teologias, são as cadeiras, são os graus, que na mesma religião reputa o mundo por mais autorizados. E que é o nada de tudo isto? Quem me dera poder agora chamar por seus nomes as almas de todos aqueles que eu acompanhei quando fui à missão do Maranhão, e nela trabalharam e morreram gloriosamente! Eram dos melhores engenhos das nossas universidades, humanistas, filósofos, teólogos, e quando se viram naquela grande seara de almas, todos renunciaram uniformemente todos os graus que costuma e pode dar a Companhia às letras, e não quiseram outros estudos, senão aqueles somente que lhes serviam para catequizar um gentio na sua língua. Ali lhes sucedeu diante dos meus olhos o que no dia do Espírito Santo aos apóstolos: "Pasmavam todos, porque todos ouviam falar na sua própria língua" (At 2,7). — Aquela gentilidade bárbara, pelo conhecimento confuso que têm de Deus, dá-lhe o nome de Tupã, que significa trovão, assim como a gentilidade política chamava Tonante ao seu Júpiter. Ensinando, pois, os novos mestres da fé e novos discípulos das línguas a cada um na sua própria, que o verdadeiro Deus, criador do céu e da terra, é um só, que faziam? Chegavam à nação dos tupinambaranas, e diziam ao tupinambarana: *Tupã oyepéim*; chegavam à nação dos juruunas, e diziam ao juruuna: *Tupã memé*; chegavam à nação dos nhuanas, e diziam ao nhuana: *Tupã gemegêm*; chegavam à nação dos tapajós, e diziam ao tapajó: *Tupã catamocêm*; chegavam à nação dos mamaianás e dos nheangaíbas, e diziam ao nheangaíba: *Tupã amopererimperin*.

A vista e na admiração desta novidade "pasmavam todos". — Pasmavam os gentios de ver a sua língua na boca dos nossos missionários, e eles também pasmavam de ver os grandes progressos que tinham feito em tão pouco tempo, e davam infinitas graças a Deus pelos ter escolhidos dentre seus condiscípulos, e de os ter passado dos estudos da Europa a esta escola do céu, tão superior, tão alta, tão útil e tão descansada. Torno a dizer: tão descansada, porque ali não se quebram os peitos com escrituras, nem se afogam os dias e a vida com o penso das lições de manhã e tarde; nem se embaraçam os entendimentos com o labirinto de opiniões e dificuldades sem saída, nem dão cuidado argumentos, nem disputas, nem conclusões, que se hão de defender ou impugnar; nem se passa por um, e por dois, e por sete exames em sete anos; e sobretudo, depois de tanto tempo e trabalho, não resta ainda o temor ou contingência de ser ou não ser aprovado, porque os examinadores, que são Deus, Santo Inácio e os anjos da guarda daquelas almas, tudo o que se aprende e se ensina aprovam e louvam.

§ VIII

E se todas estas razões, não só divinas, mas ainda humanas, não bastam para desapegar dos bancos e dos arquibancos aos que tomam por pretexto de não ir logo às missões o acabar seus estudos, quero acabar eu com um argumento, que primeiro me fez tremer e depois me levou ao Maranhão, para lá viver e morrer, e ainda lhe não sei a resposta. É certo que aquela missão, como tem declarado nosso Reverendo Padre, pertence a esta Província; é certo que, para nela salvar almas, não se requerem mais letras que a doutrina cristã; é certo que, por falta de quem lhes ensine esta doutrina, se estão indo ao inferno todos os dias infinitas almas. E será bom zelo e boa consolação para as mesmas almas dizerem-lhes os humanistas que esperem dois anos, e os filósofos que esperem três, e os teólogos que esperem quatro, e todo este curso de estudos que esperem ou desesperem onze anos inteiros? Onze anos fazem pontualmente quatro mil dias, não havendo dia algum em que muitos daqueles miseráveis não morram sem fé e sem batismo. E quem há de dar conta a Deus de tantas almas? Onde estão as leis da caridade? Onde estão as obrigações da necessidade extrema? Onde está aquele fim e aquela obrigação de discorrer a qualquer parte do mundo, onde se espera maior fruto e remédio das mesmas almas? Oh! como é certo também, e sem dúvida, que naquele último transe, em que se lhes notifica a condenação, levantarão todas gritos ao céu, não contra outros, senão contra nós. — Sujeitos da Companhia de Jesus, que por caridade e instituto tínheis tantas obrigações de nos acudir, não sois filhos de Santo Inácio? Não sois irmãos de São Francisco Xavier? Não sois irmãos também daqueles quarenta que no mar e a mãos de hereges deram o sangue e a vida, vindo a salvar os avós de que nós somos netos?[26] Como vos não lembrais logo de quem sois, como vos não lastimais de nós, como nos desamparais com tanta crueldade, e como grandes e pequenos — quais eram aqueles — vos não ofereceis a nos acudir e socorrer, a menos porque não fique por vós? Pois nós vos emprazamos para diante do tribunal de Cristo Jesus, onde lhe dareis conta dessas vossas razões, porque não nos fizestes participantes do preço de seu sangue, porque nos deixastes morrer neste desamparo, porque não ouvimos a pregação da fé, porque não recebemos o batismo, e porque, por falta ou culpa vossa, havemos de carecer da vista de Deus para sempre, e agora descemos a penar no fogo e tormentos do inferno, onde estaremos por toda a eternidade. Oh! miseráveis deles, e miserável de mim!

Mas que importam, Espírito divino, as palavras fracas e frias de quanto tenho dito, se a vossa soberana virtude as não animar e assistir com os impulsos e eficácias de suas inspirações. Quando aquela água crassa, que tinha sido fogo, apareceu regelada, diz o texto sagrado que, ferindo-a o sol com um raio, logo no mesmo ponto se converteu no fogo que dantes era. "Vinde, Espírito Santo, e enviai do céu um raio da tua luz."

Venha, pois, do céu um raio desse fogo divino, que alumie os nossos entendimentos, que inflame as nossas vontades, que penetre, que excite, que anime, que afervore, que acenda os nossos corações, como hoje encheu aos apóstolos do zelo intrépido e ardente de sair de Jerusalém e converter o mundo. Fortalecei e ressuscitai, onde estiverem mortos, aqueles vivos desejos que tantas vezes vos oferecemos na oração, de padecer trabalhos, perseguições, injúrias e a mesma morte, pela salvação das almas. Abrasai e queimai em nós todo o afeto de honra ou comodidade desta vida. E pois sois aquele soberano Espírito que renova a face da terra, renovai dentro nesta, que tanto nos agrava, o espírito e espíritos de nossa vocação, para que, como verdadeiros soldados da Companhia de Jesus, não sós, mas com muitos outros, por nosso meio — como diz o santo patriarca — consigamos o felicíssimo e bem-aventurado fim a donde chegam seus escolhidos. Amém.

EXORTAÇÃO EM

Véspera da Visitação de Nossa Senhora

Na Capela interior do Noviciado.

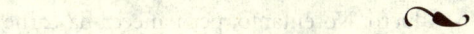

∼

"E o anjo se apartou dela.
E levantando-se Maria, foi com pressa
às montanhas, a uma cidade de Judá."
(Lc 1,38s)

Vieira explica as razões pelas quais torna públicas estas duas exortações: "Pela nova obrigação que acresceu ao Autor com a Superintendência das Missões da Província do Brasil, fez no Colégio da Bahia as duas exortações domésticas que se seguem, uma em Véspera do Espírito Santo, e na Capela interior do Colégio, **outra em Véspera da Visitação, na Capela do Noviciado, dia em que ali se faz a renovação dos votos**. Dedica uma e outra aos Irmãos Noviços e Estudantes da Companhia de Jesus, zelosos, como todos devem ser, de empregar e sacrificar a vida à conversão e salvação dos gentios nas Missões das nossas Conquistas".
Esta exortação, pregada aos Noviços, quer ajudá-los a aprofundar o momento em que vivem: o sentido e o valor de uma vocação a serviço de Deus na salvação dos próximos. Os exemplos de Santo Inácio e de São Paulo abrem a reflexão. Dentro da mesma grandeza e onipotência de Deus, é maior e mais excelente obra a de santificar do que a de glorificar. Assim, o espírito da Companhia não é só salvar a alma própria. Isso há de procurar e exercitar desde o Noviciado.
O Noviciado é o ventre da mãe. Passa então às obrigações dos Noviços, apoiando-as e encorajando-os à sua prática e em particular ao desejo e à vivência dos três votos.
E termina com o exemplo do Batista, precursor e modelo dos missionários.

§ I

Em todas as suas idades, e em todas as suas ações, ensinou sempre o Filho de Deus aos homens o que cada um deve obrar conforme seu estado. E na presente solenidade, o que ensina aos irmãos noviços desta nossa Província é que comecem a ser missionários desde o ventre da Mãe. Este será, caríssimos, só para eles, o argumento desta breve exortação, e este é o mais próprio e natural das palavras que propus.

§ II

Concluído o sublime mistério da Encarnação, diz o evangelista S. Lucas que "O anjo se apartou da Virgem Maria" — e que "a Virgem se pôs logo a caminho, com toda a pressa, para as montanhas de Judeia" (Lc 1,39). — O anjo, apartando-se da Senhora, tornou para o céu a levar a resposta da sua embaixada; e a Senhora, caminhando para as montanhas, levou na custódia virginal de seu puríssimo ventre ao Filho de Deus e seu, para que ele santificasse o Batista. Agora pergunto: e qual dos dois fez melhor caminho: o anjo indo para o céu ou o Menino recém-concebido indo a pôr em graça aquela alma? Esta questão já foi proposta e disputada entre os dois primeiros gerais da Companhia, nosso santo patriarca e seu sucessor, o Padre Mestre Laínez. Laínez, com todas as suas letras, disse que em semelhante caso, se a eleição fosse sua, escolheria ir logo para o céu. Porém Santo Inácio, com o heroico e sublime de seu espírito, respondeu que "antes elegeria, se lhe fosse dado escolher, ficar no mundo servindo a Deus na salvação dos próximos, do que logo morrer com a certeza do mesmo céu"[1]. Esta admirável sentença aprovou e canonizou a Igreja, e a mandou estampar na vida do nosso santo, para glória sua, para imitação de seus filhos e para confusão de todos aqueles que do emprego e empenho da salvação das almas não fazem a estimação que devem. — Quase me pesa de que S. Paulo tivesse semelhante resolução. Mas com tal companheiro bem se pode renunciar a singularidade.

Em certa ocasião não duvidou S. Paulo dizer: "Eu mesmo elegera ser anátema por Cristo, por amor de meus irmãos" (Rm 9,3) — e, escrevendo aos filipenses, diz assim: "Para mim, o viver é Cristo, e o morrer um lucro. No entanto, permanecer na carne é necessário por causa de vós" (Fl 1,21.24). Como a minha vida é Cristo, que já está no céu, para mim o mais conveniente é morrer logo; mas para vós o mais necessário é viver eu, e estar convosco. — Dividido, pois, e suspenso, entre esta minha conveniência e esta vossa necessidade, me vejo como em talas, e não sei a qual das duas partes me hei de inclinar e qual devo eleger: "Sinto-me pressionado dos dois lados e não sei o que escolher" (Ibid. 23). — Mas quanto se deteve o grande apóstolo nesta dúvida ou nesta suspensão? Imediatamente sem interpor palavra retratou aquele "não sei" com um "sei" — "e isso sei com firme confiança" — e confiada e absolutamente resolveu que havia de continuar e perseverar com os próximos para proveito seu e para aumento, ou, como ele diz, para alegria da fé: "E isso sei com firme confiança que ficarei e permanecerei entre vós para progresso e alegria da vossa fé" (Ibid. 25). — Note-se muito esta última palavra "E alegria da vossa fé". De sorte que quando há quem trate do proveito e bem das almas, alegra-se a fé e não cabe em si de prazer: "Alegria da fé"; pelo contrário, quando não há quem se aplique a esta grande obra, entristece-se a fé, chora a fé, lamenta-se a fé: "E não há quem a console" (Lm 1,2.17). — Oh! que alegre estará a fé nesta ocasião, e que agradecida à nossa Província, pois, sem embargo de estar tão necessitada de sujeitos, pelo grande zelo que tem e sempre teve da salvação das almas, não duvidou de socorrer a mesma fé, para as gentilidades do Maranhão, com tantos e fervorosos missionários, não menos que quinze, maior número que o que Cristo escolheu para a conversão de todo o mundo.

§ III

Tornando, porém, a S. Paulo, não é justo que eu passe em silêncio umas notáveis palavras que ele ajuntou entre as referidas: "O meu desejo é desatar-me das prisões do corpo, e ir logo para o céu a estar com Cristo, que é muito mais melhor" (Fl 1,23). — Ainda o encarece mais o apóstolo. Não só diz que é muito melhor, senão "muito mais melhor". Pois, se é muito melhor e muito mais melhor ir ao céu e estar com Cristo, como se resolve o mesmo apóstolo a "ficar e perseverar com os homens, para os aproveitar"? — Logo, se S. Paulo, depois de dizer o que disse, escolheu antes ficar com os homens para os aproveitar, segue-se que este mais é muito mais que aquele mais, e este melhor é muito melhor que aquele melhor. Assim é, e não seria S. Paulo se assim o não entendera e assim o fizera. E qual é ou qual pode ser a razão deste mais em negócio tão grande e deste melhor em matéria tão boa? O mesmo S. Paulo o disse com palavras de Cristo, falando nos mesmos termos, e acrescentando o mesmo mais sobre outro comparativo: "Mais bem-aventurado é dar que receber" (At 20,35). — Combinemos agora o "Mais bem-aventurado" com o "Mais melhor". De modo que é mais melhor o tratar da conversão das almas que o estar com Cristo no céu, porque é "mais bem-aventurado" o dar que o receber. Que faz o que vai ao céu, e que faz o que vai converter almas? O que vai ao céu vai receber o céu para si, o que vai converter almas vai dar o céu aos que converte: logo, isto é o melhor, e mais melhor, e isto sobre o bem-aventurado o mais bem-aventurado: "Mais bem-aventurado é dar que receber".

E se insistirmos na palavra "Mais bem-aventurado", nela temos mais profundamente a razão desta mesma razão. E qual é? Porque eu, indo ao céu, vou participar a glória dos bem-aventurados, porém, tratando da salvação das almas na terra, faço-me participante da glória do mesmo Filho de Deus. Admiravelmente S. João: "Fez-se o Verbo Eterno homem, habitou e morou conosco, e vimos a sua glória como glória verdadeiramente de Filho Unigênito do Pai, cheio de graça e de verdade" (Jo 1,14). — Aquele "Cheio" refere-se ao "Verbo". E por que diz que veio o Verbo cheio de graça e de verdade? Porque veio cheio do que faltava no mundo, para encher o mesmo mundo. O mundo estava cheio de pecados, e por isso veio cheio de graça; o mundo estava cheio de erros e ignorâncias, e por isso veio cheio de verdade: cheio de graça, para comunicar a graça de Deus aos que estavam fora da graça; e cheio de verdade, para ensinar as verdades da fé aos que estavam ignorantes dela. Isto é o que fez o Verbo vindo ao mundo, e isto é o que fazem quando vão às gentilidades os missionários da Companhia: levam a graça aos que estão na miséria do pecado, e levam a verdade aos que estão nas trevas da ignorância. Por isso são bem-aventurados, não com a glória dos homens ou anjos, que estão no céu, senão bem-aventurados, com a glória do mesmo Filho Unigênito de Deus quando foi visto na terra: "E vimos a sua glória como glória verdadeiramente de Filho Unigênito do Pai".

Ainda não está dito. E quanto vai de uma glória a outra glória? Diremos que vai tanto de uma a outra quanto vai de ser glorificador a ser glorificado? Não digo tal, porque é pouco. Vai tanto de uma glória a outra glória quanto vai de ser santificador a ser glorificador. Dentro da mesma grandeza e onipotência de Deus, é maior e mais excelente obra a de santificar que a de glorificar, porque glorificar é dar glória, e o santificar é dar a graça, que é melhor que a glória. Por isso o Verbo, sendo glorificador no céu, veio a ser santificador na terra, e tanto que pôs os pés na mesma terra, ou antes de os pôr, foi logo a toda a pressa a santificar o Batista. E tal é a glória de que o mesmo Verbo faz participantes aos que se ocupam em converter e santificar almas. Não glória como a dos bem-aventurados no céu, mas glória como a do mesmo Filho de Deus, que os faz bem-aventurados e que, para os fazer bem-aventurados, os enche primeiro de graça e de verdade: "Glória como glória verdadeiramente de Filho Unigênito do Pai, cheio de graça e de verdade".

§ IV

Esta é, irmãos caríssimos, a nossa e vossa vocação, a qual muitos não conhecem quando pedem ser admitidos a ela. Imos àquela portaria, vemo-nos cercados de muitos que andam pedindo, e se lhes perguntarmos por que pedem a Companhia, respondem: Padre, porque me quero salvar e ir ao céu. Se para isso só pedis: "Não sabeis o que pedis" (Mc 10,38). Se só quereis salvar a vossa alma e ir ao céu, ide a outras religiões muito santas, mas não à Companhia. O espírito da Companhia não é só salvar a alma própria, senão as alheias; não é só ser bem-aventurado, mas fazer bem-aventurados; não é só ir ao céu, mas levar e meter no céu todos os que por falta de fé ou de graça andam longe dele. Este é o altíssimo fim que há de pôr e trazer diante dos olhos todo o noviço da Companhia. Isto há de aprender e empreender, isto há de procurar e exercitar desde o mesmo noviciado, que, como disse, ou quis dizer ao princípio, é o ventre da Mãe.

Uma das mais notáveis ações de Cristo, Senhor nosso, foi esta primeira de sua vida, que imos ponderando: "Foi com pressa às montanhas, a uma cidade de Judá". Não reparo que a sua primeira jornada fosse a livrar do pecado uma alma, nem reparo que esta alma fosse de um homem natural de Judeia, porque o Senhor, como ele mesmo disse, foi missionário particularmente daquela nação: "Eu não fui enviado senão às ovelhas que pereceram da casa de Israel" (Mt 15,24). — Mas o que muito admiro e devem admirar todos é que comece esta missão antes de nascer. Nasça primeiro, e então fará esta jornada e muitas outras jornadas, nasça primeiro, e então vá livrar do pecado esta alma e muitas outras almas. Porém, que não aguardando o nascer, e que estando ainda no ventre de sua Mãe deixe a pátria, no ventre de sua Mãe caminhe às montanhas, no ventre de sua Mãe vá dar princípio à sua missão, com tanta pressa? Sim. Porque Cristo, Redentor nosso, não só havia de dar o exemplo, senão também ser o exemplar de todos os missionários em sua maior perfeição, e o perfeito e consumado missionário há de começar a sua missão desde o ventre da mãe.

Assim o fez o Menino-Deus recém-concebido, e assim o havia de fazer, porque assim estava profetizado dele por Isaías, quanto à vocação, quanto ao nome e quanto ao ofício, tudo desde o ventre da Mãe. Desde o ventre da Mãe quanto à vocação: "O Senhor desde o ventre me chamou" (Is 49,1); desde o ventre da Mãe quanto ao nome: "Desde o ventre de minha mãe se lembrou do meu nome" (Ibid.); desde o ventre da Mãe quanto ao ofício: "Formando-me desde o ventre materno para seu servo" (Ibid. 5). — E por que, e para quê? Por quê? Porque era missionário do povo de Israel. E para quê? Para que convertesse e reduzisse o mesmo povo a Deus. Assim o declara expressamente o profeta: "Formando-me desde o ventre materno para seu servo, para trazer Jacó a ele" (Ibid.). — A maior missão que nunca houve no mundo foi a do Povo de Israel. Maior, por ser a gente que Deus tinha escolhido e separado para si, entre todas as nações; maior, por ser a gente mais inclinada e dada às idolatrias da gentilidade; maior, por ser a gente mais rebelde, mais obstinada e de mais dura cerviz. E como a empresa era tão árdua e dificultosa, em que todos os patriarcas e profetas tinham trabalhado e padecido tanto, sempre debalde, para que o último e principal missionário de tal gente, na diligência, na aplicação e na eficácia, respondesse às obrigações de tamanho empenho, por isso foi não só conveniente, mas necessário — ainda naturalmente — que desse princípio à sua missão logo, desde o ventre da Mãe. Esta é a razão por que Deus lho mandou inculcar assim, uma, duas e três vezes, não só como a missionário de Israel, mas como mestre e exemplar de todos os missionários do mundo. Uma vez, para que se lembrem de sua vocação: "Me chamará pelo meu nome"; outra vez, para que respondam à significação de tão grande nome: "Desde o ventre de minha mãe se lembrou de meu nome"; e a terceira, para que se não contentem com menos que fazer do próprio ofício natureza: "Formando-me desde o ventre materno para seu servo". Esta é a energia daquele "formando": formando-se desde o ventre da Mãe, onde tudo o que vive e sente recebe a forma segundo a sua espécie.

§ V

O ventre da religião, meus caríssimos, é o noviciado. Porque assim como no ventre da mãe o que há de ser homem se concebe em um embrião imperfeito e informe, e pouco a pouco se vai dispondo e organizando, até que em todos os membros e oficinas das potências e sentidos seja capaz de receber e se lhe infundir a alma, e com ela a vida racional, assim no noviciado, com o conhecimento e exercício das virtudes, se purgam e purificam as imperfeições que trouxemos do mundo, e nos imos dispondo e habilitando para receber o espírito da religião e viver a vida religiosa em cada uma segundo seu instituto. Nas outras Religiões sinala-se para isso um ano de noviciado, na Companhia dois anos. E por quê? Porque as nossas obrigações são maiores e pedem sujeitos que se não geram senão mais devagar. Os elefantes, como dizem os naturais, andam dois anos no ventre da mãe, e não por outra razão ou providência da natureza, senão porque hão de ser elefantes. — Hão de ser uns corpos tão grandes, tão fortes e tão robustos, que cada um deles leve sobre si um castelo; e não basta para sustentar tão grande peso que só cresçam depois de nascidos, mas que comecem a se lhes criar as forças, endurecer os ossos e furnir os membros dentro do ventre da mãe. Admirável coisa é que lutasse Jacó com Deus e lhe resistisse tão fortemente que, confessando-se o mesmo Deus por vencido, lhe dissesse: "Se contra

Deus fostes tão forte, quanto mais prevalecerás contra os homens?" (Gn 32,28). — E donde lhe veio a Jacó tanta fortaleza, e como chegou a ser tão valente lutador, e tão invencível? Porque começou a exercitar esta arte e essas forças desde o ventre da mãe, lutando com Esaú: "Lutavam entre si no ventre" (Gn 25,22). O verdadeiro e valente missionário há de lutar com Deus e lutar com os homens: com Deus, obrigando-o por meio da oração, e com os homens, convencendo-os por meio da pregação; e tudo isto se há de começar a exercitar do ventre da mãe, e não esperar, como Cristo hoje não esperou, para depois de nascer.

Neste mesmo dia cantou Zacarias a Cristo: "Alumiai, Senhor, aos que estão em trevas e na sombra da morte" (Lc 1,79). — Assim alumiou Cristo ao Batista, que estava nas trevas do pecado original, que verdadeiramente é sombra da morte. Mas, quando o alumiou? Malaquias diz que Cristo nasceria como sol: "Nascerá para vós o sol da justiça" (Ml 4,2) — e este sol, quando alumiou aquelas trevas? Porventura depois de nascido? Não. É propriedade do sol alumiar antes de nascer. Quando o sol nasce, já estão dissipadas as trevas e alumiado o mundo por meio da aurora. Assim alumiou Cristo ao Batista antes de nascer, por meio da sua aurora, que é a Virgem Maria: "Levantando-se Maria, como a aurora quando se levanta" (Lc 1,39; Ct 6,9). — Ainda estava escondido no ventre da mãe, mas assim escondido, e antes de nascer, alumiou também antes de nascer ao maior dos nascidos: o alumiador e o alumiado ambos por meio das mães: "Assim que chegou a voz da tua saudação aos meus ouvidos, logo o menino deu saltos de prazer no meu ventre" (Lc 1,44).

Não posso deixar de reconhecer aqui o que nos acontece no sertão, quando o missionário não sabe a língua do que há de converter. Neste caso toma-se um e não poucas vezes dois intérpretes: um intérprete, por quem fala o missionário, e outro intérprete, por quem ouve o gentio. Assim foram intérpretes nesta ocasião a Virgem e S. Isabel. Cristo, que ainda não tinha o uso da língua, falou pela voz da Virgem: "A voz da tua saudação"; o Batista, que ainda não tinha o uso de ouvir, ouviu pelos ouvidos de Isabel: "aos meus ouvidos" — e desta maneira pôde o mudo falar ao surdo, e o missionário converter e o pagão ser convertido, não por si mesmos, senão por meio das mães, estando cada um no ventre da sua.

§ VI

Isto é o que fez e ensinou Cristo, isto o que imitou o Batista e isto o que ordenou Santo Inácio, para que, exercitando-se os noviços da Companhia desde o ventre da mãe no que hão de obrar quando maiores, o façam com a perfeição que é bem. Ordenou Santo Inácio que os noviços fizessem doutrinas nesta capela, e as fossem fazer àquela portaria, e que assistissem todos à repetição dos tons, e que decorassem um quarto de hora cada dia: para quê? Para que assim se ensaiassem e facilitassem a doutrinar e pregar. Ordenou que no primeiro ano do noviciado tivessem quatro semanas de exercícios espirituais: na primeira, meditando os motivos da via purgativa; na segunda e na terceira, os da iluminativa; na quarta, os da unitiva: para quê? Para que ali ajuntassem cabedal de razões fortes, sólidas e eficazes, com as quais, assim como se tinham persuadido e convencido a si mesmos, depois persuadissem e convencessem os do mundo. Ordenou que um mês servissem nos hospitais, e outro mês andassem em peregrinação, e mais tempo, quando convier: para quê? Para que abraçassem juntamente os dois polos em que se revolve e resolve todo o ministério de salvar almas, que são ensinar e padecer. Assim o ensinou o divino Mestre a S. Paulo: "Este é para mim um vaso escolhido para levar o meu nome diante das gentes" (At 9,15) — eis aí o ensinar. — "Porque eu lhe mostrarei quantas coisas lhe é necessário padecer pelo meu nome" (Ibid. 16) — eis aí o padecer.

Saem três noviços do noviciado em Portugal, sem mais que o seu bordãozinho na mão e o seu alforje ao tiracolo, debaixo das capas remendadas; e que fazem? Caminhando pelas estradas, vão sempre a pé e com olhos baixos, pedindo esmola e sustentando-se pobremente da que lhes dão, e mais pobremente da que lhes negam, recolhendo-se de noite aos hospitais e, onde os não há, dormindo nos palheiros: para quê? Para que aprendam, se endureçam e se costumem a padecer. E que mais fazem? Entrando pelas vilas e lugares convocam os meninos, a gente rude, vão às igrejas ou ermidas, sobem ao púlpito, primeiro que tudo ensinam a doutrina cristã, logo falam temerosamente da morte, do juízo e do inferno, bradando com as vozes ainda delgadas contra os pecados, e para quê? Para o que se experimenta comumente nos ouvintes, porque ouvindo-os daquela idade se enternecem, e eles os persuadem tanto com as suas palavras como com a sua modéstia e exemplo.

Lembra-me que, estando em Albano, quatorze milhas de Roma, em uma quinta nossa, vieram ali fazer noite três noviços da Companhia. E que tinham feito naquele dia? Pela manhã tinham pregado na paróquia, que é do Cardeal Ursino, onde então residia, ficando igualmente edificado de os ouvir aquele príncipe, tão grande no secular como no eclesiástico. À tarde foram em romaria a Nossa Senhora da Richa, onde viram debaixo de uma árvore uns homens jogando. Chegaram-se a eles, referiram-lhes o exemplo e documento de S. Francisco de Borja[2], o qual dizia que no jogo se perdiam quatro coisas: o tempo, o dinheiro, a paciência e muitas vezes a alma — e foi tal a eficácia com que lhes detestaram aquele custoso gênero de divertimento, que os jogadores, mais picados do que ouviam, se levantaram do jogo e lhes entregaram as cartas, que eles rasgaram. Lá fingiram os poetas que o seu Hércules no berço despedaçara serpentes. Tardaram em dizer no berço, porque os nossos Alcides dentro no ventre da mãe as despedaçaram. E não é isto ser já verdadeiros e valentes missionários? Pois todos eram noviços.

§ VII

E que direi dos nossos? É certo que não farão menos no mesmo ventre da mãe, senão muito mais e não daqui a muito tempo, senão dentro de poucas horas. Amanhã renovam os seus votos, votos oferecidos a Deus e feitos propriamente antes de nascerem, porque quando embora fizerem os do Colégio, então saem do ventre da mãe e então é que nascem. E disse que não farão menos amanhã senão muito mais, porque por meio dos mesmos votos, não só despedaçarão serpentes, mas degolarão os três monstros capitais a que se reduzem todos os vícios do mundo. "Tudo o que há no mundo" — diz S. João — "é concupiscência da carne, concupiscência dos olhos, e soberba da vida" (1Jo 2,16). — "Concupiscência dos olhos" é o amor das riquezas; e estes degolam e metem debaixo dos pés, dizendo: "Faço voto de pobreza". "Concupiscência da carne" é o apetite da intemperança; e este degolam e pisam, dizendo: "Faço voto de castidade". "Soberba da vida" é a ambição de mandar; e esta degolam, não pisando, mas deixando-se pisar e dizendo: "Faço voto de obediência". Degolados, pois, em si mesmos desde o ventre da mãe estes três monstros, que se segue de uma tão grande e primeira vitória? Segue-se que já ficam daqui tão valentes e poderosos missionários que, saindo depois a conquistar as gentilidades, facilmente derrubarão todas suas idolatrias. Os maiores e mais adorados ídolos da gentilidade também eram três: Júpiter no céu, Netuno no mar, Plutão debaixo da terra. E à voz dos que votam pobreza, cairá Plutão, que é o ídolo das riquezas; à voz dos que votaram castidade, cairá Netuno, que é o ídolo da intemperança; à voz dos que votaram obediência cairá Júpiter, que é o ídolo do mando e do império. E deste modo triunfarão de toda a idolatria da gentilidade, quando saírem ao campo os que antes da guerra e da batalha a levam já vencida.

§ VIII

Todos estes monstros e todos estes ídolos pisou o menino Batista com aqueles saltos que deu no ventre da mãe, que tão depressa arma e fortalece Cristo aos que faz seus missionários, qual o mesmo Batista foi: "Houve um homem enviado por Deus" (Jo 1,6). Ainda não tinha voz o que havia de ser "A voz do que clama" (Is 40,3), e com os gestos, movimentos e saltos do corpozinho que só tinha, já começava a pregar que era chegado o Messias; ainda não tinha voz o mais que profeta, e já profetizava quais haviam de ser os impulsos e empenhos da sua vida; ainda não tinha voz o precursor missionário, e já ia diante dos nossos mostrando-lhes como o haviam de imitar e seguir. Ele havia de morar no deserto: os nossos pelos matos e pelos bosques; ele havia de vestir peles de camelos: os nossos o burel de algodão grosseiro tinto nos tujucos; ele havia de se sustentar de gafanhotos: os nossos até de lagartos; ele havia de matar a sede com mel silvestre: os nossos com o lodo dos charcos e com as cacimbas das praias; ele havia de batizar no pequeno rio Jordão: os nossos no imenso das Almazonas; ele havia de converter homens, a que chamou víboras, mas da sua nação e da sua língua: os nossos a homens que se podem chamar feras, em línguas tão estranhas e bárbaras como as vozes dos brutos. Para isto hão de sair e partir daqui, deixando as capelas douradas, e os corredores azulejados, e os eirados de flores e vistas alegres, sem saudades, sem repugnâncias, sem temores, antes com júbilos de alegria e saltos de prazer: "O menino deu saltos de prazer no meu ventre" (Lc 1,44).

Finalmente, sobretudo: "Assim que chegou a voz da tua saudação" (Ibid.) — com a voz, com a luz, com a assistência e com a proteção da Virgem Maria, não só protetora e advogada, mas suavíssima Mãe de todos os noviços da Companhia, que a mesma Senhora instituiu. Em sua soberana presença hão de renovar amanhã os seus votos: "Diante da Santíssima Virgem Maria". E como todos aqui a servem com tão afetuosos e filiais obséquios, e a visitam e saúdam tão frequentemente todos os dias, não há dúvida que a mesma sacratíssima Virgem no dia de sua Visitação os visite e encha de todos os dons e graças do céu, de que encheu o menino precursor no ventre da mãe, e a mesma mãe, e a toda a casa de Zacarias. Zacarias quer dizer "Memória de Deus". E que casa há mais digna deste nome, e na qual a memória de Deus seja o perpétuo exercício da vida, e a alma de todas as ações, mais propriamente que este sagrado retiro da Companhia de Jesus? Como pode o mesmo Jesus deixar de visitar esta casa, e trazer a ela sua santíssima Mãe, para ambos santificarem as novas e inocentes almas, que tão antecipadamente desde o ventre da mãe se oferecem e dedicam ao serviço de uma e outra Majestade no exercício que sobre todos mais lhes agrada, qual é o das missões para que se criam? Assim será igualmente sem dúvida, por mercê, por privilégio e por graça própria deste dia, em que o mesmo Jesus, levado no puríssimo ventre de sua santíssima Mãe, a levou a santificar o seu primeiro missionário com tanta pressa: "Levantando-se Maria, foi com pressa às montanhas" (Lc 1,39).

FIM

NOTAS

SERMÃO DO SANTÍSSIMO NOME DE MARIA [p. 9-34]
Neste Sermão, Vieira apresenta uma série bastante grande de citações de autores que se referem a Maria. Por isso, as notas se apresentam bem enxutas, de acordo com as referências do autor.

1. A festa era apenas realizada em Cuenca, Espanha, quando foi instituída em 1513. Torna-se festa universal com o Papa Inocêncio XI, para comemorar a vitória sobre os turcos na Batalha de Viena, em 1683.
2. Ricardo de São Lourenço († 1250), em *De Laudibus beatae Mariae Virginis*, Liber IV.
3. Idiota († 1381), pseudônimo de Raimundo Jordão, agostiniano, abade. Em *Contemplação de Nossa Senhora*, Livro I.
4. Santa Brígida († 1373), fundadora da ordem do Salvador. Livro I, c. 19 das *Revelações*.
5. São Pedro Damião (1007-1072), em *Sermão 9 da Anunciação*.
6. Plínio, o Jovem (61-114), sobrinho de Plínio, o Velho, que o adotou. O *Panegírico de Trajano* (100) é o único texto. Escritor, relatou a erupção do Vesúvio (79) e se conservam 247 cartas escritas a amigos.
7. Aristóteles (384 a.C.-322 a.C.), em *Liber IV Metaphysicae*.
8. São Basílio de Selêucia († 468), MG 85 em *Oratio XXXII*, col. 359-365.
9. São Bernardo de Claraval (1091-1153), ML 183 em *Sermo I de Circuncisione*, col. 131-142B.
10. Ovídio (43 a.C.-18 d.C.), *Epistola ex Ponto* I, 1, 2.
11. Inocêncio III (1160-1216), papa. Decretou a Quarta Cruzada.
12. São Bernardino de Sena (1380-1444), franciscano, pregador e reformador. *In Sermones*, Tomus 4, Sermo 5, cap. 6.
13. São Bernardo de Claraval (1091-1153), ML 183 em *Sermo de Aquaeductu 4*.
14. São Bernardo de Claraval (1091-1153), ML 183 em *Sermo in Festo Annuntiationis B.M.V.*, col. 383A-398C.
15. Santo Tomás de Aquino (1225-1274), em *Super Epistolam S. Pauli ad Hebraeos Expositio*, Lectio 3, Hb 4,14-16. Tradução por Pe. Bral, tradução refeita e corrigida por Charles Duyck, 2008, publicação digital, The Complete Works of St. Thomas Aquinas <http://docteurangelique.free.fr>, 2004.
16. Santo Ambrósio (339-397), arcebispo de Milão, doutor da Igreja.
17. Arato [Aratus de Soli] (310-250 a.C.), na Macedônia. São Paulo cita o verso de abertura do *Poema Phaenomena* com invocação a Zeus: "Comecemos com Zeus, de que nós mortais nunca deixamos de lembrar. Porque toda rua, todo mercado está cheio de Zeus".
18. Santo Tomás de Aquino (1225-1274), em *Suma teológica*, Parte I, questão 13, passim, São Paulo, Edições Loyola, vol. I, 2001.
19. São Bernardino de Sena (1380-1444), franciscano, pregador e reformador. *In Sermones*.
20. Filo [Filon] de Alexandria (25 a.C.-50 d.C.), em *Livro sobre a agricultura*.

21. Santo Antonino (1389-1459), arcebispo de Florença, dominicano. É conhecido pelo seu escrito *Summa moralis*.
22. Ricardo de São Vítor († 1173), ML 196 em *Sermo de Assumptione*.
23. São Máximo de Turim († 423), ML 57 em *Sermones* in tres classes distributi, *Sermo in Raqmis Palmarum*.
24. Meneo Grego: Livro litúrgico do rito grego, em 6 volumes. Contém textos de cânticos e de leituras das festas do ano eclesiástico. Corresponde à liturgia das Horas da Igreja romana. Cf. Schlesinger, Hugo e Porto, Humberto, *Dicionário enciclopédico das religiões*, vol. II, Petrópolis, Vozes, 1995.
25. Ruperto Abade beneditino de Deutz (1075-1129), ML 169, em *In Cantica Canticorum De Incarnatione Domini Commentariorum*, Liber I, cap. VI, col. 837-961, et alibi.
26. São João Geômetra, em *Cat. Corder*. [referência do autor].
27. Santo Isaácio em *Meneo Grego*, cf. nota 24.
28. São Bernardo de Claraval (1091-1153), ML 183, *Sermo in Signum Magnum*.
29. São Gregório I Magno (540-604), papa. *Homiliarum* Liber I, in I Regum.
30. Santo Agostinho (354-430), ML 39 em Sermo V de *Nativitate Virginis*.
31. Santo Hesíquio de Jerusalém (séc. V), MG 93, em *Oratio 2* de Deipara.
32. São João Damasceno (675-749), monge de S. Sabas. MG 94 em *Tractatus 2 de Nativitate Virginis*.
33. Teostericto, monge (séc. IX). Autor de hinos religiosos.
34. Santo Anselmo (1033-1109), ML 158 em *Alloquium de Dei Existentia* 27.
35. São Boaventura (1221-1274), franciscano. In *Laudes Gloriosae Virginis* n. 2.
36. Cardeal Hugo de São Vítor († 1141), em Salmo 90.
37. São João Damasceno, em *Oratio 2 de Assumptione*. Cf. nota 32.
38. Santo André, apóstolo, irmão de S. Pedro. Evangelizou os Sitas. Morreu na cidade de Petras, na Acaia, crucificado numa cruz em X. Em Jacopo de Varezze, Legenda áurea, São Paulo, Companhia das Letras, 2003, 8, p. 62s. Em *Oratio de Nativitate Virginis*.
39. Santo Ildefonso de Toledo (607-667), doutor da Igreja e considerado o último Padre da Igreja. Em *Sermo I de Assumptione*.
40. Ruperto, abade beneditino de Deutz (1075-1129), em *Cantica*, cap. 5.
41. Santo Anfilóquio (séc. IV). Oratio in *Sanctam Deiparam*.
42. São Bernardo de Claraval (1091-1153), ML 183 em *Sermo de Nativitate Virginis*.
43. Santo Ambrósio (339-397), arcebispo de Milão. Em *Liber de Virgine*.
44. Santo André, apóstolo, irmão de S. Pedro. Em *Oratio 2 de Assumptione*. Cf. nota 38.
45. São Bernardo de Claraval (1091-1153), ML 183, em *Sermo de Nativitate Virginis*.
46. Crisipo de Jerusalém (séc. V), capadócio que foi guarda da santa Cruz, na basílica da *Anastasis*, em *Homilia sobre a Mãe de Deus*.
47. São Germano de Paris (séc. VI), em *Oratio de Fasciis Salvatoris*.
48. Santo Efrém, sírio (306-373), monge, doutor e padre da Igreja. Em *De Laudibus Virginis*.
49. São Pedro Damião (1007-1072). *Sermão da Anunciação*. Cf. nota 5.
50. Ricardo de São Lourenço († 1250), em *Oratio Super cap. 6 Oseae*. Cf. nota 2.
51. São Jorge da Nicomédia (séc. IX), monge. Em *Oratio de Oblatione*.
52. São Pedro Crisólogo (406-450), bispo de Ravena, ML 52 em *Sermones*, Sermo 99.
53. Santa Gertrudes, A Grande (1256-1325), mística alemã. Em *Liber 3 de Divinis Insinuationibus*, cap. 19.
54. Santo Agostinho (354-430), em *Sermo 35 de Sanctis*. Vieira atribui esta expressão a São Jerônimo, no Sermão XXI, § III, do vol. VI, Rosa Mística.
55. Santo André de Creta (660-740), em *Oratio 3 de Assumptione*.
56. Santo Antonino (1389-1459), arcebispo de Florença. Em *Opusculum de Beata Maria*, cap. 38. Cf. nota 21.
57. São Sofrônio de Jerusalém (560-619), em *Homilia de Assumptione*.

58. Ricardo de São Lourenço († 1250), em *De Laudibus beatae Mariae Virginis* c. 6. 9. Cf. nota 2.
59. São Bernardo de Claraval (1091-1153), ML 183 em *Epistola 149.* Cf. nota 9.
60. São Metódio, patriarca de Constantinopla († 847), MG 18 em *Sermo de Simeone et Anna,* 16, col. 382.
61. São Pedro Damião (1007-1072), em *Sermo 2 de Nativitate Virginis.* Cf. nota 5.
62. São João Geômetra, em *Hymnus 4 de Beata Virgine.* Cf. nota 26.
63. Santa Brígida da Suécia (1303-1373), em *Livro das Revelações.*
64. Crisipo de Jerusalém (séc. V), em *Homilia sobre a Mãe de Deus.* Cf. nota 46.
65. São Gregório de Nazianzo (329-389), MG em *In Laudem Cypriani,* col. 329-390.
66. Santo Tomás de Aquino (1225-1274), em *Collationes super Credo in Deum* ou *In Symbolum Apostolorum scilicet "Credo in Deum"* ou *Expositio In Symbolum Apostolorum* [Opus 58. c. 25].
67. São Bernardo de Claraval (1091-1153), ML 183 em *De Laudibus Virginis.* Cf. nota 9.
68. Guilherme Parisiense, em *Evangelhos e Epístolas,* Lisboa, Biblioteca Nacional, Inc. 533 [In festo Assumptionis, Relat. 3].
69. Andreas de Jerusalém, MG 97, col. 790-1444. Em *Sermo de Annuntiatione.*
70. São Teodoro Studita (758-826), abade do Mosteiro de Studion, desenvolveu a liturgia e durante sua vida se opôs aos iconoclastas e às autoridades contrárias às leis da Igreja.
71. São Fulgêncio de Ruspe (467-532), bispo na Tunísia. ML 65. Cf. *Sermones* [Em Mitologia].
72. Santo Epifânio (315-403), MG 43, em *Homiliaqe Septem, Homilia VI De Laudibus Sanctae Mariae Deiparae,* col. 485-500.
73. Santo Antonino (1389-1459), arcebispo de Florença. Cf. nota 21.
74. Filo [Filon] de Alexandria (25 a.C.-50 d.C.), em *Antiguidades bíblicas.*
75. Justus Lipsius (Joost Lips) (1547-1606), in *Poliocertic.,* Liber 4.
76. Idiota († 1381), pseudônimo de Raimundo Jordão, agostiniano, abade. Em *Contemplação de Nossa Senhora,* Livro V.
77. Pedro Blesense (séc. XIII), nascido em Blois (França) e falecido em Londres. O texto desta nota coincide em seu conteúdo com o texto das notas seguintes, 78 e 79.
78. São Pedro Damião (1007-1072). Cf. nota 5.
79. São Gerardo (séc. XIV-XV), bispo das Panônias. Em *De probatis Sanctorum historiis,* de Aluisius Lipomano (1500-1559), revisto por Laurentius Surius (1522-1578).
80. Tomás de Kempis (1380-1471), monge e escritor místico alemão. Sua obra mais conhecida é *A imitação de Cristo* [In Hosp. aup. c. 15 – referência do autor].
81. Santo Antônio de Lisboa (1192-1231), doutor evangélico. No *Sermão II do 3º Domingo da Quaresma.*
82. Ricardo de São Lourenço († 1250). Cf. nota 2.
83. Santo Ambrósio (339-397), arcebispo de Milão. ML 14. Cf. nota 3.
84. São Bernardo de Claraval (1091-1153), ML 183. Cf. nota 9.
85. São Pedro Crisólogo (406-450), bispo de Ravena. ML 52. Sermão 64. Cf. nota 8 do Sermão VI do vol. V (Rosa Mística).
86. Santa Brígida da Suécia († 1373). Livro I, c. 19 *das Revelações.* Cf. nota 63.
87. Santo Alberto Magno (1193-1280), teólogo dominicano, doutor da Igreja. In *Evangelium Secundum Lucam,* cap. I.
88. Santo Tomás de Aquino (1225-1277), em *Suma teológica,* Pars III, quaestio 66, articulus 6, ad I, São Paulo, Edições Loyola, vol. IX, 2006.
89. São Bernardino de Sena (1380-1444). In *Sermones, Sermo 2 de Assumptione.* Cf. nota 12.
90. Georgio Veneto, em *Arm. Mundi,* Cant. I, tit. 5.
91. Franco Abade de Affligem [Bélgica] († 1134), em *De gratia et beneficentia Dei libri XII.* Cf. *De Gratia Novi Testamenti* [referência do autor].

92. São Germano (610-733), patriarca de Constantinopla, em *Oratio V in Dormitione Deiparae*.
93. Cf. nota 92.
94. Santo Eustáquio (séc. I), mártir; Beato Guilherme [Guerric d'Igny] (cerca de 1080-1157), abade cisterciense. Em *História Cisterciensis Quintaduenas*, liber de Nomine Mariae, Belvasco in *Speculo Historiae* liber 64, cap. 116.
95. São Beda, o Venerável (672-735), ML 92 em *Evangelium Expositio*.
96. São Pedro Crisólogo (406-450), bispo de Ravena. ML 52. Cf. nota 9.

SERMÃO DE QUARTA-FEIRA DE CINZA [p. 35-50]

1. São Pedro Crisólogo (406-450), bispo de Ravena, ML 52 em *Sermones*.
2. Ruperto (1075-1129), abade beneditino de Deutz e comentador dos livros sagrados. ML 167 em *Liber in Joannem*; Santo Isidoro Pelusiota (355-440), autor de *De locis S. Scripturae moribusque formandis* [referência do autor].
3. Concílio Toledano Terceiro (589), 3 *Relatio cap. Qui de Vera 13* [referência do autor].
4. Marcus A. Lucano (39-65), em *Pharsalia*, poema épico sobre a guerra civil entre César e Pompeu, Livro I, 127.
5. Secundus (Philosophus de definitionibus), em *Responsa ad interrogata Adriana* [Ex Vincentio Bellovacensi Speculo hist. Lib. X, cap. LXXI].
6. Sêneca (4 a.C.-65 d.C.), em *Hercules Furens*.
7. Heródoto (485?-420 a.C.), geógrafo e historiador grego, continuador de Hecateu de Mileto, em *As histórias*, Livro 2.
8. Plutarco (45-125), filósofo e prosador grego do período greco-romano, em *Consolatio Ad Apollonium*, no livro 2 dos *Moralia*.
9. Virgílio (70-19 a.C.), em *Eneida*, Livro 1, v. 98.
10. Santo Agostinho (354-430) [referência do autor]. Cf. Santo Anselmo (1033-1109), ML 158 em *Proslogium seu Alloquium de Dei existentia*: encontram-se as expressões: Beati quidquid volunt, erit, et quod nolunt, non erit. Cf. também: Cf. Ignoti Auctoris, *De Beatitudine*, cap. 3.
11. Sêneca (4 a.C.-65 d.C.), em *A tranquilidade da alma* XVI, 1-4.
12. Sêneca (4 a.C.-65 d.C.), em *Epistolae Morales ad Lucilium XIV-XV*, Epistola CXV.
13. Antígono Monoftalmo (382 a.C.-301 a.C.), nobre macedônio, general e sátrapa de Alexandre Magno. Morreu na batalha de Ipso.
14. Valério Máximo (séc. I a.C.-séc. I d.C.), em *Factorum et Dictorum Memorabilium Libri Novem*, Liber VII, cap. 1.
15. Santo Agostinho (354-430), ML 39 em *Sermones Suppositi, Classis III De Diversis*, Sermo CCXCIII, 2.
16. Sileno era, na mitologia grega, um dos seguidores de Dioniso, seu professor e companheiro fiel. Quando estava sob o efeito do álcool, Sileno adquiria conhecimentos especiais e o poder da profecia. Midas: como recompensa por achar o pai de criação de Baco, o rei Midas pediu que tudo o que tocasse virasse ouro. Citados por Plutarco (45-125), filósofo e prosador do período greco-romano, em *Consolatio Ad Apollonium*.
17. Juno: na mitologia romana, é a esposa de Júpiter e rainha dos deuses. Biton e Cleobo: filhos da sacerdotisa Agria. Agamedes e Trofônio: arquitetos. A eles eram atribuídas algumas das mais famosas construções da Grécia, como o templo de Apolo em Delfos. Citados por Platão (428-347 a.C.) [referência do autor].
18. Tácito (55-120), conhecido por suas obras, uma vez que são poucos os dados de sua infância e sua juventude. Chegou a ser Cônsul em Roma. Cf. *Historiae e Annales*, que relatam os acontecimentos, ano por ano, de 14 a 68 e de 69 a 96, respectivamente.

19. Marcus A. Lucano (39-65), em *Pharsalia*, poema épico, sobre a guerra civil entre César e Pompeu, Livro 7, 819.
20. Abade Moisés (séc. IV), em Heribert Rosweyde (1569-1629), em *De Vitis Patrum*, Liber 7, cap. 26.

SERMÃO DE SANTO ANTÔNIO [p. 51-67]

1. Hugo de São Vítor [Vitorino] († 1141), cardeal. *Sobre o Salmo 97*.
2. Santo Antônio de Pádua (1195-1231), português, seu nome de batismo era Fernando de Bulhões, e doutor da Igreja.
3. Valério Máximo (séc. I a.C.-séc. I d.C.), em *Factorum et Dictorum Memorabilium Libri Novem*, Liber VII, cap. 3,7.
4. Jean Lorin [Lorino] (1559-1634), em *Commentarii in Librum Psalmorum, in Psalmum 117*.

SERMÃO DA TERCEIRA DOMINGA DO ADVENTO [p. 69-85]

1. Símaco, o Ebionista (séc. II), um dos quatro tradutores da Bíblia mencionado por São Jerônimo na carta 18B ao Papa Damaso: A dos Setenta [Septuaginta], A de Áquila, A de Símaco e A de Teodocião. A *Quinta* é Anônima referida por Orígenes, Eusébio (*História eclesiástica* 6.16.2) e Epifânio (*De Mensura et Pondere*).
2. As Doze Tribos: Ruben, Simeão, Judá, Zebulão, Isacar, Asher, Neftáli, Efraim, Manassé, Gad, Benjamim e Levi.
3. São João Crisóstomo (347-407), em *De Davide et Saule* (Corpus Christianorum Series Graeca 70 [referência do autor].
4. São Basílio de Selêucia (469) [referência do autor].
5. Títiro: referência ao personagem das *Églogas* de Virgílio, cf. *Ecogla I Tityrus* – Meliboeus, Tityrus.
6. São João Crisóstomo (347-407), citado por São Jerônimo (347-420), em ML 29, *Tractatus in Marci Evangelium* [referência do autor].
7. Colocondá, na Índia. Cf. Manuel Bernardes (1644-1710), português, em Nova Floresta: "Dos reinos do Decão e Bisnagar e de Colocondá, na Índia Oriental, leva esta diamantes; dos reinos de Pegu e da cidade de Calecut e da Ilha de Ceilão, safiras".
8. Cornélio A Lápide (1567-1637), exegeta. Sua obra compreende *Comentários sobre os Livros da Bíblia*. Em *Comentário ao Livro de Jeremias* 1,6.
9. Santo Tomás de Aquino (1225-1274), *In Ieremiam Ptophetam expositio*, cap. 1, Lectio 3.

SERMÃO DAS OBRAS DE MISERICÓRDIA [p. 87-102]

1. Hoje se usa a palavra "transfusão".
2. São Cipriano (200-258), MG 72-76 / ML 3-7 em *Sermones*. Cristo está no pobre.
3. São Pedro Crisólogo (406-450), bispo de Ravena. ML 52. Cristo é o mesmo pobre.
4. São João Crisóstomo (347-407), MG 47-63. Cristo identifica-se com o pobre.
5. Sêneca (4 a.C.-65 d.C.). Atribui-se a Sêneca essa proposição, embora só conste nas *Opera quae supersunt*, vol. I; no quarto epigrama está o verso: "*Res est sacra, miser, noli me tangere fata*".
6. São João Damasceno (675-749), MG 96. Cf. *Hymnus in S. Basilium* (319-379).
7. São Martinho (316-397). Inicialmente eremita, depois militar; faleceu como bispo de Tours.
8. Santo Agostinho (354-430), ML 42 em *De Trinitate*, Liber II, cap. X/XI Visio Abrahae.
9. São Bernardo de Claraval (1091-1153), ML 183 em *Sermones de Diversis*, XLI-LXXX, Sermo LIX, *De Tribus Panibus Hominis Spiritualis*.
10. São Gregório de Nazianzo (329-389) participa do Concílio de Constantinopla (381). Demite-se e refugia-se na solidão da Capadócia [referência do autor].
11. Santo Agostinho (354-430), ML 41 em *De Civitate Dei*, Liber X, cap. V.

12. Santo Agostinho (354-430), ML 38 em *Sermones I*, Sermo LX *De Verbis Evangelii Matthaei*, cap. VI, 19-21, Exhortatorius ad faciendas eleemosynas, 10 [*Sermo 33, de Diversis* — referência do autor].

SERMÃO DA PRIMEIRA OITAVA DA PÁSCOA [p. 103-117]
SEM NOTA

SERMÃO DA SEGUNDA OITAVA DA PÁSCOA [p. 119-135]
1. Santo Agostinho (354-430), ML 41 em *De Civitate Dei contra Paganos* Libri XXII, Liber XIX, 13,1.
2. Santo Agostinho (354-430), ML 41 em *De Civitate Dei contra Paganos* Libri XXII, Liber XIX, 12,1.
3. Santo Ambrósio (339-397), bispo de Milão. ML 14-17 [referência do autor].
4. Dionisio Cartusiano (1402 1471), em *Enarrationes piae ac eruditae, in quinque Mosaicae legis libros*. Aristóteles (384 a.C.-322 a.C.) em *Physica*.
5. Mestre Diego Laínez (1512-1565), II Superior-Geral da Companhia de Jesus e Padre Conciliar em Trento. Suas obras: *Vida de Santo Inácio de Loyola* e *Disputationes variae ad Concilium Tridentinun spectantes*.
6. Santo Ambrósio (339-397), bispo de Milão. ML 14 em *Hesaëmeron Libri sex*, Liber IV, 6.
7. Teofilato († 1118), arcebispo de Ochrida, na Bulgária [referência do autor].
8. São Fulgêncio de Ruspe (467-532), bispo na Tunísia. ML 65. Cf. *Sermones* [referência do autor].
9. "*De interiori domo*" – Auctor incertus [São Bernardo de Claraval? (1091-1153)] [referência do autor].
10. São Pedro Crisólogo (406-450), bispo de Ravena. ML 52 em *Sermones*, Sermo II.
11. Cardeal Hugo de São Vítor († 1141). [Auctor incertus] [referência do autor].
12. São Bruno de Asti ou de Segni (1045-1123), ML 165 em *Commentaria in Luccam*, col. 313.

SERMÃO DE NOSSA SENHORA DA CONCEIÇÃO [p. 137-150]
1. As Graças *Gratis Datae* (Carismas do Espírito Santo) têm como meta o bem comum da Igreja. No ensino religioso distinguiam-se geralmente: "Graça Santificante" (o estado de graça) e "Graça Atual" (a graça para cada ato em particular). Em *O novo catecismo*, São Paulo, Heder, 1969, p. 335.
2. Cardeal Hugo de São Vítor († 1141) [referência do autor].
3. Santo Tomás de Aquino (1225-1277), em *Suma teológica*, Pars III, quaestio IX, articulus IV. [Em seu primeiro ensinamento (cerca de vinte anos antes), Santo Tomás não admitia que Cristo pudesse ter uma ciência natural adquirida; ele só lhe reconhecia a visão beatífica e a ciência infusa (*III Sent.*, D. 14, q. 1, a. 3, sol. 3). Ele abandona aqui formalmente essa opinião.] São Paulo, Edições Loyola, 2002, p. 207-210. Gabriel Vasquez (1549-1604), teólogo. In 3 partem tomi I, disputatio 55 [referência do autor].
4. Cardeal Hugo de São Caro [Saint-Cher] († 1263), em *Opera Omnia in Universum Vetus et Novum Testamentum*.
5. São Metódio de Olimpus († 311), bispo e mártir. MG 18 em *Excerpta ac Orationes Aliquot* [referência do autor].
6. São Bernardo de Claraval (1091-1153), ML 182 em *De Diligendo Deo*, col. 971-1000B.
7. Santo Ambrósio (339-397), ML 14 em *Liber de Isaac*, cap. 3 [referência do autor].
8. São Pedro Crisólogo (406-450), bispo de Ravena. ML 52 em *Sermones*.
9. Ovídio (43 a.C.-18 d.C.), em *Fastus* lib. I, verso 1.493 (de Ponto).
10. Sêneca (4 a.C.-65 d.C.), em *De Remedio Fortunae*, 8,2.
11. Hugo de São Vítor [Vitorino] († 1141), ML 176 em *Eruditionis Didascalicae Libri Septem*, col. 739.
12. São Gregório de Nazianzo (329-389), MG 36 em *Funebris oratio in laudem Basilii Magni Caesareae in Cappado*.

SERMÃO DA TERCEIRA DOMINGA *POST EPIPHANIAM* [p. 151-168]

1. M. Túlio Cícero (106 a.C.-43 a.C.), em *Oratio pro Ligario*, XII.
2. "Membrot": "... porque Membrot, filho de Chus e neto de Cham, deu nome de seu pai às terras orientais, onde habitou e povoou (cf. Gn 10,8ss). Os descendentes deste mesmo Membrot e deste mesmo Chus, como diz Éforo, referido por Estrabo, e os que depois passaram à África e a povoaram levaram consigo o nome que tinham herdado de seu pai e do avô, e assim como uns e outros na língua latina se chamam *Aethiopes* e a sua terra *Ethiopia*, assim uns e outros na língua hebreia se chamam *Chuteos* e a sua terra *Chus*". Em A. VIEIRA, *História do futuro*, José Carlos Brandi Aleixo (organizador), Brasília, Editora Universidade de Brasília, 2005, p. 338.
3. São Máximo, o Confessor (580-662). MG 4, em *Mystagogia* [referência do autor].
4. Sêneca (4 a.C.-65 d.C.), em *Epistolae Morales ad Lucilium* XI-XIII Epistola 87, 38.
5. Solon (640 a.C.-560 a.C.), poeta e legislador ateniense.
6. Dom Sancho I (1154-1211), Filho de Dom Afonso Henriques (1111-1185).
7. Sêneca (4 a.C.-65 d.C.), em *Medeia*, CXCIV.
8. Santo Agostinho (354-430), ML 40 em *De Symbolo Sermo ad Catechumenos I*, cap. I, 2.
9. Santo Agostinho (354-430), ML 40. Cf. nota 8.
10. Virgílio (70 a.C.-19 a.C.), em *Eneida*, Livro IV, versos 88-89. Em Odorico MENDES, *Eneida brasileira*, Campinas, Editora Unicamp, 2008, p. 146. Assim traduz: "Não medram torres, de armas cessam moços;/diques, molhes, baluartes, fortalezas,/impendentes merlões, fábricas param/já não labora a máquina altaneira".
11. Dionísio Cartusiano (1402-1471), em *Enarrationes piae ac eruditae, in quinque Mosaicae legis libros* [referência do autor].

SERMÃO DA SANTA CRUZ [p. 169-182]

1. João Lucio de AZEVEDO, *História de Antônio Vieira*, tomo 1, São Paulo, Alameda, 2008, p. 57-60.
2. Orígenes (185-253), MG 13/14. Cf. *Commentaria in Evangelium Matthaei (13) et Joannis (14) — et Scholia in Lucam (13)* [referência do autor].
3. Plínio (23-79) em *Naturalis Historia*, Liber XVIII, 19.
4. Santo Isidoro Pelusiota (355-440), MG 78 em *Epistolarum Libri Quinque*, Epistola 294, col. 178-1.678 [referência do autor].
5. Aurélio Cassiodoro (490-581), escritor e estadista romano. Em *Variarum Libri Duodecim*, Liber VIII, IX.
6. Estrobeu [João Stobeu] († 500), compilador de uma série de fragmentos dos autores gregos, em dois volumes: *Éclogas e Florilégio*.
7. Flávio Josefo (37-100), em *Antiguidades judaicas* [referência do autor].
8. São João Crisóstomo (347-407), MG 56 em *In Heliam Prophetam Sermo*, col. 583.
9. Ruperto Abade de Deutz (1075-1129), ML 167 em *Comentarius in Librum Regum*, 5,10. Cf. nota 2.
10. São Lourenço Justiniano († 1455), primeiro patriarca de Veneza. Suas obras compreendem Sermões, Cartas e Tratados sobre Ascese. Em *De Triumpho. Christi Agone*, cap. 18 [referência do autor].
11. São Bernardo de Claraval (1091-1153), ML 183 em *De Passione*, cap. 3 [referência do autor].
12. Teofilato († 1118), arcebispo de Ochrida, na Bulgária. MG 123. Cf. em *Argumentum in Evangelium secundum Joannem*, col. 1127.
13. São João de Antioquia († 442), bispo. Sua obra consiste em *Cartas*.
14. Luís Pereira, a *Elegiada* é a obra citada, porventura de cor, sem absoluta fidelidade à letra do poema impresso e omitindo que ali se fala dos últimos feitos de D. Sebastião em Alcácer Quibir: "Leva na terza espada que menea./A sua própria vida, e a morte alhea" (*Elegiada*, Lisboa, 1588, 262v).

SERMÃO DE SANTA IRIA [p. 183-197]
1. Ovídio (43 a.C.-18 d.C.), em *Ars amatoria*, 2, 1 13.
2. Sêneca (4 a.C.-65 d.C.), em *Phaedra* ou *Hypolitus*, 773.
3. Sócrates (469 a.C.-399 a.C.) [referência do autor].
4. Teofrasto (372 a.C.-287 a.C.) sucedeu a Aristóteles na Escola Peripatética [referência do autor].
5. São Jerônimo (347-420), ML 23 em *Adversus Jovinianum Libri duo*, Liber I, cap. 49, col. 318.
6. Santo Ambrósio (339-397), em *Liber de Susanna* [referência do autor].
7. Santo Agostinho (354-430), em Sermo 355 *De Moribus Clericorum* Sermo I, 1. Cf. em Santo Tomás de Aquino (1225-1274), em *Quaestiones disputatae de Virtutibus*, quaestio III, articulus 2, passim.
8. O sentido original do versículo da Vulgata, adaptado por Vieira, é o seguinte: "Sião, cidade da nossa fortaleza, é o salvador: ele será posto nela por mural e antemural" (Is 26,1).

SERMÃO DA VISITAÇÃO DE NOSSA SENHORA [p. 199-213]
1. Paulo Fábio, cf. Tito Lívio (59 a.C-17 d.C.), em *Ab Urbe Condita* Liber XLV,41 = Lucilio Emilio Paolo celebra a própria Vitória.
2. Santo Tomás de Aquino (1225-1274), em *Suma teológica*, Parte I-II, questão 82, artigo 1, ad 1 = "*Privatio originalis justitiae*", São Paulo, Edições Loyola, 2005, vol. IV. Santo Anselmo (1033-1109), ML 158, em *Liber De Conceptu Virginali et Originali Peccato*, col. 434 ss. = "*Carentia [absentia] originalis justitiae*".
3. Sêneca (4 a.C.-65 d.C.), em *Troades* CCXCI, citando o rei gentio Agamenão (rei de Micenas e de Argos, chefe na batalha de Troia). Cf. Sermão do Bom Ladrão, § VI, em Antônio Vieira, *Sermões*, vol. III, São Paulo, Edições Loyola, 2009.
4. Suetônio (69-141), biógrafo e cronista, em *De Vita Caesarum* [A Vida dos Doze Césares].
5. Sêneca (4 a.C.-65 d.C.), em *Hercules Furens* 524.
6. Santo Elígio [St. Eloi] (588-660), bispo de Noyon-Tournai. ML 87 em *Homiliae in Coena Domini*, col. B593-654A, passim.
7. Santo Tomás de Aquino (1225-1274), em *Leitura I*, do *Breviário da Ordem dos Pregadores*, Ofício de Matinas.
8. São Cirilo de Alexandria (370-444), MG 70 em *Commentarii in Matthaeum*, col. 365-470.
9. Francisco de Toledo (1532-1596), cardeal jesuíta. Publicou *Comentários exegéticos à Suma teológica*.

SERMÃO DA SEGUNDA-FEIRA DEPOIS DA SEGUNDA DOMINGA DA QUARESMA [p. 215-241]
1. Aretas (séc. VI), etíope. Em *Comentário ao Apocalipse* [referência do autor].
2. Em grego, a palavra "eu" quer dizer "o bem".
3. Flávio Josefo (37-100), em *Antiguidades judaicas*.
4. Virgílio (70 a.C.-19 a.C.), *Eneida*, livro II, versículo 351-352. Odorico Mendes traduz: "Esteios deste império, os deuses todos/foram-se, aras e templos desertando".
5. São Leão Magno, papa († 461). ML 54 em *Sermones In Praecipuis Totius Anni Festivitatibus Ad Romanam Plebem Habiti*, Sermo LXVIII (al. LXVII), *De Passione Domini* XVII, cap. III, col. 266. Cf. Sermo LIX (al. LVIII), *De Passione Domini* VIII, cap. VII, passim, col. 228.
6. Teofilato († 1118), arcebispo de Ochrida, na Bulgária. MG 123 em *Enarratio in Evangelium Matthaei*, col. 145-478.
7. Cardeal Hugo de São Vítor († 1141), em *Salmo 80* [referência do autor].
8. Marcus Valerius Marcial (38-102), em *Epigrammata*, I, 15, 11-12.
9. Santo Agostinho (354-430), ML 37 em *Enarrationes in Psalmum CXVIII*, Sermo XXIX, 1 (v. 145).

10. Santo Isidoro Pelusiota (355-440) nasceu em Alexandria, no Egito, padre do deserto. MG 78 [referência do autor].
11. Expressão atribuída a Santo Agostinho e a São João Crisóstomo.
12. Santo Agostinho (354-430), ML 39, em *Sermones Ad Populum. Classis V. Sermones Dubii*, col. 1714.
13. Santo Ambrósio (339-397), ML 16, em *De Paenitentia Libri Duo* [referência do autor].
14. Lirano [Nicolau de Lira] (1270-1349), em *Postillae perpetuae in Universam Sacram Scripturam*.
15. Santo Ambrósio (339-397). Cf. nota 13.

SERMÃO RESSURREIÇÃO DE CRISTO S. N. [p. 243-265]

1. Platão (428-347 a.C.). Cf. Diálogo *Lísis*.
2. Santo Eutímio, o Grande (377-473), discípulo de São João Crisóstomo. MG 128-131. Fiel ao Concílio de Calcedônia, exerceu grande influência no monaquismo palestinense. Em *Cap. 68 in Matthaeum* [referência do autor].
3. Juan Maldonado (1534-1583), em *Commentaria in Matthaeum*, cap. 28.
4. Santo Agostinho (354-450), ML 42 em *De Trinitate*, Liber IV, cap. VI.
5. São Leão Magno († 461), papa. ML 54 em *Sermones In Praecipuis Totius Anni Festivitatibus Ad Romanam Plebem Habiti*, Sermo I de *Ressurrectione*.
6. Santo Anselmo (1033-1109), em *In Matthaeum*, cap. 12 [referência do autor].
7. Cardeal Hugo de São Vítor († 1141), em *Salmo 118*.
8. Santo Agostinho (354-430), ML 36 em *Enarrationes in Psalmos*, in Psalmum 67, 2, vers. 2.
9. A frase em latim é: "*Benedictus Dominus die quotidie*".
10. São João Crisóstomo (347-407), MG 55, 35, 5, 526, in *Psalmum 5, 3 ad illa: Mane exaudies vocem meam*.
11. Santo Agostinho (354-430), in *Psalmum 138* citado por Cornélio A Lapide (1567-1637), professor de exegese bíblica em Louvain e em Roma. Comentou grande parte dos livros canônicos.
12. Ovídio (43 a.C.-18 d.C.), em *Metamorphoses* Livro II, 153-154.
13. Santo Atanásio (295-373), bispo de Alexandria [referência do autor].
14. A expressão "*Non plus ultra*", inscrita nas Colunas de Hércules, indicava o ponto final além do qual não se podia ir. Literalmente, quer dizer: "Não (vá), mais além".
15. São Bernardo de Claraval (1091-1153), ML 183 em *Sermones ad Canticum*, Sermo 69, col. 785-1198A.
16. Santo Agostinho (354-430) [referência do autor].
17. Virgílio (70 a.C.-19 a.C.), em *Eclogae* I, v. 6.
18. Hino do Breviário latino: *Hino de Vésperas do Tempo Pascal*.
19. Plínio, o Velho (23-79). Sua obra mais citada é *Naturalis Historia*. Aqui: In Libro XXIV, 46-47.

EXORTAÇÃO EM VÉSPERA DO ESPÍRITO SANTO [p. 267-277]

1. Santo Agostinho (354-430), em *Confessiones* "*Da quod jubes, et jube quod vis*", Liber X, cap. 29, et passim.
2. As Graças *Gratis Datae* (Carismas do Espírito Santo) têm como meta o bem comum da Igreja. Em *Catecismo da Igreja Católica*, 2003, 5. ed., São Paulo, Edições Loyola, 1993.
3. Trigaucio [Trigault Nicolas] (1577-1628), jesuíta, missionário na China. Em *Historia Chinae*.
4. Amônio Sacas (175-242), neoplatônico da escola de Alexandria e mestre de Plotino, preocupou-se com a metafísica e a ética. Citado por Juan Maldonado (1533-1583).
5. Pseudo-Dionísio Areopagita (séc.V-séc.VI), autor, entre outros livros, de *Nomes Divinos*, de *Hierarquia eclesiástica* e de várias cartas. MG 3. Cf. *Epistolae*.

6. Referência aos assim chamados Quarenta Mártires do Brasil. Trata-se de 40 jovens jesuítas, entre 20 e 30 anos de idade, que se dirigiam de barco para o Brasil e que, nas Ilhas Canárias, foram interceptados por navios de calvinistas e os deitaram ao mar. Era o dia 15 de julho de 1570. Chefiados pelo Padre Inácio de Azevedo, 32 eram portugueses e oito espanhóis.

EXORTAÇÃO EM VÉSPERA DA VISITAÇÃO DE NOSSA SENHORA [p. 279-287]
1. Diego Laínez (1512-1565), teólogo jesuíta, participou do Concílio de Trento e sucedeu a Santo Inácio de Loyola no Governo Geral da Companhia de Jesus. Santo Inácio de Loyola (1491-1556), fundador da Companhia de Jesus. Escreveu cartas e livros, como *Exercícios Espirituais* e *Summarium Regularum*.
2. São Francisco de Borja (1510-1572), Vice-Rei da Catalunha, Duque de Gandia. Viúvo, entrou na Ordem dos Jesuítas.

SEXTA PARTE

*Em Lisboa,
Na Oficina de Miguel Deslandes*

*Impressor de Sua Majestade.
À custa de Antônio Leite Pereira, Mercador de Livros.*

MDCLXXXX.

Com todas as licenças necessárias e privilégio real.

CENSURAS

Censura do M. R. P. M. Fr. Tomé da Conceição da Sagrada Ordem do Carmo, Qualificador do Santo Ofício.

Li esta Sexta Parte de Sermões vários do P. Antônio Vieira, da Sagrada Religião da Companhia de Jesus, Pregador de Sua Majestade; parecem-me digníssimos de sair à luz por meio da estampa, porque se esta se inventou no mundo para único remédio do esquecimento, de justiça devem ficar estampados no mundo sermões de um pregador cujas ideias, sendo tão novas e tão elevadas, não só são fundadas, mas parece que estão escritas na mesma letra dos Evangelhos, cujas palavras assim persuadem o que insinuam que, sendo as mais claras, também não há outras mais próprias, e cujo fim, que este deve ser o dos pregadores, é a reformação de costumes e o melhoramento das almas. Isto é o que achei nestes sermões, parto verdadeiramente do gênio, erudição e espírito de tão grande pregador. Lisboa, no Convento do Carmo, 18 de fevereiro de 1689.

FR. TOMÉ DA CONCEIÇÃO

Censura do M. R. P. M. Fr. João do Espírito Santo, da Sagrada Ordem Seráfica, Qualificador do Santo Ofício.

Por mandado dos Ilustríssimos Senhores do Conselho Geral do Santo Ofício, li os Sermões vários, que contém este livro, sexta parte dos que há pregado e composto o P. Antônio Vieira, da Companhia de Jesus, pregador de Sua Majestade, e com dizer o nome do pregador, acho ficam bastantemente aprovados os sermões, pois deste grande mestre se pode afirmar o que Claudiano *in Extropol. Iib. I* disse a semelhante intento: *Nihil est, quod non in pectore magnum concipit hic doctor*; e se a prova do que seu entendimento concebe há de ser espírito, discurso e agudeza que nestes sermões manifesta, nenhum lendo-os poderá duvidar esta verdade, donde se colhe não haver neles coisa que encontre nossa Santa Fé ou bons costumes, pelo que os julgo digníssimos da licença que se pede, para que possam todos admirar segunda vez em a estampa o que em o púlpito é sem dúvida admirassem aos que os ouviram a primeira, *salvo meliori judicio*. Santa Clara de Lisboa, março 16 de 1689.

FR. JOÃO DO ESPÍRITO SANTO

Censura do M. R. P. M. Fr. Manoel de Siqueira, da Sagrada Ordem de Santo Agostinho.

$\mathcal{S}$enhor,

Manda-me Vossa Real Majestade que censure esta Sexta Parte de Sermões vários do P. Antônio Vieira, da Sagrada Religião da Companhia de Jesus, e pregador de Vossa Real Majestade, e quando intento obedecer a este preceito me vejo obrigado a trocar o ofício, pois esta obra não pede censuras, quando desafia admirações, e não pode censurar a obra tão grande um sujeito tão humilde.

Seja milagre da minha obediência aceitar a comissão, porque quando este autor se venera como oráculo dos pregadores, o mesmo respeito que venera o coração acovarda o entendimento. Quem pode fitar os olhos no sol, que não ficasse cego? Só as águias têm estes privilégios, se não tiverem os olhos adulterinos, e este achaque se deve notar em quem, para censurar este sol de pregadores, quiser falsamente presumir de águia. Todos os doutos podem ter semelhanças de rios; mas este autor tem em todas as suas obras propriedades de mar, não só porque os rios se vadeiam, e o mar não, mas porque o mar é a origem dos rios, e os rios, como agradecidos, são os que pagam seu devido tributo ao mar. Deste mar de ciências aprenderam todos aqueles que a fama venerou e venera nos púlpitos, porque os seus sermões, se não foram treslados, foram métodos, e se os mais doutos em devidos obséquios lhe devem pagar tributos nas venerações como rios, se se sujeitam os rios, como se não hão de humilhar os regatos? Eu, como regato do mais limitado rio, venero, admiro e não censuro; e se me não embaraçara a modéstia deste autor tão insigne, ainda sendo temeridade minha, rasgara a pena o que a vozes publica a fama e mostra a experiência no asseio e propriedade das palavras, no peso das razões, no engenho dos discursos, na notícia dos sagrados textos, na inteligência dos santos, na novidade dos assuntos, na doçura do estilo, na sutileza do engenho; mas só digo — não exagerando o mais, porque a luz por si se declara — que são estas obras por todos os títulos dignas que imortalize a estampa o que a admiração venera.

Nada tem que encontre o real serviço de V. Majestade. Este é o meu parecer, Vossa Real Majestade mandará o que for servido, que eu, para não dizer mais em crédito do autor, dou o meu voto, repetindo com *Símaco Lib. 3. c. 48*: *Supervacanei laboris est commendare conspicuos, ut si in sole positis facem praeferas*. Graça, 15 de maio de 1689.

Fr. Manoel de Siqueira

LICENÇAS

DA RELIGIÃO

Eu, o Padre Antônio Vieira, da Companhia de Jesus, Visitador da Província do Brasil, e Pregador de Sua Majestade, por especial concessão, que para isso me foi dada de Nosso M. R. P. Tirso Gonçales, Prepósito Geral da Companhia, dou à estampa a sexta parte de meus Sermões, depois de ser examinada e aprovada por pessoas graves e doutas da mesma Companhia. E por verdade dei esta assinada com meu sinal, e selada com o selo de meu Ofício.

ANTÔNIO VIEIRA

DO SANTO OFÍCIO

Vistas as informações, pode-se imprimir o livro intitulado Sexta Parte de Sermões vários do P. Antônio Vieira da Companhia de Jesus, e depois de impresso tornará para se conferir e dar licença que corra, e sem ela não correrá. Lisboa, 22 de março de 1689.

SOARES. NORONHA. CASTRO. FR. V. T. E. B. F. AZEVEDO

DO ORDINÁRIO

Pode-se imprimir o Livro dos Sermões do P. Antônio Vieira de que a petição faz menção, e depois tornará para se conferir e se dar licença para correr, e sem ela não correrá. Lisboa, 20 de abril de 1689.

SERRÃO

DO PAÇO

Que se possa imprimir, vistas as licenças do Santo Ofício e Ordinário, e depois de impresso tornará à mesa para se taxar e conferir, e sem isso não correrá. Lisboa, 18 de maio de 1689.

MELLO P. LAMPREA. MARCHÃO. AZEVEDO. ROXAS

Concorda com seu original. Carmo de Lisboa, 21 de junho de 1690.

FR. TOMÉ DA CONCEIÇÃO

Visto estar conforme com seu original, pode correr. Lisboa, 23 de junho de 1690.

SOARES. PIMENTA. B. N. CASTRO. E. B. F.

Podem correr. Lisboa, 8 de julho de 1690.

SERRÃO

Taxam este livro em doze tostões. Lisboa, 26 de junho de 1690.

LAMPREA. AZEVEDO

Este livro foi composto nas famílias tipográficas
Liberty e *Minion*
e impresso em papel *Bíblia* 40g/m²

Edições Loyola

editoração impressão acabamento
rua 1822 nº 341
04216-000 são paulo sp
T 55 11 3385 8500
F 55 11 2063 4275
www.loyola.com.br